高等院校会计学专业规划教材

西方财务会计

（第四版）

编著　余恕莲　曹　妍
李相志　赵　旸

对外经济贸易大学出版社
中国·北京

图书在版编目（CIP）数据

西方财务会计 / 余恕莲等编著. —4 版. —北京：
对外经济贸易大学出版社，2013.12（2015.01 重印）
高等院校会计学专业规划教材
ISBN 978-7-5663-0876-4

Ⅰ.①西… Ⅱ.①余… Ⅲ.①财务会计－西方国家－
高等学校－教材 Ⅳ.①F234.4

中国版本图书馆 CIP 数据核字（2013）第 249387 号

西方财务会计（第四版）

余恕莲 曹 妍 李相志 赵 旸 **编著**

责任编辑：赵 昕

对 外 经 济 贸 易 大 学 出 版 社
北京市朝阳区惠新东街 10 号　　邮政编码：100029
邮购电话：010－64492338　　发行部电话：010－64492342
网址：http://www.uibep.com　　E-mail：uibep@126.com

北京山华苑印刷有限责任公司印装　　新华书店北京发行所发行
成品尺寸：185mm×230mm　　23.75 印张　　477 千字
2013 年 12 月北京第 4 版　　2015 年 1 月第 2 次印刷

ISBN 978-7-5663-0876-4
印数：3 001－6 000 册　　定价：38.00 元

出版说明

当今世界，科学技术飞速发展，知识经济初见端倪，全球经济一体化加快，国力竞争日趋激烈。在迎接知识化、信息化、全球化的挑战的同时，中国的经济也面临着前所未有的发展机遇。高等院校教材的建设亦是如此。因此，要适应21世纪知识经济的发展和我国社会主义现代化建设的要求，必须加快课程体系改革和教材建设的步伐。

伴随着全球经济一体化的加快，会计国际化的趋势也越来越明显，会计理论研究和教学同样面临着前所未有的机遇和挑战。为应对这种挑战，满足加入WTO后我国会计与国际会计准则和国际会计惯例接轨的需要，进一步完善我国会计体系，为建设一个更加开放、高效、有利于资源流动的市场体系服务，以财政部2006年2月新颁布的《企业会计准则——基本会计准则》、“会计基础工作规范”、“企业财务报告条例”为依据，我们组织编写了“高等院校会计学专业规划教材”这套丛书。

本套丛书的编写参考了国际上通行的会计学专业核心课程的设置，涵盖了会计学专业的全部必修课程，其课程内容和教学安排力求做到既讲清理论，又注重实用，同时还可以有效指导会计实务在新准则、新政策下的实践。

本套丛书的适用面较广，既可适应高等院校会计学专业本科生教学的需要，又可供社会上的各种会计从业人员及各类企业管理人员培训使用。

努力创造精品，为读者奉献优质教材是我们出版社的核心宗旨，希望本套丛书的出版能为各类读者提供有益的帮助。由于时间和水平所限，疏漏和不足之处在所难免，希望广大教师、读者多提宝贵意见，以便日后充实和完善。

对外经济贸易大学出版社

2007年7月

第四版前言

本教材自1992年出版以来，得到读者的肯定和欢迎，2007年立项为北京市精品教材，发行量达数万册。本次修订在内容上做了一些调整，第四章内容修改变动较大。在修订的过程中与时俱进，及时反映国际会计准则和美国会计准则的新内容及相应会计实务的变动。力求语言简明扼要、符合我国的语言习惯，内容清晰易懂、概念准确，对于重要的术语和概念加附英文。每一章的内容都以小结方式加以归纳，以便读者掌握主要内容。

配套的习题集及参考答案也相应修订。

本书由余恕莲、曹妍、李相志、赵旸编著，第一、第十一、第十三章由余恕莲撰写及修订；第二、第三及第五章由曹妍撰写，本次由李相志修订；第六章至第九章由李相志撰写及修订；第四、第十和第十二章由赵旸撰写及修订。最后由余恕莲审阅定稿。

本教材难免存在疏漏，欢迎读者批评指正。

编　者

于2013年8月

目录
Contents

第一章

财务会计基本理论和财务报告概念框架

本章内容提示

本章重点在于财务会计的基本概念框架的内容，财务会计的基本假设和基本原则及财务信息的质量特征，介绍通用目的财务报表及其要素、会计要素的确认和计量，为以后各章的学习打好基础。

会计是商业的语言，企业会计是处理和报告财务及管理信息的信息系统，其提供的财务信息是人们在商业活动中进行决策、规划目标和实施管理的重要依据。遵循会计准则是现代财务会计的重要特点，也是发达市场经济的产物。在现代市场经济环境中，如果没有规范、受会计准则约束的财务信息，高度发达的市场经济制度就难以运行，经济秩序就会发生混乱。在商业活动中如果不懂得商业语言，就会带来许多不便，甚至会发生重大问题。

第一节　财务会计与管理会计

由于决策的性质和管理的类型多样，财务信息也有不同类型。财务会计和管理会计相并列成为现代会计的两大分支，财务会计主要是通过定期提供财务报表，为外部那些与企业有着不同经济利益关系的组织或个人服务，向他们提供据以进行投资、信贷或其他有关决策的财务信息。管理会计则是侧重于为企业内部的经营管理服务，为企业各级管理人员提供据以正确决策，编制计划和预算、指导和控制经营活动、评价经营成果的有用信息。

一、财务会计（Financial Accounting）

财务会计沿袭传统会计的基本模式，通过对企业经营活动的确认、计量、记录汇总和编报会计报表，向企业外部的有关利益集团或个人提供他们据以决策的有用财务信息。

现代财务会计虽然仍沿用传统的会计方法和程序，但它与传统的会计有很大的不同。传统会计主要是满足既是经营者又是所有者的业主的需要，而现代财务会计的主要目标则是向企业外部那些与企业有着各种利益关系的集团或个人提供会计报告，满足他们有关决策对财务信息的需要。

会计目标的变化，是与会计环境的变化密切相关的。社会金融和货币体系的发展，资本市场的不断完善，企业资本筹集的社会化和公众化，是发达国家和一些发展中国家经济发展的重要特点。企业社会环境的改变使企业成为社会经济利益的集结点和纽带，企业财务信息成为公共产品的特点越来越显明，日益成为公众、企业、政府及有关方面进行经济决策，实施监督和调节的重要依据。可见财务信息客观上起着平衡和协调各方面的经济利益，引导社会经济资源流向和合理分配经济资源的作用。因此社会对于财务信息的要求越来越高，要求财务会计站在客观、公正的立场上，要求财务信息的提供必须遵循一定的标准或原则，以保证财务信息的真实可靠，这就是公认会计准则。所以世界上经济较为发达的各个国家都在不同程度上发展并制定会计准则。遵循会计准则、受会计准则的约束是现代财务会计的主要特点。

财务会计的信息通常还用于企业的纳税申报，财务会计与税务会计不同的是：财务会计依据会计准则，而税务会计依据税法，但税务会计并不另设一套系统，而是在财务会计的基础上，将会计准则与税法不同的项目加以调整，将会计报告的收益调整为税法要求的应税收益。

西方财务会计，着重介绍以美国会计理论与会计实务以及以国际会计准则为基础的财务会计的基本内容。由于各国经济环境的差异，发达国家的会计制度、会计准则和会计实务的具体内容也存在一定的差异。

二、管理会计（Management Accounting）

管理会计是现代会计的另一分支，是企业管理信息系统的重要组成部分，其内容具体包括信息的收集、分类、加工整理、分析报告和信息传递等。管理会计与财务会计的不同在于其服务对象主要不是企业外部的有关利益主体，而是侧重于为企业内部的经营管理服务，管理者依据管理会计提供的信息管理和控制企业的经营活动。

管理会计为管理提供的信息多种多样，如各项决策分析报告、不同用途的成本确定与分析、长期和短期经营计划和预算、预算的实施及差异分析与控制、经营业绩的计量与评价等。近20年来由于计算机和信息技术的发展，基于知识经济和信息社会环境下企业战略管理的要求，管理会计的理论和方法又有了一些新的发展和创新，如产品生命周期成本计算、质量成本计算与控制、标杆制管理等等。相对于财务会计，管理会计的内容和结构弹性更大，不受会计准则的约束是管理会计与财务会计的重要不同之处。

第二节　美国会计准则演进和财务会计概念框架

以盈利为目的的企业组织形式可以采取独资，合伙或公司制度，公司制企业是现代企业的主体。在公司制企业制度下，公司的经营权与所有权分离，在企业外部存在许多与企业利益相关的集团和个人，他们不参与企业的经营活动，但出于直接或间接的利益关系，需要了解企业的财务状况与经营成果。公司外部的利益相关者了解企业的经营成果和财务状况，是通过企业提供的财务信息了解情况。而提供财务信息的企业管理者，为了某种目的可能有意歪曲或不愿披露足够信息，或可能运用了不恰当的会计方法而造成财务信息的不实，从而导致信息使用者决策的失误。美国1929年的经济危机暴露了财务信息方面的问题，反映出在市场经济制度下，为了维护正常的经济秩序保护投资者的利益，有必要对财务信息加以规范。正是以此为契机，自1929年的大危机后美国开始了会计准则的建设与发展。

美国会计准则的发展对许多西方国家及国际会计准则的建立和发展产生了较为重要的影响，各国会计准则虽然经历了不同的发展过程，但基本框架和发展方向基本上是相似的。

一、美国公认会计准则的建立与发展

美国公认会计准则已有70多年持续发展的历史，是由民间的不同组织和政府机构的共同努力发展和建立起来的。参与制定和发展美国会计准则的组织有“会计程序委员会（Committee of Accounting procedures，CAP）”、“会计原则委员会（Accounting Principle Board，APB）”和“财务会计准则委员会（Financial Accounting Standards Board，FASB）”。“会计程序委员会”和“会计原则委员会”隶属于“美国注册会计师协会”（AICPA），其成员由“美国注册会计师协会”指派。“财务会计准则委员会（Financial Accounting Standards Board，FASB）”则是一个独立于任何组织的民间机构。在会计准则的建立和发展上作出贡献并产生重大影响的机构还有美国的“证券交易委

员会”（Securities Exchange Commission，SEC）、“美国注册会计师协会”和“美国会计学会”（American Accounting Association，AAA）等。

（一）会计程序委员会（CAP，1936－1959年）

会计程序委员会成立于1936年，约由20人组成，他们都是美国注册会计师协会的成员，绝大多数都是对公众开业的注册会计师，其中一直包括许多在会计职业界的知名人士和一些著名学者。会计程序委员会发表的文件称为《会计研究公报》（Accounting Research Bulletins），从1936年到1959年的二十多年期间里一共发表了51个《公报》。

（二）会计原则委员会（APB，1959－1973年）

会计原则委员会成立于1959年，接替了会计程序委员会的工作，负责研究和制定会计准则。会计原则委员会成立以后，接受了来自多方面关于会计原则建立和发展的建议与批评，进行了许多改革，在会计准则的制定方面做了不少的研究工作。从1959年到1973年的十多年里，会计原则委员会共发表了31个《意见书》（Opinions），并在提高《意见书》的权威方面做了不少努力。这期间美国在会计准则的演进过程中取得了关键性的进展。

会计原则委员会同会计程序委员会一样，隶属于美国注册会计师协会，在制定会计准则的独立性和广泛性方面受到来自多方的质疑。1971年由美国会计学教授组成的职业团体“美国会计学会”提出建议：指派一个多方参加的委员会来负责会计准则的制定。美国注册会计师协会立即接受了这个建议，指派了以怀特为首的七人小组来研究为改进会计原则建立的程序并对此提出建议。1972年3月，这个小组发布了题为《建立财务会计准则》的研究报告，这份报告中的建议几乎被全部接受，这就导致了“财务会计准则委员会”的产生。

（三）财务会计准则委员会（FASB，1973年开始至今）

财务会计准则委员会是现在美国制定财务会计准则的民间组织，创立于1973年，是一个独立于任何特定利益集团的民间组织，其7个委员都是专职的，其中4位必须是注册会计师。财务会计准则委员会由财务会计基金会支持，拥有一个素质精良的研究机构并接受财务会计准则咨询委员会的帮助。财务会计基金会有9个发起组织，其所属研究机构和财务会计咨询委员会由各方面的专门技术人员和权威人士组成，且有广泛的代表性。1984年又成立了特别问题小组（Emerging Issues Task Force，简称EITF），专门处理新的会计和财务报告问题，及讨论与会计文告相关的问题，以帮助FASB更好地了解和解决这些新出现的问题。1984年财务会计基金会还成立了政府会计准则委员会，负责制定州政府和地方政府机构财务会计报告会计准则，并相应成立政府会计准则咨询委员会为政府会计准则委员会制订会计准则提供技术支持。组织结构如图1－1所示。

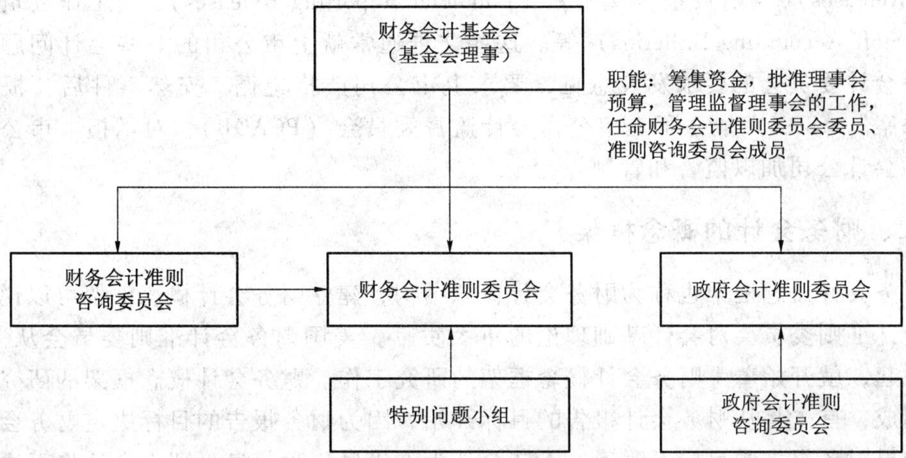

图 1－1　美国财务会计准则委员会组织结构图

财务会计准则委员会成立后，进行了一系列卓有成效的工作，其发表的文告主要有：

（1）《财务会计概念公告》（Statements of Financial Accounting Concepts）；

（2）《财务会计准则公告》（Statements of Financial Accounting Standards）；

（3）《解释》（Interpretations）；

（4）《技术公报》（Technical Bulletins）。

FASB 的这些文告和修正的《会计研究公报》和《意见书》构成了具有权威性的公认会计准则。

（四）美国证券交易委员会（SEC）

美国证券交易委员会是一个政府机构，对上市公司应遵守的会计准则具有最终的权力。但证券交易委员会本身不制定具体会计准则，而是支持财务会计准则委员会的工作，认可他们制定的会计准则。证券交易委员会要求上市公司对外财务报告须经公众会计师的审查，会计师应对其审查的财务报告是否符合公认会计准则、能否公允地反映企业的财务状况和经营成果发表专业性意见。因此美国的会计准则虽然由民间组织制定，不具有强制性，但却为企业和会计职业界所普遍遵循。由此可见公认会计准则的权威性。

证券交易委员会通过其发布的《规程 S－X》（Regulation S－X）和《规则 S－K》（Regulation S－K）对上市公司遵循会计准则和信息披露提出要求，SEC 虽不制定具体会计准则，但也不时地发表一些有关会计问题的文告，如《会计文集》（Accounting

Series Releases），《财务报告文集》（Financial Reporting Releases），《工作人员会计公报》（Staff Accounting Bulletins）等。这些文告通常就上市公司的一些会计问题或不同于财务会计委员会的要求发表意见，要求上市公司严格遵循。安然事件后，根据“萨班斯法案”（SOX）成立了上市公司会计监督委员会（PCAOB），对承担上市公司审计业务的会计公司加以监督和管制。

二、财务会计的概念框架

财务会计概念框架也称为财务会计概念结构，建立财务会计概念框架可以说是美国财务会计准则委员会对会计基础理论的重大贡献。美国财务会计准则委员会从 1973 年创立时起，就开始着手财务会计概念框架的研究工作。财务会计概念框架的研究由八大专题组成，首先是从财务会计报告的目标开始，因为财务报告的目标决定财务会计的方向。如果财务报告的目标不明确，不知会计为谁提供何种信息，那么会计将无法决定如何确认、如何计量及如何报告。

财务报告目标的研究于 1978 年 11 月完成，发表了财务会计概念公告第 1 号《企业财务报则的目标》（Objectives of Financial Reporting by Business Enterprises）。此后关于财务会计概念框架的研究项目陆续完成，从 1980 年 5 月到 1985 年 12 月又先后发表了《财务信息的质量特征》（Qualitative Characteristics of Accounting Information）、《财务报表的基本要素》（Elements of Financial Statement）、《非盈利性组织财务报告的目标》、《企业财务报告的确认与计量》（Recognition and Measurement in Financial Statements of Business Enterprises Statement）等 6 个公告（其中第 6 号公告代替了第 3 号公告）。其后由于会计实务及新问题的出现，会计准则委员会曾多次对公告的内容加以修改和修订。

财务会计准则委员会发表的一系列《财务会计概念公告》构成财务会计概念的基本框架，组成这个结构的基本概念有着层次上的区别和逻辑上的联系，它们是财务会计的基础，构成财务会计的基础理论。由于会计环境的复杂和不断变化，建立财务会计准则委员会所追求的一贯到底、协调一致、全面的会计概念框架仍有不少困难。

美国财务会计准则委员会关于财务会计概念框架卓有成效的研究，对世界一些国家的会计理论和会计实务的发展产生了较大的影响，尤其是对制定国际会计准则的组织结构和“财务报告概念框架”的影响是深刻的。会计准则是市场经济高度发展的必然产物，而会计的概念框架体系则是会计准则制定和发展的客观结果。没有一套前后一致、系统完整、逻辑较为严密的基础理论体系为指导，具体的会计准则就难以保持一致和可比，难以避免相互间的矛盾和冲突。本章着重介绍国际《财务报告概念框架》的主要内容，不再介绍美国财务会计准则委员会的“财务会计概念框架”。

第三节　国际财务会计准则理事会和国际财务报告准则

国际会计准则的发展始于20世纪70年代，由于战后各国经济的发展，尤其是以美国为代表的发达国家的经济发展，国际贸易的扩大和跨国投资及资本流动，对国际上通用的财务信息提出了要求，由此导致国际会计准则的出现，所以国际会计准则的出现是基于全球经济和贸易国际化的必然要求。

一、制定国际会计准则的组织结构和国际财务报告准则

20世纪70年代以来国际社会在国际会计准则发展方面进行了不懈的努力，在这期间会计的国际协调和国际趋同得到了许多国际组织及许多国家会计专业机构的支持，如今的国际会计准则和国际财务报告准则权威性有了极大的提高，得到多数国家的认可和采纳。

国际会计准则理事会（IASB）是国际财务报告准则的制定机构，其前身国际会计准则委员会（IASC），成立于1973年，由澳大利亚、加拿大、法国、德国、爱尔兰、日本、墨西哥、荷兰、英国和美国等十个国家的会计职业组织发起成立。其存在的二十多年中，发展并制定了41个会计准则和相关应用指南，在国际范围内产生了一定的影响和作用。由于其制订的会计准则会计方法的选择性弹性较大，使得财务信息缺乏可比性而受到批评。国际会计准则委员会接受各界的批评并着手提高财务信息的可比性研究项目，提出制定一套高质量的核心准则，力图减少可选择的会计处理方法，改进财务信息的可比性。高质量的会计准则有利于资本的跨国流动和国际资本证券市场的发展，该规划项目受到一些国家会计准则制定机构及国际性组织的支持，尤其是国际证券业协会的大力支持。1997年国际会计准则委员会成立了战略工作组开始了核心准则的项目，与此同时，战略工作组与四国集团，即澳大利亚、加拿大、英国和美国的会计准则制订机构合作，考虑改组国际会计准则委员会，目标在于建立一个更有效率、得到国际上更广泛认同和支持的国际会计准则组织，从而导致现在的国际会计准则理事会的产生。国际会计准则委员会的改组在很大程度上效仿了美国财务会计准则委员会的组织结构，于2001年2月成立了国际会计准则委员会基金会，基金会是国际会计准则理事会的母体，由22人组成的委员会管理和运行。国际会计准则基金会2010年已更名为国际财务报告准则基金会（IFRS Foundation）。基金会下设国际会计准则理事会（IASB）、国际财务报告准则咨询委员会（IFRS Advisory Council）和国际财务报告准则解释委员会（IFRS

Interpretations Committee）。目前基金会有 22 名理事，理事中来自亚太地区、北美、欧洲各 6 位，非洲和南美各有一位，另外两名可来自其他任何地区。

国际财务报告准则基金理事会承担监督基金会及国际会计准则理事会的工作，主要负责任命国际会计准则理事会成员、国际财务报告准则咨询小组成员和国际财务报告解释委员会的成员，监管国际会计准则理事会的工作，并负责筹集资金，批准国际财务报告准则基金会的预算等。

国际会计准则基金会属下的国际会计准则理事会，目前由 15 名成员组成①，作为委员会成员应该具备专业能力和实践经验，委员会应由技术专家和具有丰富国际经济及市场经验的专业人士组成。国际会计准则理事会的目标是：

（1）基于公众利益，依据明晰的基本原则制定一套高质量、容易理解、可应用并得到全球接受的财务报告准则。这些准则要求在财务报表和其他财务报告中提供高质量、透明和可比的财务信息，帮助投资者和世界不同资本市场的参与者及其他使用财务信息的人进行经济决策。

（2）促进准则的使用和得到严格实施。

（3）遵从（1）和（2）的目标，并适当考虑在多样化经济中不同规模企业和不同类型企业的需要。

（4）通过国家会计准则和国际财务报告准则的趋同，推动国际财务报告准则的接受并为其提供有利条件。

国际财务报告准则基金会及其所属机构的组织结构如图 1－2 所示。

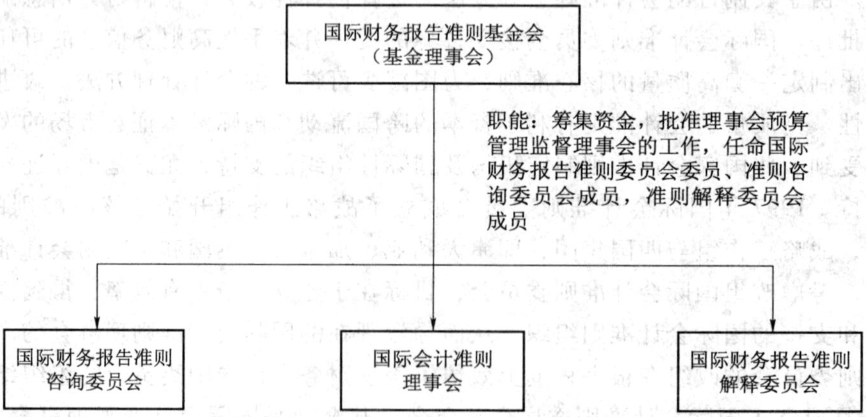

图 1－2 国际财务报告准则的组织结构

① International Financial Reporting Standards, as issued at 1 January, 2012, copyright@ 2012 IFRS Foundation.

准则咨询委员会的主要职能是为国际会计准则委员决策提供建议，对国际会计准则理事会工作轻重缓急的安排给与咨询帮助，向国际会计准则理事委员会通报咨询委员会及其成员对于一些重要准则制定项目的意见，也为国际会计准则理事会或基金会理事们提供其他建议或咨询意见。

国际财务报告准则解释委员会主要负责国际会计准则和国际财务报告准则应用的解释工作，如《解释》征求意见稿的研究撰写、发布和通过，对国际会计准则和国际财务报告准则中没有专门涉及财务报告问题，在国际会计准则框架内提供及时的指导。同时根据国际会计准则理事会的目标，积极与一些国家会计准则制定机构沟通协商，希望在促进各国会计准则与国际会计准则和国际财务报告准则的趋同方面取得高质量成果。

二、国际财务报告准则

国际财务报告准则是参与国际金融活动，进行国际投资、筹资及跨国经营活动的企业据以提供财务报告应该依据的会计准则。国际财务报告准则虽然不具有强制性，但在国际上享有相当的权威性，受到多数国家的认可和接受。国际财务报告准则理事会自2001 年成立至 2012 年初，已发布 13 个国际财务报告准则，保留并修订了前国际会计准则理事会发布的 28 项（共发布 41 项）国际会计准则。已发布的准则并非一成不变，而是根据情况适时进行修订或制定新准则，以适应经济环境的变化、会计实务的发展及使用者对财务信息质量的改进的要求。

目前国际财务报告准则得到国际社会的普遍认同，已有 100 多个国家和地区宣布采用国际财务报告准则或与之趋同。

三、财务报告概念框架

继美国之后，国际会计准则委员会于 1989 年也发布了《财务报表编制和列报的概念框架》，其内容与美国财务会计概念框架相比，篇幅和规模都有不少的压缩，但所涉及的内容是基本相同的。该框架经过修订已更名为《财务报告概念框架》，于 2010 年 3 月发布，修改后的《财务报告概念框架》分为四章①，依次是：通用（一般）目的的财务报告；报告主体；有用财务信息的质量特征；框架的其他内容（主要是 1989 版的内容保留）；其结构与内容如图 1－3 所示。概念框架的基本内容有着层次上的区别和逻辑上的联系，它们是财务会计的基础，构成财务会计的基础理论。

---

① The Conceptual Framework for Financial Reporting，pA21 – A51. 2012 © IFRS Foundation.

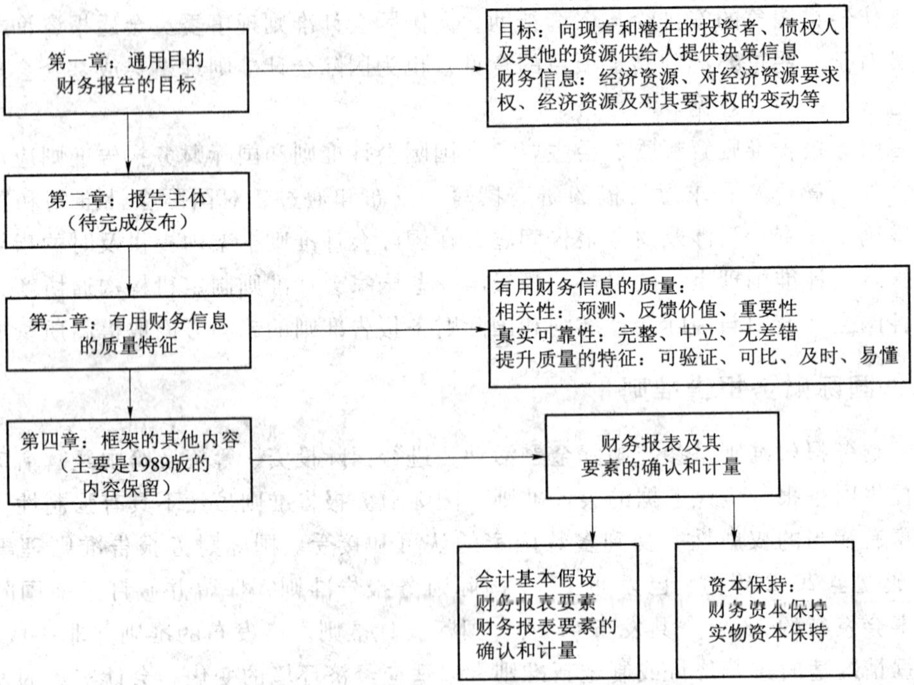

图 1－3　财务报告概念框架

国际财务报告理事会制定《财务报告概念框架》的主要目的是：

（1）有助于国际会计准则理事会制订财务报告准则及对现有准则的审定和修订；

（2）有助于国际会计准则理事会促进会计规范和会计准则的国际协调，为减少国际会计准则中会计处理方法的选择提供基础；

（3）有助于各国会计准则制订机构制定会计准则；

（4）有助于采用国际会计准则编制财务报表，以及处理在国际会计准则中尚未明确的一些问题；

（5）有助于审计人员就财务报表是否依据国际会计准则发表审计意见；

（6）有助于报表的使用者了解和分析依据国际会计准则编制的会计报表；

（7）为那些对国际会计准则理事会如何制订国际会计准则感兴趣的人提供相关信息。

关信息，此项信息已成为明日黄花，无使用价值可言。因此相关的信息要求适时提供，要在其丧失足以影响决策效用之前及时提供给使用者。为了及时提供信息，可以适当采用估计的方法，当然估计应有可靠的依据和合理的判断。

4. 财务信息的易懂性

易懂也称为可理解性，易懂要求企业提供的财务信息应当清晰明了，便于财务报告使用者理解和使用。只用这样，才能提高财务信息的有用性，实现财务报告的目标，满足向财务报告使用者提供决策有用信息的要求。但财务信息是一种专业性较强的信息产品，在强调财务信息可理解性的同时，要求财务信息使用者应具备一定的商业活动知识，对企业经营活动有一定了解，或借助于专业人士理解研究财务信息。

（三）成本效益原则的约束

财务信息不仅考虑其重要性，还受成本和效益原则的约束，详实完备的财务信息使得使用者从中获益，但提供财务信息需要付出代价。所以在选择会计程序或会计方法时，其精确和简略，详实完备和粗略简括等方面的考虑还取决于所费与所得的比较。通过某种程序或方法取得财务信息的成本如超过使用它所获得的利益，那么这种程序和方法常会被摒弃。

第五节　财务会计的基本假设和基本原则

对企业经营活动的计量、确认和报告，是财务会计的基本职能：会计的确认和计量基于什么样的基础，以何种方式或标准进行确认与计量，这就是财务会计确认和计量的一般原则所涉及的问题。以下分别以会计的基本假设、会计的基本原则或惯例等概念对这些原则加以介绍。

一、会计的基本假设

会计的基本假设（Assumptions）是财务会计进行确认、计量、记录、汇总和报告的前提条件。会计基本假设包括：经济主体、持续经营、货币计量单位和会计分期四个方面。

（一）经济主体的假设（Economic Entity Assumption）

经济主体也称会计主体，是财务会计的基本概念之一，它规定了会计处理和财务报告的空间范围。会计事项的处理应以特定的主体为对象，仅就该主体所发生的经济活动和经济事项进行确认、计量、记录与报告。

经济主体的假设超越了法律上的法人概念，作为会计主体不受经济主体法律形式的影响。如对于非法人主体的独资和合伙企业，在会计上都是一个独立的经济主体，业务处理应同其所有者严格区分开来，所有者同企业发生的往来业务，在会计处理上同其他第三者无异。另外存在母子关系的公司，子公司无论在法律上还是会计上，都是独立的法人或独立主体，但实质上其经营活动和方针政策受控于母公司，为反映公司集团的财务状况和经营成果，需要编制母子公司的合并财务报表。这种要求也是以经济主体的假设为依据，超越了法律主体的观念，但是符合财务会计的实质重于形式。

（二）持续经营的假设（Going-Concern Assumption）

企业日常的会计处理，除非有确实的证据表明企业不能继续其营业活动外，均以持续经营假设为前提。所谓持续经营，是指会计方法的选择、会计事项的计量和辨认是以企业（经济主体）将会长时期地以它现时的形式、并按既定的目标持续不断地经营下去的假设为依据的。所谓长时期的持续经营并不是意味着企业永久存在，而是指企业能存在足够长的时间，能按原定的用途去使用它现有的经济资源，能按原先承诺的条件去清偿它的债务。这样就为会计报告和会计方法选择提供了时间基础。如以历史成本作为企业经济资源的主要计价基础，长期资产折旧和摊销的计算方法，以及企业偿债能力的计算等都基于持续经营这一假设。只有在企业确定将停业清理时，才不适用于这一假设，这时不再继续使用的经济资源将按清理变现的清算价值计算，其债务也不一定能按原先的条件清偿了。

（三）货币计量单位的假设（Monetary Unit of Measure Assumption）

会计计量是会计记录和会计报告的前提，这就要求有一个能综合各类经济业务的计量单位作为计量各项经济业务的影响及其结果的共同尺度。在商品经济的条件下，这个共同尺度只能是货币单位，因为货币是价值的一般表现形态，具有其他任何计量单位所不具备的综合能力。所以说会计是一个提供财务价值信息的信息系统，它所提供的主要是企业经济活动中可以用货币计量的方面。然而应用货币单位作为会计统一的计量尺度，实质上还存在着币值稳定的假设。但现实经济生活中经常出现的币值变动对这一假设提出了挑战，如何解决这一难题，是会计学界研究和探索的重要问题之一。

（四）会计分期的假设（Time Period Assumption）

会计分期的假设是基于持续经营的前提，在持续经营的环境下，企业的经营成果在最终结束之前，是难以准确计量的。但在企业的经营过程中，与企业有着各方面利益关系的决策者需要及时地了解企业的经营成果和财务状况，以供决策之用。因此有必要将企业持续不断的经营活动归属于人为地划分的会计期间，定期对外提供财务报告。这种人为划分的时间段落称为会计期间。会计期间的长度可以按月、按季、按年。通常 1 年为一个会计年度，需要按会计年度进行总括，提供规范、全面的财务报告。会计年度可以和日历年度相一致，也可以根据经济活动的特点，使用与日历年度不一致的会计年度。由于人为的会计分期，许多经济业务的自然周期可能同会计报告期不一致，为此会计处理就必须确定各项经济业务同特定会计期间的相关性，由此导致权责发生制，产生收入确认和费用的分配等会计问题。

二、会计的基本原则

会计的基本原则是会计人员据以辨认、计量和记录经济业务，提供财务报告的指南。具体包括：历史成本原则、收入原则、配比原则和充分披露原则。由于企业所处环境的复杂性和实践的多样性，在提供信息和应用这些原则时，可能受到一定的限制，在此情况下可以根据会计实务中长期形成的惯例加以处理，如稳健性、行业惯例等。

（一）历史成本原则

历史成本是指交易最初发生时的交换价格，历史成本原则（Historical Cost Principle）也称历史成本基础，根据历史成本原则，经营活动的各项交易均以交易发生时的交换价格入账，财务报表各要素项目也按形成此项要素初始确认的货币金额列报。由于通货膨胀和币值变动的存在，以及历史成本与财务信息相关性质量特征的矛盾，以历史成本为基础的会计模式受到越来越多的批评。

（二）收入原则

收入原则（Revenue Principle）也称为收入实现原则。根据收入原则，被确认为某一会计期间的收入一般应符合两个条件：其一收入必须是已经赚取的，标志是获取收入的过程已经完成，如商品已交付，劳务已经提供。其二收入是能够客观计量的，收入产生的现金流入是确实可实现的（realizable），判断的依据是市场的交易行为已经发生，已收回账款或收取账款的要求权已经确立。这样，在销售成立或劳务履行时便确认收入的实现，而不问现金是否收讫，但收回现金的要求权必须确立无疑。这就为收入的确认和计量提供了统一和合理的辨认标准。

（三）配比原则

所谓配比原则（Matching Principle）是指在确认费用时应与相关的收入联系起来，在计量一个会计期间的经营成果时，应从该期间的收入中把为赚取这些收入而发生的费用扣除，从而确定该期间的净收益。收入原则要求对收入的确认是在收入赚取之时，而不问与该收入相关的现金是否收讫。那么与此相对应，费用的确认是在费用发生之时，而不管现金是否支付。可以说配比原则是因为会计分期而产生的，确定一定会计期间的收益，应把特定会计期间收入和费用的确认置于同一基础，以进行合理的配比。但企业的有些支出很难与相应收入一一对应，在这种情况下往往根据受益关系和稳健性原则，如果没有足够的证据表明支出将在未来给企业带来经济利益，则此项支出确认为支出当期的费用。

（四）充分披露原则

充分披露原则（Full-disclosure Principle）要求财务报告必须提供足够的信息，充分而合理地揭示企业的经营活动和当前状况，使报表使用者在决策时不致误入歧途。充分披露不仅指所提供信息的详实程度，还包括完备的注释，当公认会计准则允许选用不同的会计方法或在这方面还没有公认的会计准则可循时，就要在注释中说明所采用方法的合理性以及采用这种会计方法而产生的影响。如何做到充分披露与会计信息的质量要求也是密切联系的。

（五）稳健性

稳健性（Conservatism）也称为谨慎性（Prudence）原则，是会计实务中对经济生活和经营活动中所固有的不确定性和风险作出的反应。当会计处理和财务报告涉及不确定因素时，要求会计处理采取谨慎态度，倾向于不高估净收益和净资产。如成本与市价孰低规则就是存货计价中根据稳健性对成本原则的修订。

（六）行业惯例

行业惯例（Industry Practices）也称行业特点，是指在会计实务中可以根据某行业经营活动的特点采用偏离会计基本原则的特殊的会计处理方法或程序规则，以提供报表使用者更为有用和富有实质内容的决策信息。如在长期建筑工程中按完工进度确认收入的方法，金融企业对证券投资按市价报告的方法，都是根据行业惯例对收入实现和历史成本原则的修订。

上述的稳健性和行业惯例在一些准则种可能未冠以原则二字，但在财务会计实务中存在并普遍被接受。

三、权责发生制概念

权责发生制（Accrual Basis）也称应计基础，涉及的是会计分期基础上的收益的确认问题，实际上是收入实现原则同配比原则的总括。所谓权责发生制是指这样一种会计基础，收入的确认是在收入赚取之时，而不论其账款是否收讫；而与之相配比的费用则在其发生时确认，而不管相关账款是否支付。这样就产生了记录权责及递延或预计收入和费用的会计处理程序。与权责发生制相对应的另一收益确定的基础称为收付实现制（Cash Basis）或现金基础。在收付实现制基础上，收入的确认是在收到现金之时，而不问收入何时赚得；对费用的确认是在现金支付之时，而不管费用何时发生。这种严格的收付实现制已不被采用，但改进了的收付实现制在一些服务性企业中仍有使用。在日常的营业活动中，它们只是在收到或支付现金时才记录收入或费用，但对取得具有长期经济寿命的资产支出，也是先将其资本化为长期资产，然后在使用过程中通过折旧或摊销分期转化为费用。但公认会计准则要求企业提供的是以“权责发生制”基础所编制的财务报告。

第六节 通用目的财务报表及其基本要素

企业的财务报表是财务报告的主体内容，是企业向有关方面传递财务信息的主要渠道。财务报表是指通用目的财务报表，简称财务报表，主要有：资产负债表、损益表、现金流量表以及留存收益表或业主权益表等。这些报表的附表及附注和财务状况说明书都是企业财务报告的重要组成部分。

财务报表内容的总括分类称为财务报表的要素，简称会计要素（Elements of Financial Statements）。财务报表的要素可以分为两大类：其一表达某一时日的财务状况的要素，即反映经济资源存量信息的要素，如资产、负债和所有者权益。其二为表达某一期间内交易或经济事项对企业经营活动所产生的影响，即反映经济资源流量信息的要素，如收入、费用、利得和损失，以及所有者对企业的投资和企业向所有者的分派。表达存量和流量的要素互相联系，互相转化，描述企业的经营活动和经营成果，是会计程序对象的具体化。

一、会计要素的确认与计量

会计的确认和计量可以说是财务信息产生形成过程中最基本也是最关键程序，了解了会计确认和计量所依据的会计基本假设和基本原则，有必要了解会计确认和计量的基本含义和内容。

（一）会计确认（Recognition）

会计确认是判断某一项目是否符合会计要素的定义及其确认标准，并将其纳入财务报表的过程。会计确认涉及对会计要素文字表述和货币数额，并将该数额包括在资产负债表或损益表之中。给与确认并纳入资产负债表或损益表的项目不仅应符合会计要素的定义，还应满足以下的确认标准：

（1）与该项目相关的未来经济利益，很可能流入或流出该企业（主体）；

（2）该项目的成本或价值的货币数额能够可靠地计量。

在判断是否符合确认条件时应考虑前面提到的重大性原则，一般来说一个项目的确认会导致另一项目的确认，例如确认收入的同时会确认一项应收账款。从确认的条件可以看出，会计确认和计量涉及不确定性，不确定性程度依存于企业的经营环境，通常以编制报表时的证据加以判断。成本或价值的可靠计量同前述的如实表述及相关性特征相联系，如实表述并非不能采用估计或预计，合理的估计方法是可靠计量所允许的。不符合确认条件未纳入财务报表的事项可以采用注释、说明或附表等方式加以披露。

（二）会计计量（Measurement）

会计计量是指对被确认并载于会计报表中的项目给与一定货币金额的过程，实质上是与会计确认同时进行的。会计计量涉及前面提到的货币计量单位的基本假设和历史成本的会计原则。历史成本是最基本最常用的计量基础，但在资本保持（保全）的概念下，历史成本不再是唯一的计量属性。

1. 资本保持（Capital Maintenance）概念

所谓资本保持是指企业在计算其所赚取的利润时，应保证企业资本得到保全不受侵蚀。关于资本保持有不同的观点，但被广泛关注的是财务资本保持（Financial Capital Maintenance）和实物资本保持（Physical Capital Maintenance）的两个概念。①

财务资本保持通常是指投入的货币资本应该得到保全，资本概念一般与企业净资产或所有者权益等同，在编制报表时可以根据需要采用名义货币（Nominal）或一般购买力（Purchase Power）调整的货币表示。在财务资本保持的概念下，只有在剔除一定期间内的业主投入及企业对业主分配的条件下，财务资本没有被侵蚀，期初的财务资本在期末得以维持、或大于期初财务资本，企业才存在赚取的利润。

实物资本保持通常是指经营能力的维持，经营能力一般是指企业的产能（Productive Capacity），如制造业的产出量等。在实物资本保持的概念下，剔除该期间的业主投入与企业对业主分配的条件下，只有实物资本没有被侵蚀，期初的产能在期末得以维持（维持产能的所有资源得到保证）、或大于期初产能的情况下利润才会赚取。

目前被广泛采用的是财务资本保持概念，大多情况下编制财务报表以名义货币作为计量单位。

2. 财务会计的计量属性

历史成本原则在某些条件或情况下，不能符合财务会计目标和财务信息质量特征的要求，有损于资本保持，为弥补历史成本的缺陷，会计还采用了除历史成本以外其他可选择的会计计量基础。国际会计准则理事会的《财务报告概念框架》阐述了历史成本、现行成本、可实现净值、贴现值等会计计量的概念②。

（1）历史成本（Historical Cost）

历史成本对于资产是指购置一项资产时所支付的现金或现金的等价物，或购置资产

① The Conceptual Framework for Financial Reporting, paragraph 4.59, IFRS (at 1 January 2012), © IFRS Foundation.

② The Conceptual Framework for Financial Reporting, paragraph 4.55, IFRS (at 1 January 2012), © IFRS Foundation.

所支付对价的公允价值；对于负债则是指债务形成当时而收取的现金或现金等价物，或负债的合同金额。简言之历史成本就是形成会计要素交易当时的交易价格。

（2）现行成本（Current Cost）

现行成本也称为重置成本，对于资产是指现时取得同样或类似资产所支付的现金或现金等价物；对于负债则是指现时清偿某项负债需要支付的现金或现金的等价物金额。

（3）可实现净值（Realizable Value）

可实现净值也称清算（Settlement Value）价值，对于资产是指按正常的处置程序出售一项资产所收取的现金或现金的等价物、扣除该资产从现时状况至得以销售所发生的相关费用后的净额。如换季滞销商品的改制、包装费用等。对于负债则是指按正常的商业程序偿付一项负债需要支付的现金或现金等价物的金额。

（4）贴现值（Discounted Value）

贴现值可简称为现值，对于资产来说是指在正常的经营活动中，未来使用该资产或处置该资产预期取得的现金流入按适当利息率贴现的贴现值；对于负债来说，则是指在正常的营业活动中清偿一项负债预期现金流出按适当利息率贴现的贴现值。

由于历史成本以实际交易价格为依据，易于操作可以验证，为人们广泛接受和理解。虽然受到很多批评，但迄今为止会计界仍未能找到更好的会计模式代替它，历史成本的会计模式仍被认为是较其他会计模式更为合适的会计计量模式。所以现行财务会计仍以历史成本为基础，只是对于某些会计业务，采用一些改良性的会计计量基础，如上述的现行成本、可实现净值和贴现值等，对历史成本进行局部性的修正。

二、资产负债表及其要素

资产负债表（Balance Sheet）是用于反映企业在某一特定日期财务状况的报表，也称为财务状况表（Statement of Financial Position）①。资产、负债和所有者权益是构成资产负债表的基本要素，资产、负债和所有者权益在资产负债表上是按照会计方程式的关系表述的。

（一）会计方程式

取得并拥有一定的经济资源是企业进行经营活动的基本条件，各种可以以货币计量的经济资源称为资产。企业为取得和持有资产所需的资本主要来源于两个方面，或来自于投资者的投资，或来自于信贷。投资及其产生的增值称为所有者权益，信贷提供的资本对资产的要求权称为负债，因此在任何时日，资产的存量总是等于负债与所有者权益

---

① 国际会计准则理事会在新修订的《国际会计准则 第1号—财务报表列报》中使用了“财务状况表”代替“资产负债表”，认为这样更贴切，本书仍沿用传统叫法。

之和。这样资产、负债、所有者权益三者之间存在以下关系：

资产 = 负债 + 所有者权益

以上关系式称为会计等式，也叫做会计方程式，是编制资产负债表的基本模式。资产负债表就是按会计等式所表达的关系排列而成的，它反映一个会计主体在某特定时日的资产分布和资本的结构。

资产负债表的编报有两种传统格式：账户式或报告式。表 1－1 为兰德公司 2012 年 12 月 31 日的资产负债表，该表采用账户式，资产列示在左方，负债和所有者权益列示在右方。报告式的资产负债表则将资产列于上方，负债和所有者权益列于下方。

表 1－1 **兰德公司资产负债表** 单位：千美元

2012 年 12 月 31 日

资产			负债和所有者权益		
流动资产			流动负债		
现金	$ 950		短期借款	$ 17 500	
短期投资	1 450		应付账款	4 620	
应收账款	12 000		预收货款	3 000	
存货	20 000		应付税款	2 150	
预付费用	1 250		流动负债合计	27 270	
流动资产合计	35 650		长期贷款		32 300
长期投资		5 500	负债合计		59 570
固定资产			股东权益		
机器设备	45 000		股本	43 000	
建筑物	55 000		增收资本	26 000	
土地	6 000		留存收益	30 580	
固定资产合计		106 000	股东权益合计		99 580
无形资产		12 000			
资产总额		$ 159 150	负债和股东权益总额		$ 159 150

（二）资产负债表的要素

列报于资产负债表上的项目应依据会计准则进行确认和计量，要符合资产、负债和所有者权益的定义。

1. 资产

资产（Assets）一般定义为：企业所拥有或由企业所控制的，由过去的交易或事项而产生的、可用货币单位计量的经济资源。资产包括各种财产、债权和其他权利。作为企业资产通常应具备如下特征：

（1）资产应该是企业所拥有或实际控制的经济资源。所谓“拥有”是指企业对该项资产的所有权：控制是指企业对某些资产虽然没有所有权，但实际上可以对其自由支配和使用，如企业融资租入的固定资产等。

（2）资产是由于企业过去的交易或事项所引起的。一项经济资源能否列为资产，应看其是否由于企业已发生的交易或事项所产生。

（3）资产应是能以货币单位可靠计量的经济资源。一项经济资源能否确认为资产，应看其能否以货币单位客观地计量。如企业的人力资源，由于无法以货币计量，不能确认为企业资产。

（4）资产代表企业未来的经济利益。未来经济利益是指直接或间接地为企业资产的净流入作出贡献的能力。这种贡献可以是直接增加未来的资产流入，也可以是因耗用或提供经济效用而节约的未来资产的流出。

在财务报表中，资产还应作进一步的分类，通常划分为流动资产和长期资产。

流动资产（Current Assets）是指现金和那些在一年内或超过一年的一个营业周期内转化为现金或耗用的资产，如现金及各种存款、短期投资、应收和预付款项及存货等。

长期资产（Long-term Assets）是指企业所拥有的经济效用在一年以上的经济资源，通常包括长期投资、固定资产、无形资产及长期递延待摊费用等。

长期投资是指持有期在一年以上股权投资、债权投资及其他投资，如对其他企业的股票投资、债券投资和长期贷款等。

固定资产（Fixed Assets）是指企业经营活动中所使用的厂场、设备和房地产。

无形资产（Intangible Assets）是指可以使企业在经营活动中长期受益，但又不具有实物形态的资产，如企业所拥有的专利权、非专利技术、商标、商誉和版权等。

递延费用（Deferred Expenses）是指一些不应计入当期损益的长期性支出，通常在以后年份分期摊销计入损益，如企业的开办费、租入资产的改良支出等。

2. 负债

负债（Liabilities）是指由于过去的交易或事项所引起的，企业所承担的、可以货币单位计量的，将在未来向其他主体或个人交付资产或提供劳务的经济责任，履行经济责任将导致未来资源的流出。负债通常具有如下特征：

（1）负债代表企业未来的经济责任，须在将来某个时点（通常有确切的受款人和偿付日期）通过转让资产或提供劳务来清偿，即会导致资源（经济利益）的流出。

（2）负债是由过去的交易或事项所引起的。

（3）负债应该是可以用货币计量的经济责任。

负债通常划分为流动负债和长期负债。

流动负债（Current Liabilities）是指将在一年或超过一年的一个经营周期内清偿的债务，包括短期借款、应付票据、应付账款、预收货款、应付工资和应付所得税，以及应计未付的各项费用。

长期负债（Long-term Liabilities）是指偿还期超过一年或一个经营周期（视两者孰长）的负债，如长期借款、应付公司债、融资租赁负债及其他长期应付款等。

3. 所有者权益

所有者权益（Owners' Equity）是企业所有者对企业净资产的享有权。所谓净资产是指企业资产总额减去负债以后的余额，也称为剩余权益。所有者权益包括所有者投入企业的实收资本和累积的未分配利润（称为留存收益）。所有者权益因所有者对企业的投资和企业净收益而增加，因企业向所有者的分派和企业的净损失而减少。

所有者投资（Investment by Owners）是指其他主体或个人将财产交付企业，以取得或增加对该企业的权益。企业获取资产是所有者投资的最常见方式，但企业也可能接受劳务，或是企业负债的偿付或转换。

企业向所有者分派（Distributions to Owners）是指企业向所有者拨付资产、提供劳务或承担负债而导致企业净资产的减少。企业向股东分派现金股利是企业向所有者分派的最常见方式。

对于公司制企业，在资产负债表中要求将构成所有者权益的实收资本同企业累积的留存收益分开列示。

三、收益表及其要素

收益表也称为损益表，是企业的基本报表之一。收益表可以采用多步式或单步式，但都遵循收入与费用配比的基本模式。

（一）收益表基本模式

收益表（Income Statement）是反映企业在一定期间内经营活动成果的报表，经营活动成果是企业经营活动收入与费用相配比的结果，所以收益表的基本模式是：

收入－费用＝收益

企业除了正常营业活动和所有者对企业投资及企业向所有者分派等交易和事项外，某些偶发性事项或交易及其他事项可能引起企业净资产的增加或减少，称之为利得或损失。在编制损益表时，收入减去费用，其差额称为营业收益。利得和损失在收益表上应作为单独项目列示于正常收益之下，如兰德公司 2012 年因台风导致非正常损失 $7 500 000（税后）单独列示于正常收益之后，公司营业收益减去损失加上利得即为企业的净收益。可见，收入、费用、利得和损失是构成收益表的基本要素。表 1－2 为兰德公司 2012 年度的收益表，收益表计算出的净收益反映于年末资产负债表的留存收益之中。

表 1－2　兰德公司收益表和留存收益表　单位：千美元

（2012 年度，截至于 12 月 31 日）

销售收入		$ 120 000
减：销售成本		73 000
销售毛利		47 000
营业费用：		
销售费用	$ 13 500	
行政管理费用	7 500	
营业费用合计		21 000
营业收益		26 000
利息费用		3 200
税前收益		22 800
所得税费用		4 560
持续经营净收益		18 240
非常项目损益：		
台风灾害损失（减所得税节约 2 500）		7 500
净收益		10 740
留存收益期初余额（2012/01/01）		22 340
合计		33 080
减：已宣布现金股利		2 500
留存收益期末余额（2012/12/31）		$ 30 580

一般并未将留存收益表（Statement of Retained Earnings）列为主要报表之一，但大多数公司的年度财务报表都包括留存收益表或股东权益变动表。

留存收益表反映企业留存收益的变动情况，内容包括留存收益的期初余额、本期的净收益（或亏损）、留存收益的分派和留存收益的期末余额。留存收益表上的留存收益期末余额应同资产负债表上的数额相一致。有些企业将收益表和留存收益表合为一体，称为收益及留存收益表，如表 1－2 所示。

（二）收益表的基本要素

1. 收入

收入（Revenue）是指企业在某一期间内，通过销售商品或提供劳务，或构成其不断进行的主要营业活动的其他业务而实现的收入。企业取得收入会导致现金或其他资产的流入，或负债的减少（或两者兼而有之）。收入的确认应遵循收入实现的基本原则。

2. 费用

费用（Expenses）是指企业在赚取收入的经营活动过程中发生的各项耗费。企业发生费用会导致现金或其他资产的流出，或其他资产的耗费或负债的增加（或两者兼而有之）。

3. 利得

利得（Gain）是指企业由于主要经营活动以外的或偶然发生的交易，以及在某一期间内除了由于收入或所有者投资以外的其他所有交易及事项引起的所有者权益的增加，如商业企业处置其固定资产所获取的收益。

4. 损失

损失（Losses）是指企业由于主要经营活动以外的或偶然发生的交易，以及在某一期间内除了由于费用或企业向所有者分派以外的其他所有交易及事项引起的所有者权益（净资产）的减少，如企业因自然灾害所发生的损失等。

5. 综合收益

综合收益（Comprehensive Income）是企业在某一期间内除了所有者投资和企业向所有者分派以外、即除权益性交易以外的其他所有交易或事项引起所有者权益（净资产）的变动。收入、费用、利得和损失都是综合收益的组成部分，但综合收益不限于收入、费用、利得和损失，而是按照总括收益观概念确定的收益。

资产、负债、所有者权益、收入、费用、利得、损失、综合收益、所有者向企业投资和企业对所有者的分派称为会计的十大要素，美国财务会计准则委员会的“财务会计概念公告”第六号《财务报表的基本要素》对十大要素进行了定义。关于收益表和资产负债表在第四章还将深入介绍。

四、现金流量表及其内容

现金流量表（Statement of Cash Flows）是揭示企业现金流动情况的报表，反映一定期间内企业获取现金的方式和现金的使用情况，有助于报表的使用者预测企业创造现金的能力，评价企业的财务弹性和投资决策，分析对企业的投资风险。

现金流量表是企业对外提供的重要财务报表，编制现金流量表需要将企业的现金流量分为三大部分：营业活动所提供的现金，投资活动所提供的现金和筹资活动所提供的现金。营业活动的现金流动、投资活动的现金流动和筹资活动的现金流动是构成现金流量表的基本内容。现金流量表从营业活动、投资活动和筹资活动三个方面揭示企业现金的流动情况，为预测和评价企业创造现金的能力、分析企业的财务弹性提供重要信息。现金流量表的详细内容及编制程序和方法将在第十二章详细介绍。

本章小结

本章介绍财务会计的基础理论，要求重点掌握财务信息的质量特征、会计的基本假设和基本原则、会计确认与计量、通用目的财务报表及其基本要素。

1. 财务报告概念框架

美国财务会计准则委员会最先提出财务会计概念框架，1989 年国际会计准则委员会也发布了《财务报表编制和列报的概念框架》，该框架经过修订已更名为《财务报告概念框架》于 2010 年 3 月发布，《财务报告概念框架》分为四章，依次是：通用目的财务报告；报告主体；有用财务信息的质量特征；框架的其他内容（会计要素及要素的确认和计量，资本保持等，主要是 1989 版的内容）。

2. 财务信息的质量特征

财务报告的目标在于向财务报告的使用者提供他们决策需要的有用信息。决策有用的财务信息应具备一定的质量品质，决策有用的财务信息应具备基本的品质特征：相关性、如实反映（可靠性）。理想的有用财务信息还应具备可比性、可验证、及时、易懂等提升质量的品质特征。这些质量特征由各自的品质要素构成，有着层次上的区分。

3. 会计的基本假设和基本原则

会计的基本假设是财务会计进行确认、计量、记录、汇总和报告的前提条件。会计基本假设包括：经济主体、持续经营、货币计量单位和会计分期四个方面。

会计的基本原则是会计人员据以辨认、计量和记录经济业务，提供财务报告的指南。会计基本原则具体包括：历史成本原则、收入原则、配比原则和充分披露原则，贯彻收入实现原则和配比原则，构成权责发生制的会计基础。由于企业所处环境的复杂性和实践的多样性，提出一些修正性原则，修正原则有：稳健性、行业惯例等。

4. 会计确认和计量属性

会计确认是将某事项作为会计要素报告与财务报表，会计计量是以货币为计量单位给会计要素以数量上的分配。关于会计利润的确认有财务资本保持与实物资本保持两种主要概念，对于会计计量国际会计准则提出历史成本、现行成本、可实现净值、贴现值等会计计量的概念。

5. 通用目的财务报表及其要素

财务报表是指通用目的财务报表，主要有：资产负债表、损益表、现金流量表以及留存收益表或业主权益表等。

财务报表内容的总括分类称为财务报表的要素，简称会计要素。财务报表的要素可以分为两大类：其一表达某一时日的财务状况的要素，即反映经济资源存量信息的要素，如资产、负债和所有者权益。其二为表达某一期间内交易或经济事项对企业经营活动所产生的影响，即反映经济资源流量信息的要素，如收入、费用、利得和损失，以及所有者对企业的投资和企业向所有者的分派。表达存量和流量的要素互相联系，互相转化，描述企业的经营活动和经营成果，是会计程序对象的具体化。

复习思考题

1. 公认会计准则的产生和发展与会计环境变化有何联系？
2. 《财务报告概念框架》包括哪些主要内容？
3. 财务会计的基本目标是什么？理想的财务信息应具备哪些质量特征？
4. 理解基本质量特征与提升质量的特征。
5. 理解财务会计的基本假设和基本原则。
6. 在通货膨胀的环境下，货币计量单位的假设会导致什么样的会计问题？
7. 为什么说会计分期的假设会导致会计上的计提和递延？
8. 如何理解会计确认和计量？
9. 有哪两种资本保持概念？如何理解？
10. 会计要素的确认应满足哪些条件？
11. 收入原则包含哪些内容？何谓收入实现？
12. 什么叫权责发生制？它同收付实现制有什么不同？
13. 什么叫配比原则？它同权责发生制有什么关系？
14. 损益表提供哪些信息？用于什么目的？
15. 资产负债表的主体由哪三个部分构成？提供给使用者什么信息？
16. 区别收入和利得、费用和损失。
17. 为什么称所有者权益为剩余权益？

第二章

会计循环——交易分析与复式记账

本章内容提示

介绍复式记账原理和借贷记账法；账户的结构和借贷记账法的记账规则；日记账和编制会计分录；过账及总分类账和明细分类账；试算平衡和会计程序。

企业在日常的生产经营过程中会发生各种经济活动或事项，财务会计将这种直接影响会计主体财务状况或经营成果的经济事项称为经济业务（Transactions）。企业发生了经济业务后，财务会计的基本工作就是采用复式记账的专门方法对这些经济业务进行全面、系统的记录与汇总，并对外提供出一套反映企业财务状况、经营成果及现金流量信息的财务报表。财务会计完成这些工作需要采用一系列专门的会计方法和工作程序，而复式记账方法就是会计处理程序中最重要的核心内容，只有理解了复式记账原理才能奠定学习财务会计知识体系的基石，因此学习财务会计首先从学习复式记账方法开始。

第一节　复式记账基本原理

财务会计的记账方法经历了由单式记账到复式记账的发展演变过程，复式记账原理是由意大利数学家卢卡·帕乔利（Luca Pacioli）在15世纪末提出的，至今已有五百多年的历史，为世界各国所通用，并沿袭至今。

一、复式记账原理和借贷记账法

复式记账是为世界公认的科学的记账方法，采用复式记账可以全面记录和反映企业生产经营活动的全貌。

（一）复式记账原理

前已述及，企业在日常生产经营过程中发生的各种经济活动或事项称为经济业务，会计上也统称为交易或事项，如企业购买商品、支付工资、销售商品等。任何一笔经济业务的发生都会产生两个方面的影响，存在因果关系、来龙去脉。所谓复式记账（Double-entry System）是指在每一笔经济业务发生后，要以相等的金额，同时在两个或两个以上相互联系的项目中进行记录。根据第一章所介绍的基本会计等式“资产 = 负债 + 所有者权益”，企业发生的经济业务将会引起资产、负债和所有者权益项目之间或内部各项目间的增减变动，但不会破坏“资产 = 负债 + 所有者权益”的平衡关系，即对某一会计主体而言，这种平衡关系在该会计主体持续经营的任一时点都成立（因此也被称为会计恒等式）。可见，复式记账的原理是建立在基本会计等式基础上的。

根据基本会计等式“资产 = 负债 + 所有者权益”的平衡关系，一笔经济业务的发生不会仅影响一个会计要素项目的变动，而是必然引起至少两个会计要素项目的变动。例如，以现金购置机器设备这笔经济业务，必然会引起两个资产项目的变动，即一个资产项目（机器设备）的增加，另一个资产项目（现金）的减少。这笔经济业务发生之后，企业的资产总额不变，依然等于负债加上所有者权益总额。如果只记录了一个资产项目的变动，则基本会计等式中的平衡关系就会被破坏。同样，如果是赊购机器设备，必然会引起一个资产项目（机器设备）的增加和另一个负债项目（应付账款）的增加；如果是投资者向企业投入机器设备，必然会引起一个资产项目（机器设备）的增加和另一个所有者权益项目（实收资本或普通股）的增加。这些经济业务发生之后，企业的资产总额依然等于负债加上所有者权益总额。

企业的净收益属于所有者，因此，所有者权益不仅因所有者向企业投资和企业向所有者分配而变动，而且更会随着企业的经营成果而变动。企业一定会计期间内赚取的收入与发生的费用相配比的经营成果即净收益（或净亏损）会使得所有者权益按照相应的金额增加（或减少）。也就是说，企业赚取的收入（含利得）使得所有者权益增加，发生的费用（含损失）则使所有者权益减少，即收入减去费用后的净收益归属于所有者权益。因此，所有者权益涵盖了收入与费用要素，从动态的角度考察基本会计等式可以将其扩展为：

资产 = 负债 + 所有者权益 + 收入 − 费用

如果将等式右边的费用移至等式左边，则变动后的扩展基本会计等式如下：

资产 + 费用 = 负债 + 所有者权益 + 收入

这样，企业发生经济业务所引起会计要素的增减变动将扩展至资产、负债、所有者权益、收入和费用这五类会计要素项目之间。前述引起资产变动的原因除了负债、所有者权益及资产本身外，还会由收入或费用引起，如企业因销售商品赚取收入而使资产增加，或因支付工薪发生费用而使资产减少。不仅如此，根据扩展的基本会计等式，资产和费用这两类要素具有相同的变动方式，负债、所有者权益和收入这三类要素具有相同的变动方式。

根据扩展基本会计等式两边的对应关系可以推知：当一笔经济业务的发生使得资产、负债、所有者权益、收入和费用要素中的某一项目发生一定金额的变化时，必然要引起其他要素的某一项目发生相同金额的变化或同一要素中的另一项目发生相同金额的变化，以维持基本会计等式的平衡关系。五类会计要素之间增减变动的对应关系归纳如表 2－1 所示。

表 2－1　　五类会计要素之间增减变动的对应关系表

某类项目的变动	可能引起	对应项目的变动
资产增加		资产减少
负债减少		负债增加
所有者权益减少		所有者权益增加
收入减少		收入增加
费用增加		费用减少

由此可见，企业任何经济业务的发生，必然要导致双重影响，即至少引起两个或两个以上会计要素项目的变化，且变化的金额相等，并保持基本会计等式的平衡关系。所以，在对发生的经济业务进行会计记录时，要分别在两个或两个以上的相关项目中同时记录，且记录的金额相等，这就是复式记账的基本原理。

（二）借贷记账法

复式记账原理就是要相互联系地记录经济业务，那么用什么样的方法来实现复式记账原理呢？这就是具体的记账方法。目前世界各国普遍采用的一种复式记账方法是借贷记账法。所谓借贷记账法是指以“借”、“贷”两字作为记账符号，记录经济业务引起的会计要素增减变动情况的一种复式记账方法。

借贷记账法起源于 13 世纪的意大利，最初是为了适应借贷资本家记录其现金的借入和贷出业务的需要，用“借”、“贷”两字分别表示债权和债务的变化。随着资本主义商品经济的发展，各行业的经济活动内容日趋复杂，记录的经济业务也就不再仅限于债权债务等借贷业务，而逐渐扩展到财产物资、投入资本、经营收支和经营损益等的增减变化。于是，“借”、“贷”两个字就逐渐失去了原来字面上的含义，而转化为纯粹的记账符号，变成会计上的专门术语。到 15 世纪，借贷记账法逐渐完备，被用来反映资本的存在形态和所有者权益的增减变化。与此同时，形成了借贷记账法的理论基础，即“资产=负债+所有者权益”这一基本会计等式。根据这个理论确立了借贷记账规则，从而使借贷记账法成为一种科学的记账方法，为世界上多数国家广泛采用，并成为一种通用的国际商业语言。

二、账户及其基本结构

前已指出，财务会计就是运用专门的会计方法与会计程序对企业发生的经济业务进行确认与计量，最终提供反映企业财务状况和经营成果的财务报告。对经济业务的确认与计量就是通过设置账户和登记账簿来完成的。

（一）账户

企业经济业务的内容有多种多样，包括筹资、投资、采购、生产和销售等各方面，它们所引起的各个会计要素的内部构成以及各会计要素之间的增减变化也错综复杂，表现为不同的形式。如果仅仅使用资产、负债、所有者权益、收入、费用这五个会计要素项目来记录经济业务，则提供的会计信息就过于综合，不利于会计信息使用者了解企业的具体经营状况。为了对会计要素的具体内容进行确认和计量，就需要根据其各自的不同特征，分门别类地确定会计要素的具体项目，并为每一个具体项目开设一个账户。所谓账户（Account）是指具有一定的结构和格式，用来分类记录会计要素具体项目增减变动情况及其结果的记账专户。因而，企业首先要确定并设置一系列反映不同经济内容的账户，以此用来对各项经济业务进行分类记录。

在实务中，每一个企业都应该根据自身的经营特点和管理需要设置账户，即账户的设置既要满足会计处理的需要，也要考虑对外报告和内部管理的要求。

（二）账户的基本结构

经济业务发生后所引起某一特定会计要素的变动，从数量方面来看，不外乎增加和减少这样两个相反方向的变化。因此，账户在结构上也相应地分为左方和右方两个基本部分，每一方再根据实际需要分为若干栏次，分别用以记录经济业务引起的会计要素增加和减少的数额以及增减变动的结果。在会计实务中，账户的结构和格式是多种多样的，但是，不论是何种性质的账户，其基本结构总是相同的。每一种格式的账户都应当包括以下基本内容：

（1）账户的名称。

（2）日期和过账记号，即经济业务发生的时间和账户记录的来源及依据。

（3）摘要，即经济业务的内容。

（4）增加和减少的金额。

账户的左、右两方是按相反方向来记录增加额和减少额的。如果规定账户的左方记录增加额，则右方就记录减少额；反之，如果在右方记录增加额，则左方就记录减少额。在具体账户的左、右两方中究竟规定哪一方记录增加额，哪一方记录减少额，则取决于各账户记录的经济内容和所采用的记账方法。

在借贷记账法下，账户的基本结构是将每一个账户都分为“借方（Debit）”和“贷方（Credit）”，按照会计惯例，账户的左方为“借方”，账户的右方为“贷方”。记录在借方的金额合计数称为借方发生额，记录在贷方的金额合计数称为贷方发生额。为了便于会计教学和练习，在教科书中一般将账户的基本结构形象地用简化格式“T”型账户来表示。借贷记账法下“T”型账户的格式如图 2－1 所示。

借方　　　　账户名称	贷方
借方发生额	贷方发生额

图 2－1　T 型账户格式图

而在企业会计实务中，账户的具体格式通常采用三栏式账户（即借方、贷方和余额三栏）或多栏式账户，以增加更多信息，满足管理方面的需要。

会计要素在一定的会计期间内会受到许多经济业务的影响，反映会计要素变化的账户就会记录下当期每笔经济业务的发生额，即本期增加额和本期减少额。本期增加额和本期减少额是指在一定的会计期间内，账户在左右两方分别登记的增加金额的合计数和减少金额的合计数，通常又将其称为本期增加发生额和本期减少发生额。本期增加发生额和本期减少发生额相抵后的差额，即为本期的期末余额。将本期的期末余额转至下一会计期间，就成为下期的期初余额。因此，每一个账户都会存在四个基本的数量：期初余额、本期增加发生额、本期减少发生额和期末余额。这四项金额之间的关系可以用公式表示如下：

期末余额＝期初余额＋本期增加发生额－本期减少发生额

在账户中记录上述四个基本数量时，期初余额和期末余额的记录方向一般与增加额的记录方向一致，与增加额记录在同一个方向中的账户余额称为正常余额。

在借贷记账法下，账户的左右两方记录相反变化的金额，即如果借方记录增加额，贷方就记录减少额；反之如果借方记录减少额，贷方就记录增加额。究竟哪一方登记增加额，哪一方登记减少额，则取决于账户反映的经济内容的性质。不同性质的账户，其结构是不同的。

三、借贷记账法的记账规则

在借贷记账法下，由“资产＋费用＝负债＋所有者权益＋收入”这一扩展基本会计等式的关系所决定，若要保持基本会计等式的平衡关系不被破坏，那么，资产和费用类账户的结构必须与负债、所有者权益和收入类账户的结构相反。资产和费用类账户的结构是：借方登记资产和费用的增加额，贷方登记资产和费用的减少额；负债、所有者权益和收入类账户的结构是：贷方登记负债、所有者权益和收入的增加额，借方登记负债、所有者权益和收入的减少额。

前已述及，各类账户的余额记录方向一般与增加额的记录方向一致，与增加额记录在同一个方向中的账户余额就是正常余额。由于资产类账户借方登记增加额，则其正常余额记录在借方，形成借方余额；负债和所有者权益类账户贷方登记增加额，则其正常余额记录在贷方，形成贷方余额。对于收入类账户，由于贷方记录的收入增加额一般要在期末通过结账从借方转出，从而将收入类账户结清，所以，收入类账户在期末结账后通常没有余额。但是，在期末结账之前，收入类账户存在正常的贷方余额。对于费用类账户，由于借方记录的费用增加额一般也要在期末通过结账从贷方转出，从而将费用类账户结清，所以，费用类账户在期末结账后通常也没有余额。但是，在期末结账之前，费用类账户存在正常的借方余额。用“T”型账户来表示借贷记账法下五类账户的结构如图 2－2 所示。

资产类		负债类		所有者权益类		收入类		费用类	
借方	贷方	借方	贷方	借方	贷方	借方	贷方	借方	贷方
+	－	－	+	－	+	－	+	+	－
*			*		*		*	*	

注：“＋”表示增加额，“－”表示减少额，“＊”表示正常余额所在方向

收入和费用类账户在期末结账后应无余额

图 2－2　五类账户记账方向图

依据上述记账方向的规定，不同类型会计要素的账户所记录的金额的具体内容可用下列公式表示：

资产和费用类账户期末余额＝期初余额＋本期借方发生额－本期贷方发生额

负债、所有者权益和收入类账户期末余额＝期初余额＋本期贷方发生额－本期借方发生额

在引入了账户这种记账工具，并规定了不同类要素账户的记账方向之后，依据复式记账的基本原理对经济业务进行记录时，借贷记账法将遵循这样的记账规则：“有借必有贷，借贷必相等”。这一记账规则可具体表述如下：

（1）对每一笔经济业务引起会计要素的变动金额，都必须在至少两个相互联系的账户中进行记录；

（2）记录经济业务的账户可以是同一类账户，也可以是不同类账户，但必须分别记入一个账户的借方和另一个账户的贷方；

（3）记入借方的金额必须与记入贷方的金额相等。

对于比较复杂的经济业务，可能会影响两个以上的账户，这时，依然遵循“有借必有贷、借贷必相等”的记账规则，即如果记入一个账户的借方，必须同时记入另几个账户的贷方；或者，如果记入一个账户的贷方，必须同时记入另几个账户的借方；记入借方的总金额必须与记入贷方的总金额相等。

第二节　日记账和分类账

企业各种经济业务的实质体现为会计要素中的具体项目的有规律增减变动。会计处理系统是通过由所有账户构成的账簿体系来记录这些具体项目金额的增减变化，包括各种日记账和分类账。

一、会计分录

会计人员在记录经济业务时，首先要对经济业务发生时填制的、用以记载交易具体内容、证明交易发生的书面证明（称为原始凭证）进行审核和分析，并运用借贷记账法的记账规则确定每笔经济业务所涉及的账户名称、各账户应借记和应贷记的方向以及各账户应记的金额。在会计实务中，这项工作是通过在日记账上编制会计分录完成的。之后，再经过过账的步骤，将每笔经济业务涉及的借方和贷方账户发生额，从会计分录分别转记到总分类账中开设的相应账户中。

会计分录（Entry，简称分录）是指标明每笔经济业务应借记和应贷记的账户名称及其金额的记录。为了便于学习和教学，一般采用以下书写规则表示会计分录，即上借下贷，借贷错开，金额前不必写出货币符号：

借：账户名称　　　　　　　　　　×××（金额）

　　贷：账户名称　　　　　　　　　　×××（金额）

会计分录一般分为简单会计分录和复合会计分录。简单会计分录只涉及两个账户，是一借一贷的形式；复合会计分录则涉及两个以上的账户，包括一借多贷、一贷多借以及多借多贷的形式。在实际工作中，如果一笔经济业务涉及多借多贷的账户，为全面反映此项经济业务可以编制多借多贷的复合会计分录，但不允许将几笔不同经济业务合并编制复合会计分录。

编制会计分录时，一般按以下步骤进行：

（1）对经济业务进行分析，确定其所涉及的账户的名称和性质。

（2）根据账户的性质及经济业务的具体内容，运用借贷记账法的记账规则确定应借记和应贷记的方向及其金额。

【例 2－1】 现以安达股份有限公司 2012 年 12 月份发生的经济业务为例，说明用借贷记账法编制会计分录的过程。安达股份有限公司是一家小型运输服务公司，本例中该公司根据其业务特点和管理需要设置的账户一览表（Charts of accounts）如表 2－2 所示。

表 2－2 **安达公司账户一览表**

资产类	所有者权益类
101 现金 111 应收票据 131 应收账款 151 物料用品 161 预付保险费 163 预付房租 181 货运卡车 182 累计折旧	301 普通股 312 留存收益 331 收益汇总
	收入类
	401 营业收入
	费用类
负债类	501 广告费用 503 汽油费用 504 工薪费用 506 水电费用 507 保险费用 508 房租费用 509 物料费用 510 折旧费用
211 应付账款 231 预收收入 241 应付工薪	

假设安达公司于 2012 年 12 月 1 日开业，12 月份发生的经济业务如下：

（1）12 月 1 日，股东向安达公司投入现金 \$100 000 换取普通股股票，款项已存入公司的开户银行。

这笔业务涉及资产和所有者权益两类要素，其中资产类要素的具体账户是“现金”，所有者权益类要素的具体账户是“普通股”，所有者投入现金使资产和所有者权益同时增加，因此应记入“现金”账户的借方和“普通股”账户的贷方。用会计分录的形式记录如下：

借：现金　　　　100 000

　　贷：普通股　　　　100 000

（2）12月1日，安达公司以现金 $80 000 购买了两辆货运卡车。

这笔业务只涉及资产类要素，一项是“货运卡车”账户，另一项是“现金”账户，以现金购买货车导致货运卡车增加，同时现金减少，因此应记入“货运卡车”账户的借方和“现金”账户的贷方。用会计分录的形式记录如下：

借：货运卡车　　80 000
　　贷：现金　　80 000

（3）12月1日，安达公司在安泰保险公司为上述汽车购买一年的保险，支付现金 $2 400。

用现金购买保险时，其支出属于一种预付款，而不是费用。因为 $2 400 保险单的受益期是一年，它将带来未来的经济利益，使企业产生一项享用未来保险利益的权利，而这种权利属于一项资产。这项资产直到每个会计期末，才将当期被耗用掉的部分转化为相关费用。因此，这笔业务只涉及资产类要素，支付一年的保险费使预付保险费这一项资产增加，应记入“预付保险费”账户的借方，同时现金这项资产减少，应计入“现金”账户的贷方。用会计分录的形式记录如下：

借：预付保险费　　2 400
　　贷：现金　　2 400

（4）12月1日，安达公司以现金 $1 200 支付当日起3个月的办公用房屋租金。

这里的支付3个月房租与上一笔支付保险费业务类似，是一种预付款，使企业产生一项享用未来使用房屋利益的权利，属于一项资产。因此这笔业务只涉及资产类要素，支付3个月的房租使预付房租这一项资产增加，应记入“预付房租”账户的借方，同时现金这项资产减少，应计入“现金”账户的贷方。用会计分录的形式记录如下：

借：预付房租　　1 200
　　贷：现金　　1 200

（5）12月4日，安达公司从维特物料公司购买价值 $1 400 的物料用品，款项尚未支付。

这笔业务涉及资产和负债两类要素，购买物料使物料用品这项资产增加，同时，因款项尚未支付，导致应付账款这项负债增加，因此，应记入“物料用品”账户的借方和“应付账款”账户的贷方。用会计分录的形式记录如下：

借：物料用品　　1 400
　　贷：应付账款——维特物料公司　　1 400

（6）12月7日，安达公司向客户博利商店预收 $4 500 货物运费，约定从12月12日开始向其提供为期60天的货物运输服务。

企业预收运费时，因还未提供运输服务，所以收入尚未实现，因而这种预收款属于企业的一项负债，这种负债需要企业将来以提供运输服务给客户的方式来偿还。因此这笔业务涉及资产和负债两类要素，预收运费时会增加现金这项资产，应记入“现金”账户的借方，同时导致预收收入这项负债增加，应计入“预收收入”账户的贷方。用会计分录的形式记录如下：

借：现金 4 500
　　贷：预收收入 4 500

（7）12 月 10 日，安达公司向客户泰瑞维修店提供完货运服务后，开出金额 \$5 000 的账单，款项尚未收到。

因企业提供完货运服务后尚未收到款项，导致企业增加一项债权，这种债权属于企业的一项资产，即应收账款，同时，因为已经提供了货运服务并取得收款的权利，从而可确认收入成立，使得企业的营业收入增加。因此该笔业务应记入“应收账款”账户的借方和“营业收入”账户的贷方。用会计分录的形式记录如下：

借：应收账款——泰瑞维修店 5 000
　　贷：营业收入 5 000

（8）12 月 12 日，安达公司向阿迪体育用品商店提供货运服务并收取现金 \$800。

这笔业务使企业资产中的现金增加，同时，因为已经提供了货运服务并收取了现金，从而可确认收入成立，使得企业的营业收入增加，因此应记入“现金”账户的借方和“营业收入”账户的贷方。用会计分录的形式记录如下：

借：现金 800
　　贷：营业收入 800

（9）12 月 15 日，安达公司向维特物料公司支付现金 \$1 400，用于偿还 12 月 4 日购买的物料用品款。

用现金偿还货款使企业资产中的现金和负债中的应付账款同时减少，因此应记入“应付账款”账户的借方和“现金”账户的贷方。用会计分录的形式记录如下：

借：应付账款——维特物料公司 1 400
　　贷：现金 1 400

（10）12 月 20 日，安达公司完成对安凯电器城的货运服务，向其开出账单 \$5 700，款项尚未收到。

这笔业务导致企业的资产和收入同时增加，应记入“应收账款”账户的借方和“营业收入”账户的贷方。用会计分录的形式记录如下：

借：应收账款——安凯电器城 5 700
　　贷：营业收入 5 700

（11）12 月 24 日，安达公司收到时代报社发来的 12 月份为其所做的报纸广告费账

单 $460，款项尚未支付。

12 月份的报纸广告费应该是由该月份来承担的一项费用，这笔业务导致一项费用增加，同时导致应付账款这项负债增加，因此应记入“广告费用”账户的借方和“应付账款”账户的贷方。用会计分录的形式记录如下：

借：广告费用　　460

　　贷：应付账款——时代报社　　460

(12) 12 月 26 日，安达公司收到安凯电器城偿还其所欠的部分账款 $500。

因收回所欠账款，这笔业务使资产中的现金增加，同时，减少了资产中的应收账款。因此应记入“现金”账户的借方和“应收账款”账户的贷方。用会计分录的形式记录如下：

借：现金　　500

　　贷：应收账款——安凯电器城　　500

(13) 12 月 27 日，安达公司以现金 $200 购买物料用品。

这笔业务使资产中的物料用品增加，同时，资产中的现金减少。因此，应记入“物料用品”账户的借方和“现金”账户的贷方。用会计分录的形式记录如下：

借：物料用品　　200

　　贷：现金　　200

(14) 12 月 28 日，安达公司收到莱恩加油站开出的当月汽油费账单 $680，款项尚未支付。

收到汽油费账单使企业的一项费用增加，由于款项尚未支付，导致负债中的应付账款增加。因此应记入“汽油费用”账户的借方和“应付账款”账户的贷方。用会计分录的形式记录如下：

借：汽油费用　　680

　　贷：应付账款——莱恩加油站　　680

(15) 12 月 29 日，安达公司收到 12 月份的水电费账单 $150，并用现金支付。

这笔业务使企业的一项费用增加，同时，导致资产中的现金减少。因此，应记入“水电费用”账户的借方和“现金”账户的贷方。用会计分录的形式记录如下：

借：水电费用　　150

　　贷：现金　　150

(16) 12 月 31 日，安达公司向其股东支付现金股利 $3 000。

股利是按照股东持有的股份比例分派给股东的公司收益。向股东分派股利将使留存收益这项所有者权益减少，同时资产中的现金减少。因此，应记入“留存收益”账户的借方和“现金”账户的贷方。用会计分录的形式记录如下：

借：留存收益　　3 000

　　贷：现金　　3 000

前已述及，会计分录一般分为简单会计分录和复合会计分录。上述所有业务编制的会计分录都是简单会计分录。假如上述业务（5）中，企业购买物料用品时支付现金$400，剩下所欠的$1 000形成应付账款，则编制的会计分录即为复合会计分录，如下所示：

借：物料用品　　1 400

　　贷：现金　　400

　　　　应付账款　　1 000

二、日记账

上文中为每笔经济业务所编制的会计分录形式是为了便于教学而采用的简化形式。在会计实务中，会计分录通常是按照经济业务发生的时间顺序登记在日记账中。日记账（Journal）是指按企业经济业务发生的时间顺序登记会计分录的账簿，又称“分录日记账”或“序时账簿”。日记账可分为普通日记账和特种日记账。特种日记账是为登记某些性质相同、且经常重复发生的经济业务而设计的，如现金收付款业务和商品购销业务会在企业的日常经营中大量出现，因而可对其设置专栏式的特种日记账。除此之外，其他的经济业务则没必要设置特种日记账来登记，只需在普通日记账中登记即可。企业一般都需要设立普通日记账，是否使用特种日记账可以根据自身的业务特点确定。普通日记账（General journal）采用通用格式，是一种可以用来对任何类型经济业务登记其会计分录的日记账，其格式和内容如表2－3所示。下面以【例2－1】安达公司2012年12月份的经济业务为例，说明普通日记账的一般格式。

（1）日期栏。普通日记账的第一栏登记会计分录的编制日期。通常，年、月只是在日记账每页的顶端及年、月有变动的地方重新书写。

（2）摘要栏。登记经济业务涉及的有关账户名称和简要文字说明。第一行紧靠在该栏左边填写借方账户名称，第二行向右移一格填写贷方账户名称，第三行简明扼要地概括经济业务的基本情况。

（3）过账记号栏。在将相关金额过入到对应的分类账户时，需要在此栏填列该分类账户的编号。因此，该栏填列的数字表示已过账到相应编号的账户中，该栏填列的√号则表示已过入到对应的明细分类账户。

（4）借方金额栏。将该笔业务涉及的借方账户金额填入该栏，要与借方账户同一行。

（5）贷方金额栏。将该笔业务涉及的贷方账户金额填入该栏，要与贷方账户同一行。每笔分录的借方金额和贷方金额应该相等。

表 2-3　　**安达公司普通日记账**　　**第 1 页**

日期		摘要	过账记号	借方金额	贷方金额
2012					
12	1	现金	101	100 000	
		普通股	301		100 000
		股东用现金投资换取普通股股票			
	1	货运卡车	181	80 000	
		现金	101		80 000
		用现金购买货运卡车			
	1	预付保险费	161	2 400	
		现金	101		2 400
		为上述汽车购买一年期保险			
	1	预付房租	161	1 200	
		现金	101		1 200
		支付 3 个月房租			
	4	物料用品	151	1 400	
		应付账款——维特物料公司	211/√		1 400
		赊购备用的物料用品			
	7	现金	101	4 500	
		预收收入	231		4 500
		预收客户的货运费			
	10	应收账款——泰瑞维修店	131/√	5 000	
		营业收入	401		5 000
		为客户提供货运服务并开出账单			
	12	现金	101	800	
		营业收入	401		800
		为客户提供货运服务并收取现金			

续表

安达公司普通日记账

第 2 页

日期		摘要	过账记号	借方金额	贷方金额
2012					
12	15	应付账款——维特物料公司	211/√	1 400	
		现金	101		1 400
		偿还 12 月 4 日购买物料用品款			
	20	应收账款——安凯电器城	131/√	5 700	
		营业收入	401		5 700
		提供货运服务并向客户开出账单			
	24	广告费用	501	460	
		应付账款——时代报社	211/√		460
		收到当月广告费账单			
	26	现金	101	500	
		应收账款——安凯电器城	131/√		500
		收到客户偿还所欠的部分账款			
	27	物料用品	151	200	
		现金	101		200
		以现金购买物料用品			
	28	汽油费用	503	680	
		应付账款——莱恩加油站	211/√		680
		收到当月货运汽车汽油费账单			
	29	水电费用	506	150	
		现金	101		150
		支付当月水电费			
	31	留存收益	312	3 000	
		现金	101		3 000
		向股东支付现金股利			

三、过账和分类账

（一）过账

虽然日记账上的会计分录反映了每笔经济业务涉及的账户、记账方向及金额，通过会计分录可以清楚地了解每一笔经济业务的内容，但是，只将一定会计期间编制的会计分录简单地按时间顺序排列，每笔会计分录只能反映个别经济业务，所提供的信息是零星的和分散的，缺乏系统性，未能反映某一具体会计要素项目的总体变动情况，也不能全面、系统、完整地反映一个会计主体在一定会计期间内的整个经济活动及其财务状况和经营成果，不便于会计信息的整理与报告。为了适应对外报告的要求，提供完整、连续、系统的会计资料，就需要设置分类账，将分散在日记账上的大量会计分录，按照一定的要求登记到分类账中。因此，当每笔经济业务以会计分录形式记入日记账后，下一步工作就是要将每笔会计分录涉及的借方账户和贷方账户发生额分别登记到分类账中所开设的相应账户中去，这一转记过程称为过账（Posting）。

分类账（Ledger）是对全部经济业务按照会计要素的具体类别进行分类登记的账簿。在分类账中，将企业的全部账户按照资产、负债、所有者权益、收入和费用这五个类别的顺序分别编号和排列，组成订本账或活页账。其中，每个账户都有一个规定的编号，这是为了便于登记会计账簿，每个企业都将其所有账户的名称及编号列成账户一览表（如前述【例 2－1】中的安达公司账户一览表），并列明在账簿的扉页上。这样，通过分类账就能够将大量且分散的会计分录资料，按照会计要素的种类和构成项目加以归类与汇总，为最终编制财务报表提供所需的分类数据指标。

（二）总分类账和明细分类账

分类账根据会计要素的具体构成分别不同层次设置，一般需要设置总分类账和明细分类账，以提供不同详细程度的会计信息。总分类账（General ledger）是指按照总分类账户分类登记经济业务的账簿，简称总账。总分类账用来提供反映经济业务的总括会计信息资料，如应收账款、应付账款、普通股等。

为了满足管理及对外报告的需要，需对总分类账户做进一步细分，设置相应的明细分类账户。明细分类账（Subsidiary ledgers）是指按照明细分类账户分类登记经济业务的账簿，简称明细账。明细分类账用来提供反映经济业务的详细会计信息资料。例如，对应收账款总分类账户，需要按照每个顾客分别设置明细分类账户；对应付账款总分类账户，需要按照每个供应商分别设置明细分类账户。相对于可提供详细数据的应收账款或应付账款明细分类账户而言，应收账款或应付账款总分类账户则能提供反映此类性质相同、数量众多的经济事项的总括数据。这样，从总分类账户中可以得到应收账款或应付账款的总额数据，而对每个顾客或供应商的交易的详细记录，则可以从明细分类账的相应明细账户记录中得到。显然，总分类账户的余额应该等于其所属的各个明细分类账户余额之和。由此可见，总分类账与明细分类账的作用各不相同，总分类账对明细分类账起着统驭和控制作用，明细分类账对总分类账起着必要的补充作用。分类账提供的会计信息是编制财务报表的主要依据。

前面介绍过的“T”型账户是用于教学需要而简化的账户形式，实际工作中使用的总分类账户则更加完备，通常包括日期栏、摘要栏、过账记号栏、借方金额栏和贷方金额栏，其格式一般有“T”型账户扩充式和三栏式两种，而明细分类账则根据实际情况，可以采用多栏式。“T”型账户扩充式的结构如表 2－4 所示。

表 2－4　　“T”型账户扩充式

账户名称　　账户编号：

日期		摘要	过账记号	借方金额	日期		摘要	过账记号	贷方金额

三栏式账户的每一行都有借方、贷方和余额三栏，它的特点是每笔分录过账后都能立刻结出余额。三栏式账户的结构如表 2－5 所示。

表 2－5　　三栏式账户

账户名称　　账户编号：

日期		摘要	过账记号	借方金额	贷方金额	余额	
						借	贷

将日记账中的每笔会计分录过入分类账户的过账程序如下：

（1）过账时，先在相应账户的日期栏填入该笔分录的日期；

（2）将日记账中该笔分录的借方金额和贷方金额分别记入到相应账户的金额栏；

（3）将该笔分录所在日记账的页数填在相应账户的过账记号栏；

（4）将相应账户的编号填列在日记账的过账记号栏（参见上述日记账内容）；

（5）对于涉及明细分类账的分录，应在过入对应的总分类账户的同时也过入到相应的明细分类账户中，并在日记账的过账记号栏内用√表示，这一过程称为总分类账和明细分类账的平行登记。

【例 2－2】 根据表 2－2 安达公司账户一览表和会计处理的需要，安达公司设置的总分类账如表 2－6 所示，应收账款和应付账款明细分类账分别如表 2－7 和表 2－8 所示，在登记应收账款和应付账款总分类账的同时应登记应收账款和应付账款明细分类账。根据【例 2－1】安达公司 2012 年 12 月份经济业务所编制的日记账分录分别过账如表 2－6、表 2－7 和表 2－8 所示。

表 2－6　　**总分类账**

现金　　账户编号：101

日期		摘要	过账记号	借方金额	贷方金额	余额	
						借	贷
2012							
12	1	略	日 1	100 000		100 000	
	1		日 1		80 000	20 000	
	1		日 1		2 400	17 600	
	1		日 1		1 200	16 400	
	7		日 1	4 500		20 900	
	12		日 1	800		21 700	
	15		日 2		1 400	20 300	
	26		日 2	500		20 800	
	27		日 2		200	20 600	
	29		日 2		150	20 450	
	31		日 2		3 000	17 450	

应收账款　　账户编号：131

日期		摘要	过账记号	借方金额	贷方金额	余额	
						借	贷
2012							
12	10	略	日 1	5 000		5 000	
	20		日 2	5 700		10 700	
	26		日 2		500	10 200	

物料用品 账户编号：151

日期		摘要	过账记号	借方金额	贷方金额	余额	
						借	贷
2012							
12	4	略	日 1	1 400		1 400	
	27		日 2	200		1 600	

预付保险费 账户编号：161

日期		摘要	过账记号	借方金额	贷方金额	余额	
						借	贷
2012		略					
12	1		日 1	2 400		2 400	

预付房租 账户编号：163

日期		摘要	过账记号	借方金额	贷方金额	余额	
						借	贷
2012		略					
12	1		日 1	1 200		1 200	

货运卡车 账户编号：181

日期		摘要	过账记号	借方金额	贷方金额	余额	
						借	贷
2012		略					
12	1		日 1	80 000		80 000	

应付账款 账户编号：211

日期		摘要	过账记号	借方金额	贷方金额	余额	
						借	贷
2012							
12	4		日 1		1 400		1 400
	15	略	日 2	1 400			0
	24		日 2		460		460
	28		日 2		680		1 140

预收收入　　　　账户编号：231

日期		摘要	过账记号	借方金额	贷方金额	余额	
						借	贷
2012 12	7	略	日 1		4 500		4 500

普通股　　　　账户编号：301

日期		摘要	过账记号	借方金额	贷方金额	余额	
						借	贷
2012 12	1	略	日 1		100 000		100 000

留存收益　　　　账户编号：312

日期		摘要	过账记号	借方金额	贷方金额	余额	
						借	贷
2012 12	31	略	日 2	3 000		3 000	

营业收入　　　　账户编号：401

日期		摘要	过账记号	借方金额	贷方金额	余额	
						借	贷
2012 12	10	略	日 1		5 000		5 000
	12		日 1		800		5 800
	20		日 2		5 700		11 500

广告费用　　　　账户编号：501

日期		摘要	过账记号	借方金额	贷方金额	余额	
						借	贷
2012 12	24	略	日 2	460		460	

汽油费用　　账户编号：503

日期		摘要	过账记号	借方金额	贷方金额	余额	
						借	贷
2012		略					
12	28		日 2	680		680	

水电费用　　账户编号：506

日期		摘要	过账记号	借方金额	贷方金额	余额	
						借	贷
2012		略					
12	29		日 2	150		150	

表 2-7　　**应收账款明细分类账**

泰瑞维修店

日期		摘要	过账记号	借方金额	贷方金额	余额	
						借	贷
2012		略					
12	10		日 1	5 000		5 000	

安凯电器城

日期		摘要	过账记号	借方金额	贷方金额	余额	
						借	贷
2012		略					
12	20		日 2	5 700		5 700	
	26		日 2		500	5 200	

表 2-8　　**应付账款明细分类账**

维特物料公司

日期		摘要	过账记号	借方金额	贷方金额	余额	
						借	贷
2012		略					
12	4		日 1		1 400		1 400
	15		日 2	1 400			0

时代报社

日期		摘要	过账记号	借方金额	贷方金额	余额	
						借	贷
2012 12	24	略	日 2		460		460

莱恩加油站

日期		摘要	过账记号	借方金额	贷方金额	余额	
						借	贷
2012 12	28	略	日 2		680		680

根据应收账款明细分类账和应付账款明细分类账的记录，将应收账款各明细账户余额和应付账款各明细账户余额汇总如表 2 – 9 和表 2 – 10 所示。

表 2 – 9　　应收账款明细分类账余额汇总表

明细账户	余　额
泰瑞维修店	$5 000
安凯电器城	5 200
合　计	$10 200

表 2 – 10　　应付账款明细分类账余额汇总表

明细账户	余　额
维特物料公司	$0
时代报社	460
莱恩加油站	680
合　计	$1 140

由表可见，应收账款各明细账户余额合计数等于应收账款总账账户余额，应付账款各明细账户余额合计数等于应付账款总账账户余额。

下面将上述安达公司的总分类账户用“T”型账户格式汇总如图 2 – 3 所示。其中，数字前面的编号为经济业务发生顺序编号。

现金

借方		贷方	
期初余额	0		
（1）	100 000	（2）	80 000
（6）	4 500	（3）	2 400
（8）	800	（4）	1 200
（12）	500	（9）	1 400
		（13）	200
		（15）	150
		（16）	3 000
本期发生额	105 800	本期发生额	88 350
期末余额	17 450		

物料用品

借方		贷方	
期初余额	0		
（5）	1 400		
（13）	200		
本期发生额	1 600	本期发生额	0
期末余额	1 600		

货运卡车

借方		贷方	
期初余额	0		
（2）	80 000		
本期发生额	80 000	本期发生额	0
期末余额	80 000		

预收收入

借方		贷方	
		期初余额	0
		（6）	4 500
本期发生额	0	本期发生额	4 500
		期末余额	4 500

留存收益

借方		贷方	
		期初余额	0
（16）	3 000		
本期发生额	3 000	本期发生额	0
期末余额	3 000		

应收账款

借方		贷方	
期初余额	0		
（7）	5 000	（12）	500
（10）	5 700		
本期发生额	10 700	本期发生额	500
期末余额	10 200		

预付保险费

借方		贷方	
期初余额	0		
（3）	2 400		
本期发生额	2 400	本期发生额	0
期末余额	2 400		

预付房租

借方		贷方	
期初余额	0		
（4）	1 200		
本期发生额	1 200	本期发生额	0
期末余额	1 200		

应付账款

借方		贷方	
		期初余额	0
（9）	1 400	（5）	1 400
		（11）	460
		（14）	680
本期发生额	1 400	本期发生额	2 540
		期末余额	1 140

普通股

借方		贷方	
		期初余额	0
		（1）	100 000
本期发生额	0	本期发生额	100 000
		期末余额	100 000

营业收入

借方		贷方	
		（7）	5 000
		（8）	800
		（10）	5 700
本期发生额	0	本期发生额	11 500
		期末余额	11 500

图 2－3 安达公司 2012 年 12 月份“T”型格式的总分类账户（一）

借方	广告费用	贷方	
（11）	460		
本期发生额	460	本期发生额	0
期末余额	460		

借方	汽油费用	贷方	
（14）	680		
本期发生额	680	本期发生额	0
期末余额	680		

借方	水电费用	贷方	
（15）	150		
本期发生额	150	本期发生额	0
期末余额	150		

图 2－3　安达公司 2012 年 12 月份"T"型格式的总分类账户（二）

（三）账簿

账簿是指由一定格式的账页所组成，用来全面、系统、序时、分类地记录各项经济业务的簿籍。通过以上过账程序将经济业务归类汇总到账户中，则账户记录所形成的书面形式就是账页，将全部的账页按一定顺序装订成册就是账簿。可见，账户存在于账簿之中，账簿中的每一账页就是账户的存在形式和载体。账簿序时、分类地记载经济业务，是在个别账户中完成的，因此账簿只是一个外在形式，账户才是它的真实内容。企业会计通过在账簿系统中进行连续、分类的记录就形成编制财务报表所需要的资料。所以账簿是累计、储存经济活动信息的数据库。

在信息技术高度发展的今天，多数企业的账簿记录、存储可以通过计算机系统完成，形成电子数据库。但是企业的会计数据不仅需要实时备份，通常还需以书面文件的形式加以保存。账簿可以采用订本式，也可以采用活页式。

第三节　试算平衡表和会计循环

企业会计的日常工作就是通过分析经济业务来编制日记账分录，并将日记账分录过入总分类账和明细分类账。到了会计期末，当日记账分录都过入分类账后，为了检查记账过程中是否发生差错，以保证每笔经济业务在账户中记录的正确性，通常需要进行试算平衡。

一、试算平衡表

试算平衡（Trial balance）就是根据"资产＝负债＋所有者权益"这一基本会计等式的平衡关系，按照记账规则的要求，通过汇总计算和对比，来检查账户记录是否正确、完整的一种方法。经济业务发生后，按照“有借必有贷、借贷必相等”的记账规则，每一笔经济业务都是以相等的借方金额和贷方金额来记录的。所以，当一定会计期间的全部经济业务的会计分录都过入相关账户后，全部账户的借方发生额合计数与贷方发生额合计数必然相等。这样，可以将各个账户当期借方发生额和贷方发生额列于表内，分别求出合计数，比较是否相等，以检查记账的准确性。这种试算平衡方法称为发生额试算平衡。发生额试算平衡的公式如下：

全部账户借方发生额合计 = 全部账户贷方发生额合计

采用借贷记账法，在会计期末结账之前，资产类账户和费用类账户有正常的借方余额，负债类账户、所有者权益类账户和收入类账户有正常的贷方余额。所以，依据基本会计等式，全部账户的借方期末余额合计数与贷方期末余额合计数也必然相等。这样，可以将各个账户期末借方余额和贷方余额列于表内，分别求出合计数，比较是否相等，以检查记账的准确性。这种试算平衡方法称为余额试算平衡。余额试算平衡的公式如下：

全部账户借方余额合计 = 全部账户贷方余额合计

试算平衡一般是通过编制试算平衡表来进行的。试算平衡表又有两种格式：一种是分别编制本期发生额试算平衡表和期末余额试算平衡表；另一种是将本期发生额和期末余额合并在一张表上进行试算平衡。通过试算平衡，如果借贷方本期发生额合计或期末余额合计不相等，即试算表不平衡，就可以肯定账户的记录或计算有错误，那就必须查对账目，找出差错。必须指出的是，进行试算平衡，如果借贷方金额保持了平衡关系，只能说明账务处理的基本正确，并不能绝对肯定记账没有任何错误，因为有些账务处理错误是不影响借贷金额平衡的。例如，某笔经济业务被漏记或被重记，某笔经济业务的会计分录使用了错误的会计科目或借贷记账方向弄反，某笔经济业务的金额过入到错误的账户或过账时借贷方同时登入相同的错误金额，一笔登错的金额恰好与另一笔或几笔登错的金额相互抵销等诸如此类的错误，是无法通过试算平衡发现的，这些错误的发生，没有违反记账规则，不会破坏试算平衡关系。

【例 2－3】仍沿用【例 2－2】，根据“T”型账户的资料，编制安达公司 2012 年 12 月 31 日的试算平衡表如表 2－11 所示。该表是将本期发生额和期末余额合并在一张表上进行试算平衡的，由于该表是在下章将要介绍的账项调整前编制的，所以又称为调整前试算平衡表。

表 2-11　安达公司试算平衡表

2012 年 12 月 31 日

账　户	借方发生额	贷方发生额	借方余额	贷方余额
现金	$ 105 800	$ 88 350	$ 17 450	
应收账款	10 700	500	10 200	
物料用品	1 600		1 600	
预付保险费	2 400		2 400	
预付房租	1 200		1 200	
货运卡车	80 000		80 000	
应付账款	1 400	2 540		$ 1 140
预收收入		4 500		4 500
普通股		100 000		100 000
留存收益	3 000		3 000	
营业收入		11 500		11 500
广告费用	460		460	
汽油费用	680		680	
水电费用	150		150	
合　计	$ 207 390	$ 207 390	$ 117 140	$ 117 140

试算表中安达公司全部账户的借方发生额合计数等于贷方发生额合计数，账户借方余额合计数等于贷方余额合计数，表明安达公司的记账过程基本无误。

二、会计循环的基本步骤

会计工作必须遵循一定的会计程序。会计程序是指会计账务处理的具体步骤。换句话说，会计程序就是指将日常发生的经济业务，依据一定的步骤和方法加以确认、计量、记录和报告的过程。

本章介绍了经济业务发生之后企业会计人员所进行的若干环节的会计日常工作，包括将经济业务记入日记账，再登入分类账，并进行试算平衡等，这些会计的日常工作属于会计程序的一部分。由于会计工作最终是要以财务报表的形式定期对外提供反映企业财务状况和经营成果的会计信息。因此，会计的日常工作，除了上述已介绍的环节外，还要继续进行若干步骤，直至编制出本会计期的财务报表，同时结清那些仅属于本期的会计账目，并为下一个新会计期间的开始做好准备工作。为编制出所需的财务报表，每个会计期间所发生的经济业务，都要通过由一系列会计工作环节组成的规范化的会计程序进行会计账务处理，将大量的由经济业务所产生的经济信息转换为系统的会计信息。由于这些依次继起的工作环节在每一个会计期间都会周而复始地发生，因此称之为会计循环。

会计循环一般包括以下基本步骤和内容：

（1）分析经济业务并编制日记账会计分录——根据原始凭证分析经济业务，运用借贷记账法的记账规则确定每笔业务应借记和应贷记的账户及金额，并按时间顺序在日记账中登记。

（2）过账——根据日记账中的会计分录，将应借记和应贷记的金额分别转记到相应的总分类账和明细分类账的有关账户中。

（3）调整前试算平衡——通过编制试算平衡表，将各账户的发生额或期末余额按借贷方向分别加计总额以验证是否相等，目的在于判断是否存在账户记录的错误。

（4）账项调整——根据权责发生制基础，于会计期末在日记账中编制账项调整分录并过入分类账中，以保证会计记录的准确和完整。

（5）调整后试算平衡——根据账项调整后的各账户余额编制调整后试算平衡表。

（6）编制财务报表——根据调整后试算平衡的账户余额编制财务报表。

（7）结账——在日记账中结转暂时性账户并过账，从而结清专门归集本期净收益的收入类和费用类账户，并把本期净收益转到所有者权益类账户中。

（8）结账后试算平衡——根据结账后的各账户余额编制结账后试算平衡表，为下一会计期间的会计循环做好准备。

本章介绍了会计循环的前三项步骤，即分析经济业务并编制日记账会计分录、过账和试算平衡。这些会计的日常工作在企业中是持续、大量、频繁发生的，而每一会计期末的后期工作，即会计循环的后五项步骤将在下一章介绍。

本章小结

1. 复式记账和借贷记账法

复式记账原理是指在每一笔经济业务发生后，要以相等的金额，同时在两个或两个以上相互联系的账户中进行记录。账户是指具有一定的结构和格式，用来分类记录会计要素具体项目增减变动情况及其结果的记账专户。

借贷记账法是指以“借”、“贷”两字作为记账符号，记录经济业务引起的会计要素增减变动情况的一种复式记账方法。在借贷记账法下，账户的基本结构是将每一个账户都分为“借方”和“贷方”，账户的左方为“借方”，账户的右方为“贷方”。借贷记账法的记账规则是“有借必有贷、借贷必相等”。

2. 会计分录和日记账

对经济业务的记录首先是以会计分录的形式记入日记账。日记账是指按企业经济业务发生的时间顺序登记会计分录的账簿。会计分录是指标明每笔经济业务应借记和应贷记的账户名称及其金额的记录，会计分录一般分为简单会计分录和复合会计分录。

3. 分类账和过账

将每笔会计分录涉及的借方账户和贷方账户发生额，分别登记到分类账中开设的相应账户的过程称为过账。分类账是对全部经济业务按照会计要素的具体类别进行分类登记的账簿，分类账包括总分类账和明细分类账。总分类账简称总账，用来提供反映经济业务的总括会计信息资料；明细分类账简称明细账，用来提供反映经济业务的详细会计信息资料。

4. 试算平衡会计期末，当日记账分录都过入分类账后，通常需要进行试算平衡。试算平衡就是根据基本会计等式的平衡关系，按照记账规则的要求，通过汇总计算和对比，来检查账户记录是否正确、完整的一种方法。试算平衡包括发生额试算平衡和余额试算平衡。

5. 会计程序

会计程序是指将日常发生的经济业务，依据一定的步骤和方法加以确认、计量、记录和报告的过程。

复习思考题

1. 什么是复式记账原理？
2. 只导致基本会计等式一边变动，但不影响两边恒等的经济业务有哪些？
3. 会导致基本会计等式两边数额发生变动的经济业务有哪些？
4. 什么是账户？账户一般包括哪些基本内容？其四项金额之间有何关系？
5. 如何理解借贷记账法的记账规则？
6. 借方和贷方对于各类会计要素账户所记的金额变动有什么不同？

7. 什么是过账？日记账和总分类账有什么不同？
8. 总分类账和明细分类账是什么关系？
9. 什么是试算平衡，其目的何在？
10. 试算平衡借贷合计数相等，是否表明账户记录绝对无误，为什么？

第三章

会计循环——损益确定和账项调整

本章内容提示

介绍会计分期与损益确定的关系；账项调整的理论依据与四种基本类型的账项调整；工作底稿与财务报表的编制；结账及结账分录；会计循环及其步骤。

上一章介绍了会计循环的前三个步骤，即以会计分录记录经济业务、过账和试算平衡。其中，前两个环节的作用是将会计主体发生的日常经济业务通过运用会计的专门术语与方法来加以表述和记录，并对会计数据进行分类、汇总；而试算平衡是在一个会计期间的日常业务都记录入账后进行的，目的在于检查和判断先前的会计记录是否有误，并为编制财务报表准备数据资料。本章将继续介绍会计循环剩余的步骤，即期末账项调整、调整后试算平衡、编制财务报表、结账和结账后试算平衡。这些步骤都是在会计期末进行的。

第一节　会计分期与损益的确定

会计分期要求持续经营的企业定期提供反映企业每一会计期末财务状况和该会计期间经营成果的财务报表，以利于使用者适时决策所用，这就要求企业分期确认收入与费用。第一章我们已经了解到收入与费用的确认应遵循权责发生制会计基础，根据权责发生制对收入与费用的确认要求，产生了会计循环中必须实施的第四个步骤——期末账项调整，以此解决配比原则下收益的分期确认和计量要求。

一、会计分期与权责发生制

会计分期假设将会计主体持续不断的经营过程人为地划分为一个个相等时间长度的

会计期间，以便于分期结算账目、归集收入与费用、确定经营成果，并定期向外报送财务报表。

根据权责发生制会计基础，对收入的确认不在于是否收到了现金，而是依据收入的赚取过程是否完成，收取账款的权利是否确立。如果收入的赚取过程已经完成，并获得收取账款的权利，则不管当期是否收到现金，都应确认为当期的收入。同样，对费用的确认不在于是否付出了现金，而是依据费用是否发生，是否因费用发生而使企业受益并形成付款的责任。如果企业因此受益，并承担付款的义务，则不管当期是否支付现金，都应确认为当期的费用。此处的受益与会计主体赚取收入的经营过程紧密相关，即为赚取收入而发生的有因果联系的费用应与赚取的收入在同一会计期间入账。

二、会计分期与损益的确定

由于划分了会计期间，企业必须按期确定从事生产经营活动所取得的经营成果。企业在一定会计期间取得的经营成果表现为净收益或净亏损，即收入与费用的差额，通常也称为当期损益。因此，收入与费用类账户又统称为损益类账户。按照配比原则的要求，需要企业在每个会计期末对归属于本会计期间的收入与费用进行全面的考察分析，以确保收入与费用在其实现和发生的同一会计期间得到确认并客观计量，从而合理确定当期损益。

在企业的日常经营活动中，有些经济业务的自然周期可能与会计报告期不一致，这类经济业务不仅影响一个会计期间的损益，而且与若干个会计期间的损益相联系。例如，企业的预付保险费、预付房租等各种预付费用是伴随之前的现金支付而产生的，支付时尚未受益，但会在支付当期和以后的会计期间受益。因此，预付费用属于一项资产，需要在后续的会计期间，按照权责发生制基础考虑各期内应承担的资产消耗的金额，并相应地确认为当期的费用。同样，对于预收收入，因收到现金时并未提供商品或劳务，则收入尚未实现，所以，预收收入属于一项负债。当企业在后续的会计期间交付商品或提供劳务时，属于负债的偿还，同时也实现了收入，就需要考虑当期清偿的与预收收入相关的负债金额，并相应地确认为当期的收入。上述这些会计事项也被称为递延项目（Deferral）。除此之外，还有一些会计事项会导致本期已经发生了实际的相关权责，即收入已在本期实现，费用已在本期发生，但由于其现金的收付将在以后的会计期间才会进行，因而到会计期末，这些收入或费用与相应的资产或负债等项目尚未在会计循环的前三个步骤中得以记录，基于权责发生制基础，应将它们在本期确认为收入或费用，这些会计事项也被称为应计项目（Accrual）。

由于存在上述递延项目和应计项目，为了客观地反映各会计期间的经营成果，有必要在期末编制财务报表之前对跨期影响的相关账户进行账项调整，以正确地确认和计量归属于当前会计期间的收入与费用，并使当期内已赚取的全部收入与为赚取该收入而发生的全部费用相配比，从而合理确定当期损益。如果忽略了对相关账户的账项调整，就会影响各期收入和费用的确认与计量，导致高估或低估各期的收入和费用，从而影响到各期损益的客观计量，同时，也会影响到各期的相关资产、负债以及所有者权益的计量。由此可见，正确确认属于各个不同会计期间的收入与费用是保证财务会计信息客观、可靠的基本要求。在按会计期间确定损益的前提下，账项调整成为会计循环中有着特殊重要意义的一项必要内容。

第二节 账项调整

前已述及，由于存在递延项目和应计项目，每个会计期末，在企业日常业务的日记账分录全部过账之后需要进行会计循环的第四个步骤——期末账项调整。账项调整的内容虽然多样，但其实质不外乎是对已记录的将使后续会计期间受益的预付费用和在未来交付商品或提供服务的预收收入等递延项目进行调整，以及对本期已发生或已实现但尚未记录的应计费用和应计收入等应计项目进行调整。因此期末调整分录（Adjusting Entries）通常有四种类型。

一、预付费用的调整

预付费用（Prepaid Expenses）又称预付款项，是指已经预先支付现金，但应由本期和以后各期分别负担的费用，如预付保险费、预付房屋租金、预付报纸杂志订阅费等。当企业预先支付各项费用时，由于尚未接受相应的服务或利益，因此，该项支出就不能直接记入有关的费用账户，而应增加资产类的“预付费用”账户来表明企业将在未来收到服务或利益。随着时间的推移，到会计期末再编制调整分录，将本期已接受服务或利益的部分确认为本期费用，借记有关费用账户，同时冲减资产，贷记“预付费用”账户。除此之外，企业记录物料用品的耗用、计提固定资产折旧费用也属于这类调整事项。

【例3-1】仍沿用第二章中安达公司的例子，承接【例2-1】、【例2-2】和【例2-3】，在2012年12月31日会计期末时，属于此类的调整有以下内容：

（1）预付保险费的调整

安达公司12月1日支付为期一年的保险费 $2 400，支付当时的会计分录为：

借：预付保险费	2 400	
贷：现金		2 400

该项保险的受益期为12个月，每个月因公司的运输设备享受保险而被耗用的金额平均为$200（$2 400÷12）。12月31日，应将本月已耗用的保险金额转为本月的费用。调整分录如下：

调整（1）借：保险费用	200	
贷：预付保险费		200

上述预付保险费调整后的结果是：12月份的收益表将正确列示归属于当月的保险费用$200，余下的$2 200预付保险费将在12月31日的资产负债表中作为资产列示。这样，就使得财务报表准确地反映了会计主体的财务状况和经营成果。如果期末不做这项调整，将高估期末资产，低估当期费用，从而导致高估当期净收益和期末所有者权益。

（2）预付房租的调整

安达公司12月1日预付3个月房租$1 200，支付当时的会计分录为：

借：预付房租	1 200	
贷：现金		1 200

12月31日，应将$1 200中本月已耗用的一个月房租$400（$1 200÷3）确认为本月的费用。调整分录如下：

调整（2）借：房租费用	400	
贷：预付房租		400

通过上述对预付房租的调整，12月份的收益表将正确列示$400房租费用，余下的$800预付房租将在资产负债表中作为资产列示。这样，就使得财务报表准确地反映了会计主体的财务状况和经营成果。

（3）物料费用的调整

安达公司于12月4日和12月27日分别购入$1 400和$200的物料用品，购买当时的会计分录分别为：

借：物料用品	1 400	
贷：应付账款——汤姆物料公司		1 400
借：物料用品	200	
贷：现金		200

企业购入的物料用品，如文具、纸张、信封等办公用品，属于日常经营活动中的消耗品，当它们被耗用时就成为一项费用。由于企业的物料用品数量多、金额小，在实务中，当使用部门领用时一般不记账，而是在会计期末通过对剩余的物料用品进行实地盘点，确定期末物料用品的余额后，再按照下列公式倒推出当期耗用的物料用品金额，并记入当期费用：

本期耗用物料用品金额 = 期初余额 + 本期购入金额 − 期末余额

所以，企业购买的物料用品实质上也是一种预付费用，期末确认本期耗用的物料费用属于账项调整内容。假定安达公司 12 月 31 日对尚未耗用的物料用品进行实地盘点后，确定物料用品的月末余额为 \$900，而月初物料用品余额为零。这样，12 月份安达公司消耗的物料用品为：\$0 + (\$1 400 + \$200) - \$900 = \$700，应将消耗的这部分物料用品确认为费用，调整分录如下：

调整（3）借：物料费用 700

贷：物料用品 700

（4）折旧费用的调整

上述预付费用的受益期一般不超过 1 年，只给企业在一个会计年度内带来经济利益，在会计上将其称为收益支出，最终将全部记入当年费用。预付费用在支付时，先作为流动资产记入“预付费用”账户，然后按月分摊记入当年费用。而对于企业取得房屋、机器设备、运输设备和办公设备等厂场资产（也称固定资产）的支出，将会给企业在超过 1 年的若干个会计年度内带来经济利益，在会计上将其称为资本支出，取得时应作为非流动资产记入相应的厂场资产账户。厂场资产在使用过程中能够保持实物形态不变，但其价值却随着为会计主体提供服务而取得收入的同时，因使用中的磨损而逐渐减少，这种因使用磨损而减少的价值称为折旧（Depreciation）。根据权责发生制基础，在会计期末，必须将使该会计期间受益而应由该期承担的那部分厂场资产损耗价值转为该期的费用，以符合配比原则的要求，会计上称为计提折旧。因而会计学上的折旧就是将厂场资产的成本在其使用寿命内分摊为费用的过程。所以，厂场资产的取得实质上为使用资产而做的一项长期预付款。本例中，安达公司 12 月 1 日支付现金 \$80 000 购进两辆货运卡车，当时将购买的货车支出作为“货运卡车”入账：

借：货运卡车 80 000

贷：现金 80 000

假设货运卡车的预计使用寿命为 8 年，使用寿命终了时的预计残值为 \$8 000，按直线法计提折旧（即每期折旧额相同的折旧方法，有关具体的折旧方法将在第七章详细介绍）。这样，每月折旧额计算如下：

$$年折旧额 = (\$80\ 000 - \$8\ 000) \div 8 = \$9\ 000$$

$$月折旧额 = \$9\ 000 \div 12 = \$750$$

因此，12 月末应将 \$750 的折旧额从资产账户转入“折旧费用”账户。但与前面三种情况的期末账项调整不同的是，这里的资产减少金额（即折旧额）不直接贷记“货运卡车”账户，而是贷记专门开设的“累计折旧”账户，该账户的余额通常在贷方，反映货运卡车从开始投入使用到目前为止累计计提的折旧金额。计提折旧的调整分录如下：

调整（4）借：折旧费用 750

贷：累计折旧 750

“累计折旧”账户是一种特殊账户，它的正常余额虽然在贷方，但属于资产类账户，在会计上，通常将其称为资产备抵账户（或资产对销账户，Contra asset account）。厂场资产账户通常只反映其原始成本（即历史成本），但在编制资产负债表时，必须将“累计折旧”账户的贷方余额从相应的厂场资产账户的借方余额中减去，其差额称为厂场资产账面价值（Book value），如本例中，调整折旧费用后，资产负债表上货运卡车的账面价值为 $79 250（$80 000 - $750）。$79 250 表示货运卡车尚未耗费的剩余价值，它将在未来的会计期间继续为企业经营活动提供服务并使企业受益，因而，其成本应逐步通过计提折旧的方式在以后各期分摊确认为费用。

二、预收收入的调整

预收收入（Unearned revenues）又称预收款项，是指已经预先收取现金，但因尚未提供商品或服务而未确认的销售收入或服务收入，如预收商品销售款、预收租金等。企业预收现金时，因尚未提供商品或服务，所以收入还未实现，也就不能直接记入有关收入账户，而是通过负债类的“预收收入”账户反映，以表示企业现时承担的将在未来向客户提供商品或服务的经济责任。随着时间的推移，当企业提供了商品或服务后，一方面，负债因偿还而减少；另一方面，收入得以实现。所以到会计期末再编制调整分录，将本期已实现的收入部分确认为本期收入，一方面冲减已偿还的负债，借记“预收收入”账户，同时贷记“营业收入”账户。

安达公司 12 月 7 日预收博利商店货运服务费 $4 500，当时的会计分录为：

借：现金 4 500

贷：预收收入 4 500

假设至 12 月 31 日，安达公司已提供完成了预约货运服务的三分之一，则应将预收收入 $4 500 的 1/3 即 $1 500 作为当期的收入确认并记录。调整分录如下：

调整（5）借：预收收入 1 500

贷：营业收入 1 500

上述调整分录记录后的结果是：负债账户“预收收入”的余额为 $3 000，表示未来期间仍需继续向客户提供货运服务以履行此经济责任的金额，而在“营业收入”账户贷方则记入 $1 500，将 12 月份的营业收入记录更新为 $13 000，从而正确地反映了安达公司 12 月份赚取的营业收入。如果期末不作上述调整，将会高估期末负债，低估当期收入，进而导致低估当期的净收益和期末所有者权益。

三、应计费用的调整

应计费用（Accrued Expenses）是指本期已经发生，但期末尚未支付而未记录的费用，如应付银行的借款利息、应付员工的工薪、应付的水电费、应交政府的各种税金等。企业常常在实际付款之前就已享用了某些服务或利益，从而导致费用的发生，并由此形成了现在承担的未来偿付责任。这种偿付责任是在一定时期内积累的（如工薪费用、水电费用等）或随着时间的推移自然增长起来的（如利息费用）。到会计期末，对于这些在当期已发生但尚未用现金支付的费用，应根据权责发生制基础将其作为当期的费用确认并记录，以正确地反映受益会计期间的费用，同时，将应偿付的责任记入负债项目。所以，这类账项调整的典型会计分录是借记有关费用账户，贷记“应付利息”、“应付工薪”、“应付税金”等负债账户。

假设安达公司于每月 6 日支付员工上月的工资，因此 12 月份的工资 $3 760 将于 2013 年 1 月 6 日发放给员工。根据权责发生制基础，对安达公司而言，到 12 月底，该月份的工薪费用已经发生，应在 12 月份这个会计期间确认并记录。所以应编制的调整分录为：

调整（6）	借：工薪费用	3 760	
	贷：应付工薪		3 760

上述调整分录记录后的结果是：将本期内因使用员工劳动而应付给员工的全部工资记录为本期的费用，从而正确地反映了安达公司 12 月份为赚取收入而发生的费用，同时，将本期应承担而在未来支付工薪的责任作为负债反映。如果遗漏这项调整，将会低估当期费用和期末负债，进而导致高估当期净收益和期末所有者权益。

四、应计收入的调整

应计收入（Accrued revenues）是指本期已经实现且符合收入确认条件，但期末尚未收到现金而未记录的收入。有些情况下，企业在某一会计期内已实现了收入，如已提供了商品或服务的赊销收入，已提供了贷款的利息收入等，但到会计期末，由于尚未向客户开出收款账单或者未到最终的合约收账时点，从而一方面形成应计收入这样的资产类项目，另一方面根据收入实现原则，应将属于本期的收入确认并记录。所以，这类账项调整的典型会计分录是借记“应收账款”、“应收利息”等资产账户，贷记有关收入账户。

假设安达公司 12 月 31 日向杰瑞商店提供了货运服务，金额 $1 000，当日尚未来得及开出账单，也未收到款项，因此该笔业务未出现在第二章第二节安达公司 2012 年 12 月份的业务举例与日记账中。但月末根据权责发生制进行账项调整时，需要将此货运服务收入确认并记录。所以，应编制的调整分录为：

调整（7）借：应收账款——杰瑞商店　　1 000

　　　　　　贷：营业收入　　1 000

上述调整分录记录后的结果是：当期收益表中收入增加 $1 000，从而正确地反映了安达公司 12 月份赚取的营业收入，同时，期末资产负债表中资产增加 $1 000，以反映在未来应收取现金的权利。如果遗漏这项调整将会低估当期收入和期末资产，进而导致低估当期净收益和期末所有者权益。

本例所有的调整分录在日记账中的记录如表 3－1。

表 3－1　　　　**安达公司普通日记账**　　　　第 3 页

日期		摘要	过账记号	借方金额	贷方金额
2012					
12	31	保险费用	507	200	
		预付保险费	161		200
		记录 12 月份已使用的保险费			
	31	房租费用	508	400	
		预付房租	161		400
		记录 12 月份已使用的房租费			
	31	物料费用	509	700	
		物料用品	151		700
		记录 12 月份已耗用的物料用品			
	31	折旧费用	510	750	
		累计折旧	182		750
		计提 12 月份的折旧			
	31	预收收入	231	1 500	
		营业收入	401		1 500
		记录 12 月份已赚取的收入			
	31	工薪费用	504	3 760	
		应付工薪	241		3 760
		记录 12 月份已发生的工薪			
	31	应收账款——杰瑞商店	131/√	1 000	
		营业收入	401		1 000
		记录 12 月份已赚取的收入			

上述所有调整分录过账后，涉及调整的相关账户的记录如表 3－2 所示。

表 3－2

总分类账

应收账款　　账户编号：131

日期		摘要	过账记号	借方金额	贷方金额	余额	
						借	贷
2012							
12	10		日 1	5 000		5 000	
	20		日 2	5 700		10 700	
	26		日 2		500	10 200	
	31	调整（7）	日 3	1 000		11 200	

物料用品　　账户编号：151

日期		摘要	过账记号	借方金额	贷方金额	余额	
						借	贷
2012							
12	4		日 1	1 400		1 400	
	27		日 2	200		1 600	
	31	调整（3）	日 3		700	900	

预付保险费　　账户编号：161

日期		摘要	过账记号	借方金额	贷方金额	余额	
						借	贷
2012							
12	1		日 1	2 400		2 400	
	31	调整（1）	日 3		200	2 200	

预付房租　　账户编号：163

日期		摘要	过账记号	借方金额	贷方金额	余额	
						借	贷
2012							
12	1		日 1	1 200		1 200	
	31	调整（2）	日 3		400	800	

累计折旧 账户编号：182

日期		摘要	过账记号	借方金额	贷方金额	余额	
						借	贷
2012							
12	31	调整（4）	日 3		750		750

预收收入 账户编号：231

日期		摘要	过账记号	借方金额	贷方金额	余额	
						借	贷
2012							
12	7		日 1		4 500		4 500
	31	调整（5）	日 3	1 500			3 000

应付工薪 账户编号：241

日期		摘要	过账记号	借方金额	贷方金额	余额	
						借	贷
2012							
12	31	调整（6）	日 3		3 760		3 760

营业收入 账户编号：401

日期		摘要	过账记号	借方金额	贷方金额	余额	
						借	贷
2012							
12	10		日 1		5 000		5 000
	12		日 1		800		5 800
	20		日 2		5 700		11 500
	31	调整（5）	日 3		1 500		13 000
	31	调整（7）	日 3		1 000		14 000

工薪费用　　账户编号：504

日期		摘要	过账记号	借方金额	贷方金额	余额	
						借	贷
2012 12	31	调整（6）	日3	3 760		3 760	

保险费用　　账户编号：507

日期		摘要	过账记号	借方金额	贷方金额	余额	
						借	贷
2012 12	31	调整（1）	日3	200		200	

房租费用　　账户编号：508

日期		摘要	过账记号	借方金额	贷方金额	余额	
						借	贷
2012 12	31	调整（2）	日3	400		400	

物料费用　　账户编号：509

日期		摘要	过账记号	借方金额	贷方金额	余额	
						借	贷
2012 12	31	调整（3）	日3	700		700	

折旧费用　　账户编号：510

日期		摘要	过账记号	借方金额	贷方金额	余额	
						借	贷
2012 12	31	调整（4）	日3	750		750	

下面将上述安达公司调整后的总分类账户用“T”型账户格式汇总如图3－1所示。

借方　现金　贷方

期初余额	0		
(1)	100000	(2)	80000
(6)	4 500	(3)	2 400
(8)	800	(4)	1 200
(12)	500	(9)	1 400
		(13)	200
		(15)	150
		(16)	3 000
本期发生额	105 800	本期发生额	88 350
期末余额	17 450		

借方　应收账款　贷方

期初余额	0		
(7)	5 000	(12)	500
(10)	5 700		
调（7）	1 000		
本期发生额	11 700	本期发生额	500
期末余额	11 200		

借方　预付保险费　贷方

期初余额	0		
(3)	2 400	调（1）	200
本期发生额	2 400	本期发生额	200
期末余额	2 200		

借方　物料用品　贷方

期初余额	0		
(5)	1 400		
(13)	200	调（3）	700
本期发生额	1 600	本期发生额	700
期末余额	900		

借方　预付房租　贷方

期初余额	0		
(4)	1 200	调（2）	400
本期发生额	1 200	本期发生额	400
期末余额	800		

借方　货运卡车　贷方

期初余额	0		
(2)	80000		
本期发生额	80000	本期发生额	0
期末余额	80000		

借方　累计折旧　贷方

		期初余额	0
		调（4）	750
本期发生额	0	本期发生额	750
		期末余额	750

借方　应付账款　贷方

		期初余额	0
(9)	1 400	(5)	1 400
		(11)	460
		(14)	680
本期发生额	1 400	本期发生额	2 540
		期末余额	1 140

借方　预收收入　贷方

		期初余额	0
调（5）	1 500	(6)	4 500
本期发生额	1 500	本期发生额	4 500
		期末余额	3000

借方　应付工薪　贷方

		期初余额	0
		调（6）	3760
本期发生额	0	本期发生额	3760
		期末余额	3760

借方　普通股　贷方

		期初余额	0
		(1)	100 000
本期发生额	0	本期发生额	100 000
		期末余额	100 000

图3－1　安达公司2012年12月份“T”型格式的调整后总分类账户（一）

借方		留存收益	贷方
		期初余额	0
（16）	3 000		
本期发生额	3 000	本期发生额	0
期末余额	3 000		

借方		营业收入	贷方
		（7）	5000
		（8）	800
		（10）	5 700
		调（5）	1 500
		调（7）	1 000
本期发生额	0	本期发生额	14 000
		期末余额	14 000

借方		广告费用	贷方
（11）	460		
本期发生额	460	本期发生额	0
期末余额	460		

借方		汽油费用	贷方
（14）	680		
本期发生额	680	本期发生额	0
期末余额	680		

借方		工薪费用	贷方
调（6）	3 760		
本期发生额	3 760	本期发生额	0
期末余额	3 760		

借方		水电费用	贷方
（15）	150		
本期发生额	150	本期发生额	0
期末余额	150		

借方		保险费用	贷方
调（1）	200		
本期发生额	200	本期发生额	0
期末余额	200		

借方		房租费用	贷方
调（2）	400		
本期发生额	400	本期发生额	0
期末余额	400		

借方		物料费用	贷方
调（3）	700		
本期发生额	700	本期发生额	0
期末余额	700		

借方		折旧费用	贷方
调（4）	750		
本期发生额	750	本期发生额	0
期末余额	750		

图 3－1 安达公司 2012 年 12 月份“T”型格式的调整后总分类账户（二）

总结上述四种类型的账项调整，其会计分录的借贷方对应账户类型可归纳如表 3－3 所示。

表 3－3 账项调整类型表

账项调整类型		借方账户	贷方账户
递延项目	预付费用	费用	资产（预付）
	预收收入	负债（预收）	收入
应计项目	应计费用	费用	负债（应付）
	应计收入	资产（应收）	收入

对上述账项调整分录类型做进一步总结如下：

（1）每一类型的调整分录都至少涉及一个损益类账户（收入或费用），同时涉及一个资产或负债类账户。但调整分录都不会涉及现金账户，因为涉及现金的经济业务已在发生的当时登账，而期末调整只是在权责发生制基础上对非现金项目进行调整，使各个会计期间应承担的费用和已实现的收入得到正确的归属，以正确地反映各期的经营成果和财务状况。

（2）第一和第二种类型属于递延项目的调整。递延项目是指先前已支付现金并形成资产，但递延至期末才能确认部分或全部费用，或者先前已收取现金并形成负债，但递延至期末才能确认部分或全部收入的项目。递延项目的现金收付发生在前，而收入或费用的确认在后。

（3）第三和第四种类型属于应计项目的调整。应计项目是指费用已发生或收入已实现，应于当期确认入账，但现金的支付与收取将在以后发生的项目。应计项目的收入或费用的确认在前，而现金收付发生在后。

第三节 财务报表

期末将各项调整分录过账后，某一会计期内的全部经济业务都已登记入账，并可结计出各有关账户的发生额和期末余额，从而为编制财务报表提供了归类汇总的财务信息。但在编制财务报表之前，通常还要进行调整后试算平衡（Adjusted trial balance），以检查调整分录是否正确、完整，之后再根据汇总的各账户的正确余额编制财务报表。在实务中，一般可将调整前试算平衡表、账项调整金额和调整后试算平衡表汇编成一张工作底稿，为编制财务报表做准备。

一、工作底稿

工作底稿（Worksheet）是一种多栏式表格，表中列示出各账户调整前余额、各项调整会计分录金额及各账户调整后余额等编制财务报表所需的各项数据。每次编制财务报表之前均可先编工作底稿。该表只是会计人员用于初步汇总数据指标的一种方法，并非正式会计记录。因此，工作底稿在形式上会有各种变化，且通常用铅笔填写，以方便涂改错误。不过，当今很多企业都采用了电算化会计处理系统，一般就不用手工编制工作底稿了。

工作底稿一般包括七个栏目，基本结构如下：（1）账户编号栏；（2）账户名称栏；（3）调整前试算表栏；（4）调整金额栏；（5）调整后试算表栏；（6）收益表栏；

(7) 资产负债表栏。在后五个表栏中又各分成借方和贷方两栏。

【例 3-2】仍以安达公司为例，承接【例 2-3】和【例 3-1】，编制安达公司 2012 年 12 月份的工作底稿，如表 3-4 所示。

表 3-4　　**安达公司工作底**

2012 年 12 月份　　单位：$

账户编号	账户名称	调整前试算平衡表		调整		调整后试算平衡表		收益表		资产负债表	
		借方	贷方	借方	贷方	借方	贷方	借方	贷方	借方	贷方
101	现金	17 450				17 450				17 450	
131	应收账款	10 200		(7)1 000		11 200				11 200	
151	物料用品	1 600			(3)700	900				900	
161	预付保险费	2 400			(1)200	2 200				2 200	
163	预付房租	1 200			(2)400	800				800	
181	货运卡车	80 000				80 000				80 000	
211	应付账款		1 140				1 140				1 140
231	预收收入		4 500	(5)1 500			3 000				3 000
301	普通股		100 000				100 000				100 000
312	留存收益	3 000				3 000				3 000	
401	营业收入		11 500		(5)1 500		14 000		14 000		
					(7)1 000						
501	广告费用	460				460		460			
503	汽油费用	680				680		680			
506	水电费用	150				150		150			
		117 140	117 140								
507	保险费用			(1)200		200		200			
508	房租费用			(2)400		400		400			
509	物料费用			(3)700		700		700			
510	折旧费用			(4)750		750		750			
182	累计折旧				(4)750		750				750
504	工薪费用			(6)3 760		3 760		3 760			
241	应付工薪				(6)3 760		3 760				3 760
				8 310	8 310	122 650	122 650				
	净收益							6 900			6 900
								14 000	14 000	115 550	115 550

工作底稿的编制说明如下：

（1）将会计循环第三步骤所编制的调整前试算平衡表的内容，包括账户编号、账户名称及期末余额分别填入工作底稿的前三栏并分别合计借贷两方金额，最后将平衡后的合计总额下划双线。

（2）将调整分录的金额对应填入调整栏。对于未包括在调整前试算表中的账户，则要在前两栏中先把这些账户的编号及名称填列在那些早已列出的账户的下端，不必再按账户编号顺序排列。然后，将该栏借方和贷方金额分别加计总额。

（3）将每一账户的第三栏和第四栏的金额按同向相加、反向相减进行运算后的金额填入到第五栏，即调整后试算平衡表栏，最后将借贷方余额加计总额。

（4）将第五栏中所有收入和费用账户的余额按同一借贷方向填入到收益表栏，并将借贷方金额分别加计总额，两项合计总额之差，即收入总额与费用总额之差就是本期净收益。如本例中，安达公司收入总额为 $14 000，费用总额为 $7 100，则 12 月份的净收益为 $6 900，这一金额应列入借方栏，最后使借、贷方栏合计数平衡。若是净亏损，则列入贷方栏。

（5）将第五栏中所有资产、负债及所有者权益账户的余额填入到资产负债表栏。这里需注意的是，由于本期净收益将导致留存收益增加，从而使所有者权益增加，所以，还应将收益表栏中的净收益填入到资产负债表栏的贷方栏，这样就使得该栏借贷方合计数平衡。

根据安达公司账户记录完成工作底稿后，编制财务报表的绝大多数数据资料都已具备，可以进入编制全套财务报表的工作程序。

二、收益表和留存收益表

（一）收益表

收益表是反映会计主体在一定会计期间的经营成果的财务报表，列报于收益表上的金额都是该会计期间的流量信息。因此，收益表是一张反映企业动态经营成果的期间报表。收入、费用、利得、损失和净收益是构成收益表的基本要素。收益表的编报有单步式和多步式两种类型，本章采用最简单的单步式编制收益表，其基本模式是：收入 - 费用 = 收益。

【例 3 -3】根据安达公司工作底稿的收益表栏提供的数据编制收益表如表 3 - 5 所示。

表 3-5　　安达公司收益表

2012 年 12 月份

项　目	金　额	
营业收入		$14 000
减：营业费用		
工薪费用	$3 760	
广告费用	460	
汽油费用	680	
水电费用	150	
保险费用	200	
房租费用	400	
物料费用	700	
折旧费用	750	
营业费用合计		7 100
营业收益（净收益）		$6 900

从收益表中可以了解到，安达公司从开业到 12 月 31 日这一个月，共赚取营业收入 $14 000，相应地发生营业费用 $7 100，取得营业收益 $6 900。除营业收入外，企业还可能发生正常业务以外的其他业务损益，还会交纳所得税等。这些将在本书以后章节和后续的专业课程中陆续介绍。

（二）留存收益表

留存收益表反映会计主体一定会计期间留存收益的变动情况，即反映由于一定会计期间取得的净收益和向所有者分配收益后，留存于企业内部的净收益的累计金额发生变化的过程。具体来说，公司向股东分配股利则使留存收益减少，同时，每个会计期间取得的净收益（或净亏损）反映为留存收益的增加（或减少）。

【例 3-4】仍以安达公司为例，编制留存收益表如表 3-6 所示。

表 3-6　　安达公司留存收益表

2012 年 12 月份

留存收益期初余额（12 月 1 日）	$0
加：本月净收益	6 900
合　计	6 900
减：向股东分配现金股利	3 000
留存收益期末余额（12 月 31 日）	$3 900

从表 3－6 可以看出：安达公司留存收益表反映了该公司 2012 年 12 月 31 日资产负债表上的留存收益余额 $3 900 是如何从 2012 年 12 月 1 日开业时的金额为零变动而来的。其变动的原因来自两方面：一是因 2012 年 12 月份取得的经营成果，即收益表上的净收益 $6 900 而增加留存收益，二是因向所有者分配利润 $3 000 而减少留存收益。

留存收益表可以反映收益表和资产负债表相关数据的勾稽关系，即：

留存收益期初余额＋当期净收益－当期收益的分配＝留存收益期末余额

三、资产负债表

资产负债表是反映会计主体在某一特定日期财务状况的报表。它是一张静态的时点报表。根据工作底稿（或调整后试算平衡表）中的资产、负债和所有者权益账户的余额数据以及留存收益表中的留存收益期末余额数据就可编制资产负债表。

【例 3－5】 仍以安达公司为例，编制其资产负债表如表 3－7 所示。

表 3－7 **安达公司资产负债表**

2012 年 12 月 31 日

资　产		负债及所有者权益	
流动资产：		流动负债：	
现金	$17 450	应付账款	$1 140
应收账款	11 200	预收收入	3 000
物料用品	900	应付工薪	3 760
预付保险费	2 200	流动负债合计	7 900
预付房租	800		
流动资产合计	$32 550	负债合计	$7 900
长期资产：			
货运卡车	$80 000	所有者权益：	
减：累计折旧	(750)	普通股	$100 000
货运卡车净值	79 250	留存收益	3 900
长期资产合计	79 250	所有者权益合计	103 900
资产总计	$111 800	负债及所有者权益总计	$111 800

第四节　结账和结账后试算平衡

为了使各会计期间账簿的记录保持完整和正确，会计期末编制完财务报表后，还必须通过结账的方式，将各种会计账簿记录结计清楚，以便为下一个会计期间的记录做好准备。

一、结账

结账（Closing）是指在会计期末结出各账户的期末余额，并将收入和费用账户的余额结为零。前面已经指出，收入和费用是留存收益的组成部分，而留存收益是在资产负债表的所有者权益部分报告。由于收入、费用账户是用于累积某一会计期间的收入与费用，因此，收入和费用仅与一个会计期间相关，它们被称为临时性账户（Temporary accounts），这些账户的余额只是用于编制收益表，并计算当期的净收益。当这项工作完成后，必须将这些临时性账户的余额结转到“留存收益”账户，从而将临时性账户结清。所谓结清账户，也称结平账户，是指通过编制结账会计分录将该账户的余额转到另一个账户，从而使该账户余额结为零。这样，这些账户就为累积下一个会计期间的收入、费用数据做好准备，并与以前期间的数据区分开来。相反，所有的资产、负债和所有者权益账户被称为永久性账户（Permanent accounts），因为它们的余额不能结为零，而是继续结转到下一个会计期间。

结账时，通常要使用另一个临时性账户——“收益汇总（Income Summary）”账户，它是会计期末用于结转当期收入和费用的汇总账户。期末将全部收入和费用类账户的余额，通过编制结账分录转入“收益汇总”账户，从而将收入和费用类账户结清。期末编制结账分录的步骤如下：

（1）将所有收入类账户的贷方余额从其借方转入“收益汇总”账户贷方，即借记各收入账户，贷记“收益汇总”账户。结转后，所有收入类账户的余额为零。

（2）将所有费用类账户的借方余额从其贷方转入“收益汇总”账户借方，即借记“收益汇总”账户，贷记各费用账户。结转后，所有费用类账户的余额为零。这样，“收益汇总”账户的贷方发生额与借方发生额相抵后得出的余额为当期净收益或净亏损，即“收益汇总”账户贷方余额为当期净收益，借方余额则为当期净亏损。

（3）最后将“收益汇总”账户的余额结转到“留存收益”账户，从而结清“收益汇总”账户，使其余额为零。所以，“收益汇总”账户也是个临时性账户。结转后，“留存收益”账户的余额就会与留存收益表中的余额一致。

【例 3-6】 仍沿用安达公司的例子，根据图 3-1 的"T"型账户余额资料，编制如下结账分录：

（1）结清所有收入账户。

借：营业收入	14 000	
贷：收益汇总		14 000

（2）结清所有费用账户。

借：收益汇总	7 100	
贷：广告费用		460
汽油费用		680
工薪费用		3 760
水电费用		150
保险费用		200
房租费用		400
物料费用		700
折旧费用		750

（3）结转当期净收益。

借：收益汇总	6 900	
贷：留存收益		6 900

本例所有的结账分录在日记账中的记录如表 3-8 所示。

表 3-8　　安达公司普通日记账　　第 4 页

日	期	摘　　要	过账记号	借方金额	贷方金额
2012					
12	31	营业收入	401	14 000	
		收益汇总	331		14 000
		结清收入类账户			
		收益汇总	331	7 100	
		广告费用	501		460
		汽油费用	503		680
		工薪费用	504		3 760
		水电费用	506		150
		保险费用	507		200
		房租费用	508		400

续表

日　期		摘　　要	过账记号	借方金额	贷方金额
		物料费用	509		700
		折旧费用	510		750
		结清费用类账户			
		收益汇总	331	6 900	
		留存收益	312		6 900
		将12月份净收益结转留存收益			

下面将上述安达公司结账后的临时性账户和“留存收益”账户用“T”型账户格式汇总如图3-2所示。

结账分录过入分类账后，所有的收入、费用及“收益汇总”账户都被结清。当下一会计期间开始时，这些临时性账户期初余额为零，随着一个新的会计期间的展开，收入和费用类账户又重新开始归集属于新会计期间的收入和费用，该会计期间结束时，“收益汇总”又被用来归集这一期间的净收益或净亏损。

在实际工作中，账项调整和结账通常只在每一会计年度结束时进行。在月末或季末编制中期财务报表时，一般并不结账，账项调整也只在工作底稿上进行，通过工作底稿就能据以编制出中期财务报表。只有在会计年度结束时，才在日记账上作出账项调整和结账分录并将其过账。

二、结账后试算平衡

企业编制所有的结账分录并过账之后，会利用分类账再编制一张试算平衡表，称为结账后试算平衡表（Post-closing trial balance）。结账后试算平衡表是一张在编制结账分录并过账之后所有的永久性账户及其余额的列表。这一试算平衡表的目的是验证企业结转到下一会计期间的永久性账户余额的平衡性。结账后，由于所有临时性账户的余额为零，只有永久性的资产负债表账户仍有余额。所以，结账后试算平衡表上只会出现资产、负债和所有者权益类账户。

【例3-7】仍沿用安达公司的例子，编制结账后试算平衡表如表3-9所示。

借方	广告费用		贷方
结账前余额	460	结账（2）	460
本期发生额	460	本期发生额	460

借方	营业收入		贷方
结账（1）	14 000	结账前余额	14 000
本期发生额	14 000	本期发生额	14 000

借方	汽油费用		贷方
结账前余额	680	结账（2）	680
本期发生额	680	本期发生额	680

借方	工薪费用		贷方
结账前余额	3 760	结账（2）	3 760
本期发生额	3 760	本期发生额	3 760

借方	水电费用		贷方
结账前余额	150	结账（2）	150
本期发生额	150	本期发生额	150

借方	本年利润		贷方
结账（2）	7 100	结账（1）	14 000
结账（3）	6 900		
本期发生额	14 000	本期发生额	14 000

借方	保险费用		贷方
结账前余额	200	结账（2）	200
本期发生额	200	本期发生额	200

借方	房租费用		贷方
结账前余额	400	结账（2）	400
本期发生额	400	本期发生额	400

借方	物料费用		贷方
结账前余额	700	结账（2）	700
本期发生额	700	本期发生额	700

借方	留存收益		贷方
		期初余额	0
（16）	3 000	结账（3）	6 900
本期发生额	3 000	本期发生额	6 900
		期末余额	3 900

借方	折旧费用		贷方
结账前余额	750	结账（2）	750
本期发生额	750	本期发生额	750

图 3－2 安达公司 2012 年 12 月份“T”型格式的结账后总分类账户

表 3－9　　安达公司结账后试算平衡表

2012 年 12 月 31 日

账　　户	借方余额	贷方余额
现金	$ 17 450	
应收账款	11 200	
物料用品	900	
预付保险费	2 200	
预付房租	800	
货运汽车	80 000	
累计折旧		$ 750
应付账款		1 140
预收收入		3 000
应付工薪		3 760
普通股		100 000
留存收益		3 900
合　　计	$ 112 550	$ 112 550

到此为止，一个会计循环结束。随着另一个新的会计期间开始，又将进行一个新的会计循环，上述结账后试算平衡表中的账户余额将成为新的会计期间各分类账户的期初余额。

三、会计循环小结

在持续经营与会计分期的假设前提下，对企业连续不断的经营活动进行记录与报告的财务会计工作因而具有了依次衔接、循环往复、连续不断的特点，这样在每一个会计期间依次重复发生的、为编制财务报告而进行的一系列会计程序被称为会计循环。本书的上一章与本章对采用借贷记账方法与权责发生制基础下的一整套会计循环过程进行了阐述，现将其总结如下：

（一）分析经济业务并编制日记账会计分录

随着一个会计期间的开始，会计主体会发生种种日常经济业务。首先，要对经济业务发生时留下的相关原始凭证进行审核与分析，运用借贷记账法的记账规则确定每笔业务应借记和应贷记的账户及金额，并按时间顺序在日记账中逐笔登记。

（二）过账

根据日记账或记账凭证中的会计分录，将应借记和应贷记的发生额分别转记到相应的总分类账的有关账户中，对于设有明细分类账的，还应将相关账户发生额转记到对应的明细分类账中。

（三）调整前试算平衡（非必要）

利用会计期各账户的发生额或期末余额，通过编制试算平衡表，将其按借贷方向分别加计总额以验证是否相等，目的在于判断是否存在账户记录的错误。

（四）期末账项调整

依据权责发生制基础实施期末账项调整程序，目的在于将某些属于当期的收入和费用记入到该会计期间，并更新相关资产与负债账户的期末记录，为编制财务报表确定正确的数据。通常所做的调整分录包括四种类型：（1）确认预付费用中当期已发生的费用；（2）确认预收收入中当期已赚取的收入；（3）确认未记录但当期已发生的应计费用；（4）确认未记录但当期已赚取的应计收入。会计期末在日记账中编制上述四类账项调整分录并过入到相关分类账中，以确保会计记录的准确性和完整性。

（五）调整后试算平衡（非必要）

根据经账项调整后的各账户余额编制调整后试算平衡表，以检查调整分录是否正确、完整，并为编制财务报表汇总数据资料。

（六）编制财务报表

直接依据调整后试算平衡表及相关账户的具体记录，或者通过工作底稿的数据，编制收益表、留存收益表及资产负债表等财务报表。

（七）结账

结账就是将收入、费用和其他临时性账户结清。具体步骤是：先将收入和费用账户的余额转到“收益汇总”账户，再将“收益汇总”账户的余额转到“留存收益”账户，从而使得收入与费用等临时性账户余额结为零，并将当期的净收益（或净亏损）转入到所有者权益类账户。

（八）结账后试算平衡（非必要）

根据结账后各账户余额编制结账后试算平衡表。编制结账后试算平衡表是为了检验经过结账这一系列程序后，借贷双方余额是否仍然能够保持平衡。

上述会计循环的各项步骤中，登记日记账和过账属于会计期间进行的日常账务处理工作，而调整前试算平衡、账项调整、调整后试算平衡、编制财务报表、结账及结账后试算平衡则是在会计期末当日常经济业务入账之后进行的会计工作。其中，试算平衡并非必要步骤，仅为检查错误和方便会计处理。在实际工作中采用工作底稿时，会计循环中的编制财务报表与结账这两项工作可以同时分头进行。当然，在具体的会计实践工作中，为了结合企业的实际情况与具体条件，科学合理地组织会计工作，企业会选择不同的账务处理程序设计，这样在上述基本会计循环的一般处理框架下，在某些特定的环节中还会有各种不同的具体账务处理程序的安排。

结合本章和上一章的内容，可以了解企业会计工作的全套基本程序和基本方法，即运用借贷记账法设置和使用账户、分析并登记经济业务到编制财务报表的全过程，为以后各章的学习奠定了基础。

本章小结

1. 会计分期和期间损益确定

企业在一定会计期间取得的经营成果表现为净利润或净亏损，通常也称为当期损益。按照配比原则，企业在每个会计期末应确保收入与费用在其实现和发生的同一会计期间得到确认并客观计量，从而合理确定当期损益，而确定当期的收入和费用的依据就是权责发生制会计基础。由于划分会计期间导致出现跨期的经济业务，从而产生递延项目和应计项目。

2. 期末账项调整

为了客观反映各会计期间的经营成果，有必要在期末编制财务报表之前对跨期影响的相关账户进行账项调整，以正确确认和计量归属于当期的收入与费用，从而合理确定当期损益。账项调整主要有四种类型：确认预付费用中当期已发生的费用，确认预收收入中当期已赚取的收入，确认未记录但当期已发生的应计费用以及确认未记录但当期已赚取的应计收入。其中，前两项属于递延项目，后两项属于应计项目。

3. 调整后试算平衡与结账

账项调整完成后，应根据调整后的各账户余额编制调整后试算平衡表，以检查调整分录是否正确、完整，并为编制财务报表汇总数据资料。之后，可直接依据调整后试算平衡表及相关账户的具体记录编制财务报表。编制完财务报表后，企业还必须通过结账的方式，将各种会计账簿记录结计清楚，以便为下一个会计期间的记录做好准备。结账是指在会计期末结出各账户的期末余额，并将收入和费用账户的余额结为零。最后，再根据结账后各账户余额编制结账后试算平衡表，以检验结账后借贷双方余额是否仍然能够保持平衡。

4. 会计循环

在每一个会计期间依次重复发生的、为编制财务报告而进行的一系列会计程序通常称为会计循环。会计循环一般包括分析经济业务并编制日记账会计分录、过账、调整前试算平衡、账项调整、调整后试算平衡、编制财务报表、结账和结账后试算平衡八个步骤。

复习思考题

1. 什么是期末账项调整？其理论依据是什么？
2. 期末有哪四种类型的账项调整？试举例说明。
3. 调整后试算平衡表的作用是什么？
4. 什么是工作底稿？
5. 收益表反映了什么内容？
6. 留存收益表的作用是什么？
7. 资产负债表包括哪些内容？其结构特点是什么？
8. 什么是临时性账户和永久性账户？哪类账户是临时性账户？哪类账户是永久性账户？
9. 什么是结账？如何将临时性账户结清？
10. 为什么要编制结账后试算平衡表？

第四章

收入确认及收益表和资产负债表

本章内容提示

本章阐述了收入确认的一般原则以及会计实务中超出一般原则的情形，详细说明了商品销售业务的一般账务处理方法以及建造合同收入的不同确认方法，简要介绍了其他交易收入的确认方法。本章还综述了收益表和资产负债表的作用、项目构成以及报告方式。

第一节 收入确认

基于权责发生制的配比原则，费用应与相关的收入在同一期间确认。费用的确认时间依赖于相关收入的确认时间。可见，收入确认时间的恰当选择是收益得以合理计量的重要前提。

资本市场中基于各种目的所进行的盈余管理，一部分就是通过改变收入的确认时间实现的，要么提前确认尚未赚取的收入，要么将已赚取的收入递延至以后期间确认。例如施乐公司在 2001 年重述 1998 和 1999 年报表，显示重述之前这两年累计虚增利润 2.07 亿美元，2002 年再次重述 1997 年至 2000 年报表，显示重述之前这四年累计虚增利润 14.2 亿美元①。虚增利润的手段中涉及提前确认租赁收入以及提前确认来自出租资产组合的收益合约的收入。

① 施欢欢，李若山. 施乐公司利润操纵手段和动机的案例分析. 财务与会计，2003 (1)：18.

一、收入确认原则

在第一章中，已经了解了收入实现的基本原则，但由于交易类型的多样性和交易内容的复杂性，会计人员需要依据收入确认的一般原则并运用职业判断，将收入记录在恰当的会计期间。

收入的赚取过程涉及采购、生产、销售和回款等环节。赚得收入意味着企业实质上完成了交付商品或提供服务的合同义务，消除了诸如客户对商品是否接受、货款是否可以回收等不确定因素。

在会计实务中，销售点（交付商品时）通常满足收入确认一般原则中的各项条件，是常见的确认收入的时间点。然而，收入确认也存在例外情形，收入确认的时间可能发生销售之前或销售之后。收入确认的某些时间安排如图 4－1 所示。本图仅为部分示例，非收入确认的全部情形。

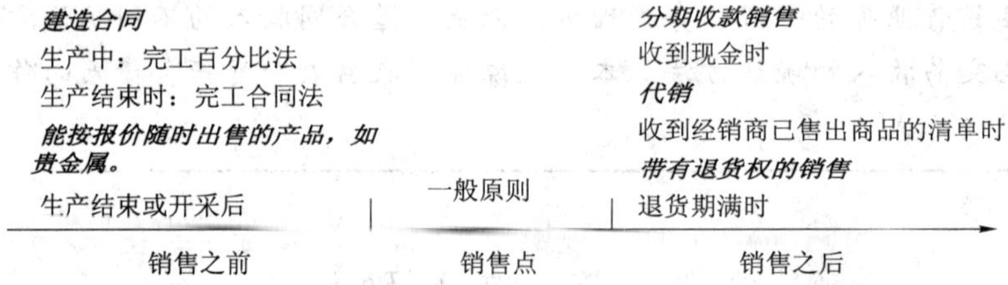

图 4－1　收入确认的时间安排

在前两章对收入确认初步了解的基础上，本章将分别对几种不同特点交易的收入确认加以讨论。

二、商品销售收入的确认

对于商业企业和一般的制造业企业，商品销售是企业最频繁的交易。相对于建造、租赁等企业其销售收入（Sales，Sales Revenue）也最易为人们所理解，即企业向客户销售商品或产品而赚得的收入。

（一）商品销售业务的一般账务处理方法

商品销售业务一般包括销售商品、负担销售运费、发生销售退回和折让、收回货款等环节。

企业交付并销售商品时，符合收入确认的一般原则，应按实际成交价格贷记“销售收入”账户。企业对外宣传商品时，通常公开商品价目表。企业销售商品时，会在价目表价格基础上给予客户一定的价格优惠，即商业折扣（Trade Discount），也就是我们所说的商品打折常，以百分比表示。商业折扣产生的原因是多样的，如促销、数量折扣及规避竞争等。实际成交价格是价目表价格与商业折扣的差额，记入销售发票（Invoice），也是入账的收入额。

【例 4-1】 2013 年 12 月 1 日恒通公司向客户赊销 200 千克甲商品，零售价每千克 \$100。购买量不低于 100 千克给予 10% 商业折扣。信用条件：2/10，n/30。到达站交货。

发票价格 = 200 × \$100 × (1 − 10%) = \$18 000

借：应收账款	18 000	
贷：销售收入		18 000

上述业务是现销时，借记现金账户；若是预收款销售，借记预收收入账户。

注：本节销售业务的账务处理，只涉及收入的记录。销售业务中有关存货的记录取决于存货盘存制，本节略去，详细内容参看存货章节。

购销双方由于存在距离甚至是处于异地，需要进行商品的运输。根据交货条件，可以判定运输途中商品的所有者，从而确定运费的负担方，以便作出正确的账务处理。交货条件分为起运站交货和到达站交货。起运站交货，是在商品交付给运输公司时，商品的所有权从销售方转移给购买方，途中商品归属于购买方，运费由购买方负担，销售方不会发生销售运费。到达站交货，是在商品到达购买方所在地，由运输公司将商品交付给购买方时，商品的所有权从销售方转移给购买方，途中商品归属于销售方，运费由销售方负担，销售方发生销售运费，借记"销售费用"账户。

续例 4-1 2013 年 12 月 4 日恒通公司向捷达运输公司开出支票，支付 \$200 运费。

由于是到达站交货，恒通公司负担运费。

借：销售费用	200	
贷：现金		200

如果是由购买方在货到时垫付运费，账务处理如下：

借：销售费用	200	
贷：应收账款		200

在起运站交货条件下，恒通公司不负担运费。如果是由购买方在货到时支付运费，恒通公司不需要将运费入账。如果是由销售方在起运站垫付运费，账务处理如下。

借：应收账款	200	
贷：现金		200

购买方收到商品后，按照合同的规定验收商品。当发现商品不符合同要求、出现质

量等问题时，购买方会要求退货或降低售价。为了详细了解退货和折让信息，企业通常设置“销售退回和折让”账户，其性质是收入类，是“销售收入”账户的抵减账户。该账户借方记增，代表收入的减少。因销售退回和折让（Sales Returns and Allowances）会减少销售收入，企业应按退回和折让额借记收入类账户。

续例 4－1 12 月 5 日，客户验货后，发现 10 千克商品损坏，要求退货；另有 90 千克商品与合同约定的规格不符，要求折让 5% 价款。恒通公司同意客户的退货和折让申请。

销售退回和折让额 = 10 × $90 + 90 × $90 × 5% = $1 305

借：销售退回和折让　　1 305
　　贷：应收账款　　1 305

至此，实际销售收入等于销售收入扣除销售退回和折让，即 $16 695（= 18 000 - 1 305）。

交易的信用条件影响赊销款收回的账务处理。信用条件（Credit Term），是购销双方对货款的支付时间和支付金额所做的规定。表达形式为：

现金折扣率/现金折扣期，n/信用期

其中，前半部分是现金折扣条件，后半部分表示信用期，即允许的最长付款期。n 即 net，表示扣除了销售退回和折让后的货款净额。有些信用条件不含现金折扣条件，或者包含多个信用条件。如 n/45，n/eom（月末），2/10，1/30，n/60 等。恒通公司的信用条件是：2/10，n/30，含义如下。

（1）2/10 意味着开出发票后 10 天内付款，给予客户 2% 的现金折扣。也就是说，在 12 月 11 日或之前付款，给予客户现金折扣 $333.90 [= (18 000 - 1 305) × 2% = 16 695 × 2%]，双方结算的货款额为 $16 361.10（= 16 695 - 333.90）。值得注意的是，购销双方结算款中涉及垫付的运费不享有现金折扣，现金折扣仅仅是针对货款的优惠。

（2）n/30 意味着开出发票后 10 天之外付款，没有现金折扣，按实际货款全额支付。也就是说，在 12 月 11 日之后付款，双方结算的货款额为 $16 695（= 18 000 - 1 305）。

对于销售方，给予客户的现金折扣也称为销售折扣（Sales Discounts），会引起销售收入的减少。为了充分了解销售折扣信息，企业通常设置“销售折扣”账户，其性质是收入类，是“销售收入”账户的抵减账户。该账户借方记增，代表收入的减少。企业应按销售折扣额借记收入类账户。

现金折扣（Cash Discount）不同于商业折扣，其目的在于促使客户提前支付货款，加速企业的资金流转。现金折扣是在发票价格基础上给予客户的价格优惠。现金折扣率看似很低，但是丧失现金折扣的年成本却可能高于银行贷款利率，因此购买方宁可借入资金在现金折扣期内付款，也不愿意丧失现金折扣。例如，丧失 2% 现金折扣的年成本为 36%，计算方式是 2% ÷(30 - 10) ×360。

续例 4 - 1　12 月 11 日，客户向恒通公司开出发票结算货款。由于是在现金折扣期内支付，恒通公司给予客户 2% 的现金折扣，收款额为 $ 16 361. 10。

借：现金	16 361. 10	
销售折扣	333. 90	
贷：应收账款		16 695

如果客户在 12 月 31 日付款，账务处理如下。

借：现金	16 695	
贷：应收账款		16 695

恒通公司销售业务记录的过账结果如图 4 - 2 所示。

应收账款

12. 1	18 000	1 305	12. 5
		16 695	12. 11
	0		

销售收入

		18 000	12. 1

销售退回和折让

12. 5	1 305		

销售费用

12. 4	200		

销售折扣

12. 11	333. 90		

图 4 - 2　恒通公司销售业务记录的过账结果

销售业务中的实际销售额，也称为销售净额，计算公式如下：

销售净额 = 销售收入 - 销售退回和折让 - 销售折扣

恒通公司销售业务的销售净额是 $ 16 361. 10(= 18 000 - 1 305 - 333. 90)。如果恒通公司在 12 月份只有这一项销售业务，12 月份收益表对销售净额的列报如表 4 - 1 所示。

销售商品一方面赚取了收入，另一方面销售商向购货方交付商品产生了销售成本。与商品销售收入相配比的商品销售成本的计量和会计处理将在第六章详细介绍。

表 4 - 1　　收益表中销售净额的列报　　单位：$

恒通公司收益表

2013 年 12 月份，截止于 12 月 31 日

收入		
销售收入		18 000
减：销售退回和折让	1 305	
销售折扣	333.90	1 638.90
销售净额		16 361.90

（二）商品销售收入确认的例外情形

会计人员应依据收入确认的核心条件，对附带不同条件的销售业务具体分析，合理确定收入确认的时间。

商品销售含有退货权，企业应评估客户退货的可能性以及退货率。当企业无法对退货可能性以及退货率作出合理的估计时，应待到退货期满，不确定因素消除后，再确认收入。如果可以合理估计，可以建立退货准备账户，定期估计可能的退货额，以抵减当期的销售收入。或者采用更为简便的方式，在实际发生退货时记录收入的减少，如本节中恒通的举例。

制造企业如汽车企业、家电企业（委托代销人）等通常向经销商如 4S 店、家电分销商等（受托代销人）交付产品，由经销商代理销售其产品，这就是代销业务。一般代销协议下，代销商品（Goods on Consignment）仅是发生了物理位置的转移，没有发生所有权的转移，依然归委托代销人（Consignor）所有。只有受托代销人（Consignee）将代销商品交付给客户，从客户手中收回货款，与代销商品所有权有关的主要风险和报酬实质上转移给了客户，委托代销人才真正赚得销售收入。委托代销人通常在收到受托代销人的商品代销清单以及扣除代销手续费的货款额时确认商品销售收入。

大额商品如汽车、房屋的销售一般采用分期收款销售方式，允许客户分期支付货款，付款期一般在一年以上甚至达到几十年。在分期收款销售（Installment Sales）中，销售方不得不面临货款无法回收的可能。所以，对于分期收款销售的收入、费用和损益，一般在收到货款的当期确认，称为分期收款销售法。

【例 4 - 2】 2013 年 1 月 1 日，丽苑地产公司出售一块地皮，总价 $100 000。首付 $20 000，其余价款由客户分四年在年初等额归还。土地成本是 $60 000。采用分期收款销售法，各年确认的收入、费用和毛利分别为 $20 000、$12 000（=60 000/5）和 $8 000。相关账务处理如下。

2013 年 1 月 1 日，出售土地，收到首付款 $ 20 000。

（1）借：	分期收款销售应收款	100 000	
	贷：存货		60 000
	递延毛利		40 000
（2）借：	现金	20 000	
	贷：分期收款销售应收款		20 000
（3）借：	递延毛利	8 000	
	贷：已实现毛利		8 000

2014 年至 2017 年，每年 1 月 1 日，收取 $ 20 000。账务处理同上述（2）和（3）会计分录。

上述举例中销售收入的确认都在销售之后。在销售之前确认收入的举例见下面内容。

三、建造合同收入的确认

建造合同（Construction Contract），是为建造一项或数项在设计、技术、功能、最终用途等方面密切相关的资产而订立的合同。建造合同下所建造的资产可能是道路、大坝、桥梁、船舶、重型机械等。

（一）账务处理方法及其选择

建造合同的建造周期较长，通常涉及多个会计年度，因此合理配比合同收入与合同成本是建造合同账务处理的核心问题。

建造合同的账务处理方法主要有完工百分比法和完工合同法。完工百分比法（Percentage-of-Completion Method）按照合同的完工程度逐步确认收入，平滑了建造期间各年度的利润。完工合同法（Completed Contract Method）只在建造合同完工的会计年度确认收入，会导致建造期间各年度利润的大幅波动。从权责发生制角度，完工百分比法对合同收入和合同成本进行了较为合理的配比。

施工企业对账务处理方法的选择取决于建造合同的盈亏、完工程度是否可以合理估计。美国会计准则要求，可以合理估计时，采用完工百分比法；不能合理估计时，采用完工合同法。不论采用何种方法，建造合同期内的预计损失，依据稳健原则都应立即确认。第 11 号国际会计准则《建造合同》的要求与美国会计准则基本一致，只是对于不能合理估计盈亏以及完工程度的建造合同，采用成本回收法（Cost Recovery Method）。

（二）完工百分比法

完工百分法的合理应用取决于完工程度的确定。完工程度有两种确定方法：投入法和产出法。投入法主要指成本比例法，即按已发生的合同成本占预计合同总成本的比重确定完工程度。产出法是比较实际产出与预计总产出以计算完工程度，如已铺设的道路里程与合同要求的总里程对比，已完成的合同价值与合同总造价对比等。

完工百分法下，完工程度分别与合同总收入、合同总成本的乘积是截止于报告期末的累计收入和累计费用，再从中扣除前期累计收入和累计费用，得到当期的收入和费用。

当期收入 = 合同总收入 × 完工程度 − 前期累计收入

当期费用 = 合同总成本 × 完工程度 − 前期累计费用

【例 4－3】 2012 年 5 月，里德公司同一所大学签订了建造体育馆的三年期合同，合同总造价 $ 210（百万美元，以下类同，不再注明）。里德公司的资产负债表日是 12 月 31 日。与建造合同相关的成本数据如下：

	2012 年	2013 年	2014 年
当年发生的合同成本	40	80	50
当年末至完工时预计发生的合同成本	120	60	—

里德公司利用掌握的建造合同数据，可以合理估计合同的预计盈亏和完工程度，所以采用完工百分比法。

第一步，计算各年度的合同预计总盈亏。

	2012 年	2013 年	2014 年
合同总收入	210	210	210
至当年末已发生的合同成本	40	120	170
当年末至完工时预计发生的合同成本	120	60	—
预计合同总成本	160	180	170
预计总盈亏	50	30	40

第二步，计算各年度的完工程度。

	2012 年	2013 年	2014 年
完工程度	40/160 = 40%	120/180 = 2/3	100%

第三步，计算各年度建造合同的收入、费用和损益。

	2012 年	2013 年	2014 年
收入	84 = 210 × 40%	56 = 210 × 2/3 − 84	70 = 210 × 100% − 84 − 56
费用	64 = 160 × 40%	56 = 180 × 2/3 − 64	50 = 170 × 100% − 64 − 56
利润（损失）	20	0	20

（三）完工合同法

完工合同法下，在未完工年度，不确认收入及相关费用，不产生任何利润或亏损；在合同完工年度，按合同实际总造价确认收入，按合同实际发生总成本确认费用，以计算建造合同的损益。

【例 4-4】沿用例 4-3 资料。里德公司只掌握实际发生的合同成本，数据如下。

	2012 年	2013 年	2014 年
当年发生的合同成本	40	80	50

由于里德公司无法合理估计合同的预计总盈亏和完工程度，所以采用完工合同法。

各年的建造合同损益如下。

	2012 年	2013 年	2014 年
收入	—	—	210
费用	—	—	170
利润（损失）	—	—	40

将完工合同法下的损益与完工百分比法下的结果比较，完工合同法将建造合同的全部损益记录在完工年度 2014 年中，而前两年的损益皆为零。完工百分比法将建造合同的全部损益分摊至建造期内的各年度，2012 年为 20，2013 年为 0，2014 年为 20，损益的变化幅度较小。

成本回收法要求，在未完工年度，按照实际发生的预计可回收成本确认收入。如果预计已发生的合同成本都可以回收，未完工年度的损益皆为零，与完工合同法的损益结果相同。差异在于各年确认的收入和费用金额不同。沿用例 4-4 资料且每年实际发生的合同成本预计可以回收，成本回收法下各年的建造合同损益如下。

	2012 年	2013 年	2014 年
收入	40	80	90
费用	40	80	50
利润（损失）	0	0	40

（四）预计损失

建造合同一旦发生预计损失，会计准则不允许等到实际发生损失时确认，而是在估计发生预计损失时确认。

$$预计损失 = 合同预计总损失 \times (1 - 完工程度)$$

【例 4-5】沿用例 4-3 资料。与建造合同相关的成本数据如下：

	2012 年	2013 年	2014 年
当年发生的合同成本	40	80	80
当年末至完工时预计发生的合同成本	120	120	—

第一步，计算各年度的合同预计总盈亏。

	2012 年	2013 年	2014 年
合同总收入	210	210	210
至当年末已发生的合同成本	40	120	200
当年末至完工时预计发生的合同成本	120	120	—
预计合同总成本	160	240	200
预计总盈亏	50	(30)	10

可以看到，在 2013 年建造合同预计总亏损 30，其中包含 2013 年以后的预计损失 15，即 30×（1－50%）。预计损失 15 也应在 2013 年确认，而不是在 2014 年实际发生时确认。

第二步，计算各年度的完工程度。

	2012 年	2013 年	2014 年
完工程度	40/160＝40%	120/240＝50%	100%

第三步，计算各年度建造合同的收入、费用和损益。

	2012 年	2013 年	2014 年
收入	84＝210×40%	21＝210×50%－84	105＝210×100%－84－21
费用	64＝160×40%	56＝240×50%－64	65＝200×100%－64－56－15
预计损失		15＝30×(1－50%)	
利润(损失)	20	(50)	40

四、其他交易收入的确认

除了商品（产品）销售收入和建造合同收入，其他交易收入也应依据收入确认的一般原则，具体分析收入的确认时间。下面举例说明让渡资产使用权收入、特许经营收入的确认方法。

（一）让渡资产使用权收入

常见的让渡资产使用权收入有租金收入、利息收入等。让渡方会随着资产的使用和时间的流逝确认该类收入。

【例 4－6】里德公司年初收取三个月房租 $9 000，同时向一家有合作关系的企业借出 $120 000，期限一年，年利率 8%，利息到期收取。

（1）每月确认的租金收入分别为 $3 000（＝$9 000/3）。里德公司通过月末的调整程序记录各月赚得的租金收入。

（2）每月确认的利息收入分别为 $800（＝$120 000×8%/12）。里德公司通过月末的调整程序记录各月赚得的利息收入。

（二）特许经营收入

特许经营（Franchise），是一种商业经营模式，指特许经营权拥有者以合同约定的形式，允许被特许经营者有偿使用其名称、商标、专有技术、产品以及运作管理经验等从事经营活动。特许经营主要有三种类型：生产特许，产品商标特许和经营模式特许。尤其是经营模式特许在许多行业发展迅速，我们日常生活中看到的麦当劳、DQ 冰激凌、万豪酒店、7－11 便利店等就属于这种特许经营类型，其特许经营收入的确认需要依据收入确认的一般原则并进行合理的分析。

特许经营收入主要包括向授予方收取的加盟费、后续费用等。加盟费用于补偿特许人对受许人授予的特许经营权以及提供的相关资产或服务。加盟费的收入确认应考虑回收的可能性、已收款项的退还条件以及大部分服务的时间安排。后续费用是向受许人提供各项后续服务而收取的，应在提供服务的当期加以确认。

【例 4－7】芬达饮料公司与授予方签订特许经营协议，加盟费共计 $50 000。在签署时收取 $10 000，余下的款项在五年内每年收取 $8 000。考虑利息因素，未来五年内支付的加盟费的现值是 $35 000，相关利息 $5 000。在收取 $10 000 的当期，芬达公司应如何确认与特许经营权相关的收入呢？

（1）当加盟费 $40 000 的回收可能性无法确定时，仅记录收到的现金 $10 000。如果首付款无需退还且绝大部分服务在近期提供，应将 $10 000 确认为收入。如果首付款有退还的可能或者绝大部分服务将在未来提供，应将 $10 000 确认为预收收入。

（2）当加盟费 $40 000 的回收可能性可以合理估计时，不仅记录收到的现金 $10 000，而且记录应收款 $40 000。

相应的，加盟费 $50 000 中有 $5 000 是尚未发生的利息收入，应随时间的流逝逐期确认。余下的 $45 000 的确认依赖于首付款是否需要退还和绝大部分服务的时间安排。

- 如果首付款无需退还且绝大部分服务在近期提供，应将 $45 000 确认为收入。
- 如果首付款有退还的可能且绝大部分服务将在未来提供，应将 $45 000 确认为预收收入。
- 如果首付款无需退还且绝大部分服务将在未来提供，应将 $10 000 确认为收入

且 $35 000 确认为预收收入。

美国关于收入确认的规范分布于多个会计准则，国际会计准则关于收入确认的规范主要是第 18 号《收入》以及相关解释文件。国际会计准则理事会与美国会计准则委员会正在进行一个收入确认项目，旨在开发一个统一的、以原则为基础的收入确认准则，以提高财务报告质量，协调和减少美国会计准则和国际会计准则之间的差异。2011 年 11 月美国会计准则委员会和国际会计准则理事会都公布了会计准则《来自与客户合约的收入》（Revenue from Contracts with Customers）的征求意见稿，美国还在 2012 年 1 月公布了对该文件的修改意见。在这个尚未正式完成的会计准则中规定，企业通过向客户转移已承诺的商品或服务（即资产）的方式而履行了实施义务（Performance Obligation）时才能确认收入。其中，资产的转移发生于客户获得该项资产的控制之时。

第二节　收　益　表

前已了解，收益表是反映企业在某会计期间的经营成果的报表。收益表的会计要素包含收入、费用、利得和损失，它们之间的关系是：净收益（或净损失）=收入－费用＋利得－损失。收益表所提供的会计信息有助于评价企业过去的盈利能力、预测未来的盈利能力以及判断企业未来现金流量的风险。

一、收益表的报告方式

收益表的报告方式存在单步骤式和多步骤式两种。

（一）单步骤式收益表

单步骤式要求，先列示各种收入和利得，并汇总得到收入总额；再列示各种费用和损失，并汇总得到费用总额；最后，用收入总额扣除费用总额，一步得到企业的最终经营成果。如表 4－2 所示。

单步骤式收益表（Single-step Income Statement）只含有一个利润指标——最终经营成果。这种报告方式虽然简单明了，会计信息的含量却很有限。单步骤式收益表没有直接提供不同类别经济活动和事项的损益情况，而且缺乏持续盈利能力分析的基础数据。

表 4－2　单步骤式收益表

明尼公司 2013 年度收益表　单位：$

收入		
销售净额	200 000	
股利收入	5 000	205 000
费用		
销售成本	180 000	
营业费用	9 000	
利息费用	3 000	
所得税费用	4 200	196 200
净收益		8 800
普通股每股收益		0.22

（二）多步骤式收益表

在会计实务中，绝大部分企业的收益表采用多步骤式。

多步骤式要求，按经济活动和事项的类别列报经营成果。经济活动和事项通常需要进行三层次的划分，如图 4－3 所示。首先，剥离非常项目，保留企业正常的或可重复的项目。其次，从后者中剥离终止经营的项目，以提供企业的持续经营部分的获利信息。最后，持续经营部分区分营业性活动和非营业性活动（主要包括投资活动和融资活动），以提供持续经营部分的核心经济活动的获利数据。

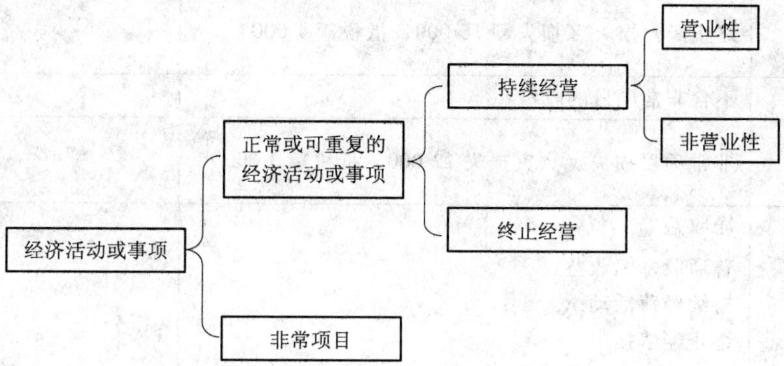

图 4－3　多步骤式收益表下经济活动和事项的划分

基于上述分类，多步骤式收益表（Multiple-step Income Statement）能够展示不同层次的收益指标，如销售毛利、营业收益/非营业性损益、持续经营收益/终止经营、不含非常项目的收益/非常项目、净收益等，有助于明确公司的主要获利渠道，预测公司未来的持续盈利能力。多步骤式收益表如表4－3所示，在收益表项目的左侧标注有经济活动和事项的分类。

表4－3　　多步骤式收益表　　单位：$

利达公司2013年度收益表

正常或可重复的经济活动和事项	持续经营	营业性	销售净额		1 200 000
			销售成本		880 000
			销售毛利		320 000
			营业费用		160 000
			营业收益		160 000
		非营业性	其他收入和利得：		
			出售设备利得	10 000	
			股利收入	8 000	18 000
			其他费用和损失：		
			利息费用	(6 000)	
			捐赠支出	(8 000)	(14 000)
			持续经营税前收益		164 000
			所得税费用		41 000
			持续经营收益		123 000
	终止经营		终止经营损失（损失额16 000，抵税额4 000）		(12 000)
			不含非常项目的收益		111 000
非常项目			非常项目损失（火灾损失12 000，抵税额3 000）		(9 000)
			净收益		102 000
			普通股每股收益：		
			持续经营活动		1.23
			终止经营损失		(0.12)
			不含非常项目的收益		1.11
			非常项目损失		(0.09)
			每股收益		1.02

二、收益表中的损益项目

（一）销售毛利

销售毛利（Gross Profit）是销售净额与销售成本（商品销售成本的计量和会计处理将在第六章详细介绍）之间的差额。获利能力分析通常使用销售毛利率，即销售毛利占销售净额的比重，考察企业日常核心业务中收入对主要成本费用的补偿能力，以及进一步补偿营业费用、获取营业利润的能力。例如，利达公司销售毛利为 $320 000，销售毛利率为 26.7%。

（二）营业收益

从销售毛利中扣除营业费用，就得到营业活动的成果——营业收益（Income from Operations，Operating Income）。营业费用包括销售费用和一般行政管理费用两大部分。销售费用（Selling Expenses），是为销售商品（产品）或提供劳务而发生的费用，如广告费、销售人员的工资和佣金、销售运费、销售机构的水电费、折旧费等。一般行政管理费用（General and Administrative Expenses），简称为管理费用，是企业管理部门为支持日常营业活动而发生的费用，如一般行政管理人员（经理、会计人员等）的工资、行政管理部门的水电费、折旧费、租金费等。

营业收益反映企业通过可持续的核心经济活动获取利润的情况，是报表分析者关心的最重要、最基础的财务指标。例如，利达公司营业收益为 $160 000，说明销售毛利能够充分弥补公司的营业费用。

（三）非营业性损益

除了日常核心业务以外，企业不可避免地开展融资活动以便筹集营业所需资金，或进行长短期的投资活动从中获益。投资活动和融资活动不是每日频繁进行的，而是企业根据发展计划、经营状况等因素作出的安排，仍属于企业运转的正常活动，其成果反映在其他收入和利得（Other Revenues and Gains）、其他费用和损失（Other Expenses and Losses）项目中。常见的项目包括固定资产出售利得或损失、投资出售利得或损失、利息或股利收入、利息费用等。此外，捐赠支出、罚款支出等也属于非营业性损益。

值得注意的是，长期资产减值损失、重组支出、重大诉讼赔偿损失等项目虽然不正常，又不常发生，人们却无法预见其不再发生。这些项目因其重要程度会单独列报在持续经营收益之上，或因其与营业性活动的紧密程度，单独列报在营业收益之上。

（四）持续经营收益

持续经营收益（Income from Continuing Operations）反映公司在未来期间可继续经营的分部在当期的经营成果。持续经营收益之前列报的各类收入、费用、利得和损失都是税前值，需要一次性扣除相关的所得税费用，得到持续经营收益。持续经营收益的变化趋势是信息使用者评价公司未来盈利能力的重要依据。从 IBM 公司 2010 年度财务报告中摘录的五年的持续经营收益如下①，由此你会作出什么判断呢？

单位：百万美元	2010	2009	2008	2007	2006	截止于 12 月 31 日
持续经营收益	$ 14 833	13 425	12 334	10 418	9 416	

（五）终止经营

终止经营（Discontinued Operations），是公司的一个组成部分，公司决定停止其经营并将其出售或处置。由于终止经营的分部不会为公司带来未来的收益，信息使用者在预测公司盈利能力时，应该将终止经营产生的损益排除在外。

在收益表中，终止经营的损益应与持续经营活动的损益分开且按税后净额列示。终止经营的损益通常包括两部分，但因终止经营分部在报告当期是否被处置，其内容有所不同。

当终止经营分部在报告当期已经被处置，损益的构成是：

（1）终止经营分部在处置前的经营损益；

（2）终止经营分部的处置损益。

当终止经营分部在报告当期尚未被处置，损益的构成是：

（1）终止经营分部在报告当期的经营损益；

（2）终止经营分部的期末预计可回收金额低于账面价值的损失。

终止经营的损益分析可以直接列示在收益表中或披露在报表附注中。美国沃尔玛公司在 2008 年度报告的收益表中列报 2008 年、2007 年和 2006 年终止经营税后损失分别为 153、894 和 177（百万美元），并在财务报表附注第六项并购、投资和处置中对终止经营进行了详细披露②，如下。

> 在 2007 财年，本公司处置了国际分部中在韩国和德国经营的公司。与这些被处置公司相关的净损失和现金流量随后列报在恰当期间的合并收益表和合并现金流量表中。
>
> 在 2007 财年，公司在韩国零售公司的税前处置利得是 103 百万美元，相关所得税费用是 63 百万美元。在计算韩国公司的处置利得中，公司从国际报告分部分摊来 206 百万美元的商誉。
>
> 在 2007 财年，公司在德国公司的税前处置损失是 918 百万美元，相关纳税收益是 126 百万美元。在 2008 财年，公司记录了与终止经营有关的费用 153 百万美元，该项费用源于一项结账后调整项目和其他确定性赔偿金（a postclosing adjustment and certain other indemnification obligations）的结算。

① IBM 公司 2010 年度财务报告下载自 www. ibm. com/annualreport。

② 美国沃尔玛公司 2008 年度财务报告下载自 stock. walmart. com/annual-reports。

除了上述利得和损失，公司合并收益表中列报的终止经营损益还包括来自韩国和德国经营分部的销售净额和经营净损失数据，如下（百万美元）：

	2007	2006	截止于 1 月 31 日
销售净额	$ 2 489	$ 3 482	
净损失	(142)	(177)	

（六）非常项目

非常项目（Extraordinary Item），是指重大的不正常的偶发性事项，如地震、火灾等自然灾害、政府对公司资产的征用或没收等事项。非常项目与正常的经营业务无关，再发生的可能性不可预测，一般很少重复发生。收益表中，非常项目的损益以税后净额列于终止经营项目之后。

公司会计人员应进行合理的职业判断，严格区分非常项目与仅具有不正常或偶发特征的经济活动。如西方企业的职员罢工损失、某地常发自然灾害的损失、重组支出、重大诉讼赔偿损失以及非流动资产减值损失等，因不具备偶发特征，应排除在非常项目之外。会计人员不得进行人为的操纵，如将非常项目利得置于持续经营收益之中、将持续经营活动的损失作为非常项目列报，防止报表使用者过度乐观评价公司持续的获利能力。

美国会计准则要求非常项目的列报，国际会计准则没有此项要求。国际会计准则要求，对于例外项目（Exceptional items），即在金额或性质方面重要的收益和费用，必须在财务报表附注中给予披露，在某些情况下宜单独列报在收益表中。常见的例外项目有：存货跌价损失，非流动资产减值损失，重组支出，非流动资产处置损益，终止经营，诉讼赔偿以及各类准备的转回等。

此外，收益表应列示普通股每股收益，如表 4 - 3 中所示，每股收益的计算见第十章第五节。

三、综合收益

综合收益，是指企业在一定期间内除了所有者投资和所有者分派之外的所有者权益变动。综合收益分为净收益和其他综合收益两部分。净收益列报在收益表中。其他综合收益项目包括可供出售金融资产的未实现利得或损失、外币报表折算差额等项目，不列报在收益表中。综合收益的报告存在常见的三种方式。

第一种方式是使用两个报表。一张是收益表，报告净收益；另一张是综合收益表，如表 4 - 4 所示，报告净收益和其他综合收益，其中净收益来自收益表单项列示，其他综合收益按税后净额分项列示，最后计算综合收益总额。

表 4-4 **综合收益表** 单位：$

利达公司 2013 年度综合收益表

净收益		102 000
其他综合收益项目：		
可供出售金融资产未实现利得，净税额	8 000	
外币报表折算损失，净税额	(5 200)	
其他综合收益小计		2 800
综合收益		104 800

第二种方式是使用一个报表，也就是将第一种方式中的两张报表合并。例如，将表 4-3 和表 4-4 合并。

第三种方式是在股东权益变动表中列报。见第十章第五节表 10-5 中的列示。

美国会计准则认可上述三种报告方式，国际会计准则认可前两种报告方式。

第三节 资产负债表

通过第一章已经了解到，资产负债表是反映企业在某日的财务状况的报表。资产负债表的会计要素包含资产、负债和所有者权益，三者关系体现于会计基本等式，即资产=负债+所有者权益。

一、资产负债表的作用

资产负债表展示了企业所拥有的资源、所欠的债务以及所有者对企业资产的要求权。在资产负债表中，资产、负债和所有者权益项目按一定规则进行分类和排列，在财务报表附注中包含对应项目的解释和说明，为报表分析者提供了评价企业流动性、长期偿债能力和财务弹性的基本信息。

资产的流动性（Liquidity）体现于资产变现所需的时间，负债的流动性体现在偿债所需的时间。短期债权人关心企业的流动性，即短期债务的偿还能力。通过比较流动资产和流动负债项目，可以进行流动性的初步评价。

企业的长期偿债能力（Solvency）基于企业的资本结构。报表分析者可以对比长期负债与所有者权益的数据。过高的负债比重意味着企业过高的财务风险、较弱的长期偿债能力，对长期债权人和所有者都不利。

企业的流动性和长期偿债能力影响企业的财务弹性。财务弹性（Financial Flexibility），是企业为了抓住有利的投资机会或应对意外的财务危机，在金额和时间方面对现金流量作出有效安排的能力。较低的流动性和长期偿债能力，易让企业面临现金短缺、再融资空间压缩的尴尬境地，从而丧失好的投资机会或因意外打击导致经营失败。

结合分析资产负债表与收益表的相关数据，可以提供更为有用的信息。例如，收益额与资产总额或者所有者权益总额相比较，可以得到企业的资产报酬率或所有者投资报酬率，有助于评价企业的盈利能力；收入额与各类相关资产额比较，可以得到各类资产的周转率，有助于评价资金的使用效率。

二、资产负债表的局限性

资产负债表虽然提供了评价企业经营能力的有用数据，但是仍存在一些缺陷。资产负债表的局限性主要体现在部分数据的历史性、不完整性和主观性上。

（一）历史性

资产负债表的大部分项目以历史成本为计价基础，其账面价值常常背离市场价值。例如，在年初购入土地，花费 1 000 000 美元，年末所报告的价值依然是 1 000 000 美元，而其市价可能已经涨至 1 100 000 美元。再如，苹果公司 2012 财年（截止于 9 月 29 日）资产负债表中的净资产额为 118 210 百万美元，而当日的股票市值却高达约 626 546 百万美元（= $667.10/股 ×939 208 在外发行股数）。资产负债表数据的历史性可能在一定程度上削弱了会计信息的相关性，但是不可否认，资产负债表提供了大量决策所需的最基本的可靠的会计信息。

（二）不完整性

企业经营过程中所依赖的资产以及所产生的债务没有全部列示在资产负债表中。例如，企业高层管理人员的能力、长期累积获得的客户群、产品或服务的品牌优势等因不能合理计量，无法记入报表；某些债务同样因不能合理计量或发生的可能性不是较高也未记入报表，成为表外融资（Off-balance-sheet Financing），常见的有对外担保、未决诉讼赔偿等。报表分析者为了弥补这一不足，必须依赖企业信息披露的充分程度，以及对财务报表附注的细致解读。

（三）主观性

资产负债表中的数据不可避免涉及会计人员的职业判断。会计人员要对会计政策作出选择，如存货计价使用先进先出法还是平均成本法；由于经营的不确定性，要对部分数据作出估计，如计算折旧所需的设备使用年限、估计产品保修费用所需的产品返修率、估计坏账费用所需的坏账率等。含有主观判断的会计信息不可能是完全真实和精确的。

三、资产

资产按流动性划分为两大类：流动资产和非流动资产。不同的资产项目的计价存在差异。

（一）流动资产

流动资产，是现金以及在一年以内（或超过一年的一个营业周期内）预计转换为现金、被出售或消耗的其他资产项目。流动资产的主要类别和计价如表 4 – 5 所示。

营业周期（Operating Cycle），是从企业使用现金购入生产要素展开经营，到从客户手中收回现金的过程。商业企业的营业周期包括购入商品、销售商品和回收货款环节；制造企业的营业周期包括购入原材料、生产产品、销售产品和回收货款环节。不同行业、同一行业的不同企业会有长短不同的营业周期。一般来说，营业周期都在一年以内。但是，房地产企业、制造大型机械、船舶等企业的营业周期可能会超过一年。

表 4 – 5　流动资产的分类和计价

项　　目	计　　价
现金及现金等价物	公允价值
短期投资	一般为公允价值
应收款	预计可回收额
存货	成本与市价孰低
预付费用	摊销后成本

流动资产在资产负债表中依据流动性由高到低排列。以下是 IBM 公司 2012 年末合并资产负债表中的流动资产部分①。

单位：百万美元	附注	2012 年 12 月 31 日	2011 年 12 月 31 日
流动资产			
现金及现金等价物		$ 10 412	$ 11 922
短期投资	D	717	0
应收票据和应收账款——商业性			
（扣除坏账准备，2012 年为 $ 255，2011 年为 $ 256）		10 667	11 179

① 来自 IBM 公司 2012 年度财务报告，下载自 www.ibm.com/annualreport。

短期金融性应收款			
（扣除坏账准备，2012 年为 $ 288，2011 年为 $ 311）	F	18 038	16 901
其他应收款			
（扣除坏账准备，2012 年为 $ 17，2011 年为 $ 11）		1 873	1 481
存货	E	2 287	2 595
递延所得税资产	N	1 415	1 601
预付费用和其他流动资产		4 024	5 249
流动资产合计		49 433	50 928

1. 现金及现金等价物

现金（Cash）是指硬币、纸钞以及可以随时提取用于支付的存款（如支票、汇款单等）。现金等价物（Cash Equivalents）是指距到期日不超过三个月的具有高度流动性的短期投资，如购买的货币市场基金、短期商业票据以及短期国债等。在资产负债表中，现金及现金等价物合并列报。在财务报表附注中，重要会计政策的陈述一般包括现金等价物的定义，报表数据的解释会说明现金等价物的构成。例如，2012 年末 IBM 公司报表附注 D 说明，该公司的现金等价物是货币市场基金，价值 1 923 百万美元。此外，受到限制的现金（Restricted Cash）因具有专项用途，如偿债、抵押等，不归入现金及现金等价物项目，应单独列报，根据流动性列于流动资产或非流动资产部分。

2. 短期投资

投资项目按投资对象划分为债权性投资和权益性投资。在账务处理和列报上，按照管理层意图划分，分别为交易性证券投资、持有至到期投资和可供出售证券投资。其中，交易性证券投资和可供出售证券投资，既可以是债权性投资，也可以是权益性投资，按公允价值计量；持有至到期投资只能是债权性投资，按摊余成本计量。

短期投资（Marketable Securities）是除了归入现金等价物之外的一年之内（或超过一年的一个营业周期内）可以变现的投资。由于交易性证券投资的目的是短期内利用证券价差获取收益，会被频繁买卖，属于短期投资。距到期日不超过一年的持有至到期投资以及部分可供出售证券投资也属于短期投资。例如，2012 年末 IBM 公司报表附注 D 中说明，该公司的短期投资是债权性投资，由商业票据和存单组成。

3. 应收款

应收款（Receivables）按形成的原因划分商业性、金融性和其他应收款。商业性应收款（Trade Receivables）源于企业对外赊销商品或服务，因结算依据不同，包括应收票据和应收账款。金融性应收款（Financing Receivables）源于向个人或其他企业出借资金。除了商业性和金融性之外的应收款，就是其他应收款（Other Receivables），如向职工预借的差旅费、对外支付的押金等。

应收款按可能的回收额计价，即应收款总额扣除可能收不回的部分。可能收不回的部分体现在如 IBM 公司报表中列出的坏账准备金额上。例如，2012 年末 IBM 公司合并报表附注 A 披露了有关信用损失准备（Allowance for Credit Losses）政策。关于坏账准备计提将在第五章详细介绍。

4. 存货

存货（Inventory），是企业持有的以备销售或消耗的流动资产项目。商业企业主要包括商品存货，制造企业主要包括原材料、在产品和完工产品。例如，2012 年末 IBM 公司合并报表附注 A 和附注 E 中披露了存货的计价方法、构成及相应金额，如下。

附注 A 重要会计政策

存货

原材料、在产品和完工产品按平均成本与市价孰低计价。

附注 E 存货

单位：百万美元	2012 年 12 月 31 日	2011 年 12 月 31 日
完工产品	$ 475	$ 589
原材料和在产品	1 812	2 007
合计	2 287	2 595

5. 预付费用

预付费用（Prepaid Expenses），是企业为了获得某种利益而预先支付现金形成的流动资产项目。例如预付租金、预付保险费、预付报纸杂志费等。预付费用在未来不会转换为现金，随着企业享用以现金换得的利益，如享有房屋使用权、享受保险服务、获得所订购的报纸杂志等，会逐期摊销为费用。

（二）非流动资产

非流动资产（Noncurrent Assets），是除了流动资产之外的其他资产项目。主要包括营业性资产、投资性资产和其他资产。以下是家得宝公司（Home Depot，Inc.）合并资产负债表中的非流动资产部分①。

单位：百万美元	2012 年 1 月 29 日	2011 年 1 月 30 日
固定资产（按成本计价）		
土地	$ 8 480	$ 8 497
建筑物	17 737	17 606

① 摘自家得宝公司 2011 年度报告，下载自 ir. homedepot. com/phoenix. zhtml? c = 63646&p = irol - reportsannual。

家具、设施和设备	10 040	9 687
租赁改良支出	1 372	1 373
在建工程	758	654
资本性租赁资产	588	568
	38 975	38 385
减：累计折旧和摊销	14 527	13 325
固定资产净值	24 448	25 060
长期应收票据	135	139
商誉	1 120	1 187
其他资产	295	260

1. 固定资产

固定资产（Fixed assets），是具有实物形态的、营业用的长期资产。主要包括土地、建筑物和设备三大类。家得宝公司资产负债表中所列的固定资产类别更为详细，还涵盖了尚未完工的固定资产（在建工程）、只有控制权的固定资产（资本性租赁资产）。

除了土地之外，固定资产按原始成本扣除累计折旧的折余成本计价。在报表中，也可以只列出净值，具体构成在财务报表附注中披露。例如，家得宝公司在 2011 年财务报告中财务报表附注 1 中披露了固定资产的折旧政策。

2. 无形资产

无形资产（Intangible Assets），是不具有实物形态的、营业用的长期资产。主要包括商誉和法定权利，如版权、专利权、商标权、特许使用权、租赁权等。例如，家得宝公司的无形资产是商誉。使用寿命确定的无形资产按原始成本扣除累计摊销后的差额计价；使用寿命不确定的无形资产（如商誉）需要每年末进行减值测试，按账面价值和可回收额孰低计价。

许多无形资产由于不能合理估价，未列报在资产负债表中。在美国会计准则之下，企业的研发支出作为发生当期的费用，不确认为无形资产。这些因素可能促使高新技术企业的账面价值低于市场价值。

3. 长期投资

长期投资（Long-term Investment）与固定资产、无形资产的用途有别，属于投资用而非营业用的长期资产。长期投资主要包括对外的债权性投资和权益性投资（如家得宝公司的长期应收票据）以及投资性房地产。同是地产，会因用途不同而归入不同的类别列报。例如，用作厂房的大楼属于固定资产，对外出租的大楼属于投资性房地产。不同的长期投资项目会采用不同的计价，可能是成本、摊余成本或公允价值等。

四、负债

负债按距到期日的长短划分为两大类：流动负债和非流动负债。负债的计价采用未来现金流出量的现值。由于流动负债距离到期日较近，一般忽略利息因素，按未来应付额计价。

（一）流动负债

流动负债，是在一年以内（或超过一年的一个营业周期内）被偿还的负债项目。常见的流动负债包括应付类项目、预收收入以及长期负债的流动部分。

应付类项目有很多，其中金融性负债有短期借款、应付票据、应付利息等，营业性负债有应付票据、应付账款、应付工资、应付税金、其他应计费用等。

预收收入（Unearned Revenue），也称递延收入，是从客户手中预先收取现金而形成的在未来向客户销售商品或提供服务的经济责任。随着向客户销售商品或提供服务，履行经济责任，企业的负债就会减少，转换为已实现的收入。

长期负债的流动部分（Current Portion of Long-term Liabilities），是指长期负债中在一年以内（或超过一年的一个营业周期内）被偿还的部分，这部分确定在下一会计年度将用流动资产偿还。例如，年初借入五年期银行贷款 \$50 000，每年末归还本金 \$10 000，那么在借入第一年末，剩余的 \$40 000 中有 \$10 000 会在下一年偿还，这 \$10 000 就是长期借款 \$40 000 的流动部分，应列报在流动负债项下，余下的 \$30 000 列报在非流动负债项下。值得注意的是，如果明确下一会计年度到期的 \$10 000 会由新的长期负债替代，是不能被重分类为流动负债的，依然归于长期负债列报。

流动负债种类繁多，列报顺序没有严格的规定。以下是家得宝公司合并资产负债表中的流动负债部分。

单位：百万美元	2012 年 1 月 29 日	2011 年 1 月 30 日
流动负债		
应付账款	\$4 856	\$4 717
应付工资和相关费用	1 372	1 290
应付销售税	391	368
递延收入	1 147	1 177
应付所得税	23	13
长期债务的流动部分	30	1 042
其他应计费用	1 567	1 515
流动负债合计	9 376	10 122

（二）非流动负债

非流动负债（Noncurrent Liabilities），是除了流动负债之外的其他负债项目。主要包括长期借款、应付债券、租赁负债、养老金负债、递延所得税负债等。以下是家得宝公司合并资产负债表中的非流动负债部分。

单位：百万美元	2012 年 1 月 29 日	2011 年 1 月 30 日
长期债务，不含流动部分	$ 10 758	$ 8 707
其他长期负债	2 146	2 135
递延所得税	340	272

对于长期债务，在财务报表附注中会详细披露各项债务的期限、到期日、年利率、付息日、本金额等信息。家得宝公司财务报表附注四债务就包含了这些信息。

五、所有者权益

公司制企业的所有者权益，也称为股东权益，主要包括投入资本、留存收益和累计其他综合收益项目。对于独资和合伙企业，所有者权益不做上述的划分，仅单项列报独资企业所有者或各个合伙人在企业中的权益额，即业主资本额。以下是 IBM 公司 2012 年末合并资产负债表中的股东权益部分①。

单位：百万美元	2012 年 1 月 29 日	2011 年 1 月 30 日
权益		
IBM 股东权益		
普通股股本（每股面值 $ 0.20）和增收资本	$ 50 110	$ 48 129
（额定股份 4 687 500 000 股；以发行股份		
2012 年 2 197 561 159 股，2011 年 2 182 469 838）	117 641	104 857
留存收益		
库存股份（按成本计价，	(123 131)	(110 963)
2012 年 1 080 193 483 股，2011 年 1 019 287 274 股）		
累计其他综合收益（损失）	(25 759)	(21 885)
IBM 股东权益合计	18 860	20 138
非控制性权益	124	97
权益总额	18 984	20 236

* 个位数求和有微小误差源于四舍五入

① 来自 IBM 公司 2012 年度 财务报告，下载自 www. ibm. com/annualreport。

（一）投入资本

投入资本（Paid-in Capital，Contributed Capital），是所有者向企业的净投资额。由股本和增收资本构成。与股本相关的面值额、额定股数、已发行股数和在外发行股数必须披露在报表上或财务报表附注中。增收资本一般单独列报，若所含项目较多且金额重大，可以分项列报。IBM公司是将股本和增收资本合并列示的。

（二）留存收益

留存收益（Retained Earnings），是公司累积的尚未分配的利润额。留存收益可能受到债务契约、企业计划或法律规范的影响，不可以全部作为可供分配的利润，分拨（Appropriated）或限制（Restricted）的留存收益额，不可用于股利的分派。

（三）累计其他综合收益

累计其他综合收益（Accumulated Other Comprehensive Income）等于该项目的期初余额加上本期发生额。

此外，资产负债表的报告方式分为账户式和报告式。账户式（Account Form）要求，报表左边列示资产项目，右边列示负债和所有者权益项目，报表格式形同账户结构。报告式（Report Form）要求，资产、负债和所有者权益项目按顺序列报，先列出资产项目，随后列示负债项目，再之下列报所有者权益项目。值得注意的是，美国会计准则下，资产负债表项目按流动性由强到弱排列，而国际会计准则没有明确的规定。会计实务中，因行业惯例，非流动资产比重大、较为重要的公共事业公司，可能将非流动资产列报在流动资产之上；因历史沿袭，某些欧洲公司资产按流动性由弱到强排列，资金来源方先列示所有者权益，后列报负债，其中负债项目，先列报长期债务，后列报短期债务。

从2004年起，国际会计准则理事会联合美国会计准则委员会成立准则协调项目组，开展财务报告准则协调项目。2006年该联合项目更名为财务报表列报项目，2008年10月发布讨论稿（Discussion Paper）《财务报表列报的初步意见》，2010年7月发布有关财务报表列报准则征求意见稿的职员意见稿（Staff Draft）。相关文件中要求报表项目按管理层意图进行分类，而且各个报表应采用一致的项目分类，其中资产负债表的新框架如下。

业务（Business）
- 营业性（Operating）资产和负债
- 投资性（Investing）资产和负债

融资（Financing）
- 融资性资产
- 融资性负债

所得税
终止经营
权益

该联合研究项目公布的文件显示了财务报表列报可能发生的重大变革。现在，该项目尚未结束，学术界和实务界也在关注其可能的结果和影响。

关于资产负债表的各个项目的会计问题，将从第五章开始逐一详细介绍。

本章小结

1. 收入确认原则及商品销售业务的收入确认

收入确认的一般原则是：收入赚取过程完成且收入可实现或已实现。在会计实务中，销售点（交付商品时）是常见的收入确认的时间点。然而，收入确认也存在例外情形，收入确认的时间可能发生在销售之前（如建造合同）或销售之后（如含有退货权的商品销售、代销、分期收款销售等）。对于商品销售收入，确认的核心条件是与商品销售相关的义务实质上履行（美国会计准则），与商品所有权相关的主要风险和报酬实质上转移（国际会计准则）。

商品销售业务一般包括销售商品、负担销售运费、发生销售退回和折让、收回货款等环节。企业一般设置销售收入、销售费用、销售退回和折让、销售折扣等账户进行账务处理。销售退回和折让和销售折扣账户是销售收入账户的抵减账户。发票价格是销售收入的入账金额。交货条件分为起运站交货和到达站交货，用于明确运输途中商品的所有者，从而确定运费的负担方。现金折扣不同于商业折扣，其目的在于促使客户提前支付货款，是在发票价格基础上给予客户的价格优惠。商业折扣是在价目表价格基础上给予客户的价格优惠，目的在于促销、数量折扣以及规避竞争等。

2. 建造合同业务的收入确认

对于建造合同收入，可以按完工百分比法和完工合同法确认。完工百分比法下，按照完工程度逐步确认收入，将合同成本与合同收入进行合理配比，平滑了合同期内的利润。完工合同法下，只在建造合同完工时确认收入，导致合同期内的利润大幅波动。美国会计准则要求，前者适用于合同盈亏结果和完工程度可以合理估计的情形，后者则适用于不能合理估计的情形。对于不能合理估计的情形，国际会计准则要求采用成本回收法。不论采用何种方法，遵循稳健原则，合同期内的预计损失都应立即确认。

3. 其他业务的收入确认

对于其他交易收入，如租金收入、利息收入等让渡资产使用权收入按资产的使用和时间的流逝逐期确认。特许经营收入的确认需要依据收入确认的一般原则并结合相关条件具体分析。

4. 收益表

收益表提供分析企业盈利能力的会计信息。收益表的报告方式分为单步骤式和多步骤式。多步骤式收益表能够提供多层次收益指标，如销售毛利、营业收益、持续经营收益、终止经营、非常项目、净收益等，有利于分析企业的主要获利渠道和持续获利能力。综合收益由净收益和其他综合收益构成，主要有三种报告方式。

5. 资产负债表

资产负债表提供有助于分析企业流动性、长期偿债能力和财务弹性的会计信息，但是提供的会计数据不可避免地具有历史性、不完整性和主观性。

资产和负债项目都按流动和非流动分类。资产按照流动性顺序列报，各类资产项目的计价方法存在差异。负债按照未来现金流出量的现值计价，流动负债的计价通常忽略利息因素。流动负债种类较多，列报顺序没有一定之规。长期负债主要包括长期借款、应付债券、租赁负债和养老金负债等。一年以内到期的长期负债符合流动负债定义的，应重分类为流动负债，列报在流动负债项下。所有者权益因企业组织形式的差异而在列报要求上有所不同。公司制企业的所有者权益，即股东权益，包括投入资本、留存收益和累计其他综合收益项目。

复习思考题

1. 收入确认的一般原则是什么？举例说明会计实务中背离收入确认一般原则的情形。

2. 商品销售收入确认的核心条件是什么？常见的附带条件的商品销售有哪些？举例说明不同情况下如何确认商品销售收入。

3. 商品销售业务一般包括哪些环节？如何进行账务处理？

4. 解释交货条件的种类和作用。

5. 区分商业折扣和现金折扣，说明对商品销售业务账务处理的影响。

6. 什么是销售净额？如何在收益表中列报？

7. 建造合同收入的确认有几种方法？选择不同确认方法的条件是什么？比较这些收入确认方法对企业利润的影响。

8. 举例说明让渡资产使用权收入的种类及其确认方法。

9. 什么是特许经营收入？如何确认特许经营收入？

10. 收益表的报告方式有哪些？各自有什么特征？

11. 在多步骤式收益表中，常见的收益指标有哪些？它们之间的关系是什么？

12. 什么是终止经营？终止经营损益的构成是什么？

13. 非常项目具备什么特征？常见的非常项目有哪些？列报的金额是否考虑所得税影响？

14. 为什么要严格区分非常项目和其他损益？

15. 什么是综合收益？综合收益的构成是什么？综合收益有哪些报告方式？

16. 探讨资产负债表的作用和局限性。

17. 说明资产的组成、计价和列报方式。

18. 说明负债的组成、计价和列报方式。

19. 说明所有者权益的组成和列报方式。

20. 解释资产负债表的报告方式。

第五章

现金及其他流动性金融资产

本章内容提示

介绍流动资产中的金融资产，包括现金、应收账款、应收票据和交易性证券投资。现金的管理和内部控制基本要求以及银行存款余额调节表的编制；应收账款的确认和坏账的会计处理；应收票据和应收票据贴现的会计处理；证券投资的分类以及交易性证券投资的会计处理。

流动资产一般包括现金、交易性证券投资、应收账款、应收票据、预付费用和存货等。其中，现金、交易性证券投资、应收账款和应收票据又称为金融资产（Financial Assets）。这里的“金融资产”是指一切代表未来收益或资产合法要求权的合同，也称金融工具。本章主要阐述上属于流动资产中的金融资产。

第一节 现　　金

资产负债表中的资产项目通常按照流动性的强弱来排列先后顺序。由于现金是流动性最强的一种金融资产，因而列示于资产负债表中流动资产部分的第一项。

一、现金的内容及其管理

（一）现金的内容

现金（Cash）是指企业可以自由运用、具有购买力、可以立即用于支付的交换媒介。会计上的现金包括库存现金和银行存款。库存现金（Cash on hand）是指企业存放在会计部门由出纳人员保管的现金，例如硬币和纸币。银行存款（Cash in bank）是指企业存放在银行或其他金融机构的现金，通常是指活期存款（Demand Deposit），也包括银行可接收并存入银行账户的其他票据，如支票（Check）、银行本票（Cashier's check）、银行汇票（Bank Drafts）等。企业可分别设置“库存现金”和“银行存款”账户，但通常的做法是统一设置一个“现金”账户进行会计处理。

（二）现金的管理

现金是企业从事各种生产经营活动所必备的重要资源，企业只有保持一定数量的现金才能保证生产经营活动的正常运行。这就要求企业必须充分、有效地安排使用现金，使其保持合理的数量。企业要想拥有充足的现金，应当遵循以下五项现金管理的基本原则：

（1）加快应收账款的回收速度。顾客越快地付钱给企业，企业就可以越快地使用这些现金。一种激励顾客更快付款的常用方法是对提早还款的顾客给予现金折扣。

（2）保持低存货水平。企业持有大量存货的代价是很高的，它们占用了大量的现金以及库房空间。越来越多的企业采用技术手段来减少库存存货，从而节省现金。当然，如果企业没有足够的存货，也会丧失销售机会，因而保持适当的存货水平是企业一项重要决策。

（3）延迟偿还负债。企业通过对其所欠账款的到期日保持跟踪，就可以避免过早付款。但是企业在可能的情况下，也应该通过利用供应商提供的现金折扣来节省现金。

（4）为大额现金支出安排时间。企业应该根据其经营周期仔细考虑大额开支的时机。当企业在正常情况下拥有过剩现金——通常是在经营淡季的时候，应该尽可能地安排任何大额开支。

（5）闲置现金投资。由于库存现金不会给企业带来收益，因而企业应确保将过剩的现金进行投资。不过，为了避免现金危机的发生，闲置现金的投资要有高流动性和无风险，这点是非常重要的。

二、现金的内部控制

（一）内部控制的基本原则

内部控制（Internal Control）是指一个组织内为保护资产安全、保证会计记录的可靠性、提高经营效率以及促进对法律法规的遵守而设计和执行的政策及程序。无论企业采用手工记账还是电算化会计系统，以下内部控制的基本原则适用于大多数企业：

1. 建立岗位责任

明确每一岗位的职责并将这一职责落实到每位员工。如果一个企业的岗位责任不明确，出现问题就无法判断责任的归属。所以，当一项特定任务仅由一个人负责时，控制是最有效的。

2. 职责分离

职责分离是指将交易授权、交易记录以及资产保管等职责分配给不同员工，以防范同一员工在履行多项职责时可能发生舞弊或错误。职责分离包含两方面常见的应用：(1) 相互关联活动的分离。例如，企业应该将关联的采购活动分割为不同的独立环节。关联的采购活动包括订货、批准订单、收货、批准付款以及支付货款等。如果由一个人处理相互关联的采购活动，就有可能会发生各种舞弊行为。(2) 记账与实物保管的分离。会计人员既不能保管也不能接触实物资产。同样，资产保管人员不能记账或者接触会计记录。资产的记账职责与保管职责的分离对现金和存货尤为重要，因为这些资产很容易发生舞弊。

3. 凭证传递程序

凭证为已经发生的交易或事项提供了证据。企业应该建立凭证传递程序：第一，企业要尽可能地使用事先连续编号的凭证。这项控制措施有助于防止业务的重复记录或漏记；第二，控制制度应该要求雇员将用于编制会计分录的原始凭证迅速地传递到会计部门。这项控制措施有助于确保及时地记录业务，并保证会计记录的准确性和可靠性。

4. 实物控制

实物控制关系到资产的安全以及会计记录的准确性和可靠性。企业应当对资产和记录采取适当的安全保护措施，对访问计算机数据文件应设置授权，对实物资产应定期盘点并将盘点记录与会计记录相核对。例如，现金、有价证券和存货的定期盘点控制。

5. 独立的内部审核

大多数内部控制都有独立的内部审核。内部审计可定期或以突击方式核查会计记录，并将不符及例外情况报告给管理层以采取适当的改正措施。内部审计承担独立的内部审核工作，复核部门和个人的活动，以确定其是否遵守了规定的内部控制，并在需要时提出改进建议。

6. 人力资源控制

人力资源控制活动包括以下内容：(1) 进行背景调查。任何企业都可以采取的最重要且花费较少的措施就是由人力资源部门对求职者的背景进行彻底调查，以雇佣有胜任能力、可靠及守道德的职员。(2) 雇员岗位轮换和规定雇员休假。这些措施可以防止雇员产生偷窃念头，因为他们知道不可能永远隐瞒不法行为。

需要强调的是，任何内部控制政策和程序都有其局限性，制定内部控制政策和程序还应考虑成本效益原则，并关注人在内部控制中的重要作用。工作人员的疲劳、疏忽或漠不关心，以及业务处理人员共谋串通，都有可能导致内部控制失效。

（二）现金的内部控制

1. 现金内部控制的基本要求

现金作为普遍接受的支付工具，容易隐藏和转移，具有高度诱惑力，所以是最容易产生被非法挪用或侵占等舞弊（Fraud）行为的资产。此外，由于现金业务量非常大，在收支和记账过程中可能会发生错误。为了保护现金安全、确保现金会计记录的准确性，防止侵吞、盗窃和挪用等不法行为的发生，建立有效的现金内部控制制度是至关重要的。有效的现金内部控制应满足以下基本要求：

（1）将经办现金收支业务的人员与现金记账人员分开。例如，出纳人员不应兼管现金业务的会计记录，记账人员也不应该接触现金。

（2）将现金收入与现金支出业务分开，不能由一人同时处理现金收入和现金支出。

（3）所有的现金收入，应每天结计后如数存入银行。

（4）所有的现金支出，超过一定限额都应使用支票，通过银行来支付。

（5）对于零星的小额开支，因不便使用支票，应通过设置一笔预付固定金额的"零用现金"来支付。

（6）定期编制银行存款余额调节表与银行核对账目。

2. 现金收入业务的控制

根据现金内部控制的基本要求，对现金收入业务的控制应遵循以下原则：

（1）只有经授权的出纳人员来处理现金收款业务；

（2）由不同的人员分别负责收款、记录现金收入和保管现金；

（3）收款业务使用汇款通知（邮寄收款）、收银机纸带和银行存款单等凭证；

（4）使用收银机收款并在保险柜和银行金库存放现金；

（5）独立的审核人员每天清点现金收据，会计主管每天将收款总额与银行存款核对。

3. 现金支出业务的控制

一般来说，企业支出采用支票而非现金，现金支出的内部控制更为有效。现金支出业务的控制应遵循以下原则：

（1）只有经授权的指定人员签发支票及核准供应商；

（2）由不同的人分别负责批准和支付，支票签发人员不负责记录现金支出；

（3）使用事先编号的支票，每张支票必须附有经核准的发票，并在发票上盖"付讫"章；

（4）将空白支票存入保险柜并限制其他人员接触；

（5）由独立的审核人员核对支票和发票，并每月编制银行存款余额调节表。

多数企业对现金支出采用付款凭单制度进行控制。付款凭单制度（Voucher System）

是指为了确保所有支票付款的正确性，而由授权人批准、分别执行的一系列程序。该制度起始于支出的申请和批准，结束于为产生的负债签发支票。在付款凭单制度中，付款凭单（Voucher）是为每项支出编制的批准单。采用付款凭单制度改善了现金支出的内部控制。首先，付款凭单制度固有的批准程序确定了责任，即每个人都有责任复核相关凭证以保证其正确性。其次，付款凭单制度保留了支持每一笔业务的凭证。将这些凭证汇总到一处，监督人员就可以独立地审核每一笔业务的真实性。

三、零用现金

前已指出企业付款使用支票可以使现金支出的内部控制取得良好的效果。但在日常生产经营活动中，企业经常会发生许多小额的零星支出，如邮资、快递费、交通费、小额办公用品的采购等，使用支票来支付既不现实，也太麻烦。为了便于迅速支付和减少成本，通常做法是在保持良好控制的前提下使用零用现金支付。所谓零用现金（Petty CashFund）是指预先取出一定数额的现金交由专人负责经管，作为专门用于日常零星开支之用的基金。零用现金在使用后凭报销凭证予以补足定额，这种零用现金的管理制度称为定额零用现金制度。零用现金的操作包括：（1）建立零用现金；（2）用零用现金付款；（3）补充零用现金。

（一）建立零用现金

通常需任命一位零用现金管理员负责管理零用现金，然后根据实际情况确定一定时期内所需要的零用现金数额。一般来说，企业期望的零用现金数额应能满足预计三周到四周的用款量。零用现金金额确定后，向零用现金管理员签发规定金额的支票，从银行提取现金备用。

【例5-1】 假设福克公司2013年3月1日建立零用现金制度，确定的零用现金额为$300，并按确定金额签发支票，由现金管理员取出现金，则编制如下会计分录：

借：零用现金	300	
贷：现金		300

大多数的零用现金都是按定额建立的，当企业根据需要增加零用现金定额时，仍以上述支票方式予以补足；需要减少定额时，从零用现金管理员手中收回应减少的现金。例如，福克公司在使用过程中发现零用现金金额不够，决定在6月1日将零用现金定额增加到$400，则增开$100的支票予以补足，此时借记“零用现金”$100，贷记“现金”$100。

需注意的是，零用现金仍然属于现金的一部分，只是为了特殊的使用及管理需要而单独开设“零用现金”账户。

（二）用零用现金付款

零用现金管理员有权按照规定的管理政策用零用现金付款。零用现金的每笔支出必须要有预先编号的零用现金收据等文件证明，并要求管理员和收款人在收据上签名。如果有其他的凭证，如运费单或发票的支持，要将它们作为零用现金收据的附件。在任何时候，零用现金收据的合计数与现金管理员手中剩余现金的总和应等于零用现金定额。在使用零用现金付款时，不必进行会计处理，只有在补充零用现金时才进行相关的会计处理。

（三）补充零用现金

在月末或当零用现金所剩无几时，就要将其补充到确定的额度。零用现金管理员要为已发生的各项零星付款汇总编制支出清单，连同零用现金收据和其他凭证送交会计部门。会计部门要审核收据和凭证，以证实零用现金支付是恰当。然后由会计主管批准，填制支票将零用现金补足到原来的定额。同时，将所有已报销的凭证加盖“付讫”章，以避免重复报销。会计部门按所支出的费用性质，借记有关费用账户，贷记“现金”账户。

【例5-2】 福克公司管理办公室在3月末的各项零星付款汇总如下：购买办公用品 \$195.6，交通费 \$52，邮资 \$40，共计 \$287.6。零用现金管理员依据零用现金收据申请 \$287.8 的支票。记录支票的会计分录为：

借：物料用品	195.6	
杂项费用	92	
贷：现金		287.6

需注意的是，补充零用现金的会计分录并不影响“零用现金”账户。通过以现金替换零用现金收据的形式来补充，并未改变零用现金账户余额。

（四）零用现金的溢缺

零用现金在实际使用过程中，可能会由于找零等原因，使得零用现金管理员手中剩余的现金与计算出的现金余额出现偏差，形成小额现金短缺或溢余。对于正常的小额溢缺，在补充零用现金时仍给予报销补足，并通过设置“现金溢缺（Cash Over and Short）”账户进行反映。

【例5-3】 假设福克公司3月末零用现金管理员手中有剩余现金 \$11.2，而按照汇总清单计算应剩余现金 \$12.4（\$300 - \$287.6），则发生现金短缺 \$1.2（\$12.4 - \$11.2），因而会计部门在补充零用现金时应包括短缺部分，即应以 \$288.8（\$300 - \$11.2）来补充零用现金。会计分录如下：

借：物料用品	195.6	
杂项费用	92	

现金溢缺　　1.2
贷：现金　　288.8

相反，如果现金管理员手中有剩余现金 \$13.6，则发生现金溢余 \$1.2（\$13.6 - \$12.4），此时，会计部门在补充零用现金时应剔除溢余部分，即应以 \$286.4（\$300 - \$13.6）来补充零用现金。那么，编制会计分录如下：

借：物料用品　　195.6
杂项费用　　92
贷：现金溢缺　　1.2
现金　　286.4

"现金溢缺"账户的借方余额在收益表中列为其他费用，贷方余额列为其他收入。

在会计期末，不管零用现金中还剩多少钱，企业都应该补足零用现金，以便于在财务报表中正确地反映当期发生的费用。

四、借助银行对现金进行控制

银行或其他金融机构为企业提供各种服务。企业将银行作为收发支票的存放处和清算中心，可以保护现金的安全；通过银行可以将其必要的库存现金减少到最低限度；借助银行还有助于对现金进行控制，因为企业和银行双方都要对所有银行业务进行记录。

（一）银行对账单

一般来说开户银行对其开户企业每月寄送的银行对账单（Bank Statement），列明开户企业银行账户的变化情况。银行对账单通常列示如下基本信息：（1）本期支付的支票及其他减少存款人账户余额的借记事项；（2）本期增加的存款及其他增加存款人账户余额的贷记事项；（3）存款人账户的期初余额和期末余额。银行对账单将所有已付支票的支付日期和金额一起按支票号顺序列出。支票一经支付，银行要在支票上盖"付讫"章。通常将已付的支票称为已注销支票。另外，银行还随附一份银行对账单备忘录，说明存款人账户发生的其他借项和贷项业务。需注意的是，银行对账单是从银行角度编制的。企业作为资产的"现金"账户，则是银行对该企业的负债账户。

实际上，银行对账单的余额与企业自己的现金账户余额往往是不相等的。导致余额不相符有两方面的原因：一是因时间滞后导致双方中的一方不能在同一期间记录业务，二是任何一方在记录业务时出现错误。第一种情况是指对同一笔收款或付款，由于企业和银行之间结算凭证的传递存在时间差而导致一方已登记入账，而另一方尚未入账，这样的事项称为未达账项（Unrecorded Items）。例如，企业签发支票日与银行支付支票日之间可能要间隔几天的时间。第二种情况也时有发生，企业与银行之间的款项往来非常频繁，难免不出差错，所以及时发现错误并更正是很重要的，这也是双方有必要定期核对账目的原因之一。

通常，未达账项多发生在期末对账之前的若干天内，可归纳为以下四类情况：

（1）企业已入账而银行未记录的收入。企业收到顾客的支票后借记现金增加，但尚未送存银行，因而银行在编制对账单时尚未记录存款增加，该支票称为在途存款（Deposits in Transit）。

（2）企业已入账而银行未记录的支出。企业签发支票并交给收款人后，贷记现金减少，但收款人尚未向银行办理转账手续，因而银行在编制对账单时尚未记录存款减少，该支票称为未兑现支票（Outstanding Checks）。

（3）银行已入账而企业未记录的收入。企业往往委托银行代其收取到期的应收票据或其他项目款，也可利用电子资金转账（Electronic Funds Transfer，EFT）系统将款项划入企业的账户。银行对账单还包括存款人所获得的利息收入。通常，银行在月末向企业寄送银行对账单时才同时附送通知企业已代其收到款项和利息收入的贷项通知单（Credit Memorandum）。

（4）银行已入账而企业未记录的支出。银行一般会定期向企业收取服务费（Service Charges，SC）。企业有时存入银行的顾客支票因银行账户存款不足而遭拒付，这种支票称为存款不足支票（NSF Check）。银行当初收到支票时已贷记（增加）存款人账户，当顾客支票因存款不足而被“退回”时，银行将借记（减少）存款人账户。通常，银行在月末向企业寄送银行对账单时才同时附送通知企业扣收服务费和存款不足支票的借项通知单（Debit Memorandum）。

（二）银行存款余额调节表

企业应设置专人负责核对银行对账单的每一笔记录与企业自己的现金账户记录是否一致。对于存在不一致的情况，需要编制一张银行存款余额调节表（Bank Reconciliation）来揭示差异，并让企业现金账户余额与银行账户余额相符——这个过程称为调节银行账户。

在编制银行存款余额调节表时，习惯的做法是在银行对账单余额和企业账簿余额基础上，列示导致双方余额差异的所有调节项目，将企业现金账户余额与银行账户余额一起调节到它们正确的现金余额。下面举例说明银行存款余额调节表的编制方法。

【例 5-4】 2013 年 3 月 31 日，福克公司现金账户中银行存款余额为 \$4 522.25，银行对账单余额为 \$5 658.47，通过核对现金日记账、支票登记簿和银行对账单，取得下列资料。

（1）3 月 31 日，福克公司收到一张 \$1 200 的支票，尚未送存银行。

（2）3 月 28 日，福克公司签发的一张 408 号支票，金额为 \$1 650，供货商尚未到银行转账。

（3）福克公司签发的一张 443 号支票正确金额为 $ 1 226，银行付款无误，但福克公司错记为 $ 1 262，多记 $ 36。

（4）3 月 30 日，银行代福克公司收取到期的应收票据款 $ 2 000，加上利息 $ 20，共计 $ 2 020，附贷项通知单。

（5）本期银行存款账户所获利息 $ 50.22，附贷项通知单。

（6）银行从企业存款账户中划走服务费 $ 20，附借项通知单。

（7）3 月 29 日，因客户戴维公司存款不足，银行退回戴维公司签发的一张 $ 1 390 支票，并收取手续费 $ 10，附借项通知单。

根据以上资料编制银行存款余额调节表如表 5－1 所示。

表 5－1　　**福克公司银行存款余额调节表**

2013 年 3 月 31 日

项　目	金　额	项　目	金　额	
银行对账单余额	$ 5 658.47	公司现金账户余额		$ 4 522.25
加：在途存款	1 200.00	加：银行代收票据	2 020.00	
	6 858.47	利息收入	50.22	
		443 号支票错记	36.00	2 106.22
				6 628.47
减：未兑现支票		减：银行服务费	20.00	
408 号	1 650.00	存款不足退票	1 400.00	1 420.00
调整后银行余额	$ 5 208.47	调整后账面余额		$ 5 208.47

（三）调整企业现金账户

通过银行存款余额调节表可以看出，调整后的余额是企业将其一切未达账项入账并更正错误后应得的正确余额。企业接着必须要为每一笔调整项目编制调整分录及过账到“现金”账户，以便确定调整后公司“现金”账户余额。这样，“现金”账户所显示的期末余额就是编制资产负债表的金额。

【例 5－5】 沿用【例 5－4】，福克公司需要编制以下五笔调整分录：

（1）记录银行代收到期的应收票据。

借：现金　　2 020

　　贷：应收票据　　2 000

　　　　利息收入　　20

（2）记录银行存款的利息收入。

借：现金 50.22

　　贷：利息收入 50.22

（3）更正错记的支票。

借：现金 36

　　贷：应付账款 36

（4）记录银行服务费。

借：杂项费用 20

　　贷：现金 20

（5）记录银行退票及银行手续费。

借：应收账款——戴维公司 1 400

　　贷：现金 1 400

五、现金的列报

资产负债表第一项列报的现金包括库存现金、银行存款、零用现金以及现金等价物，通常将它们加在一起以“现金和现金等价物”的名称来报告现金。

现金等价物（Cash Equivalents）是指企业持有的变现力强的短期证券投资。作为现金等价物的短期证券投资要满足以下两个条件：（1）容易转化为已知数额的现金；（2）即将到期，利率的变动不会对其市场价值产生明显的影响。一般认为，只有在三个月内到期的短期证券投资才满足这些条件。可视为现金等价物的短期证券投资一般有短期政府国库券（Treasury Securities）、公司发行的短期商业票据（Commercial Paper）、可流通存单（Certificates of Deposit）以及货币市场基金（Money Market Mutual Funds）等。为提高现金的利用效率，许多企业都将其闲置的现金用来购买上述证券。

需要注意的是，现金中可能含有受限现金。受限现金（Restricted Cash）是指不能用于一般用途，仅限于特殊用途的现金。例如，企业根据约定为偿付应付债券而专设偿债基金并交由受托管理人控制的现金。受限现金应该在资产负债表中单独列报，如果公司预期在下一年内使用受限现金，应将其列报为流动资产，否则将受限现金列报为非流动资产。

第二节　应收账款

在流动资产中，除现金和交易性证券投资外，另一种流动性较强的资产是应收款项。应收款项（Receivables）是指他人所欠的款项，代表预期以现金方式收回的债权。

应收款项通常包括三类：应收账款、应收票据和其他应收款。其中，应收账款和应收票据来自正常销售业务，通常又被称为商业应收款（Trade Receivables）。其他应收款包括应收高管人员或员工的借支款、应收的各种赔款或罚款以及应收退税款等。这些其他应收款项通常不是由企业经营活动引起的。因此，在资产负债表中作为一单独项目归类和列报。

一、应收账款的确认

应收账款是指企业因赊销商品或提供劳务等业务，应向购货单位或接受劳务单位收取的款项或代垫的运杂费等。正常情况下，企业一般都期望在30天至60天内收回应收账款。

应收账款规模的大小对企业资金的利用效率高低有很大影响，因此，企业应关注应收账款规模的管理。一般来说，决定或影响应收账款规模的主要因素是企业的信用政策。企业赊销商品就是向购货方提供了商业信用。因此，企业的信用政策对其商业债权规模有着直接的影响：放松信用政策，将会刺激销售，增大债权规模；紧缩信用政策，则会制约销售，减少债权规模。同时，企业应收账款规模越大，发生坏账的可能性也越大。因此，合理确定信用政策，在刺激销售和减少坏账间寻找赊销政策的最佳点，是企业营销策略中必须解决的问题。

企业通过设置“应收账款”总分类账反映各种商业应收款项的发生和收回情况。为了加强对应收账款的监督、管理和回收，企业还必须按照每一位客户分别设置明细分类账，以及时了解每位客户的购货、付款和欠款情况。

应收账款的初始确认相对简单，即应收账款在收入实现的同时予以确认。应收账款应当按照从购货方或接受劳务方应收的合同或协议价款（通常为发票金额）作为初始确认金额记账。当企业赊销商品时，按照应收的发票金额借记“应收账款”账户，贷记“销售收入”账户。收回赊销款时，借记“现金”账户，贷记“应收账款”账户。

通常销货方为了鼓励购货方早日付款可能会提供现金折扣等信用条件。如果购货方选择在折扣期内付款，销货方将按照收到的现金和给予的现金折扣之和来减少其应收账款。此外，销售退回和折让同样也会减少应收账款，销货方依据收到的退回商品或给予的折让金额减少应收账款。有关应收账款的会计处理已在第四章做了介绍，这里就不再举例了。

二、应收账款的期末计量

会计期末尚未收回的应收账款成为企业资产负债表中的一项流动资产，由于各种原因可能导致一些账款不能最终收回，所以期末必须对应收账款进行合理的计量。

尽管企业在批准赊销之前，每位客户必须要满足销货方的信用要求，但有些客户会因为种种原因不能付款。例如，由于经济衰退导致销售下降，使得某位企业的客户可能无法还款。这种因扩大信用而无法收回的应收账款称为坏账（Bad Debts），由于发生坏账而产生的损失称为坏账损失，这种损失是从事赊销业务所带来的正常且无法避免的风险，在会计上一般作为"坏账费用（Bad Debts Expense）"处理。当发生坏账时，应收账款的可收回金额将低于其账面价值，在会计实务上将这种事项称为资产减值。

三、坏账的会计处理

坏账的会计处理方法一般有两种：直接注销法和备抵法。

（一）直接注销法

直接注销法（Direct Write-off Method）是在企业确定来自某客户的应收账款确实无法回收时，直接将损失计入坏账费用，同时注销该项应收账款。

【例5-6】假设福克公司在2013年3月1日认定时代公司所欠货款 $500 为坏账，并批准将其注销，该笔货款是2012年销售给时代公司的。福克公司注销该货款的会计分录如下：

借：坏账费用	500	
贷：应收账款——时代公司		500

在直接注销法下，坏账费用将仅反映因不能收回账款而形成的实际损失，企业将按照总额报告应收账款。通过上例可以看出，该法会计处理简便，但也存在以下明显的缺陷：

（1）不符合配比原则。在直接注销法下，企业确认坏账费用的期间与确认收入的期间是不同的。如上例，销售收入反映在2012年度的收益表上，而因此项赊销产生的坏账费用却归入了2013年度的收益表。因此，在收益表中企业并没有将坏账费用与销售收入相配比。

（2）不符合稳健原则。资产负债表上的应收账款没有按照预期实际上可收回金额列报，其中包含了一定金额的可能坏账，从而导致高估资产和收益。

在会计实务中，直接注销法不适合用作财务报告目的。

（二）备抵法

1. 备抵法的基本原理

在备抵法（Allowance Method）下，要求企业在每个会计期末，对本期应收账款的可收回性进行分析，根据经验估计可能无法收回的坏账金额，并将估计的坏账金额确认为坏账费用，同时计提坏账准备。具体来说，就是在每个会计期末，将因计提坏账准备所确认的坏账损失记入“坏账费用”账户，同时，需要专门设立一个“坏账准备（Allowance on Bad Debts）”账户用来记录计提的坏账准备。“坏账准备”是“应收账款”的备抵账户，其贷方登记期末计提的坏账准备金额，借方登记已确认实际发生的坏账金额。

备抵法弥补了直接注销法的不足，具有以下优点：

（1）在每个会计期末将估计无法收回的坏账损失作为费用计入当期收益表，使费用与收入在同一个会计期间得以配比，在一定程度上防止了高估当期收益。

（2）应收账款在资产负债表上以可收回金额列报。可收回金额是公司预期从应收账款中可以收回的现金净额，它是“应收账款”账户余额减去“坏账准备”账户余额的差额，这在一定程度上也避免了高估资产，符合稳健性原则。

（3）当在以后的会计期间确认并注销实际发生的坏账时，虽然影响资产负债表账户，但不会影响注销期间的净收益和资产负债表中应收账款净值及流动资产总额。

2. 备抵法的会计处理

备抵法的会计处理有两个重要特征：（1）企业在每个会计期末通过编制计提坏账准备的调整分录，将估计的坏账损失金额借记“坏账费用”账户，贷记“坏账准备”账户。（2）在以后期间若确认某客户账款为坏账并注销时，企业将实际发生的坏账金额借记“坏账准备”账户，贷记“应收账款”账户。下面举例说明备抵法。

（1）计提坏账准备

【例 5－7】 假设福克公司 2012 年的赊销收入是 $400 000，其中在 12 月 31 日仍有 $60 000 没有收到款项。信用经理估计该收入中将有 $4 000 最终无法收回。福克公司编制计提坏账准备的调整分录如下：

借：坏账费用　　4 000

　　贷：坏账准备　　4 000

在收益表中，“坏账费用”账户余额通常在营业费用下作为销售费用列报。这样，福克公司在 2012 年就将估计的坏账与当年的收入配比在一起了。

“坏账准备”账户反映了企业预期在将来无法收回对客户债权的估计金额。企业使用备抵账户而不是直接贷记“应收账款”账户，是因为他们并不知道到底是哪位客户将无法付款。当坏账真正发生时，“坏账准备”账户的贷方余额将用来承担具体的注销。在资产负债表的流动资产部分，企业将从“应收账款”中减去坏账准备，如表 5－2 所示。

表 5－2　　坏账准备的列报

福克公司资产负债表（局部）

2012 年 12 月 31 日

流动资产：	
………	
应收账款	$ 60 000
减：坏账准备	4 000
应收账款净值	$ 56 000

表 5－2 中的 $ 56 000 代表了在资产负债表日公司预期的应收账款可收回金额。

（2）坏账的注销

企业会想方设法回收过期的应收账款。当企业竭尽全力地去回收一项过期的应收账款但仍然回收无望时，就应当注销这项应收账款。

【例 5－8】 假设福克公司在 2013 年 3 月 1 日批准注销时代公司所欠 $ 500 货款，则编制注销该货款的会计分录如下：

借：坏账准备　　500

　　贷：应收账款——时代公司　　500

可见，当发生注销坏账业务时，企业并没有增加坏账费用，而是借记"坏账准备"账户。这是因为企业在编制计提坏账准备的调整分录时已经确认了坏账费用。因此，注销坏账的分录应同时减少"应收账款"和"坏账准备"。过账之后，总分类账户的余额如图 5－1 所示。

应收账款

1/1 余额 60 000	3/1 500
3/1 余额 59 500	

坏账准备

3/1 500	1/1 余额 4 000
	3/1 余额 3 500

图 5－1　注销坏账后的总分类账余额

可见，注销分录仅影响资产负债表账户，并且在资产负债表中，应收账款的可收回金额仍然保持不变，如表 5－3 所示。

表 5－3　　可收回金额的比较

项　目	注销前	注销后
应收账款	$ 60 000	$ 59 500
减：坏账准备	4 000	3 500
应收账款净值	$ 56 000	$ 56 000

（3）已注销坏账的收回

企业已经注销的应收账款，有时因为客户的财务状况有所好转，或催收力度加大等原因在日后又得以收回。这种情况下，企业应编制会计分录登记坏账的收回：① 对已注销的账户编制转回分录，恢复对客户的应收账款的账面值；② 编制正常收回应收账款的分录。

【例 5－9】假设时代公司在 2013 年 7 月 1 日又偿还了福克公司已在 3 月 1 日注销的 $500，福克公司编制会计分录如下：

借：应收账款——时代公司　　500

　　贷：坏账准备　　500

借：现金　　500

　　贷：应收账款——时代公司　　500

第一笔分录中“应收账款”和“坏账准备”同时增加的理由有两个：第一，当企业注销该笔应收账款时，其实是作出了一个错误的判断。第二，时代公司确实付款了，为了将来的信用评估目的，“应收账款”账户应当反映重新入账并收到的款项。

需注意的是，收回坏账与注销坏账一样，不会影响收回期间的净收益和资产负债表的流动资产总额。

3. 坏账损失的估计方法

在【例 5－7】中，福克公司预计无法收回的坏账损失金额是给定的。然而，在实际工作中，如果企业运用备抵法，就必须选择一定的方法来估计预期无法收回的坏账损失金额。坏账损失的估计有两种：销售收入百分比法和应收账款法。

（1）销售收入百分比法

销售收入百分比法（Percentage of Sales Method）着眼于收益表，是通过收益表中坏账费用和销售收入之间的关系来估计坏账的，它强调的是各期间内坏账损失的确定。销售收入越多，可能的坏账损失越大，因而必须在配比基础上依据各期的赊销额来确定相应的坏账损失，即以各期赊销额乘以一定百分比来估计各期的坏账损失金额。计提百分比的确定通常是基于以往经验及环境的分析。

【例 5－10】假设福克公司 2012 年的赊销额是 $400 000，根据以往经验认为赊销额的 1% 将无法收回，则估计的坏账损失金额为 $4 000（$400 000 × 1%），年末编制计提坏账准备的调整分录如下：

借：坏账费用　　4 000

　　贷：坏账准备　　4 000

在此法下，调整分录只需将估计的坏账损失全额入账，而不需要考虑“坏账准备”账户的调整前余额。因此，估计的坏账损失与“坏账准备”账户期末余额一般不会相等。其缺点是估计坏账损失时忽略了当期赊销额中实际已收回的款项。另外，管理层必须对估计的坏账百分比不断进行调整，以避免坏账准备余额与估计的坏账损失金额相差过大。

（2）应收账款法

应收账款法着眼于资产负债表，即分析资产负债表中应收账款和坏账准备之间的关系来估计坏账损失。它强调的是期末应收账款中有多少无法收回，通过会计调整分录使“坏账准备”账户期末余额正好等于估计无法收回的应收账款金额，比较准确地反映应收账款的可收回金额。估计坏账准备余额又有两种方法：应收账款余额百分比法和应收账款账龄分析法。

应收账款余额百分比法（Percentage of Receivables Method）是假定应收账款中有一定比例的账款是不能收回的，因而用应收账款余额乘以一定的坏账百分比来确定不能收回的应收账款金额。计算出的不能收回的应收账款金额就是“坏账准备”账户的期末余额，然后再将这个不能收回的应收账款金额与“坏账准备”账户调整前余额之间的差额作为对坏账损失的调整金额。

【例 5－11】 假设福克公司 2012 年 12 月 31 日的应收账款余额为 $60 000，福克公司根据以往经验确定的坏账率为 5%，则期末调整后“坏账准备”账户应有贷方余额 $3 000（$60 000 × 5%）。如果调整前“坏账准备”账户有贷方余额 $200（即 2012 年因注销坏账而记入“坏账准备”账户的借方金额小于该账户的期初贷方余额），那么调整分录所确认的坏账损失金额为 $2 800（$3 000 － $200）。年末编制计提坏账准备的调整分录如下：

借：坏账费用	2 800	
贷：坏账准备		2 800

福克公司将这笔调整分录过账后，其账户余额如图 5－2 所示。

坏账费用

借方		贷方	
12/31 调整	2 800		

坏账准备

借方		贷方	
		调整前余额	200
		12/31 调整	2 800
		12/31 余额	3 000

图 5－2　过账后的有关账户余额

应收账款账龄分析法（Aging the Accounts Receivable Method）是指通过编制应收账款账龄分析表来估计无法收回的应收账款金额的方法。在账龄分析表中，企业将各个客户拖欠的账款余额按照账龄（即所欠账款的时间）的长短进行分类，通常是以 30 天为一个期间，然后根据过去的经验来为每个账龄组的应收账款确定一个坏账比率。应收账款过期的时间越长，成为坏账的可能性就越大，则估计的坏账比率也就越高。用这个比率乘以账龄组的应收账款总额，就是该组估计无法收回的账款金额。将各组的估计数加总，就得到“坏账准备”账户应有的期末余额。

【例 5－12】 假定福克公司 2012 年 12 月 31 日编制的账龄分析表如表 5－4 所示。该表列示了福克公司应收账款账龄的划分和估计无法收回的应收账款总额的计算过程。

表 5－4　应收账款账龄分析表

客户	总额	未到期	过期天数			
			1～30 天	31～60 天	61～90 天	90 天以上
戴维公司	$ 10 000	$ 4 000	$ 2 000	$ 4 000		
大众公司	16 000	16 000				
时代公司	500					$ 500
汤姆公司	12 000		7 000		$ 5 000	
马利公司	21 500	15 000		4 000		2 500
合计	$ 60 000	$ 35 000	$ 9 000	$ 8 000	$ 5 000	$ 3 000
坏账比率		1%	3%	8%	20%	50%
估计的坏账	$ 3 760	$ 350	$ 270	$ 640	$ 1 000	$ 1 500

根据账龄分析表的计算，福克公司期末调整后“坏账准备”账户应有贷方余额 $ 3 760。假设福克公司调整前“坏账准备”账户有贷方余额 $ 200，本期所确认的坏账损失金额为 $ 3 560（$ 3 760 － $ 200）。年末编制计提坏账准备的调整分录如下：

借：坏账费用　　3 560

　　贷：坏账准备　　3 560

福克公司将这笔调整分录过账后，其账户余额如图 5－3 所示。

坏账费用

借方		贷方
12/31 调整	3 560	

坏账准备

借方	贷方	
	调整前余额	200
	12/31 调整	3 560
	12/31 余额	3 760

图 5－3　过账后的有关账户余额

偶尔“坏账准备”账户在调整之前会出现借方余额，这是由于当年因注销坏账而记入“坏账准备”账户的借方金额超过了该账户的期初余额，而期初余额是基于上一年度对坏账损失的估计。这种情况下，企业将借方余额与计算所得的不能收回的应收账款金额相加，作为调整分录的金额。例如，假如上例调整前“坏账准备”账户有借方余额 $200，那么调整分录所确认的坏账损失金额应是 $3 960（$3 760 + $200），登账后得到贷方余额 $3 760。年末编制计提坏账准备的调整分录如下：

借：坏账费用　　　　3 960

　　贷：坏账准备　　　　3 960

福克公司将这笔调整分录过账后，其账户余额如图 5－4 所示。

坏账费用

借方	贷方
12/31 调整　3 960	

坏账准备

借方	贷方
调整前余额　200	12/31 调整　3 960
	12/31 余额　3 760

图 5－4　过账后的有关账户余额

应收账款管理的一个重要方面就是对账龄保持密切的关注。一般来说账龄越长，成为坏账的可能性越大。

应收账款账龄分析表可有助于管理层了解每一笔应收账款的情况，全面评价企业信贷政策和应收账款回收政策的效果。在实际工作中，账龄分析法是大多数企业采用的估计坏账准备的方法。

四、应收账款的出售

为了加速应收款的回收，企业可以将其拥有的应收账款全部或部分出售给代理融通公司。代理融通公司（Factor）是指通过收费方式从企业购买应收款，然后直接从顾客那里收回款项的金融公司或银行。代理安排千差万别，但通常都会收取服务费，其比例范围一般是应收购货款的 1% 至 3% 。出售应收账款的企业一般将代理收取的服务费作为财务费用处理。

【例 5－13】 假设福克公司将其 $60 000 的应收账款出售给一家代理融通公司，该公司收取已售应收款总额2% 的服务费共计 $1 200（$60 000 × 2%）。福克公司记录出售应收账款的分录如下：

借：现金　　　　58 800

　　服务费用　　　　1 200

　　贷：应收账款　　　　60 000

第三节　应收票据

世界上许多国家大量而广泛地使用商业票据，因此企业来自正常销售业务产生的另一项主要的应收款项就是应收票据。

一、应收票据的种类

在商业信用发达的西方国家，企业也有可能要求客户赊购商品时签发一张正式的信用工具——本票。本票（Promissory Note）也称期票，是一种由出票人签发，无条件地承诺于未来某一指定日期将一定金额付给指定收款人或持票人的书面凭证。在本票中，作出付款承诺的一方称为出票人（Maker），接收款项的一方称为收款人（Payee）。本票上可以明确地指定收款人的名称，也可以指明持票人就是收款人。当企业持有客户签发的本票时称为应收票据（Notes Receivable）。对于本票持有者来说，应收票据比应收账款具有更强的对资产的合法要求权。此外，本票也是一种可转让凭证，在其到期之前可以通过背书（Endorse）将其转让给另一方或向银行贴现，具有流通性质，因此是一种可流通证券。

本票一般在以下场合使用：（1）个人和企业在借出或借入款项时；（2）当交易的金额和信用期限超过了正常限度时；（3）应收账款的结算。当企业的客户需要延期支付未偿还的账款时，企业经常会要求客户签发本票。

二、应收票据利息的计算

在阐述应收票据的确认和计量之前，我们先考虑一个应收账款中没有涉及的问题：利息的计算。

（一）到期日的确定

票据上要注明期限，即票据签发日到票据到期日的时间间隔。大多数票据的期限都短于一年，所以票据的期限通常按天数或按月来表示。

当票据的到期日是以天数来表示时，就需要数出签发后实际经历的天数来确定到期日。当数天数时，通常采用“算尾不算头”的方式，即票据签发日不计入内，但应包括到期日。例如，一张6月1日签发的90天到期的票据，其到期日为8月30日（6月2日至30日共29天；7月1日至7月31日共31天；8月1日至8月30日共30天）。

当票据的到期日是以月来表示时，票据的到期日就是从其签发日往后数若干个月。例如，一张6月1日签发的三个月期的票据的到期日是9月1日。一张月末最后一天签发的票据到期日也是往后某个月的最后一天。也就是说，一张 7 月 31 日签发的两个月期的票据的到期日是 9 月 30 日。

（二）利息的计算

票据按照是否计息又可分为带息票据和不带息票据。带息票据是指注明利率，到期除收回票面金额外，还可收到利息的票据。不带息票据是指无利息规定，到期只能收回票面金额的票据。下面给出了带息票据利息计算的基本公式：

利息 = 票面金额 × 利率 × 以年表示的时间

票据上注明的利率一般都是年利率。公式中的计息时间是将票据流通在外的时长以一年的分数来表示。当到期日以天数表示时，公式中的计息时间为：天数/360；当到期日以月来表示时，公式中的计息时间为：月数/12。这里要注意的是，在本书举例和作业中，为方便起见，计算利息时都假设一年是 360 天，而现实中大多数金融机构都使用 365 天来计算利息。

三、应收票据的会计处理

（一）销售业务

在会计实务中，应收票据不管是否带息，都是按照票据的票面金额记入"应收票据"账户的。企业在收到票据时并不确认利息收入，因为根据收入确认原则，直到收入真正赚取时再确认收入，而利息就是随着时间的推移而赚取的。

【例 5－14】假定福克公司于 2012 年 6 月 1 日收到马利公司签发的一张票面金额为 $10 000、90 天期、利率 9% 的本票以结算尚未结清的购货欠款。福克公司在收到本票后应当编制会计分录如下：

借：应收票据	10 000	
贷：应收账款——马利公司		10 000

如果企业是借钱给别人而收到票据，会计分录则按照贷出的金额借记"应收票据"账户，贷记"现金"账户。

票据可能由持有人一直持有至到期日兑付。票据的兑付是指出票人在票据到期日全额付款。对带息票据来说，到期的金额就是票据的票面金额加上票据指定期间的利息。

【例 5－15】沿用【例 5－14】，马利公司在本票到期日 8 月 30 日偿付票面金额和利息，则福克公司收到上述票据的款项时，编制会计分录如下：

票据利息 = $10 000 × 9% × 90/360 = $225

借：现金	10 225	
贷：应收票据		10 000

　　　利息收入　　　　　　　　　　　　　　　225

在某些情况下，当票据到期时出票人会拒绝履行偿还义务，则该票据就成为了拒付票据（Dishonored Note）。一张遭拒付的应收票据就不再流通了，然而，拒付并不意味着出票人偿还义务的解除，收款人仍保留了向出票人收取票面金额和利息的权利。由于"应收票据"账户的余额只包括那些尚未到期的票据，所以当票据到期被拒付后，应将其从"应收票据"账户转到"应收账款"账户来确认这项债权。

【例 5-16】沿用【例 5-14】，假定 8 月 30 日本票到期，马利公司拒付上述到期票据，则福克公司编制会计分录如下：

借：应收账款——马利公司　　　　10 225
　　贷：应收票据　　　　　　　　　　　10 000
　　　　利息收入　　　　　　　　　　　225

按照权责发生制要求，对于跨期的应收票据，为了反映本期已赚得但尚未收到的利息，在会计期末必须要将确认的应计利息调整入账。

【例 5-17】假定福克公司持有一张戴维公司于 2012 年 9 月 1 日签发的票面金额为 \$10 000、6 个月期、利率 9% 的本票。到 12 月 31 日，该票据已累计实现了 4 个月的利息收入 \$300（\$10 000 × 9% × 4/12）。2012 年 12 月 31 日，福克公司应编制调整分录如下：

借：应收利息　　　　　　　　　300
　　贷：利息收入　　　　　　　　　　　300

该票据 2013 年 3 月 1 日到期，福克公司收回该票据到期值 \$10 450（\$10 000 + \$10 000 × 9% × 6/12）。福克公司编制收回票据款的会计分录如下：

借：现金　　　　　　　　　　10 450
　　贷：应收票据　　　　　　　　　　　10 000
　　　　应收利息　　　　　　　　　　　300
　　　　利息收入　　　　　　　　　　　150

（二）应收票据的贴现

在应收票据到期前，企业如果急需现金，可以将所持有的票据经背书后，向银行或其他金融机构申请贴现，以便获得所需要的资金。应收票据贴现（Discount）是指企业将未到期的票据转让给银行，由银行按一定的利率从票据的到期值中扣除自贴现日至票据到期日的利息后，将余额付给企业的融资行为，是企业与贴现银行之间就票据权利所作的一种转让。

将应收票据向银行贴现时，贴现银行所扣除的利息称为贴现息，贴现银行计算贴现息所使用的利率称为贴现率，贴现银行持有票据的时间称为贴现期，贴现银行将票据到期值扣除贴现息后支付给企业的金额称为贴现实得款或贴现净额。企业贴现实得款计算如下：

贴现息 = 票据到期值 × 贴现率 × 贴现期

贴现实得款 = 票据到期值 - 贴现息

贴现票据可以有两种形式：附追索权贴现票据和不附追索权贴现票据。多数情况下，贴现的票据通常附追索权，即如果出票人到期不能支付票据款（即拒付），则贴现人负有向其贴现银行偿付该票据款的连带责任。因此，在票据贴现后，贴现人实际上担负着一项或有负债（Contingent Liability），即未来可能的负债，该负债是否成为真正的负债取决于出票人到期是否支付票据款。为了专门反映这项或有负债，企业可设置“应收票据贴现（Discount on Notes Receivable）”账户，它是“应收票据”的备抵账户，其期末贷方余额在资产负债表上作为“应收票据”项目的减项列示，从而反映企业实际持有的未到期的票据金额。

【例 5 - 18】 沿用【例 5 - 14】，假定福克公司在持有马利公司签发的票据 30 天后向其开户银行申请贴现，银行贴现率为 12%，且银行拥有追索权。贴现实得款计算如下：

贴现期：60 天（90 大 - 30 天）

贴现息 = $10 225 × 12% × 60/360 = $204.5

贴现实得款 = $10 225 - $204.5 = $10 020.5

福克公司编制贴现会计分录如下：

借：现金	10 020.5	
贷：应收票据贴现		10 000
利息收入		20.5

如果马利公司在 8 月 30 日票据到期时向银行偿付票据款，福克公司则应注销该项或有负债及应收票据，编制会计分录如下：

借：应收票据贴现	10 000	
贷：应收票据		10 000

如果已贴现的票据到期时遭到出票人拒付，贴现银行就会从贴现人的银行账户中扣除票据的本息及拒付手续费，并通知贴现人。此时，贴现企业要编制两笔会计分录：一是或有负债已成为真正负债，要代出票人向银行偿付这笔款项，同时记入应收账款以确认对出票人的债权；二是要注销该项或有负债及应收票据。

假定上例中，马利公司因存款不足而拒付到期的票据款，银行通知福克公司其贴现票据被拒付，并将票据到期值 $10 225 和拒付手续费 $10 从其银行账户中扣除。福克公司编制还款的会计分录如下：

借：应收账款——马利公司	10 235	
贷：现金		10 235
借：应收票据贴现	10 000	
贷：应收票据		10 000

四、应收票据的期末计量

短期应收票据的计量与应收账款的计量是一样的，企业按照可收回金额来报告短期应收票据，预计不能收回的应收票据金额也记入“坏账准备”账户。确定可收回金额的计算与估计过程、记录适当的坏账费用金额和相关准备账户的分录与应收账款都是相同的。

第四节　交易性证券投资

企业对外进行证券投资的目的以及投资所带来的经济利益的实现形式与一般资产是不同的，企业取得的证券投资属于金融资产，并通过由他人以向投资方分配收益的方式使投资方实现价值增值。

一、证券投资的分类

证券投资从不同的角度可以有不同的分类。

（一）按照投资对象的性质分类

按照投资对象的性质分类，可以将证券投资分为权益性投资和债权性投资。

权益性投资（Equity security Investment）是指为获得另一企业的净资产而进行的投资，也即股权性投资。这种投资通常是通过购买被投资公司发行的股票来实现的。

债权性投资（Contractual security Investment）是指为获取债权而进行的投资。企业购买国债、公司债券或向其他企业提供贷款等均属于债权性投资。

（二）按照投资的持有期限分类

按照投资的持有期限分类，可以将证券投资分为短期投资和长期投资。

短期投资（Short-term Investment）是指能够随时变现并且持有时间不超过1年的投资。企业持有短期投资的目的一般是出于对闲置资金的利用，主要是投资于上市公司的股票或债券等热门的有价证券。当企业需要现金时，可以方便地在证券市场上将其出售。

长期投资是指除短期投资以外的投资，包括持有时间超过1年的股权投资和不能变现或不准备随时变现的债券投资等。

（三）按照管理层持有意图分类

美国财务会计准则委员会于1993年发布了第115号会计准则公告，该准则将企业投资的有价证券分为三类：（1）交易性证券（Trading Securities）；（2）可供出售证券（Available for Sale Securities）；（3）持有至到期证券（Held to Maturity Securities）。在会计处理上，对这三类证券的划分在很大程度上取决于管理层的持有意图。

交易性证券投资（Trading Investment）是指企业为了近期内出售而持有的有价证券，因而属于流动资产。交易性证券投资采用公允价值计量且其公允价值变动计入当期损益。在美国，大多数公司都将其购买的有价证券归入交易性证券投资。

可供出售证券投资（Available for Sale Investment）是指企业没有划分为交易性证券投资和持有至到期投资的有价证券。企业对该类有价证券并不打算随时变现，或者受某些条件制约无法短期内变现，而是通过长期持有来获取收益，因此一般来说，该项目的流动性并不强，通常将其归入长期资产。可供出售证券投资采用公允价值计量，但其公允价值变动计入所有者权益。

持有至到期投资（Held to Maturity Investment）是指到期日固定、回收金额固定或可确定，且企业有明确意图和能力持有至到期的有价证券。通常情况下，能够划分为持有至到期投资的有价证券主要是债权性投资，包括企业购入的国债、公司债券以及金融债券等，属于长期债权投资。持有至到期投资采用以实际利率计算的摊余成本（Amortized Cost）进行后续计量。

本节仅介绍属于流动资产的交易性证券投资。持有至到期投资将在第九章介绍，可供出售证券投资将在第十一章介绍。

二、交易性证券投资的会计处理

（一）交易性证券投资的初始计量

前已述及，交易性证券投资是指企业为了近期内出售而持有的有价证券，如股票、债券等，目的是为了赚取证券价格波动产生的收益。根据历史成本原则，交易性证券投资最初取得时都是按取得成本入账的。交易性证券投资的取得成本包括买价以及经纪人佣金、交易税金、手续费等交易费用。

【例5－19】假设英特公司在2012年9月1日以每股＄40购入IBM公司普通股5 000股，并支付2%的佣金和税款。英特公司应编制会计分录如下：

取得成本＝＄40×5 000＋＄40×5 000×2%＝＄204 000

借：交易性证券投资　　204 000

　　贷：现金　　204 000

（二）交易性证券投资持有期间的投资收益

企业在持有交易性证券期间取得的投资收益表现为股利收入或利息收入。交易性证券投资由于持有时间较短，会计上通常是在收取股利或利息时确认投资收益，同时也避免了期末对投资收益确认的账项调整。

【例5－20】 沿用【例5－19】，假设英特公司于10月10日收到IBM公司分派的每股$0.8的现金股利，共收取现金$4 000，则编制会计分录如下：

借：现金　　4 000

　　贷：投资收益　　4 000

（三）交易性证券投资的出售

投资交易性证券的企业会随时将持有的交易性证券出售。在证券市场上出售交易性证券时，其出售价格可能高于投资成本，也可能低于投资成本。若出售价格高于投资成本将产生投资利得，若出售价格低于投资成本将导致投资损失。

【例5－21】 沿用【例5－19】，假设英特公司于11月5日以每股$45的价格出售IBM公司股票2 000股，收到现金$90 000。则有关的计算和出售交易性证券的会计分录如下：

购买股票的每股取得成本 = $204 000 ÷ 5 000 = $40.8/每股

出售收入	$90 000
减：成本（$40.8 × 2 000）	81 600
出售交易性证券利得	$8 400

借：现金　　90 000

　　贷：交易性证券投资　　81 600

　　　　出售交易性证券利得　　8 400

假设英特公司又于12月1日以每股$38的价格出售IBM公司股票1 000股，收到现金$38 000，则有关的计算和出售交易性证券的会计分录如下：

出售收入	$38 000
减：成本（$40.8 × 1 000）	40 800
出售交易性证券损失	$（2 800）

借：现金　　38 000

　　出售交易性证券损失　　2 800

　　贷：交易性证券投资　　40 800

上述“投资收益”、“出售交易性证券利得”和“出售交易性证券损失”都属于当期损益，期末将通过结账转入“收益汇总”账户后结清，并在编制财务报表时列示在收益表的主营业务项目之后的其他收入或费用项下。

（四）交易性证券投资的后续计量

交易性证券投资按历史成本进行初始计量，而后续计量则采用公允价值，即在会计期末，对于有活跃交易市场的交易性证券投资以市场价格计量。

企业取得交易性证券后，在持有期间内有价证券的市场价格会发生变动。在美国，资产负债表上的有价证券投资曾经以成本与市价孰低法进行期末后续计量，这是财务会计的历史成本原则和稳健原则的具体应用。但是，出于会计信息的决策有用性考虑，美国财务会计准则委员会于1993年发布了第115号会计准则公告——投资于债权和权益性证券的会计处理。该准则对交易性证券投资和可供出售证券投资的期末计价采用新的方法——市价计列法（Mark-to-Market），其具体做法是：会计期末按所投资的有价证券的市场价格（即公允价值）调整证券投资账户，将有价证券投资成本与市价之间的差额计入未实现持有利得或损失，并根据证券投资的类别将未实现持有利得或损失列入当期收益表或资产负债表的所有者权益项目中。有关证券投资按照管理层持有意图的分类及其未实现持有利得或损失的处理汇总如表5－5所示。

表5－5　　证券投资的分类及相关的处理要求

证券投资分类	管理层持有意图	期末计价	未实现利得或损失的处理
交易性证券	短期内出售以赚取价差收益（通常在6个月内）	按市价	计入当期损益，列入收益表的其他收入或费用项下
可供出售证券	不打算随时变现，或者无法短期内变现（通常为6—18个月）	按市价	列入资产负债表的所有者权益项下
持有至到期证券	为债券投资，且持有至到期日	按摊余成本	无

【例5－22】沿用【例5－19】，假设2012年12月31日IBM公司股票的价格为每股$43，英特公司尚持有IBM公司股票2 000股，取得成本为$81 600，市价总额为$86 000（$43×2 000）。则需调增交易性证券投资账面值$4 400（$86 000－$81 600），并将其确认为持有投资未实现利得，编制调整分录如下：

借：交易性证券投资　　4 400

　　贷：交易性证券未实现利得　　4 400

如果期末交易性证券的市场价格低于投资时的取得成本，则将其差额借记“交易性证券未实现损失”账户。

由上述会计处理可以看出，对于交易性证券投资，期末按市价调整投资账户，一方面影响资产负债表上流动资产中交易性证券投资的列示金额，如上例交易性证券投资将以市价＄86 000（＄81 600＋＄4 400）列示；另一方面将交易性证券投资的未实现利得或损失计入当期损益，这与出售交易性证券投资实现的利得或损失的性质相同，直接影响收益表。

本章小结

1. 现金

企业的现金一般包括库存现金和银行存款。企业应建立完善的现金内部控制制度并应严格遵守。对于零星小额开支应建立定额零用现金进行管理。企业必须定期将现金账户与银行对账单进行逐笔核对，对因未达账项或记账错误引起的企业账面余额与银行对账单余额之间不相符的情况，必须查明原因，并按月编制银行存款余额调节表。

2. 应收账款

应收账款是企业因赊销商品或提供劳务等业务，应向购货单位或接受劳务的单位收取的款项或代垫的运杂费等。应收账款应当按从购货方或接受劳务方应收的合同或协议价款作为初始确认金额。对于企业因无法收回应收账款而产生的坏账损失通常采用备抵法处理，即在每个会计期末，对本期应收账款的可收回性进行分析，根据经验估计可能无法收回的坏账金额，并将估计的坏账金额确认为坏账费用，同时计提坏账准备。在资产负债表上，应收账款以可收回金额列报。估计坏账损失的方法有销售收入百分比法、应收账款余额百分比法和应收账款账龄分析法。

3. 应收票据

应收票据是指企业因销售商品、提供劳务等收到的本票所形成的债权。应收票据应当在企业收取票据时按票面金额入账。在票据到期前，企业如果需要现金，可将其所持有的应收票据向银行申请贴现。对于附追索权的贴现票据，如果出票人到期拒付，则申请贴现企业负有连带的还款责任，申请贴现企业应将贴现票据票面金额确认为一项或有负债。

4. 证券投资

会计上的投资通常专指企业对外进行的权益性和债权性投资，一般称为证券投资。按照管理层持有意图通常将证券投资分为交易性证券投资、可供出售证券投资和持有至到期投资。交易性证券投资按取得成本入账，持有期间的投资收益表现为股利收入或利息收入。其后续计量采用公允价值计列，即会计期末按所投资的有价证券的市场价格调整证券投资账户，将有价证券投资成本与市价之间的差额计入未实现持有利得或损失，并将未实现持有利得或损失列入当期收益表。

复习思考题

1. 试说明现金管理的原则和现金的内部控制要求。
2. 试说明零用现金制度以及零用现金的管理程序。
3. 请解释银行对账单余额与企业现金账户余额不符的原因。
4. 请分别评价坏账处理的直接注销法和备抵法。
5. 试说明坏账损失估计的销售收入百分比法和应收账款法以及会计处理上的区别。
6. 为什么说贴现应收票据是一项或有负债?
7. 按照管理层持有意图如何划分证券投资?
8. 说明交易性证券投资的初始计量和后续计量的要求。
9. 交易性证券投资和可供出售证券投资产生的未实现利得或损失，在财务报表上的列报有何不同?

第六章

存　货

本章内容提示

介绍存货的含义、类别及其范围的界定；存货成本的构成内容；存货的盘存制度以及不同盘存制度下存货购入和销售的会计处理；以历史成本为基础的存货计价方法；成本与市价孰低规则以及存货成本的估计方法。

存货是指企业在日常经营中持有以备出售的产成品或商品、处在生产过程中的在制品以及在生产或提供劳务过程中耗用的材料和物料等。由于存货通常能在1年或一个营业周期内被耗用或出售后转换为现金，所以存货属于流动资产。

存货通常是商业企业和制造企业一项数额很大的流动资产，在资产总额中往往也占有相当大的比重，因而加强对存货的计划和控制是企业经营管理活动的一个重要环节。存货过多往往会积压资金，并导致企业资金周转困难，而存货不足又往往会延误生产或失去一部分销售的机会。所以企业必须要保持完备的存货记录，以便日常对存货进行控制与监督。

第一节　存货会计概述

从会计角度来看，存货对企业资产负债表和收益表都有重要影响。存货数量的确定及价值的计算直接影响资产负债表，同时，存货的估价是否正确也直接影响本期净收益的计算。因此，存货会计的目的是正确计算和确定企业存货的数量和价值，以便计算确定销售成本，从而恰当地确定企业的净收益。为了正确计算和确定企业存货的数量和价值，首先就要明确存货的类别、存货范围的界定以及存货成本的构成。

一、存货的类别

不同类型的企业存货的内容也不同，商业企业主要为待售商品存货，制造业有原材料、在制品、产成品等存货。因此，在会计上通常将存货分为商品存货、制造业存货和其他存货。

（一）商品存货

对于商业企业，其存货是由许多不同的商品项目构成。例如，在超市里，罐装商品、奶制品、肉类和农副产品等就是其库存存货项目中的一部分。这些商品具有两个共同的特点：（1）它们都为企业购入并拥有；（2）它们在日常经营过程中以准备向顾客出售的形式存在。因此，商业企业只需要用一种存货类别来描述组成全部存货的各种不同项目——商品存货（Merchandise Inventories）。这些商品在销售前不进行任何加工处理，其实物形态保持不变。

（二）制造业存货

制造业存货主要是指从事产品生产的制造企业的存货。制造业存货按其存在形态又可分为原材料存货、在制品存货、产成品存货及制造用品存货等。

（1）原材料存货（Raw Materials Inventories）是指企业从外部购入直接用于制造产品并构成产品实体的库存物品。自制或外购的零件或部件，也可归入原材料这一类。

（2）在制品存货（Work-in-Process Inventories，WIP）是指企业尚未完成全部制造过程，还须进一步加工才能对外销售的产品。

（3）产成品存货（Finished Goods Inventories）是指企业已完成全部加工过程，可以作为商品对外销售的制成产品。

（4）制造用品存货（Supplies Inventories）是指企业为制造产品而耗用的，不构成产品实体的辅助性材料和物品，如机器用的润滑油，着色防腐用的染料、油漆等。

（三）其他存货

其他存货是指不具备行业特点，任何企业都可能持有的一般性耗用的物料用品。这类存货主要是用于管理和销售方面，也称杂项存货（Miscellaneous Inventories）。

本章主要介绍商业企业商品存货的会计处理。

二、存货范围的界定

企业存货范围的界定，应以企业对存货是否具有法定所有权（Legal Title）为依据。凡是在盘存日法定所有权属于企业的一切商品和货物，不论其存放在何处或处于何种状态，都应视为企业的存货；而对所有权不属于本企业的货品，即使存放在本企业，也不属于本企业存货。因此，凡依照销售合同已经售出，其所有权已转让的货品，都不应包括在存货之中，即使货品尚未运离企业也是如此。反之，如果货品已运离企业，但所有权尚未转给对方的，就应包括在存货之内。

在界定存货范围时，应特别注意以下几种情况：

（一）在途货品

对于已经发出但在盘存日仍在运输途中尚未收到的在途货品（Goods in Transit），其所有权通常按买卖双方约定的成交价格条件而定。如果货品按“起运站交货”价格发运，货品一经交运，其所有权就转移给购买企业，应作为买方存货。如果货品按“到达站交货”价格发运，货品虽已在运输途中，但在到达目的地之前，其所有权仍归属于销货方，应作为卖方存货。

（二）代销货品

企业如有委托其他企业代销的货品，即寄销品（Consignment-out），则实物虽已离开委托方，存放于承销人处，但其所有权并未转移，仍属于委托方存货。反之，企业受托代销的货品，即承销品（Consignment-in），在尚未售出之前，仍属委托方所有，不属于代销方存货。

（三）委托加工物资

委托外部加工的物资，其所有权应归属于委托方；而受托加工的物资尽管在加工完成之前其实物还保留在受托方，但不属于加工方存货。

由此可见，企业的存货一般包括库存待售的存货，生产经营过程中使用或处在加工过程中的存货，购入的正在运输途中，以及委托其他单位代销、加工的存货。企业的存货不包括依照销售合同已经售出但客户尚未提走的存货，接受其他单位委托代销或委托加工的存货。

三、存货成本的构成

根据公认会计原则的要求，存货应当按照取得时的实际成本计价。企业的存货无论是外购还是自制，其实际成本均应包括取得或形成存货，并使其达到预期可用状态或可销售状态之前发生的所有支出。国际会计准则规定：“存货的成本应当包括所有的采购成本、加工成本以及其他使存货达到目前场所和状态而发生的成本”。

（一）外购存货的成本

企业外购存货主要涉及外购商品和原材料。外购存货的成本简称购货成本或采购成本（Purchase Cost），是指企业从采购到入库前所发生的全部支出，包括购买价款和使商品处于可供销售或可供使用状态的一切直接或间接的支出。

1. 购买价款

购买价款简称买价，是指企业购入存货的发票上列明的价格，如果发生购货退回和折让，则还应减去购货退回和折让，它是存货成本的主要组成部分。

2. 其他直接或间接支出

企业向外购入存货，除按发票价格支付价款外，还需要支付一些其他费用，如由购货方负担的进口关税（Customs Duty）、运输费（Freight-in）、装卸费、途中保险费（Insurance in Transit）、在途正常损耗以及入库前整理挑选费用等支出。在计算购货成本时，应将发票价格和其他直接支出直接计入各种存货的成本，而间接支出则要按照一定的标准（如同批购货的价值、重量、体积等）在各种存货之间进行分配。

例如，麦克公司雇佣一香港制造商为其生产某品牌凉鞋，麦克公司每双凉鞋的成本包括：购买价格每双 \$18，每双鞋负担的关税 \$1，负担的购货运费 \$0.6，负担的途中保险费 \$0.4。因此，麦克公司每双凉鞋的购货成本为 \$20（\$18 + \$1 + \$0.6 + \$0.4）。

购货方对于取得的现金折扣是否作为购货成本的减项，会计上有两种处理方法，即总价法和净价法。在采用净价法记录购货业务时，购货成本可以统一在净价（即发票价格减去现金折扣）的基础上。许多会计学家赞成这样的处理方法，因为净价法如实地提供了存货的成本和相应的债务责任，而且能否取得现金折扣从一个侧面说明了购货方财务管理工作的好坏，而对丧失的现金折扣通常视为财务费用，直接计入当期损益。在总价法下，购货成本按发票价格总额入账，现金折扣只有在购货方于折扣期限内支付货款并已取得现金折扣时才登记入账。对取得的现金折扣，会计上有两种处理方法：一是调整购货成本，作为购货成本的扣减项目，以确定实际支付的购货成本；二是视为财务收益，在收益表中列入其他收益项目内。由于总价法在会计处理上简便易行，所以实务中广泛采用“按发票价格总额记录购货业务并把取得的现金折扣作为确定购货成本的扣减项目”这样一种处理方法。

（二）自制存货的成本

企业通过自制取得的存货主要包括在制品和产成品，其成本由直接材料成本和加工成本构成。通过自制取得的存货成本中的直接材料成本是由所使用或消耗的原材料采购成本转移而来的，因此，计量自制存货的成本主要是确定存货的加工成本。

存货的加工成本（Conversion Cost）是指企业在自制存货过程中发生的追加生产成本，包括直接人工和制造费用。其中，直接人工（Direct Labour）是指在生产过程中直接从事产品生产的工人的薪酬；制造费用（Overheads）是指在生产产品过程中发生的各项间接生产费用，包括企业生产部门管理人员的薪酬、折旧费、办公费、水电费等。因而在制造企业，直接材料、直接人工和制造费用构成了产品成本。制造费用又分为固定制造费用和变动制造费用两种。固定制造费用是指与产量无关，相对保持不变的间接生产费用，如厂房和设备的折旧费用。变动制造费用是指随产量成正比例变化的间接生产费用，如间接材料和动力费等。在同一生产过程中，若同时生产两种或两种以上的产品，则应将制造费用按照合理的方法在各种产品之间进行分配。

在西方会计界，对制造费用应否计入产品成本，以及如何计入产品成本有着不同的处理。财务会计采用的是吸收成本计算法（Absorption Costing），指一切属于生产产品的成本，包括所有的制造费用都计入产品成本之中。这是一种传统的成本计算方法，简便易行，具有较广泛的适用性。管理会计采用的是变动成本计算法（Variable Costing），指产品成本只包括那些随产品产量的变动而成正比例变化的成本，即变动制造费用应计入产品成本，而固定制造费用属于期间成本，应由当期损益负担，不计入产品成本之中。这种成本计算方法有利于进行成本分析、成本预测、成本决策和成本控制。

通常下列项目不应包括在存货成本中，而应在其发生的当期确认为费用：非正常消耗的材料、人工和其他生产费用；仓储费用（不包括在生产过程中为达到下一个生产阶段所必需的储存费用）；不能归属于使存货达到目前场所和状态的其他支出，如行政管理费用和销售费用。

第二节 存货的盘存制度

企业在日常经营过程中，其已入库的存货会不断地被领出销售或被耗用，这样已销售或已耗用存货的数量和期末存货数量的确定就显得十分重要，因为它将直接影响期末资产负债表中存货价值和收益表中销售成本的确定。在会计实务中，一般有两种确定存货实物数量和保持存货记录的存货会计制度，即定期盘存制和永续盘存制。

一、定期盘存制

（一）定期盘存制的特点

定期盘存制（Periodic Inventory System）又称实物盘存制（Physical Inventory System），指平时只记录购货数量和成本，不涉及每日存货和销售成本的记录，待期末通过对全部存货进行实地盘点后，再据以确定期末存货数量和成本以及销售成本的方法。

定期盘存制具有以下优点：（1）平时不必登记存货发出和结存的数量及金额，只在期末通过对库存存货进行盘点（Physical Count）确定实存数量，再根据单位成本确定期末存货成本，并计算销售成本，因而简化了会计处理工作。（2）存货明细账可以不必按品种规格逐一设置，只需按大类设置即可。

定期盘存制也存在以下缺点：（1）凡未计入期末存货的货品，都视为已经售出，任何由于浪费、盗窃和自然损耗等原因所发生的损失，都隐匿在销售成本之中，因而不利于加强存货的管理。(2) 由于缺乏对存货的连续记录，不能随时反映各项存货的发出和结存数，因而不利于存货的计划与控制。定期盘存制一般适用于存货品种多、数量大、价值低、收发频繁的小型商业企业。

采用定期盘存制，企业一般要设置“购货”（Purchases）账户来记录每个会计期间所采购商品的购买价款，同时单独设置“购货退回和折让”、“购货折扣”和“购货运费”等账户分别记录相应内容，其中购货退回（Purchase Returns）是指因某些方面不符合要求而退回给销货方的商品，应减少购货成本；购货折让（Purchase Allowances）是指因某些方面不符合要求而从买价中减让的部分价款，应减少购货成本；购货折扣（Purchases Discount）是指因在折扣期内付款而取得的现金折扣，也应减少购货成本。此外，企业还应设置“商品存货”账户，将期末按实物盘点所确定的各种存货数量乘以各该存货的单位成本所计算出的期末存货总成本转入“商品存货”账户。

定期盘存制下存货会计处理的主要特点如下：

(1) 购入商品时，按商品的购买价格借记“购货”账户。

(2) 将发生的购货退回或折让金额、取得的现金折扣金额记入“购货退回和折让”、“购货折扣”账户的贷方；将买方承担的运费记入“购货运费”账户的借方。根据以上账户发生额可计算商品购货成本如下：

$$\text{购货净额（Net Purchases）}=\text{购货}-（\text{购货退回和折让}+\text{购货折扣}）$$

$$\text{购货成本}=\text{购货净额}+\text{购货运费}$$

(3) 销售商品时，对商品销售成本不作记录。

(4) 平时，“商品存货”账户只反映期初余额，而在会计期末，以经实地盘点确定的期末存货金额对“商品存货”账户进行账项调整，使期末“商品存货”账户的余额反映实际的期末存货余额，同时确定本期销售成本。对于本期的销售成本，可根据下列存货模型公式来确定：

$$\begin{array}{c}\text{销售}\\\text{成本}\end{array}=\begin{array}{c}\text{期初}\\\text{存货}\end{array}+\left(\begin{array}{c}\text{本期}\\\text{购货}\end{array}-\begin{array}{c}\text{购货退回}\\\text{及折让}\end{array}-\begin{array}{c}\text{购货}\\\text{折扣}\end{array}+\begin{array}{c}\text{购货}\\\text{运费}\end{array}\right)-\begin{array}{c}\text{期末}\\\text{存货}\end{array}$$

$$=\begin{array}{c}\text{期初}\\\text{存货}\end{array}+\begin{array}{c}\text{本期购}\\\text{货成本}\end{array}-\begin{array}{c}\text{期末}\\\text{存货}\end{array}$$

（二）定期盘存制下存货的会计处理

下面举例说明定期盘存制下存货的会计处理。

【例 6-1】 麦克公司 2012 年 12 月初 A 商品存货余额为 \$71 600，12 月份发生商品购销业务如下：

（1）从沃伦公司赊购 A 商品 200 台，每台发票价格为 $1 600；付款条件：2/10，n/30；交货条件：起运站交货，货到付运费。

（2）支付上项购货运费 $2 400。

（3）A 商品到货后经验收发现有 40 台不合规格要求，退回卖方，应扣除价款 $64 000。其余 160 台质量较差，经与沃伦公司协商对方同意折让货款 $26 000。

（4）在折扣期内向沃伦公司偿付上项购货款。

（5）出售 A 商品 120 台，每台售价 $2 000。

（6）12 月 31 日，经实地盘点确定的 A 商品期末实际成本为 $126 200。

麦克公司对上述经济业务的会计处理如下：

1. 购入商品的会计处理

（1）购入 A 商品时

借：购货	320 000	
贷：应付账款——沃伦公司		320 000

（2）支付购货运费时

借：购货运费	2 400	
贷：现金		2 400

（3）发生退货和购货折让时

借：应付账款——沃伦公司	90 000	
贷：购货退回和折让		90 000

（4）在折扣期内支付货款时

借：应付账款——沃伦公司	230 000	
贷：购货折扣		4 600
现金		225 400

2. 销售商品的会计处理

（5）销售 A 商品时，只记录销售收入，不记录销售成本

借：应收账款	240 000	
贷：销售收入		240 000

3. 期末调整确定 A 商品销售成本的会计处理

（6）结转期初存货成本

借：销售成本	71 600	
贷：商品存货		71 600

（7）结转本期购货成本

借：销售成本	227 800	

购货退回和折让	90 000	
购货折扣	4 600	
贷：购货		320 000
购货运费		2 400

(8) 根据盘点结果，结转期末存货成本

借：商品存货	126 200	
贷：销售成本		126 200

可见，麦克公司本期销售成本 = \$ 71 600 + \$ 227 800 - \$ 126 200 = \$ 173 200。

二、永续盘存制

(一) 永续盘存制的特点

永续盘存制（Perpetual Inventory System）又称账面盘存法，指用经常性的明细记录对每种货品的收发进行连续的登记，以随时反映库存货品的收发、结存数量及其成本的方法。采用永续盘存制时，应按商品或材料的品种分别设置存货明细分类账，及时登记库存货品的收发和结存数量及其金额。

永续盘存制具有以下优点：(1) 对所有库存存货和销售保持连续记录，可以随时从账面上了解存货的收入、发出和结存数量及其成本，以便及时判断存货持有量是否适当，有利于存货的计划与控制。(2) 通过账实核对可以发现存货盘盈或盘亏的原因，有利于存货的管理。永续盘存制的不足之处是，当企业存货的单位价值较低，领用和销售次数频繁，则会加大会计处理的工作量。然而，随着计算机和信息技术的发展，使数据处理成本大大降低，已导致永续盘存制的使用日益广泛，它加强了对存货的计划与控制。所以，实行成本会计制度的大中型制造企业和大中型的商业企业，一般均采用此法。

采用永续盘存制并不排除对存货的实物盘点。为了核对账面记录的正确性和确定存货损耗情况，企业至少在每个会计年度终了对存货进行一次全面的实物盘点。对于某些价值较高，或其记录发生错误可能性较大的货品，还可以经常进行实物盘点。如果期末盘点结果与账面余额不符，就要进行核实，查明原因，并把“商品存货”账户的账面余额调整为实际余额，同时，把调整前账面余额与实际余额的差额作为存货盘盈溢余或存货盘亏损失处理。

永续盘存制下存货会计处理的主要特点如下：

(1) 购入商品时一律借记“商品存货”账户，而不再设置“购货”账户。

(2) 由购货方承担的运输及其他费用，直接借记“商品存货”账户，不再设“购货运费”账户。

（3）发生的购货退回、购货折让及取得的现金折扣直接贷记“商品存货”账户，而不另设有关账户单独记录。

（4）每次销售商品时都需要确定销售成本，并编制会计分录予以反映。

（5）会计期末，本期的销售成本已累计在“销售成本”账户中；“商品存货”账户的永续记录则反映出期末存货余额。就此而言，期末无需做任何账项调整分录。

（二）永续盘存制下存货的会计处理

【例6－2】 仍以【例6－1】的资料为例，编制麦克公司在永续盘存制下有关存货业务的会计处理如下：

1. 购入商品的会计处理

（1）购入A商品时

借：商品存货　　320 000

　　贷：应付账款——沃伦公司　　320 000

（2）支付购货运费时

借：商品存货　　2 400

　　贷：现金　　2 400

（3）发生退货和购货折让时

借：应付账款——沃伦公司　　90 000

　　贷：商品存货　　90 000

（4）在折扣期内支付货款时

借：应付账款——沃伦公司　　230 000

　　贷：商品存货　　4 600

　　　　现金　　225 400

可见，在永续盘存制下，“商品存货”账户反映的A商品的购货成本为＄227 800（发票金额＄320 000＋运费＄2 400－退回及折让＄90 000－现金折扣＄4 600），则可计算出验收入库的160台A商品的单位成本为＄1 423.75（＄227 800÷160）。

2. 销售商品的会计处理

（5）记录A商品销售收入

借：应收账款　　240 000

　　贷：销售收入　　240 000

（6）同时，记录A商品销售成本

销售成本＝120×＄1 423.75＝＄170 850。

借：销售成本　　170 850

　　贷：商品存货　　170 850

3. 期末调整的会计处理

期末，“商品存货”账户中的永续记录直接得出期末存货余额，本期销售成本也累计在“销售成本”账户中。本例中，“商品存货”账户的期末余额为 $128 550（$71 600 + $227 800 - $170 850），但年末经实地盘点确定的 A 商品期末实际成本为 $126 200，两者的差额 $2 350（$128 550 - $126 200）即为存货盘亏损失。

（7）将期末商品存货账面余额调整为实际余额

借：存货盘亏损失　　2 350

　　贷：商品存货　　2 350

第三节　存货的计价方法

存货的盘存制度解决了确定存货发出数量和期末结存数量的问题，但要进一步确定存货的金额就必须选择一定的计算方法，对发出存货的成本进行计价。

一、选择存货计价方法的依据

由于存货的计价直接影响毛利，从而也影响净收益。因而选择适当的存货计价方法，可使财务报表能恰当地反映企业的财务状况和经营成果。在一个会计期间内，如果期初存货和本期购入的所有商品的价格和成本都相同，则发出的商品和期末存货就可以按单一的单位成本计算。但是在市场经济条件下，由于商品的价格在不断地变化，同一种商品由于取得途径和时间的不同，不同批次入库的商品单位成本往往是不同的。同样，企业制造的不同批别或在不同期间制造的产品，也总会有不同的单位产品成本。当商品被陆续出售或材料被陆续领用时，就要确定发出存货的成本和结存存货的成本，由此产生了发出存货成本应按哪种单位成本计价的问题。

发出存货成本计价方法的选择与存货的流转有关。在企业的日常经营中，存货总是处在不断流入和流出的流转之中。存货的流转包括实物流转和成本流转两个方面。存货的实物流转（Physical Flow）是指在企业的日常经营中货品实体有序地移动，而成本流转则不同于货品的实物流转。成本流转（Cost Flow）是指货品的价值在企业日常经营中的流转形态。发出存货成本的计价方法着重考虑的是存货的成本流转，而不是实物流转。也就是说，存货的不同计价方法所依据的是存货成本流转假设。采用不同的成本流转顺序假设，就产生了不同的存货计价方法。

二、存货的计价方法

以历史成本为基础的存货计价方法主要有四种，它们是个别认定法、先进先出法、后进先出法和平均成本法。在这四种方法中，除个别认定法的成本流转与实物流转完全一致外，其余三种方法都是以存货成本流转有不同的次序为假设，而这种假设与存货的实物流转次序是不同的。

（一）个别认定法

个别认定法（Specific Identification Method）是指对每项发出的货品和期末存货逐一加以辨认，分别按各自购入时或制造时的单位成本计价。采用这一方法，必须有详细的存货记录，并在购买或制成的货品上附加标签，注明其单位购货成本或制造成本，以便正确辨认和确定发出货品的成本和期末存货的成本。下面举例加以说明。

【例6－3】 艾迪逊贸易公司2013年8月份A商品的购货、销售和存货的有关数据如表6－1所示。

表6－1　A商品购货、销售和存货明细账

日　期	业务	数量（件）	单位成本	结存数量（件）
8月1日	期初存货	400	$20	400
8月5日	购货	400	$22	800
8月8日	销售	600		200
8月14日	购货	600	$25	800
8月23日	销售	400		400
8月28日	购货	200	$27	600

艾迪逊公司8月份共销售A商品1 000件，经确认出自以下各批购货中：

日　期	数量（件）	单位成本	成本总额
期初存货	300	$20	$6 000
5日购货	340	$22	7 480
14日购货	360	$25	9 000
总　计	1 000		$22 480

如上计算所示，艾迪逊公司8月份销售1 000件A商品的销售成本为$22 480。期

末 600 件 A 商品存货的成本计算如下：

$$期末存货成本 = 100 \times \$20 + 60 \times \$22 + 240 \times \$25 + 200 \times \$27 = \$14\ 720$$

由此可见，个别认定法的成本流转和货品的实物流转完全相符，因而具有一定的客观性，是一种合理而又准确的存货计价方法。但在实务操作中，当货品的数量及品种很多而其单位成本又很低时，这种方法是难于推行的，而且采用这种方法还可能导致企业管理层任意选用较高或较低的单位成本进行计价，为其有目的地操纵年度收益提供方便。因而，这种方法一般适用于品种数量不多、单位成本较高且易于辨认的贵重商品的计价，如工艺品、珠宝、汽车及其他贵重饰物等。

如今，随着计算机信息系统、条形码、电子产品代码等的使用，从理论上来说，几乎任何种类的产品都可以使用个别认定法，但是实际上这样做的企业仍然不多。大多数企业并不追踪每一个已售商品的成本，而是建立哪些商品被售出的假设，即成本流转假设。

（二）先进先出法

先进先出法（First-in，First-out Method，FIFO）是假定先购进的商品先售出，或先收到的材料先领用，因而期末库存存货均为最近或最后购进的货品。在先进先出法下，当期销售成本由期初存货的单位成本开始计算，并向下推算；期末存货成本按最后一批购货单位成本开始计算，并向上推算。

在永续盘存制下采用先进先出法，需要逐笔登记存货的收入、发出和结存的数量及金额。每次发出存货时，都要按照先进先出法的原则确定单位成本。

【例 6－4】仍以【例 6－3】的艾迪逊贸易公司 A 商品存货明细账的数据为例，其永续盘存制下采用先进先出法的具体应用如表 6－2 所示。

表 6－2　　A 商品存货明细账（先进先出法）

日期	摘要	收入			发出			结存		
		数量	单位成本	总成本	数量	单位成本	总成本	数量	单位成本	总成本
8.1	期初							400	$20	$8 000
8.5	购货	400	$22	$8 800				400 400	$20 $22	$8 000 $8 800
8.8	销售				400 200	$20 $22	$8 000 $4 400	200	$22	$4 400

续表

日期	摘要	收入			发出			结存		
		数量	单位成本	总成本	数量	单位成本	总成本	数量	单位成本	总成本
8.14	购货	600	$ 25	$ 15 000				200 600	$ 22 $ 25	$ 4 400 $ 15 000
8.23	销售				200 200	$ 22 $ 25	$ 4 400 $ 5 000	400	$ 25	$ 10 000
8.28	购货	200	$ 27	$ 5 400				400 200	$ 25 $ 27	$ 10 000 $ 5 400
	合计	1 200		$ 29 200	1 000		$ 21 800	600		$ 15 400

由表 6 - 2 可知，永续盘存制下采用先进先出法计算出的当期 A 商品销售成本为 $ 21 800，期末存货成本为 $ 15 400。

定期盘存制下采用先进先出法，平时销售时不必确定和结转销售成本，待月末盘点时再按先进先出法的计算程序一次计算销售成本和期末存货成本。具体计算如下：

当期销售成本 = 400 × $ 20 + 400 × $ 22 + 200 × $ 25 = $ 21 800

期末存货成本 = 200 × $ 27 + 400 × $ 25 = $ 15 400

可见，在两种不同的盘存制下，采用先进先出法计算出的当期销售成本和期末存货成本的结果是一样的。

先进先出法下的存货成本流转比较接近实际的商品实物流转，特别是那些经营容易腐烂变质商品的企业，如食品、药品等企业，总是试图把最早购进的商品尽先销售出去。

（三）后进先出法

后进先出法（Last-in，First-out Method，LIFO）是假定后购进的商品先售出，或后收到的材料先领用，因而期末库存存货均为最先购进的货品。在后进先出法下，当期销售成本按最后一批购货单位成本开始计算，并向上推算；期末存货成本则按期初存货单位成本开始计算，并向下推算。这一方法同样适用于定期盘存制和永续盘存制。

永续盘存制下采用后进先出法，需要逐笔登记存货的收入、发出和结存的数量及金额。每次发出存货时，都要按照后进先出法的原则确定单位成本。

【例 6 - 5】 仍以【例 6 - 3】的艾迪逊贸易公司 A 商品存货明细账的数据为例，其永续盘存制下采用后进先出法的具体应用如表6-3所示。

表6-3　　A商品存货明细账（后进先出法）

日期	摘要	收入			发出			结存		
		数量	单位成本	总成本	数量	单位成本	总成本	数量	单位成本	总成本
8.1	期初							400	\$20	\$8 000
8.5	购货	400	\$22	\$8 800				400 400	\$20 \$22	\$8 000 \$8 800
8.8	销售				400 200	\$22 \$20	\$12 800	200	\$20	\$4 000
8.14	购货	600	\$25	\$15 000				200 600	\$20 \$25	\$4 000 \$15 000
8.23	销售				400	\$25	\$10 000	200 200	\$20 \$25	\$4 000 \$5 000
8.28	购货	200	\$27	\$5 400				200 200 200	\$20 \$25 \$27	\$4 000 \$5 000 \$5 400
	合计	1 200		\$29 200	1 000		\$22 800	600		\$14 400

由表6-3可知，永续盘存制下采用后进先出法计算出的当期A商品销售成本为\$22 800，期末存货成本为\$14 400。

在定期盘存制下采用后进先出法，平时销售时不必确定和结转销售成本，待月末盘点时再按后进先出法的计算程序一次计算销售成本和期末存货成本。具体计算如下：

当期销售成本 = 200 × \$27 + 600 × \$25 + 200 × \$22 = \$24 800

期末存货成本 = 400 × \$20 + 200 × \$22 = \$12 400

可见，在两种不同的盘存制下，采用后进先出法计算出的销售成本和期末存货成本是不相同的。产生这种差异的原因在于：定期盘存制是在期末按最早的单位成本一次计算存货成本，而永续盘存制要求随时确定销售成本，并随时计算存货成本，因而有些最早或较早单位成本的货品已发出，则剩余的存货不一定按最早的成本确定。这样，在两种不同盘存制下的存货成本，可能取自相同的存货层，也可能取自不同的存货层。

除了煤炭、矿石等少数货场堆放存储的商品外，后进先出法的存货成本流转很少与实际的存货实物流转相吻合。

（四）平均成本法

平均成本法（Average Cost Method）是指按收进货品各批平均单位成本对存货进行计价的方法。有些企业将各次收进的同一种货品混放在一起，发出货品时已不能分清所属的批次，因而采用平均成本法比较符合货品的实际流转情况。平均成本法又包括加权平均法和移动加权平均法两种。

1. 加权平均法

加权平均法（Weighted Average Method，WA）是以存货的数量为权数，将期初存货成本与本期购货成本之和，除以期初存货数量与本期购货数量之和来计算存货的加权平均单位成本，借以确定发出存货成本和期末存货成本的计价方法。

在定期盘存制下，通常是在月末一次计算出存货的加权平均单位成本，从而确定发出存货成本和期末存货成本。加权平均单位成本的计算公式如下：

$$\text{加权平均单位成本}=\frac{\text{期初存货成本}+\text{本期购货成本}}{\text{期初存货数量}+\text{本期购货数量}}$$

【例 6-6】 仍以【例 6-3】的艾迪逊贸易公司 A 商品存货明细账的数据为例，采用加权平均法计算当期 A 商品销售成本和期末存货成本如下：

$$\text{加权平均单位成本}=\frac{400\times \$20+400\times \$22+600\times \$25+200\times \$27}{400+400+600+200}=\$23.25$$

$$\text{当期销售成本}=1\,000\times \$23.25=\$23\,250$$

$$\text{期末存货成本}=600\times \$23.25=\$13\,950$$

加权平均法所确定的存货价值，受各批进货数量的影响。加权平均单位成本与货品的现行成本存在一定差距。当物价上涨时，加权平均单位成本将会小于现行成本；当物价下降时，加权平均单位成本则会高于现行成本。但不论物价是上涨还是下降，采用加权平均法计算出的存货成本，都反映出了一种平均水平。因而，加权平均单位成本对本期所有存货的成本都具有代表性，对于储存在同一地点，性能形态相同的大宗货品，采用加权平均法比较适宜。

2. 移动加权平均法

永续盘存制下采用的加权平均法也称移动加权平均法（Moving Weighted Average Method），即在每次购入存货后，都要根据现有可供销售存货总成本及总数量，计算出新的加权平均单位成本，据以对发出存货进行计价的一种方法。移动加权平均单位成本的计算公式如下：

$$\text{移动加权平均单位成本}=\frac{\text{本批进货前结存存货成本}+\text{本批购入存货成本}}{\text{本批进货前结存存货数量}+\text{本批购入存货数量}}$$

【例6－7】仍以【例6－3】的艾迪逊贸易公司A商品存货明细账的数据为例，采用移动加权平均法计算当期A商品销售成本和期末存货成本如表6－4所示。

表6－4　　A商品存货明细账（移动加权平均法）

日期	摘要	收入			发出			结存		
		数量	单位成本	总成本	数量	单位成本	总成本	数量	单位成本	总成本
8.1	期初							400	$20	$8 000
8.5	购货	400	$22	$8 800				800	$21	$16 800
8.8	销售				600	$21	$12 600	200	$21	$4 200
8.14	购货	600	$25	$15 000				800	$24	$19 200
8.23	销售				400	$24	$9 600	400	$24	$9 600
8.28	购货	200	$27	$5 400				600	$25	$15 000
	合计	1 200		$29 200	1 000		$22 200	600	$25	$15 000

其中：

$$\text{第一批购货后平均单位成本}=\frac{8\ 000+8\ 800}{400+400}=\$21$$

$$\text{第二批购货后平均单位成本}=\frac{4\ 200+15\ 000}{200+600}=\$24$$

$$\text{第三批购货后平均单位成本}=\frac{9\ 600+5\ 400}{400+200}=\$25$$

由表6－4可知，移动加权平均法计算出的当期A商品销售成本为$22 200，期末存货成本为$15 000。

移动平均单位成本受每次购货成本的影响，根据其计算出的存货成本与现行成本的差距比采用一次加权平均法要小，因而更接近现行成本。在存货周转较快，进货次数频繁的情况下，采用移动加权平均法反映的存货流转状况类似先进先出法。然而，这种方法计算比较繁琐。在货物品种繁多的情况下，工作量较大。

三、存货计价方法对财务报表和纳税的影响

一家企业针对不同性质的存货，可以同时使用一种以上的存货计价方法。企业采用

不同的存货计价方法会对以下三个要素产生不同的影响：（1）对收益表的影响不同；（2）对纳税的影响不同；（3）对资产负债表的影响不同。

（一）对收益表的影响

为了理解企业为何选择一种特定的存货计价方法，下面以艾迪逊贸易公司在永续盘存制下的数据为例，通过对比不同的存货计价方法来说明其对收益表和纳税的影响，如表 6－5 所示。假定艾迪逊贸易公司按每件 $40 的价格售出 1 000 件 A 商品，营业费用是 $4 000，所得税率为 40%。

表 6－5　艾迪逊贸易公司存货计价方法影响的比较

项　目	先进先出法	后进先出法	平均成本法
销售收入	$40 000	$40 000	$40 000
减：销售成本			
期初存货	8 000	8 000	8 000
加：购货	29 200	29 200	29 200
可供销售商品成本	37 200	37 200	37 200
减：期末存货	15 400	14 400	15 000
销售成本	21 800	22 800	22 200
毛利	18 200	17 200	17 800
减：营业费用	4 000	4 000	4 000
营业收益	14 200	13 200	13 800
减：所得税费用（40%）	5 680	5 280	5 520
净收益	$8 520	$7 920	$8 280

注意，对于三种存货计价方法中的每一种方法，可供销售商品成本（$37 200）都是相同的，但是期末存货成本和销售成本却都不同，这一差额是由于分配到销售成本和期末存货成本的单位成本不同而导致的。对于艾迪逊贸易公司来说，先进先出法和后进先出法下的销售成本之间存在 $1 000 的差额，从而导致毛利相差 $1 000。

在物价变动期间，成本流转假设会对净收益产生重大的影响。大多数情况下，价格是上涨的（即通货膨胀）。在物价上涨期间，先进先出法会产生较高的净收益，这是因为把较早购入商品的较低单位成本与收入进行了配比。从表 6－5 艾迪逊贸易公司的举例中可以看出，物价上涨期间，先进先出法报告了最高的净收益（$8 520），而后进先出法报告了最低的净收益（$7 920），平均成本法的净收益则处于先进先出法与后进先出法之间（$8 280元）。如果物价是下跌的，则使用先进先出法和后进先出法的结果就正好相反：先进先出法报告最低的净收益，而后进先出法报告最高的净收益。

在物价上涨期间如果使用后进先出法，由于反映在销售成本中的是最近购入的商品成本，销售成本就接近商品的现行重置成本水平，从而较好地使现行成本与现行收入相配比，更真实地反映当期的毛利和净收益，并使企业回收已售出商品的现行重置成本。

在物价上涨期间如果使用先进先出法，由于反映在销售成本中的是较早购入的商品成本，销售成本就小于商品的现行重置成本水平，使得企业仅回收了早期低成本的商品，从而高估了当期的毛利和净收益。先进先出法下的毛利超过后进先出法的部分（如艾迪逊贸易公司先进先出法下的毛利超过后进先出法下$1 000）被称为“虚拟利润”。为了重置已售出的商品，企业必须要额外拿出一部分毛利才能继续购置高价格的商品。结果，报告的净收益从真实的角度看也就被高估了。因此，在物价上涨期间先进先出法不能提供最好的收益表信息。

（二）对纳税的影响

在物价变动期间，成本流转假设也会对所得税产生重大的影响。从表6-5艾迪逊贸易公司的举例中可以看出，物价上涨期间，由于先进先出法的净收益最高，从而导致最高的所得税（$5 680），而后进先出法的净收益最低，导致了最低的所得税（$5 280），平均成本法的所得税则处于先进先出法与后进先出法之间（$5 520）。如果物价是下跌的，则使用先进先出法和后进先出法的结果则正相反。

受通货膨胀的影响，企业都非常关注存货计价方法的选择。对于管理层来说，较高的净收益是有好处的，它会使外部信息使用者更正面地看待公司。此外，管理层的奖金如果是基于净收益计算的，那将会更高。所以，当物价处于上涨时，公司会愿意使用先进先出法，因为它会导致较高的净收益。然而，在物价上涨期间，许多公司更愿意采用后进先出法，因为当期的所得税支付最低（实质上是将所得税的缴纳推迟了）。如表6-5所示，后进先出法下的所得税比先进先出法低$400，这节省的$400税额使企业在经营中有更多可用的现金。

（三）对资产负债表的影响

先进先出法的一个主要优点是，在物价上涨期间，分配于期末存货的成本总是按最近购入的商品成本计价，使得期末存货成本更接近于它的现行成本，从而能较恰当地反映资产负债表日的存货实际价值。

反之，后进先出法的一个主要缺点是，在物价上涨期间，分配于期末存货的成本从现行成本来看可能被严重低估了。如果存货成本中包括多个以前会计期间购入的商品成本，在持续很长时间的通货膨胀期间，低估的程度会更高，使期末存货成本与现行重置成本相差甚远。所以，后进先出法所反映的资产负债表日的存货价值是不合理的。

通过上述不同存货计价方法对财务报表和纳税影响的分析可知，在资产负债表和收益表所报告的结果方面，使用后进先出法而不使用先进先出法，会引起很大的差异。随着物价的上涨，先进先出法会产生比后进先出法更高的收益。在资产负债表上，先进先出法会产生更高的存货成本。因此，使用不同的存货成本流转假设，会使报表分析者对企业财务结果进行比较变得更加复杂。

无论企业选择什么样的存货计价方法，必须在各个会计期间一致地使用这种方法。一致性的应用能够增强对连续期间企业财务报表的分析能力。但强调一致性的应用，并不意味着企业不可以变更它的存货计价方法。企业一旦决定变更存货计价方法，必须在财务报表中披露这一变更以及它对净收益的影响。

美国税法规定，如果公司采用后进先出法用于所得税目的，那么同样也必须将后进先出法用于财务报告目的，这被称为“后进先出法的一致规则”（LIFO Conformity Rule）。美国公认会计原则要求，采用后进先出法计价的公司应在财务报表附注中披露若公司改用先进先出法对存货计价而导致存货增加（有时减少）的金额，这个金额称为“后进先出法储备”（LIFO Reserve）。披露后进先出法储备可以使报表分析者在比较采用不同成本流转假设的公司报表时作出调整。

第四节　存货计价的其他方法

除了上述以历史成本为基础的四种存货计价方法外，存货计价的其他方法还包括成本与市价孰低法和存货成本的估计方法。

一、成本与市价孰低法

（一）成本与市价孰低法的含义

对于销售高科技产品或者时尚商品的企业来说，存货价值由于技术的更新或者时尚的变换可能下降得非常快。另外，如果存货长期不能被耗用或销售，就有可能变为过时存货或被降价销售。在这种情况下，要求企业采用除了上述以历史成本为基础的四种存货计价方法之外的存货计价方法，即成本与市价孰低法。

所谓成本与市价孰低法（Lower of Cost-or-Market，LCM）是指期末存货应当按照成本与市价两者中的较低者作为存货计价的基础，即当存货的成本低于市价时，期末存货仍按成本计价；当存货的市价低于成本时，期末存货按市价计价，这是西方会计的稳健性原则在存货计价上的具体体现。

这里的“成本”是指按历史成本原则计价的存货实际成本，即存货的采购成本或生产成本，而“市价”一般则指存货的现行重置成本（Current Replacement Cost）。在美国，市价是指企业库存各种存货在盘存日期市场上通行的报价。对应于不同企业的商品，市价的解释又有不同：对商业企业的商品以及制造企业的原材料和外购零件，市价指正常的供货者对一定的正常购买数量所标的现行报价，加上取得该项商品所需的运输费用和其他必要费用；对制造企业的产成品和在产品，市价指这些存货项目按现行市价计算的材料、人工和制造费用的再生产成本。

在存货的计价中，成本是存货计价的主要基础。然而，当存货的市价下跌到低于其成本时，售价势必要随之下降，致使企业在以后出售存货时遭受损失。如果从稳健性来考虑，对因价格下跌造成的存货跌价损失，应在下跌发生的当期予以承认，而不应等到以后存货销售时才予以承认。这样，在市价下跌期间，将存货成本减记（Write-down）到市价，同时确认存货跌价损失，使当期的收益相应减少。当这些存货在以后按较低的售价出售时，由于其成本早已调低，归入后期的销售成本也就较低，这样，就有助于使各个期间保持一个比较正常的利润水平。

在应用成本与市价孰低法时，通常将市价限制在一定的合理范围内，即市价不应超过存货的可变现净值，也不应低于可变现净值减去估计的正常毛利后的金额。这里的“可变现净值”（Net Realizable Value）指在日常经营过程中，以存货的预计销售价格减去合理预计的加工成本和销售费用后的金额。这样，就为存货的现行重置成本规定了一个上限和下限，“可变现净值”是它的上限，对于必须削价出售的陈旧过时或损坏变质的商品来说，它们的现行重置成本可能超过可变现净值，但存货的市价须按可变现净值计量。然而，“可变现净值减去估计的正常毛利”这个下限更重要，即使商品的重置成本跌到这个下限之下，存货的市价也仍须按这个下限计量，这是为了防止存货价值的严重低估，以保持企业提供的财务信息的可信性。

（二）成本与市价孰低法的应用

采用成本与市价孰低法确定存货跌价损失可以三种方式加以应用：（1）按单个存货项目；（2）按主要存货类别；（3）按全部存货。

【例6-8】下面以艾迪逊贸易公司为例，说明按成本与市价孰低法确定期末存货成本及存货跌价损失的计算，如表6-6所示。

表6-6　　艾迪逊贸易公司成本与市价孰低法下期末存货成本的确定

存货项目	成本	市价	成本与市价孰低法		
			按单个项目	按主要类别	按全部存货
A类存货					
A1	$ 14 400	$ 14 080	$ 14 080		

续表

存货项目	成本	市价	成本与市价孰低法		
			按单个项目	按主要类别	按全部存货
A2	20 000	19 000	19 000		
A3	48 000	50 000	48 000		
小计	$ 82 400	$ 83 080		$ 82 400	
B 类存货					
B1	$ 13 600	$ 13 920	$ 13 600		
B2	24 960	23 680	23 680		
B3	35 720	34 200	34 200		
小计	74 280	71 800		71 800	
合计	$ 156 680	$ 154 880	$ 152 560	$ 154 200	$ 154 880

从表 6 - 6 可以看到，按单个存货项目应用成本与市价孰低法确定的期末存货成本为 $ 152 560，发生存货跌价损失 $ 4 120（$ 156 680 - $ 152 560）；按主要存货类别确定的期末存货成本为 $ 154 200，发生存货跌价损失 $ 2 480（$ 156 680 - $ 154 200）；按全部存货确定的期末存货成本为 $ 154 880，发生存货跌价损失 $ 1 800（$ 156 680 - $ 154 880）。显然，按单个存货项目应用成本与市价孰低法，与其他两种应用相比确定的期末存货成本最低，也最为谨慎，在实务中的应用也最为普遍。

采用成本与市价孰低法，当成本低于市价时，不需要作会计处理。当市价低于成本时，应编制调整分录以反映存货跌价损失。在会计处理上，企业应将确定的存货跌价损失借记“存货减值损失”账户，同时计提存货跌价准备贷记专门设置的“存货跌价准备”账户。这里的“存货跌价准备”是“商品存货”账户的备抵账户，其贷方余额在资产负债表中列为存货项目的减项。根据表 6 - 6，按单个存货项目比较确定存货跌价损失时，艾迪逊公司应编制如下调整分录：

借：存货减值损失　　4 120

　　贷：存货跌价准备　　4 120

“存货减值损失”金额在收益表中一般列示在毛利之下，作为对毛利的调整。在资产负债表上，存货项目反映企业期末在库、在途和在加工中的各种存货的账面净值，因此应根据各存货账户的期末余额减去“存货跌价准备”账户期末余额后的净额填列。

二、存货成本的估计

在会计实务中，由于某种原因企业常常需要对存货成本加以估计，例如在采用定期盘存制的商业企业，一般都是在每一季度或年度终结时才对存货进行实地盘点。这样，企业在编制中期报表（Interim Statements）时，对期末存货成本只能通过估计的方法来确定。另外，企业在遭受水灾、火灾或其他灾害时，由于存货被部分毁损或全部毁损，为了计算灾害损失，也需要对存货成本进行估计。广泛采用的存货成本估计方法主要有两种，即毛利法和零售价格法。

（一）毛利法

毛利法（Gross Profit Method）是根据估计的存货毛利率和本期销售净额来估计本期销售成本，然后从本期可供销售的存货成本中减去估算的本期销售成本，以推算出期末存货成本的一种存货估计方法。这里的毛利率是指毛利与销售净额的比率。毛利法通常假定各期毛利率相近或相对稳定，则在已知销售净额的情况下，就可求出毛利、销售成本，并最终计算出期末存货成本。

应用毛利法估计期末存货的具体步骤如下：

（1）根据以往年度的毛利率确定本期的预计毛利率。

（2）根据预计的毛利率和本期销售净额计算本期销售成本。计算公式如下：

$$本期销售成本 = 本期销售净额 \times (1 - 毛利率)$$

（3）估算期末存货成本。计算公式如下：

$$\begin{aligned}期末存货成本 &= 期初存货成本 + 本期购货成本 - 本期销售成本\\ &= 可供销售商品成本 - 本期销售成本\end{aligned}$$

【例6-9】一家批发商近年来某种存货的毛利率平均水平为40%，某月初存货为 \$20 000，当月购货成本为 \$80 000，当月销售净额为 \$120 000。根据上述资料，可估算出该批发商月末存货成本如下：

月初存货成本			\$20 000
本月购货成本			80 000
可供销售商品成本			\$100 000
本月销售净额		\$120 000	
减：估计毛利（\$120 000×40%）		48 000	
本月销售成本			72 000
估计的月末存货成本			\$28 000

应用毛利法估算本期销售成本和期末存货成本，在商业企业特别是批发企业较为常

见，是一种原理简便、易于操作的存货估计方法。但应用此法估计的期末存货成本是否合理，关键在于所选用的毛利率的可靠程度。如果所用的毛利率与实际的毛利率相差甚远，则所估计的存货成本就与实际存货金额相差甚远。因此，为了使期末估计的存货成本尽可能准确，应按存货项目逐项估计毛利率，或按存货类别估计毛利率。

（二）零售价格法

零售价格法（Retail Method）是根据商品的零售价格估计期末存货成本的一种存货估计方法，在商业零售企业广泛使用。在零售价格法下，可供销售商品应分别按成本和零售价格登记。这样，用按零售价格计算的可供销售商品总额减去销售净额，即可算出按零售价计价的期末存货额，然后，计算可供销售商品成本总额与可供销售商品零售价总额的比率，即成本零售价比率（Cost-to-Retail Ratio），再按照该比率将期末存货零售价金额调整为估计成本。

零售价格法估算期末存货的具体步骤如下：

（1）购货时，应同时按成本和零售价登记商品价值。

（2）期末，应按成本和零售价分别计算出可供销售商品总额。

（3）用按零售价计算的可供销售商品总额减去本期销售净额，计算出按零售价计价的期末存货价值。

（4）根据可供销售商品的总成本和总零售价计算成本零售价比率。

（5）用成本零售价比率乘以按零售价计价的期末存货价值，估算出期末存货成本。

【例 6-10】某一零售商店月末有关存货估计的资料及按零售价格法估计期末存货成本的过程如下：

摘 要	成 本	零售价
月初存货	$ 112 500	$ 150 000
本月购货	337 500	450 000
可供销售商品总额	$ 450 000	$ 600 000
减：本月销售净额		500 000
按零售价计算的月末存货		$ 100 000
成本零售价比率（450 000/600 000 × 100%）		
×75%		
估计的月末存货成本	$ 75 000	

同样，零售价格法估算的期末存货的准确性取决于成本零售价比率的适用程度。在商品构成不同的条件下，由于各种商品的成本零售价比率不同，即使按同样的零售价计

算的期末存货，其成本也不一样。为了提高零售价格法的可靠性，应按存货类别分别计算成本零售价比率及各类商品期末存货成本。

本章小结

1. 存货及存货成本

存货是指企业在日常经营中持有以备出售的产成品或商品、处在生产过程中的在制品以及在生产或提供劳务过程中耗用的材料和物料等。存货在会计上通常分为商品存货、制造业存货和其他存货；制造业存货又包括原材料、在制品、产成品和制造用品等存货。企业存货范围的界定应以企业对存货是否具有法定所有权为依据。存货一般按照取得时的实际成本计价，外购商品或材料的采购成本应包括购买价款和使商品处于可供销售或可供使用状态的一切直接或间接的支出。自制存货的加工成本包括直接人工和将材料加工为产成品过程中发生的制造费用。

2. 存货的盘存制度

存货的会计制度有定期盘存制和永续盘存制两种。定期盘存制平时只记录购货数量和成本，不涉及每日存货和销售成本的记录，待期末通过对全部存货进行实地盘点后再据以确定期末存货数量和成本以及销售成本。永续盘存制是用经常性的明细记录，对每种货品的收发进行连续登记，以便随时反映库存货品的收发、结存数量及其成本。

3. 存货计价方法

以历史成本为基础的存货计价方法主要有个别认定法、先进先出法、后进先出法和平均成本法四种。个别认定法是对各项发出货品和期末存货逐一加以辨认，分别按各自购入时的单位成本计价。先进先出法是假定先购进的商品先售出或先领用，因而期末库存存货均为最近或最后购进的货品。后进先出法是假定后购进的商品先售出或先领用，因而期末库存存货均为最先购进的货品。平均成本法是指按收进货品各批平均单位成本对存货进行计价的方法，包括加权平均法和移动加权平均法两种。在物价不稳定的情况下，不同的存货计价方法将导致不同的销售成本和期末存货成本，从而对净收益和所得税产生影响。

4. 存货估计

成本与市价孰低法是指对期末存货按照成本与市价两者中的较低者作为存货计价的基础，采用成本与市价孰低法一般按单个存货项目对存货计价。存货成本的估计方法包括毛利法和零售价格法。

复习思考题

1. 会计中存货的概念是什么？在会计上存货是如何分类的？
2. 如何界定企业存货的范围？
3. 外购存货的采购成本通常由哪些内容构成？
4. 什么是定期盘存制？定期盘存制有何特点？
5. 在定期盘存制下如何对存货的购销进行会计处理？
6. 什么是永续盘存制？永续盘存制有何特点？
7. 在永续盘存制下如何对存货的购销进行会计处理？
8. 存货成本计价方法的选择与存货的流转有何关系？
9. 以历史成本为基础的存货计价方法主要有哪四种？各种计价方法有何特点？
10. 在物价不稳定的情况下，不同的存货计价方法对净收益和所得税有何不同影响？
11. 什么是成本与市价孰低法？在存货计价中如何应用成本与市价孰低法？
12. 什么是存货估计的毛利法和零售价格法？

第七章

长期营业用资产

本章内容提示

介绍厂场资产的特征；厂场资产初始成本的构成及取得的会计处理；折旧的含义及其计算方法；厂场资产的后续支出和处置的会计处理；资产减值的含义及其会计处理；自然资源折耗的计算以及无形资产的特征和会计处理。

企业在生产经营过程中，除了具备现金、存货等流动资产外，还必须拥有一定数量的劳动手段，这些劳动手段的具体表现就是长期营业用资产。长期营业用资产（Long-Lived Assets）是指企业经营活动中使用的、能够长期提供经济利益的资产项目，如土地、房屋建筑物、机器设备、知识产权等。在资产负债表中，长期营业用资产通常列在流动资产下面的长期资产项目中。

第一节　长期营业用资产的类别与特征

企业的长期营业用资产种类繁多，规格不一。为了便于加强对长期营业用资产的管理和提供相关的会计信息，有必要对其进行合理的分类。长期营业用资产一般分为有形资产和无形资产。有形资产（Tangible Assets）是指具有实物形态的长期资产，包括厂场资产和自然资源。因此，长期营业用资产一般划分为厂场资产、自然资源和无形资产三大类。

一、厂场资产

（一）厂场资产的类别

厂场资产（Plant Assets）也称为地产、厂房与设备（Property，Plant and

Equipment）或固定资产，是指为生产商品、提供劳务或经营管理而持有的，使用寿命超过一个会计年度的有形资产。在实际工作中，通常按其存在的物质形态和性能将厂场资产分为土地、建筑物和设备三大类。

1. 土地

土地是企业从事经营活动的场地。在西方国家，由于土地允许私有，可以作为商品自由买卖，因此，企业取得的土地在会计上是作为厂场资产处理的。土地不同于其他厂场资产，因其可以无限期使用，一般不会因使用而损耗其价值，因而属于不需计提折旧的资产。

2. 建筑物

建筑物是指企业为从事生产经营活动、保证设备正常运转、储藏物资等提供的场所，如店铺、办公室、厂房、仓库等。房屋及建筑物的取得方式可能不同，既可以通过自行建造取得，也可以购入取得。房屋及建筑物的使用寿命是有限的，它们能够长期为企业提供服务并为其带来收益，但其价值却因为使用而逐渐损耗和贬值，并逐渐丧失其服务潜力，其损耗的价值与使用时间的长短更为密切，因而在使用期间必须按期计提折旧。

3. 设备

设备是指企业为生产经营而持有的各种机器设备、工具器具、运输设备（如车辆、轮船、飞机）等。设备一般通过外购取得，但其使用寿命也是有限的，在使用期间价值会逐渐降低，其损耗的价值除了与使用时间长短有关外，更为直接的是使用的程度即工作量的多少，对于这类固定资产也必须按期计提折旧。

（二）厂场资产的特征

厂场资产是企业的重要资产，特别是在制造业，其所占的比例通常较大。厂场资产通常具有以下特征：

1. 持有厂场资产的目的是为了生产经营活动，而不是直接用于出售

这一特征是区别厂场资产与存货的重要标志。企业持有厂场资产是为了生产商品、提供劳务或经营管理，这意味着企业持有的厂场资产是企业的劳动工具或手段，而不是直接用于出售的产品或商品。

2. 厂场资产使用寿命超过一个会计年度

厂场资产的使用寿命是指企业使用厂场资产的预计期间，或者该厂场资产所能生产产品或提供劳务的数量。厂场资产使用寿命超过一个会计年度，意味着厂场资产能在相当多的会计期间内为企业提供效用，属于非流动资产，并将随着其使用和磨损，通过计提折旧的方式逐渐减少账面价值。这一特征表明，企业为获得厂场资产而发生的支出属于资本支出，而不是收益支出。

3. 厂场资产为有形资产

厂场资产为有形资产，具有实物特征，在使用过程中将保持原来的物质形态不变，这一特征将厂场资产与自然资源和无形资产区别开来。

二、自然资源

矿业和林业企业所拥有的各种矿山、油田、森林等都属于自然资源（Natural Resources），但因其在管理上具有独特的性质，因而作为一个独立的类别。由于自然资源在开采过程中会逐渐耗尽，因而必须按期计提折耗。

三、无形资产

无形资产是指不具有实物形态的，在生产经营中能使企业长期受益的资产。无形资产通常表现为某种法定权利或特权，能为企业经营带来未来的经济利益，例如专利权、商标权、版权、特许经营权等。有关无形资产的特征将在后面介绍。

第二节　厂场资产的初始计量

美国公认会计原则指明了在对长期营业用资产进行记录和折旧中应考虑三个因素：一是从会计角度是否应确认为一项资产；二是一项资产如果被确认，如何计量其账面价值；三是如何将资产的原始成本分配至其受益期间。

企业购置的厂场资产一般按其取得时的原始成本进行初始计量。厂场资产的原始成本是指为取得厂场资产并使其达到预期可使用状况而发生的一切必要支出。一项厂场资产的原始成本，除其购买价格外，还包括一些附带支出，如买方支付的运费、税金、佣金及其他相关支出等。下面介绍一些常见的厂场资产原始成本的构成内容。

一、土地

企业通常将土地用作工厂或办公室的建筑场地。土地（Land）的购置成本通常由购买价格和购置费用组成。购置费用一般包括：支付的房地产经纪人佣金（Brokerage Commissions）、测量费（Survey Fees）、产权和律师费（Attorney Fees）等手续费、买方承担土地的应计财产税（Back Property Taxes）以及清理、平整场地费用、排水费用和美化环境费用等。如果购买的土地上有需要拆除的旧建筑物，则其拆除费用扣除残料收入后，应列为土地成本。使土地达到预期可使用状态所发生的一切必要支出都记入“土地”账户。

企业购入土地后可能会发生一些改良支出。土地改良是指对土地在结构上的增建，如修建车道、停车场、栅栏、下水道、景观美化和喷灌系统等。土地改良成本包括使改良达到预期可使用状态的一切必要支出，例如一个新停车场的成本包括铺地、护栏和照明等支付的金额。由于土地改良所构成的资产的使用寿命是有限的，所以应当将土地改良的成本在其使用寿命内费用化（按期计提折旧），则其支出不应包括在土地成本之内，而应另行设立“土地改良”（Land Improvement）账户反映。

【例 7-1】 家用物品公司开出一张 $600 000 的票据购买一块 40 英亩土地以开设一新商店，并用现金支付以下各种费用：承担财产税 $20 000、过户费 $10 000、旧建筑物拆除费 $16 000 以及测量费 $2 000。则购入土地的成本如下：

购买价格	$600 000	
财产税		$20 000
过户费	10 000	
旧建筑物拆除费		16 000
测量费	2 000	48 000
总计		$648 000

购买土地编制的会计分录如下：

借：土地	648 000	
贷：应付票据		600 000
现金		48 000

二、建筑物

建筑物（Buildings）是经营活动所使用的设施，如店铺、办公室、厂房、仓库和机棚等。公司将与购置或建造建筑物有关的一切必要支出都计入“建筑物”账户。企业取得建筑物一般有购入和自建两种方式。

对于购入现有的建筑物，其成本包括购买价格、手续费（律师费、产权保险等）、销售税和其他税金以及房地产经纪人佣金等。使建筑物达到预期可使用状态的成本还包括翻修房间和办公室，更换或修理屋顶、地板、电线和水管等支出。如果购买的建筑物成本中包含了土地价格，则应采取适当的方法把购价分配于建筑物和土地，分别记入“建筑物”账户和“土地”账户。

对于自建的建筑物，其购建成本包括从开工到建成验收过程中发生的一切支出，如建筑师费（Architect Fees）、建筑许可费（Building Permit）、材料费、人工费和搭盖工棚费、地基清理费等其他间接费用。如果建筑物是出包给建筑商承建的，则按承包合同规定支付的承包商费用（Contractors Charges）则构成建筑物的成本。企业为自己使用而正在建设尚未完工的建筑物，应先记入“在建工程”（Construction in Progress）账户，完工后再将建造成本全部转入“建筑物”账户。

企业自建工程的建设期一般较长，需要大量资金，通常都是向银行借入长期贷款，并支付借款利息，因而存在利息费用是否资本化问题。美国公认会计原则一般视利息支出为一项费用，但财务会计准则委员会在第 34 号 FASB 公告《利息费用资本化》中指出，对于持续建造期间（通常为 1 年或 1 年以上）发生的债务利息支出应资本化，计入正在建造的资产成本中，作为资产价值的一部分，而不作为费用处理，这种利息称为资本化利息（Capitalizing Interest）。例如，假设一幢 $2 000 000 的厂房建造了两年，如果在第一年底通过贷款支付 $1 000 000 建造费用，另外 $1 000 000 等完工时再支付，则第一年底借入的 $1 000 000 在第二年便产生利息支出。假如借款利率为 8%，则利息支出 $80 000 应计入厂房的成本中。当建筑工程完工后，为建设项目所借入资金发生的后续利息支出直接记入“利息费用”账户。

三、设备

设备（Equipment）包括经营活动所使用的资产，如商店收款台、办公家具、工厂的机器、货运卡车和飞机等。外购设备的成本包括支付的现金购买价格、销售税、运费和运输途中的保险费、装卸费、装配或安装费以及试车所发生的支出等。对于购置设备这种长期资产，如果买价中附有现金折扣条件，企业通常采用净价法计价，即将买价扣除现金折扣作为设备购置成本。如果企业未能于折扣期内付款，则将丧失的现金折扣记作“折扣损失”，列为财务费用，而不计入设备成本。

【例 7-2】家用物品公司购入一台包装设备，该设备的发票价格为 $100 000，付款条件为 2/30、n/60，销售税率为 6%，用现金支付运输费 $3 000，安装费 $8 000 和试车费 $3 500。则该设备的购置成本如下：

发票价格	$100 000
减：2% 的现金折扣（2 000）	
购货净额	$98 000
销售税（$98 000 × 6%）	5 880
运输费	3 000
安装费	8 000
试车费	3 500
购置总成本	$118 380

购买设备编制的会计分录如下：

借：机器设备　　118 380

贷：应付账款 103 880
　　现金 14 500

四、一揽子购买资产

很多时候，不同类型的厂场资产是一同购进的，这种用一次性总付款方式同时购买两种或两种以上类型的资产行为称为一揽子（或整套）购买（Basket or Lump-Sum Purchase）。如付一笔款同时购买一块土地和其上面的建筑物。由于各种资产的使用年限不同，对各年收益、所得税产生的影响也不同，因而，对于一揽子购买，必须将购买总成本在各类资产之间进行分配。一般采用相对销售价值法（Relative-Sales-Value），即按各项资产的公允市场价值或估定价值（Appraisal Value）的比例分摊总的购买价格。

【例 7－3】 爱乐公司以一揽子购买方式购置土地、房屋和机器设备，一次支付总价 $3 000 000，各项资产根据资产评估部门的估定价值比例分配。其中，土地的估定价值为 $720 000，房屋的估定价值为 $1 800 000，机器设备的估定价值为 $1 080 000，分配结果如表 7－1 所示。

表 7－1 一揽子购买成本分配表

资产	估定价值	百分比	每项资产成本
土地	$720 000	20%	20% × $3 000 000 = $600 000
建筑物	$1 800 000	50%	50% × $3 000 000 = $1 500 000
设备	$1 080 000	30%	30% × $3 000 000 = $900 000
总计	$3 600 000	100%	$3 000 000

编制会计分录如下：

借：土地 600 000
　　建筑物 1 500 000
　　机器设备 900 000
　　贷：现金 3 000 000

五、租赁资产

除上述购置资产外，企业还可能存在租赁资产。租赁（Lease）是指资产所有者将资产的使用权让于使用者以获取租金报酬的一种契约。通常有两种租赁类型：资本租赁和经营租赁。资本租赁（Capital Lease）是一种类似于分期付款购买的租赁安排。在会计上，承租人一般将应付的租金记为一项负债，同时，将租入的资产记入“资本租赁”

或“租赁权”账户，作为厂场资产或无形资产的一个项目。经营租赁（Operating Lease）是一种普通租赁安排，在会计上，承租人一般将支付的租金作为费用处理，而不记入资产和负债项目。此外，企业可能会对租入的资产进行装修或改造。在会计上，一般将对租入资产进行装修或改造的支出，记入“租赁改良”（Leasehold Improvements）账户，并按期计提折旧或进行摊销。有关资本租赁业务的会计处理将在第九章介绍。

六、分期付款购置厂场资产

企业购置厂场资产所涉及的金额往往较大，因此，许多供应商允许购货方采用分期付款（Installment）的方式购置资产。采用这种方式，通常需要首付部分现金，以后再按照规定的期间每期支付相等的款额。以分期付款购置的厂场资产，由于延期支付货款产生了货币时间价值，因而每期所支付的价款中包含了利息因素。在会计实务中，应将每期付款的总额区分出资产购置成本和利息费用两部分。按照货币时间价值原理（有关货币时间价值的计算将在第九章介绍），资产的购置成本就是资产购置时的现值，它应该等于每期付款总额按照一定的折现率折算的现值加上购置时的首付现金额。

【例 7-4】爱乐公司采用分期付款方式购买一套生产设备，首付现金 $50 000，余额分两年付清，每年支付 $112 154，假定销售商要求的利率为 8%。

有关设备购置成本和各期付款中的利息费用计算如下：

该设备每期付款金额为 $112 154，将其按 8% 计算两期的年金现值。查年金现值表可知，折现率为 8%，2 年期的年金现值系数为 1.783 26。

两期付款金额的现值 = $112 154 × 1.783 26 = $200 000
设备购置成本 = $50 000 + $200 000 = $250 000

第一期付款中的利息费用和购置成本分别为：

利息费用 = $200 000 × 8% = $16 000
购置成本 = $112 154 − $16 000 = $96 154

第二期付款中的利息费用和购置成本分别为：

利息费用 =（$200 000 − $96 154）× 8% = $8 308
购置成本 = $112 154 − $8 308 = $103 846
或　　　= $200 000 − $96 154 = $103 846

为上述各项业务编制会计分录如下：

（1）购置设备时首付款。

借：机器设备　　　　　　　　　　250 000

贷：应付分期账款		200 000
现金		50 000

（2）第一期付款时。

借：利息费用	16 000	
应付分期账款	96 154	
贷：现金		112 154

（3）第二期付款时。

借：利息费用	8 308	
应付分期账款	103 846	
贷：现金		112 154

第三节　厂场资产的折旧

企业的厂场资产（土地除外）可以在连续多个生产经营周期内参加企业的生产经营活动而仍保持其原有的实物形态。在这个过程中，厂场资产一方面会为企业带来收益，另一方面其价值却因为使用而逐渐损耗和贬值，并逐渐丧失其服务潜力，最终要从使用中退废（Retirement），由此导致在会计上必须对厂场资产计提折旧。

一、折旧的含义

在企业生产经营过程中，导致厂场资产发生退废的原因主要是由资产的有形损耗和无形损耗造成的。有形损耗（Physical Deterioration）是由于厂场资产在使用过程中因发生物质磨损（Wear and Tear）和自然力的影响而引起的使用价值和价值的损失；无形损耗也称陈旧（Obsolescence）、精神损耗或功能损耗，是指资产本身虽然还具有一定的服务潜力，但由于技术上的进步、消费者爱好的变化、经营规模的扩充等原因，引起资产价值贬值，导致厂场资产在其耐用年限届满之前，提前予以退废。

基于以上原因，在厂场资产的有效使用寿命内，应将其取得成本逐期进行分摊，形成折旧费用，计入各期成本，并从各期的收益中得到补偿。这种将厂场资产的原始成本在其有效使用寿命内逐期分摊为费用的过程就称为折旧（Depreciation）或计提折旧。美国注册会计师协会会计原则委员会第 4 号说明认为：折旧会计是一种计算损益的方法，其目的是将厂场资产的成本按照系统和合理的方法在各该资产的预计有效使用寿命内进行摊配，因而折旧是一种分配程序，而不是一种计价程序。从理论角度来看，各期的折旧金额只是一个估计数，而不是精确的成本分配。

从本质上讲，折旧是一种费用，只不过这种费用是已经发生的支出，不需要在摊配期间付出现金，而这种支出的收益在资产投入使用后的有效使用寿命内体现，无论是从权责发生制的原则，还是从收入与费用配比的原则讲，计提折旧都是必需的。

二、计算折旧的因素

每期计提的折旧额通常是根据以下三个因素计算的：

(1) 厂场资产的原始成本。

(2) 预计有效使用寿命。有效使用寿命（Useful Life）是指一项厂场资产的经济服务寿命，它是决定折旧额的关键因素。预计有效使用寿命要同时考虑有形损耗和无形损耗两个因素，而后者的影响现今显得更为重要。通常情况下，厂场资产的使用寿命是指使用厂场资产的预计期间，如自用房屋建筑物的使用寿命按使用年限表示。对于某些机器设备或运输设备等厂场资产，其使用寿命往往以该厂场资产所能工作的时间、生产产品或提供劳务的数量等来表示，例如，机器设备按其预计工作时数估计使用寿命，汽车或飞机等按其预计行驶或飞行里程估计使用寿命。

(3) 预计残值。残值（Salvage Value）是指一项厂场资产退废时，对其进行处置可收回的残余材料的价值。

在厂场资产的整个估计有效使用寿命内，作为折旧进行分配的厂场资产成本称为应折旧成本（Depreciable Cost），它是厂场资产的原始成本减去预计残值的差额。

三、折旧的计算方法

厂场资产折旧的计算方法主要有直线法、产量法、双倍余额递减法和年数总和法四种。

(一) 直线法

直线法（Straight-Line Method，SL）是一种将厂场资产的应折旧成本平均分摊到其整个使用寿命的各个会计期间的折旧方法。直线法是一种最简单且运用最普遍的折旧方法，也是许多公司向股东报告其经营成果时常用的方法。

在直线折旧法下，将厂场资产的原始成本减去预计残值得出应折旧成本，再将应折旧成本除以估计的使用寿命即可得出年折旧额。用公式表示如下：

$$\text{年折旧额}=\frac{\text{厂场资产原始成本}-\text{预计残值}}{\text{预计有效使用寿命（年）}}$$

$$\text{或}\qquad =\text{（厂场资产原始成本}-\text{预计残值）}\times\text{直线折旧率}$$

$$\text{其中：直线折旧率}=\frac{1}{\text{预计有效使用寿命（年）}}\times 100\%$$

【例 7 - 5】索克公司于 2013 年 1 月 1 日购置生产用设备一套，全部成本为 $100 000，预计有效使用寿命为 5 年，预计残值为 $4 000，采用直线法计算折旧。

该资产的年折旧额计算如下：

$$年折旧额 = \frac{\$100\ 000 - \$4\ 000}{5} = \$19\ 200$$

$$或年折旧额 = (\$100\ 000 - \$4\ 000) \times 20\% = \$19\ 200$$

上例中每年的折旧额、累计折旧及账面价值可用表 7 - 2 直线法折旧计算表来表示。

表 7 - 2　　直线法折旧计算表

年次	折旧率	应折旧成本	折旧额	累计折旧	账面价值
0					$100 000
1	0.2	$96 000	$19 200	$19 200	80 800
2	0.2	96 000	19 200	38 400	61 600
3	0.2	96 000	19 200	57 600	42 400
4	0.2	96 000	19 200	76 800	23 200
5	0.2	96 000	19 200	96 000	4 000
合计			$96 000		

该项厂场资产每年计提折旧的会计分录如下：

借：折旧费用　　19 200

　　贷：累计折旧　　19 200

这里的“累计折旧”（Accumulated Depreciation）账户是厂场资产的备抵账户，代表了厂场资产原始成本中已作为费用处理的那部分价值。期末，将厂场资产原始成本减去累计折旧后，得出厂场资产的账面价值（Book Value），或称“滚存价值”（Carrying Value）。厂场资产的账面价值随累计折旧的增加而逐渐减少，在有效使用寿命终了将等于预计残值，这时称为“已提足折旧”（Fully Depreciation）。

在直线法下，折旧的计算非常简便，且每年折旧额相等，因而适用于那些在预计使用寿命内提供的利益和损耗的速度都比较均衡而技术陈旧因素基本上可以不予考虑的厂场资产，如房屋、建筑物等。

（二）工作量法

工作量法（Units-of-Activity Method，UOA）是根据厂场资产的实际工作量计算每期应提折旧额的一种折旧计算方法。这种方法假定厂场资产的价值随着其使用程度而磨损，因此，厂场资产的原始成本应平均分摊于厂场资产提供的各个工作量中。这种方法计算的单位工作量折旧额是相等的。工作量法中的工作量可以是机器工作时数或产品产量，对运输设备来说可以是行驶里程。与直线法不同的是，每年折旧额因各年工作量的不同而变化。工作量法的折旧计算公式如下：

$$\text{单位工作量折旧额}=\frac{\text{厂场资产原始成本}-\text{预计残值}}{\text{预计总工作量}}$$

$$\text{年折旧额}=\text{单位工作量折旧额}\times\text{年实际工作量}$$

【例 7－6】 仍按【例 7－5】的资料，但假定索克公司购置的资产为一辆货运卡车，估计在其使用寿命内可行驶 12 万英里。则单位工作量折旧额计算如下：

$$\text{每英里折旧额}=\frac{\$100\ 000-\$4\ 000}{120\ 000}=\$0.8/\text{英里}$$

假定该货运卡车第一年行驶了 30 000 英里，第二年为 35 000 英里，第三年为 30 000 英里，第四年为 15 000 英里，第五年为 10 000 英里，则每年折旧额的计算如表 7－3 所示。

表 7－3　　工作量法折旧计算表

年次	单位折旧额	行驶里程	折旧额	累计折旧	账面价值
0					$ 100 000
1	$ 0.8	30 000	$ 24 000	$ 24 000	76 000
2	0.8	35 000	28 000	52 000	48 000
3	0.8	30 000	24 000	76 000	24 000
4	0.8	15 000	12 000	88 000	12 000
5	0.8	10 000	8 000	96 000	4 000
合计		120 000	$ 96 000		

一般情况下，当物质磨损对厂场资产的使用寿命起着主要影响，即当厂场资产的损耗程度取决于工作量而非使用年限，如机器设备、运输设备等，则采用工作量法比较适当。

（三）双倍余额递减法

双倍余额递减法（Double-Declining-Balance Method，DDB）实质上是一种加速折旧法。所谓加速折旧法（Accelerated Depreciation Method）是指在厂场资产有效使用寿命早期折旧额较大，而使用后期折旧额较小，从而使厂场资产成本加快得到补偿的一种折旧方法。采用加速折旧法，在厂场资产使用寿命早期的折旧额要大于直线法的折旧额，但在厂场资产整个使用寿命内的折旧总额，加速折旧法与直线法并无差异。加速折旧法的折旧计算主要有双倍余额递减法和年数总和法。

双倍余额递减法是用一个固定折旧率去乘以厂场资产逐年递减的账面余额，即以直线折旧率的两倍作为该方法的折旧率，再乘以逐年递减的年初厂场资产账面价值，从而求得各年的折旧额。其计算公式如下：

$$年折旧额 = 年初厂场资产账面价值 \times 两倍直线折旧率$$

$$两倍直线折旧率 = \frac{2}{预计有效使用寿命（年）} \times 100\%$$

双倍余额递减法与其他折旧方法有一重要区别，即在计算折旧时不考虑残值，第一年的折旧按厂场资产的全部成本计算。但这往往会使最后一年的期末厂场资产净值与估计残值不符。美国联邦所得税法规定，期末厂场资产净值可允许大于估计残值，但不允许小于估计残值。为了保证期末厂场资产账面价值等于估计残值，在会计实务中常用的做法是：当某年根据年初剩余账面价值及预计残值在剩余年限按直线法计算的年折旧额大于该年按双倍余额递减法计算的折旧额时，则改按直线法计算余下年份的折旧额，这种办法通常称为转换。

【例 7－7】仍按**【例 7－5】**的资料，采用双倍余额递减法计算每年折旧。

$$两倍直线折旧率 = 2/5 = 40\%$$

每年折旧额的计算如表 7－4 所示。

表 7－4　　双倍余额递减法折旧计算表

年次	折旧率	年初账面价值	折旧额	累计折旧	年末账面价值
1	0.4	$ 100 000	$ 40 000	$ 40 000	$ 60 000
2	0.4	60 000	24 000	64 000	36 000
3	0.4	36 000	14 400	78 400	21 600
4		21 600	8 800	87 200	12 800
5		12 800	8 800	96 000	4 000
合计			$ 96 000		

表 7－4 中，由于第四年按直线法计算的折旧额为 $ 8 800[（$ 21 600 － $ 4 000）/2]大于按双倍余额递减法计算的折旧额 $ 8 640（$ 21 600 × 0.4），则从第四年开始改为按直线法计算折旧，因而在最后两年，每年的折旧额为 $ 8 800。此外，还有一种做法是在最后一年，将厂场资产的账面价值减少到估计残值，也即最后一年的折旧额等于年初账面价值减估计残值。

（四）年数总和法

年数总和法（Sum-of-Years'-Digits Method，SYD）也属于加速折旧法，它是将厂场资产的应折旧成本乘以一个逐年递减的折旧率来计算每年折旧额的一种折旧计算方法。在年数总和法下，折旧率是一个变动的比率，其分子为厂场资产尚可使用的年数，分母为预计使用寿命的年数数字总和，因而随尚可使用年数的减少而递减。折旧率的计算公式如下：

$$年折旧率 = \frac{尚可使用年数}{预计使用寿命的年数总和} \times 100\%$$

$$年折旧额 = (厂场资产原始成本 - 预计残值) \times 年折旧率$$

【例 7-8】仍按【例 7-5】的资料，采用年数总和法计算每年折旧。

该厂场资产预计使用寿命为 5 年，则年数总和 = 1 + 2 + 3 + 4 + 5 = 15，尚可使用年数第一年初为 5 年，第二年初为 4 年，第三年初为 3 年，第四年初为 2 年，第五年初为 1 年。各年折旧额的计算如表 7-5 所示。

表 7-5　年数总和法折旧计算表

年次	折旧率	应折旧成本	折旧额	累计折旧	账面价值
0					$ 100 000
1	5/15	$ 96 000	$ 32 000	$ 32 000	68 000
2	4/15	96 000	25 600	57 600	42 400
3	3/15	96 000	19 200	76 800	23 200
4	2/15	96 000	12 800	89 600	10 400
5	1/15	96 000	6 400	96 000	4 000
合计			$ 96 000		

双倍余额递减法和年数总和法一般适用于使用早期产生较多销售收入，而使用后期销售收入逐渐减少的厂场资产。

通过将上述四种折旧计算方法进行比较可以发现，对于同一厂场资产，不管采用哪种折旧计算方法，在其有效使用寿命内的全部折旧额是相同的，而且美国公认会计原则也允许企业在计算折旧时可以选用上述四种方法中的任何一种方法。

四、折旧方法对所得税的影响

以上讨论了四种不同的折旧计算方法。目前，美国绝大多数公司在其提交给股东的财务报告中均使用直线法。从理论上讲，一项厂场资产的折旧模式应与其产生收益的模式相匹配。因此，当一项资产所带来的收益在其使用年限内呈一常数时，采用直线法显然是合适的。但在实际中要估计一项资产所能带来收益的模式是很困难的，在这种情况下，直线法易于理解和计算。此外，采用直线法在头几年所报告的收益要比采用加速折旧法报告的收益高，因此，经理们比较乐于选择它。然而，在实际当中，还有一个非常重要的因素影响着折旧方法的选择——所得税，不同折旧方法对所得税的影响是不同的。与直线法相比，由于加速折旧法在厂场资产使用早期的折旧额较大，从而导致纳税人在使用这些厂场资产的早期交纳较少的所得税款，而在后期才交纳较多的税款，这相当于给纳税人提供了一项无息贷款，使纳税人取得较大的现金流入量，因此在给税收当局的所得税报告中大多数公司采用加速折旧法。

沿用上面所举折旧计算例题，假设企业所得税率为30%，将双倍余额递减法和年数总和法与直线法比较，并将对所得税的影响及给纳税人带来的额外现金流入量列于表7－6。

表7－6　加速折旧法带来的额外现金流入量　（单位：$）

折旧方法	第1年	第2年	第3年	第4年	第5年	合计
直线法折旧额	19 200	19 200	19 200	19 200	19 200	96 000
双倍余额递减法折旧额	40 000	24 000	14 400	8 800	8 800	96 000
应税所得减少（增加）	20 800	4 800	(4 800)	(10 400)	(10 400)	0
少纳（多纳）所得税	6 240	1 440	(1 440)	(3 120)	(3 120)	0
额外现金流入量累计	6 240	7 680	6 240	3 120	0	
年数总和法折旧额	32 000	25 600	19 200	12 800	6 400	96 000
应税所得减少（增加）	12 800	6 400	0	(6 400)	(12 800)	0
少纳（多纳）所得税	3 840	1 920	0	(1 920)	(3 840)	0
额外现金流入量累计	3 840	5 760	5 760	3 840	0	

从表7－6中可以看出，双倍余额递减法带给纳税人的额外现金流入量大于年数总和法，它是美国税法所允许的对纳税人最有利的折旧方法。

五、不足一年的折旧

前面举例计算折旧时假定厂场资产是在年初购入的，因而可按整年度计提折旧。但在实际工作中，厂场资产通常是在企业需要时才购入，而不是在年初或月初购入。在会计实务中，无论采用哪种折旧方法，年度内每月的折旧额都是按直线法计算的。也就是说，购入的厂场资产在第一年计提折旧时，首先应计算当年全年的折旧额，并将其在

12 个月内平均分摊，然后再按照资产的实际使用月份数计算第一年计提的折旧额。根据规定，如果资产是在月度内购入，则 15 日或之前购入的，当月计算折旧；而 15 日后购入的，当月不计算折旧，从下月开始计算折旧。

【例 7－9】 索克公司 2012 年 4 月 10 日用 $ 1 000 000 购入一幢房屋，预计可使用 20 年，预计残值为 $ 160 000，采用直线法计算折旧。则 2012 年的折旧额计算如下：

全年折旧额 =（$ 1 000 000 － $ 160 000）/20 = $ 42 000

2012 年应计提折旧额 = $ 42 000 ×9/12 = $ 31 500

六、折旧的修订

前面已介绍，计算厂场资产折旧的主要因素是资产原始成本、预计有效使用寿命和预计残值。由于后两项都是估计的，因而在折旧计算中包含有很大程度的主观判断因素。在厂场资产使用期间，如果发现其使用寿命或其残值的原先估计与实际使用状况有较大误差，就必须对原先的折旧额进行修订，并根据修订后的年限和残值来计算新的折旧额。这在会计上称为“会计估计的变更”（Change in Accounting Estimate）。

在会计实务中，通常只修订变动期和以后各期的折旧额，即把修订后的尚未折旧的资产账面价值，按修订后的剩余使用年限分期摊配为折旧费，而不修订以前摊配的折旧费和累计折旧额。这是因为折旧计算本身就是建立在主观估计的基础上，很难绝对地说以前年度的折旧额是不正确的。美国会计原则委员会第 20 号意见书《会计变动》中指出，“估计的变动不应通过修改前期财务报表中的数据进行调整”。所以，对折旧的修订采用“未来法”，而不采用“后溯法”。

【例 7－10】 索克公司 2011 年 1 月 2 日用 $ 42 000 购入一台设备，预计有效使用寿命为 5 年，预计残值为 $ 2 000，按直线法计提折旧额。2013 年初，公司认为该设备只能再使用 2 年，且预计残值为 $ 4 000。

根据变更资料，在未来 2 年里每年的折旧额修订如下：

原每年折旧额 =（$ 42 000 － $ 2 000）/5 = $ 8 000

设备的原始成本	$ 42 000
减：已提累计折旧额（$ 8 000 ×2）	16 000
剩余账面价值	$ 26 000
减：修订的估计残值	4 000
修订后的应折旧成本	$ 22 000
修订后剩余使用年限	2 年
修订后每年的新折旧额（$ 22 000/2）	$ 11 000

如果一项厂场资产已到寿命期终了但还在继续使用，则称该资产为已提足折旧资产。对于已提足折旧但还继续使用的资产，则不再计提折旧，其账面价值一直保留为残值。

第四节 厂场资产的后续支出、处置和减值

厂场资产在使用过程中，由于各个组成部分耐用程度不同或者使用的条件不同，往往会发生局部损坏。为了保持厂场资产的正常运转和使用，充分发挥其使用效能，就必须对厂场资产进行必要的维修保养和改良，从而发生后续支出。此外，当厂场资产对企业来说不再需要或报废时，就要进行处置。

一、厂场资产的后续支出

公认会计原则规定，如果与一项已确认的厂场资产相关的后续支出产生的经济利益超过原估计的未来经济利益，则该支出应增加厂场资产的账面价值，而其他任何后续支出都应在发生的当期确认为费用。实际上，该原则也就是要区别收益支出和资本支出。

（一）收益支出

所谓收益支出（Revenue Expenditure）是指为服务于本期的生产经营活动和赚取本期收益所发生的支出。也就是说，凡支出的效益仅与一个会计年度相关的，应当作为收益支出。对于厂场资产来说，收益支出就是指维持资产现状，并使其发挥正常功效所发生的支出。

厂场资产的日常修理（Ordinary Repairs）是指对厂场资产进行日常的维护和保养工作，例如马达的调试和换油、建筑物的粉刷以及更换用坏的机器齿轮等，其目的是为了恢复厂场资产的原有性能，以保持厂场资产在其使用寿命内发挥应有的正常效用。对厂场资产进行的日常修理支出在服务期限内经常发生但金额很小，因而属于收益支出，应当将其费用化，发生时借记“维修费用”账户。

（二）资本支出

所谓资本支出（Capital Expenditures）是指与本期和以后各期经营活动及收益均有关系的支出。也就是说，凡支出的效益与多个会计年度相关的，应当作为资本支出。对于厂场资产来说，资本支出就是可以提高一项资产的生产能力或可延长其使用寿命的支出。

厂场资产的扩建和改良（Additions and Improvements）是指对厂场资产进行改扩建或对其进行技术更新，目的是延长所改良厂场资产的使用寿命或提高其生产能力及功

效。这类支出通常金额很大，在拥有的期间内不常发生，但增加了企业在生产设施上的投资，并可以延长资产寿命或提高其生产能力，因而属于资本支出，应在今后随折旧一起摊配于各个收益期。

如果扩建和改良工程提高了厂场资产的生产能力，使其在未来能为企业带来更多的经济利益，而预计使用年限不变，则扩建和改良支出应追加到该项厂场资产的原始成本中去；如果扩建和改良工程仅仅延长厂场资产的使用寿命，那么改良支出将冲减该项厂场资产的累计折旧。显然，这两种处理方法都会增加有关厂场资产的账面价值。在厂场资产扩建和改良工程完工后，要应用前述的折旧修订方法，按照增加了的账面价值以及修订后的剩余使用年限和预计残值，计算出以后各年的修订折旧额。

【例 7-11】索克公司在一年内修理和改良了三台设备，有关资料如下：

（1）A 设备原始成本为 $ 40 000，已计提累计折旧为 $ 8 000，当年日常维修花费原材料 $ 200，用现金支付维修人员工资 $ 768。

（2）B 设备原始成本为 $ 50 000，已计提累计折旧为 $ 22 500。B 机器设备经过改良后可延长使用寿命，共计发生改良支出为：原材料 $ 5 000，用现金支付改良工程人员工资 $ 6 400。

（3）C 设备原始成本为 $ 60 000，已计提累计折旧 $ 12 000。C 设备经安装电脑控制装置后，大大提高了生产能力，共计发生改良支出为：以现金支付设计费 $ 10 000 和改良工程人员工资 $ 6 000；购买电脑及其辅助装置的货款 $ 12 000 已开出本票一张；耗费原材料 $ 2 000。

对以上各项业务编制会计分录如下：

（1）A 设备的日常维修支出。

借：维修费用	968	
贷：原材料		200
现金		768

（2）B 设备的改良支出。

借：累计折旧——B 设备	11 400	
贷：原材料		5 000
现金		6 400

（3）C 设备的改良支出。

借：机器设备——C 设备	30 000	
贷：现金		16 000
应付票据		12 000
原材料		2 000

根据上述的会计处理，可重新计算 B 设备和 C 设备改良后的账面价值，并按前述修订方法重新计算出以后各年的修订折旧额。

二、厂场资产的处置

当一项厂场资产因损耗、陈旧或其他原因而不再对企业有用时，就要对该项资产进行处置（Disposal）。厂场资产的处置主要包括报废、出售及以旧换新等。

（一）厂场资产的报废

当一项厂场资产因寿命的终止而退出使用时，应予以报废。厂场资产报废清理一般可分两种情况：一是恰好在厂场资产使用寿命终了报废清理；二是在厂场资产使用寿命期间报废清理。

1. 使用寿命终了报废清理

此种情况下，厂场资产的应折旧成本已全部计提完毕，资产账面价值即是其估计残值。厂场资产清理所得的净收入（变卖收入减清理费用）与预计残值之差额，则作为厂场资产处置利得或损失（Gain orLoss on Disposal of Plant Assets）处理。

【例 7－12】索克公司一台机器设备的原始成本为 \$82 000，预计残值为 \$2 000，预计使用寿命为 4 年。该设备于 2010 年 1 月 1 日购入，并在 2013 年末报废。清理该设备获得现金收入 \$3 000，用现金支付清理费用 \$1 200，则清理所得的净收入为 \$1 800。该设备清理时的会计分录如下：

厂场资产处置损失 = \$2 000 － \$1 800 = \$200

借：现金	1 800	
累计折旧	80 000	
厂场资产处置损失	200	
贷：机器设备		82 000

2. 使用寿命期间报废清理

多数情况下，厂场资产报废清理的日期不会恰好在估计使用寿命终结之日。如果厂场资产在估计使用寿命之前提前报废，则应先补提至报废时应提的折旧额，然后再按正常报废进行会计处理。

【例 7－13】仍按【例 7－12】的资料，假设该机器设备在 2013 年 6 月底报废，清理所得净现金收入为 \$13 000。该企业采用直线法计提折旧。该业务应按下列步骤进行会计处理：

（1）计提截至 2013 年 6 月底应提的折旧额

至 2013 年 6 月应计提的折旧额 =（\$82 000 － \$2 000）/4 ×6/12 = \$10 000

借：折旧费用　　　　　　　　　　　　10 000

　　贷：累计折旧　　　　　　　　　　　　10 000

这样，"累计折旧" 账户的余额将是 $70 000，即前 3 年的累计折旧额 $60 000 加上第 4 年 6 个月的折旧额 $10 000。

（2）计算报废清理利得或损失

报废时厂场资产的账面价值 = $82 000 - $70 000 = $12 000

厂场资产处置利得 = $13 000 - $12 000 = $1 000

有关报废清理业务的会计分录如下：

借：现金　　　　　　　　　　　　13 000

　　累计折旧　　　　　　　　　　70 000

　　贷：机器设备　　　　　　　　　　82 000

　　　　厂场资产处置利得　　　　　　1 000

厂场资产在使用过程中也可能会因遭受意外灾害而提前报废。在这种情况下，其报废清理的会计处理与上例相同，因投保而获得的保险赔偿则应冲减灾害损失。

【例 7-14】德拉公司因火灾烧毁房屋一幢，其原始成本为 $1 200 000，到报废止已计提累计折旧为 $300 000。有关报废清理业务的会计分录如下：

借：累计折旧　　　　　　　　　　300 000

　　火灾损失　　　　　　　　　　900 000

　　贷：房屋　　　　　　　　　　　　1 200 000

假定该房屋已购买财产保险，收到保险公司赔偿款 $800 000，则会计分录如下：

借：现金　　　　　　　　　　　　800 000

　　贷：火灾损失　　　　　　　　　　800 000

（二）厂场资产的出售

如果一项厂场资产在使用寿命内出售，则其出售的会计处理同报废清理一样。首先应计提从最后一次计提折旧到资产出售日这段时间应计提的折旧额，然后将资产出售净收入与其账面价值对比计算出售利得或出售损失，并将其记入厂场资产处置利得或损失账户。

【例 7-15】索克公司 2013 年 9 月 30 日出售一台设备得款 $100 000。该设备于 2010 年 1 月 1 日购入，原始成本为 $200 000，采用直线法计提折旧，估计使用寿命为 10 年，无残值。该业务应按下列步骤进行会计处理：

（1）计提截至 2013 年出售时应提的折旧额

应提折旧额 = $200 000/10 × 9/12 = $15 000

这样，“累计折旧”账户余额则为 \$75 000，即前 3 年的累计折旧额 \$60 000 加上第 4 年 9 个月的折旧额 \$15 000。

（2）计算出售利得或损失

出售时厂场资产的账面价值 = \$200 000 - \$75 000 = \$125 000

厂场资产出售损失 = \$125 000 - \$100 000 = \$25 000

则有关出售业务的会计分录如下：

借：现金	100 000	
累计折旧	75 000	
厂场资产处置损失	25 000	
贷：机器设备		200 000

上例中，假如该设备的出售收入为 \$140 000，则产生 \$15 000（\$140 000 - \$125 000）的设备出售利得，其会计分录如下：

借：现金	140 000	
累计折旧	75 000	
贷：机器设备		200 000
厂场资产处置利得		15 000

（三）厂场资产的以旧换新

对很多的厂场资产如机器、汽车、办公设备等，企业可以通过以旧换新（Trade in）的形式予以处理，即企业对退废的旧资产不出售，而是用来交换新资产。在以旧换新时，通常是将旧资产的作价抵扣新资产的售价，然后由换入方以现金支付其差额。

在以旧换新业务中，旧资产的作价应该按其公允价值来确定。由于在交换时旧资产的公允价值往往与账面价值不一致，因而会产生资产交换利得或损失。在会计实务中，对以旧换新产生的资产交换利得或损失需要分别不同情况进行会计处理，这主要取决于资产交换是否具有商业实质。如果一项资产交换具有商业实质，那么需要确认资产交换利得或损失，且这项交换利得或损失取决于换出资产的账面价值与其公允价值（作价）的差额。如果一项资产交换不具有商业实质，则该交换不确认利得或损失。判断一项资产交换是否具有商业实质的标准是，如果企业因资产交换而导致未来现金流量发生改变，那么这项交换就具有商业实质。此外，根据美国所得税法的规定，在计算应税所得时，资产交换产生的利得或损失不计算在内。

【例 7-16】 索克公司以一台原始成本为 \$90 000 的旧机器换进一台新机器。交换时旧机器已计提累计折旧 \$80 000，账面价值为 \$10 000，而其公允价值（作价）为 \$15 000。新机器的市价为 \$110 000，则该公司需支付现金 \$95 000，假定该项资产交换具有商业实质。

对该项资产交换业务索克公司应编制会计分录如下：

资产交换利得 = $15 000 - $10 000 = $5 000

借：机器设备（新）　110 000
　　累计折旧——机器设备（旧）　80 000
　　贷：机器设备（旧）　90 000
　　　　现金　95 000
　　　　厂场资产交换利得　5 000

假如上例旧机器的公允价值为 $8 000，则换入方需支付现金 $102 000。旧机器公允价值 $8 000 与其账面价值 $10 000 之差 $2 000 应确认为交换损失入账，编制会计分录如下：

借：机器设备（新）　110 000
　　累计折旧——机器设备（旧）　80 000
　　厂场资产交换损失　2 000
　　贷：机器设备（旧）　90 000
　　　　现金　102 000

三、厂场资产的减值

所谓资产减值（Impairment）是指厂场资产的可收回金额低于其账面价值。厂场资产在取得以后如果市场条件和经营环境发生了新的变化，可能导致其带来的经济利益大幅降低，甚至低于其账面价值，那么该项资产就不能再以原账面价值予以确认，否则不符合资产的定义，将高估资产的账面价值。美国公认会计原则要求企业定期检查其有形资产以确定一项资产是否出现减值。一般当出现下列情况时，一项资产可能会发生减值，企业应对是否确认资产减值予以关注：

（1）资产的市价在最近出现大幅度下跌；

（2）资产的使用方式和控制方式发生变更对企业经营产生重大影响；

（3）公司预见继续使用资产会产生损失；

（4）不利的经营环境或法律政策严重影响资产；

（5）自建资产的成本大大超过最初的估计。

如果出现上述任何一种情况，企业必须进行减值测试（Impairment Test）。减值测试要求企业将预计资产产生的未来现金流量的现值与资产当前的账面价值进行比较。如果预计未来现金流量的现值大于其当前的账面价值，那么就认为资产没有发生减值，不需要进行会计处理；如果预计未来现金流量的现值小于其当前的账面价值，那么就认为资产发生减值，需要进行减记（Write-down）处理。按照规定，减记的金额应该等于资产的账面价值与预计未来现金流量的现值之差额，该差额应作为减值损失处理，同时记入累计折旧账户以减少资产的账面价值。

【例 7－17】 索克公司的一台机器设备在 2012 年末的账面价值为 $160 000，经减值测试确定机器设备预计未来现金流量的现值为 $105 000，小于其账面价值，减值损失为 $55 000（$160 000－$105 000）。应编制会计分录如下：

借：资产减值损失	55 000	
贷：累计折旧		55 000

一旦减值被确认，资产的账面价值就会发生减少，企业还必须按前述修订方法重新计算以后各年的新折旧额。

第五节　自然资源和无形资产

企业的长期营业用资产除了地产、厂场和设备外，还应包括自然资源和无形资产。尤其是很多企业都拥有无形资产这样一种重要的资产项目，因此对自然资源和无形资产进行确认和计量也是长期资产会计的一项重要内容。

一、自然资源

自然资源又称递耗资产（Wasting Assets），一般包括森林、油田、天然气、煤和其他矿藏等。自然资源的一大特点是随着开采或采伐，自然资源将逐渐减少而变成企业的产品存货。

自然资源的成本一般可以分为三类：取得成本、勘探成本和开发成本。自然资源的取得成本包括购买价格、有关产权登记的法律费和手续费等。企业在取得自然资源所有权后，对于诸如矿山这类的自然资源，还将耗费大量的勘探成本。对勘探成本的会计处理并不一致：有的企业把勘探成本全部记为费用；有的企业只把与成功的项目直接有关的勘探支出资本化为矿山成本；有的企业则把成功的和不成功的勘探支出全部资本化为矿山成本。在实务中，大多数矿业公司都只把成功项目的勘探支出资本化，而把失败的勘探支出全部转为当期费用。开发成本一般是指清理露天矿的地面而发生的支出、掘井或钻探发生的支出等。开发成本都应予以资本化计入自然资源账户中。

自然资源在开采或采伐过程中，大都需要在现场修建房屋和设施，如道路、轨道及其他输送系统、钻探装置、抽水装置和其他重型设备等。这些设施的支出一般不计入自然资源成本内，而要另设厂场资产账户进行登记，并按期计提折旧。这些设施的有效使用年限如果低于资源开采年限，则按照它们的使用年限计提折旧；如果使用年限超过资源开采年限，那就应按照自然资源的开采年限来计提这些设施的折旧。

自然资源将随着采掘或采伐而逐渐耗竭，其原始成本也应随着资源的开采而逐渐分配转为费用，这种成本的转移过程称为折耗（Depletion）。折耗费用则表示在一定期间内所开采的自然资源的成本。

自然资源及其折耗与前述的厂场资产及其折旧有很大的不同，具体表现在以下几方面：（1）自然资源大多不能重置（除森林可补植造林外），而应折旧的厂场资产大多可以重置；（2）自然资源通过开采或采伐所得的产物，直接成为企业可供销售的商品，而应折旧的厂场资产属于生产手段，不直接构成产品实体；（3）折耗是自然资源实体的直接减少，而折旧不是厂场资产实体的耗减，而是使用价值的减少；（4）折耗只在采掘或采伐等工作进行时才计提，而折旧的计提则不限于资产的使用。

自然资源计提折耗通常采用产量法，其计算公式如下：

$$\text{单位产量折耗额} = \frac{\text{自然资源原始成本} - \text{估计残值}}{\text{估计总开采量}}$$

每年折耗费用 = 每年实际开采量 × 单位产量折耗额

【例 7-18】 雷蒙采煤公司购入一座煤矿，其原始总成本为 \$4 200 000，估计开采量为 300 万吨。假定第一年采煤 15 万吨，其中已出售 13 万吨。

$$\text{每吨煤折耗额} = \frac{4\ 200\ 000}{3\ 000\ 000} = \$1.4$$

全年应计提的折耗费 = 150 000 × \$1.4 = \$210 000

编制会计分录如下：

借：折耗费用	210 000	
贷：累计折耗		210 000

在资产负债表中，应将累计折耗从自然资源成本中减去。折耗费用中属于当期已售出产品的部分成本，应计入销售成本中，并在当期收益表中反映；对于未出售产品所分摊的折耗费，则计入存货成本中，待产品销售后最终转为销售成本。

计入已售产品成本的折耗费 = 130 000 × \$1.4 = \$182 000

计入期末存货成本的折耗费 = 20 000 × \$1.4 = \$28 000

根据以上数据，编制会计分录如下：

借：销售成本	182 000	

产成品存货　　　　28 000
贷：折耗费用　　　　　　210 000

二、无形资产

（一）无形资产的特征

无形资产是指不具有实物形态，在生产经营中能使企业长期受益的资产。无形资产通常表现为企业所拥有的某种权利或特权，如专利权、商标权、特许经营权、版权、租赁权、商誉等。因此，无形资产往往具有较高的价值。

与有形资产相比，无形资产一般具有以下特征：

（1）没有实物形态。无形资产通常表现为某种权利或是某种获取超额利润的综合能力，它们不具有实物形态，但却具有价值。

（2）能为企业带来未来经济利益。由于能为企业带来未来经济利益是作为一项资产的本质特征，无形资产也不例外，它与有形资产一样可以给企业带来未来经济利益。无形资产为企业带来的经济利益的方式与厂场资产不同，厂场资产是通过实物价值的磨损和转移为企业带来未来经济利益，而无形资产很大程度上是通过自身所具有的技术优势为企业带来未来经济利益。

（3）所提供的未来经济利益具有高度的不确定性。由于技术不断进步等原因，原有的无形资产很可能在新形势下会丧失原本具备的优势，被新的无形资产所替代，而无法像预期那样为企业继续带来经济利益，所以无形资产所提供的经济利益具有很大的不确定性。

（二）无形资产的会计问题

无形资产既可由企业从外部购买取得，也可在企业内部开发形成。外购的无形资产应按其购入成本入账，包括买价和支付的各种费用，而企业自创的无形资产在会计上往往不确认入账。

无形资产的会计处理类似于厂场资产和自然资源，首先将无形资产取得成本资本化记入有关无形资产账户，然后将其成本在预计有效经济寿命期限内分配转为费用，这一过程称为摊销（Amortization）。如果无形资产的使用期是有限的，那么无形资产的摊销期为预计有效经济寿命期限，且一般不能超过其法定期限。考虑到存在无形损耗的因素，无形资产的有效经济寿命期限一般都少于法定期限。美国公认会计原则允许的最长摊销期限为40年。对于使用期限不确定的无形资产，则其成本不需要进行摊销。

无形资产的摊销通常使用直线法，并采取直接冲减有关无形资产账户的会计处理办法。记录无形资产摊销时，借记“摊销费用”账户，贷记有关无形资产账户。与折旧处理不同的是，通常不使用如“累计摊销”这样的备抵账户。

（三）主要的无形资产

1. 专利权

专利权（Patent）是指政府依法授予专利发明者独家使用、制造和出售其发明的专有权利。专利权可由企业自己申请获得，也可向外部发明者购买。外购专利权的成本就是购买时所支付的全部款项。对于自己发明的专利权，美国财务会计准则委员会第 2 号财务会计准则说明《研究和开发成本的会计处理》中要求把研究和开发成本作为其发生期间的费用处理，因此，企业为开发某种可能获得专利产品或生产程序所发生的研究开发费用，都不能资本化为专利权成本。申请取得专利权所发生的费用如法律费、登记注册费等因金额较低，因而可不必资本化。

美国联邦政府给予专利权的法定年限为 20 年。但科学技术的飞速发展，使专利权的经济寿命往往低于法定寿命。因此，从稳健原则出发，应以估计的有效经济寿命期限为准进行摊销。

【例 7－19】艾利森公司年初支付 $ 170 000 从发明者手中购入一项专利，预计其有效经济寿命仅为 5 年。

艾利森公司购入专利时的会计分录如下：

借：专利权	170 000	
贷：现金		170 000

该专利权每年摊销额 = $ 170 000/5 = $ 34 000，则每年摊销的会计分录如下：

借：摊销费用	34 000	
贷：专利权		34 000

注意在上述摊销额的计算中，我们隐含地假设专利权的估计残值为零。事实上，无形资产的残值几乎总是零。

2. 商标和品牌

商标（Trademark）或品牌（Trade Name）是指为了区别或识别某一企业或某种产品而使用的专用标志、名称、短语、广告歌曲或符号。在美国，创作者或最初使用者通过向美国专利局注册就可以取得商标或品牌的独家合法权利。注册后的商标可以提供 20 年的保护，之后只要商标或品牌仍在使用，可以不断地加以更新。

对于企业自创的商标，其成本包括设计费、律师费、注册费和其他与保护商标直接相关的支出等，通常这种成本较低，一般可不必资本化。但如果是从外部购入的商标，则其成本往往较高，应将其资本化。商标权具有永续的法定寿命，但其经济寿命一般是很难判断的。商标权的成本应在估计有效经济寿命期内摊销，如果商标权的使用寿命不确定，则不进行摊销。

3. 版权

版权（Copyright）是指独家复制、出版和销售文学、音乐、其他艺术作品以及计算机软件的专有权。这些权利是政府给予的，其目的就是要在相当长的时期内对拥有者提供保护。在美国，版权的保护期限为作者的有生之年再加 70 年。通常从政府手中获得版权的初始成本是微不足道的。但是，一家公司也许要付一大笔钱从所有者那里买下版权这一无形资产。例如，一家小说出版商将付给一部畅销书的作者数以百万计的美元以获取他的版权。版权这类无形资产的经济寿命通常不过两三年，因此，摊销额通常也以此为依据。

4. 特许权

特许权（Franchise and Licenses）是指政府、制造商或经销商所给予准许销售某项产品或劳务的专有权利。最常见的是授予某一企业在一定区域内销售某种特定商品或经营某项服务的专有权利。它通常是两个企业之间的协议，但政府机构也往往在它们的法律权限范围内给予公用事业以特许经营权。这种权利可能是无代价地取得的，也可能花费很少，在当期就作为费用处理，只有花费较大的特许权，才能资本化为特许权的取得成本。特许权的期限从 1 年到永久不等，在使用期是有限的情况下，企业将特许权的成本在使用年限内进行摊销。如果使用期不确定或是永久的，则不摊销成本。如果取得特许权是采取每年交纳特许费的方式，则作为费用处理。

5. 租赁权

对于属于资本租赁所租入的资产，如果租赁期满时，租赁资产的所有权并不转移给承租人，或租赁合同中并未规定承租人对租赁资产有廉价购买选择权，则此项租赁的资产属于一项无形资产，应记入“租赁权（Leasehold）”账户，并将租赁资产成本在租赁期内按期摊销。

6. 商誉

商誉（Goodwill）是指企业在其有形资产上能获得高于同行业正常投资报酬率的能力所形成的价值。商誉是由许多因素构成的，包括卓越的管理、理想的地理位置、良好的客户关系、熟练的员工、高质量的产品、公平的价格政策以及与工会的和谐关系。商誉与其他无形资产的一个显著不同点是它不能单独购买，也就是说，商誉不能脱离企业整体而单独存在，因而它是不可辨认无形资产。从系统论的角度看，商誉正是企业这样一个系统作为一个整体的功能超出系统各部分单独功能之和的体现。

由于商誉的计量非常困难，在会计实务中，对企业自创的商誉不确认入账，只有当一家企业整体购买另一家企业时才确认商誉，通常是将购买所支付的价款超过被购买企业可辨明净资产的公允价值部分确认为商誉入账。根据美国会计准则《FASB NO. 142》的规定，企业将购买商誉作为一项无形资产入账，但其成本却不摊销。准则要求企业每年都要对商誉进行减值测试以确定其是否发生减值。如果商誉的账面价值低于其公允价值，说明商誉没有发生减值；如果商誉的账面价值高于其公允价值，则将账面价值高于公允价值的部分确认为减值损失处理。

7. 开办费

开办费（Organization Cost）是指公司在创办期间所发生的各种支出，如法律费、会计服务费、注册登记费、股票印刷和推销费等。开办费实质上是一种递延费用，一般列入资产负债表的资产部分最下面的“递延借项”或作为“其他资产”出现。从理论上说，开办费可以使企业在整个经营寿命期内受益，因而其受益期很难确定。但在会计实务中，大多数公司都将它们在5年期内摊销，这个期限正好是美国税法中所允许的最低界限。

本章小结

1. 长期营业用资产及厂场资产的成本

长期营业用资产一般划分为厂场资产、自然资源和无形资产三大类。对于厂场资产来说，除土地外，厂场资产具有使用寿命超过一个会计年度、持有目的是为了生产经营活动而不是直接用于出售、属于有形资产等特征。

企业的厂场资产一般按其取得时的原始成本进行初始计量。一项厂场资产的原始成本，除其购置价格外，还包括一些附带支出，如买方支付的运费、税金、佣金及其他相关支出等。对于持续建造期间发生的债务利息支出应资本化，计入正在建造的资产成本中。

2. 厂场资产的折旧

将厂场资产的原始成本在其有效使用寿命内逐期分摊为费用的过程称为折旧。计算折旧要考虑三个因素：厂场资产原始成本、预计残值和预计有效使用寿命。厂场资产折旧的计算方法主要有直线法、工作量法、双倍余额递减法和年数总和法四种，其中双倍余额递减法和年数总和法又称为加速折旧法。

3. 厂场资产的修理和改良

厂场资产使用过程中的后续支出一般包括日常修理支出和改良支出。日常修理支出属于收益支出，应作为费用处理；改良支出属于资本支出，应计入资产价值。当一项厂场资产因损耗、陈旧或其他原因而不再对企业有用时，就要对该项资产进行处置。厂场资产的处置主要包括报废清理、出售及以旧换新等。当厂场资产的可收回金额低于其账面价值时称为资产减值。企业应定期进行减值测试，一旦确认出现减值，应该将资产的账面价值与预计未来现金流量的现值的差额作为资产减值损失处理。

4. 自然资源及无形资产

自然资源的成本一般包括取得成本、勘探成本和开发成本。自然资源的原始成本随着资源的开采而逐渐分配转为费用的过程称为折耗，自然资源计提折耗通常采用产量法。无形资产是指不具有实物形态，在生产经营中能使企业长期受益的资产。无形资产通常代表企业所拥有的某种权利或特权，如专利权、商标权、特许经营权、商誉等。无形资产的成本应在预计有效经济寿命期限内分配转为费用，这一过程称为摊销。

复习思考题

1. 厂场资产具有哪些特征？
2. 土地、建筑物和设备的原始成本各包括哪些内容？
3. 在什么情况下应将利息费用资本化？
4. 什么是折旧？折旧的目的是什么？计算折旧要考虑哪些因素？
5. 试说明计算折旧的四种方法及其适用性。
6. 就计算所得税来说，直线法和加速折旧法中哪种方法对纳税人有利？为什么？
7. 日常修理支出与改良支出有何区别？会计上应如何处理？
8. 厂场资产的处置包括哪些内容？会计上应如何处理？
9. 什么是资产减值？如何进行资产减值测试？
10. 自然资源的原始成本包括哪些内容？如何计算折耗？
11. 无形资产有什么特征？如何确定无形资产的摊销期？
12. 商誉在会计处理上与其他无形资产有什么不同？

第八章

流 动 负 债

本章内容提示

介绍流动负债的分类、确认和计量要求；应付账款和应付票据的会计处理；各种应付税金包括销售税、财产税、工薪税的会计处理；其他流动负债包括应计负债、存入保证金、预收收入、应付产品保证债务和或有负债等的会计处理；应税所得的确认原则及所得税业务的会计处理。

负债是资产负债表的一个重要会计要素。为了正确反映财务状况和经营成果，企业必须毫无遗漏地确认负债，并且正确地予以计量。如果漏列了某项负债或者低估了负债，必然会使企业财务状况出现虚假乐观情况，有可能致使财务报表使用者作出错误的决策。

第一节　负债与流动负债

第一章已经述及，负债是指由于过去的交易或事项所引起的，企业所承担的、可以货币单位计量并将在未来向其他主体或个人交付资产或提供劳务的经济责任。负债通常按其偿还期限的长短分为流动负债和长期负债两大类。

一、流动负债及其分类

流动负债是指将在 1 年或者超过 1 年的一个营业周期内到期予以清偿的负债。流动负债的主要特点是偿还期限短，在债权人提出要求时即期偿付，或在 1 年内或 1 个营业周期内必须履行偿付义务，而且这项义务必须以企业的资产、提供劳务或举借新的负债来清偿。

将企业的流动资产和流动负债相对比，可以大致反映出企业的短期偿债能力，它是短期债权人非常关心的一项财务指标。因此，在资产负债表上必须把流动负债与长期负债仔细地区别开来，不能混淆。凡在下一会计期间内到期应予偿还的长期负债，必须在资产负债表中转列到流动负债类中。

流动负债通常根据其应付金额是否确定分为三类。

（一）应付金额确定的流动负债

这类流动负债一般在确认一项义务的同时，根据合同、契约或法律的规定，具有确切的到期应付金额，乃至有确切的债权人和付款日，并且到期必须偿还。常见的应付金额确定的流动负债包括应付账款、应付票据、存入保证金、预收收入、应付工薪以及一年内到期的长期债务等。

（二）应付金额视经营情况而定的流动负债

这类流动负债须视企业在一定时期的经营状况，到经营期末才能确定负债的金额，而在该经营期结束前负债金额不能以货币计量。这类流动负债一般包括应交所得税、应付股利、应付职工奖金等。

（三）应付金额需要估计的流动负债

这类流动负债虽然是发生在过去已经完成的业务而确实存在，但其应付金额乃至偿还日期和债权人在编制资产负债表日仍是难以确定的。对这类流动负债，需要依据所掌握的企业以往营业经验或专门的调查研究资料等来估计负债金额。这类流动负债包括应付财产税、应付产品质量担保债务等。

二、流动负债的确认和计量

为了保证会计信息的质量，需要对负债进行正确的确认和计量，以客观、公正地反映企业所承担的债务，为财务报表使用者预测企业现金流量和财务风险等提供有用的会计信息。具体来说，对负债进行正确的确认和计量主要有三个目的：一是有利于正确计量相关资产的价值；二是有利于正确确定股东权益；三是有利于正确确定企业的收入与费用。

由于负债是企业已经存在的、需要在未来偿付的经济义务。从理论上讲，为了提高会计信息的有用性和相关性，对所有负债的计量都应当考虑货币时间价值，即不论其偿付期长短，均应以其在发生时需要未来偿付金额的现值入账。但是考虑到流动负债偿还期限较短，其未来应付金额均已由合同或协议所规定，且利息在合同内并不明确写明，所以折现计算并不重要，因而对已经确定的流动负债一般均按确定的未来需要偿付的金额计量，并列示于资产负债表上。

第二节　应付账款和应付票据

由于西方企业之间的购销交易以商业信用为基础，因而，应付账款和应付票据是企业最常见的应付金额确定的流动负债。

一、应付账款

应付账款（Accounts Payable）是指企业在日常经营中由于赊购商品、材料或接受外界提供劳务而应付给供应单位的款项。这种负债主要是由于买卖双方在购销活动中因购进商品的时间与支付货款的时间不一致而产生的所欠供应商的金额。由于买卖双方以信用为基础，赊购的商品或劳务不需要正式的债务凭证，因而这种债务有时被称为未清账款，在会计处理上应将其与有票据为证明的债务区别开来。

在会计实务中，应付账款入账时间的确定一般应以所购买货物的所有权转移到买方或企业实际使用外界提供的劳务为标志。也就是说，当商品所有权转移时一项负债就成立了，因而在会计期末，必须确保所有购入商品或劳务而发生的应付账款都已登记入账。如果商品是在临近会计期终了时收到，或者在起运点交货而发票尚未到达，则仍应认为负债已经成立，并在财务报表中反映其暂估价值。

应付账款的入账金额应当以买卖双方共同确定的成交价格为基础。但是，由于在一些交易中供应商往往附有商业折扣或现金折扣等优惠条件，使得购买方最终支付的金额与成交当时确认的金额并不一定相同。如果购入的货物附有现金折扣条件，则应付账款入账金额的确定方法有总价法和净价法，而实务中通常广泛采用总价法，这已在第六章作了介绍，这里不再赘述。

【例 8-1】 林瑞公司购入一批商品，发票价格总额为 \$20 000，付款条件为：2/10，n/30。林瑞公司在商品验收入库后，应编制如下会计分录：

借：商品存货	20 000	
贷：应付账款		20 000

如果林瑞公司在 10 天内付款，可取得现金折扣 \$400（\$20 000 × 2%），应编制如下会计分录：

借：应付账款	20 000	
贷：现金		19 600
商品存货		400

如果公司的付款日期超出 10 天，则按发票价格总额付款，应作如下会计分录：

借：应付账款　　　　　　　　　　　　20 000

　　贷：现金　　　　　　　　　　　　　　20 000

二、应付票据

在会计上作为应付票据（Notes Payable）处理的一般是本票，即由出票人签发的承诺在未来特定日期无条件支付一定金额给持票人的书面凭证。如果承诺的支付期在 1 年或一个营业周期内，则出票人应将其作为流动负债处理；如果承诺的支付期超过 1 年或一个营业周期，则作为长期负债处理，本章只介绍短期应付票据的会计处理。列作流动负债的应付票据主要包括企业向银行借入短期贷款、购买商品或接受劳务、购置其他资产时所开出的本票。

应付票据一般有计息票据与不计息票据之分。不计息票据的票面价值即为到期值，计息票据的到期值则为票据的面值与按面值和持票期及规定的利息率计算的利息之和。在会计处理上，不论是计息票据还是不计息票据，在出具票据时都应按票面金额记为负债，只是在到期支付时，计息票据的利息支出要作为利息费用处理。下面分别几种情况说明应付票据的会计处理。

（一）延期支付应付账款

前面已阐述，按照商业惯例，企业的购货活动或接受劳务大多采用赊购方式进行。此种情况下，购货方的会计处理往往是借记“商品存货”账户，贷记“应付账款”账户。但如果购货方不能按期支付账款而请求延期支付时，销货方则通常要求购货方开出一张本票对其债务作出书面承诺，以保证在一定日期偿还账款。

【例 8－2】汉森公司于 6 月 1 日赊购一批商品，发票价格总金额为 \$40 000，付款条件为：2/10，n/30。

商品验收入库后，汉森公司的会计处理为：

借：商品存货　　　　　　　　　　　　40 000

　　贷：应付账款　　　　　　　　　　　　40 000

假定在 30 天后，汉森公司因资金周转不灵而无法支付货款，向销货方请求延期付款，并立即签发一张 2 个月期、利率 6%、面值 \$40 000 的本票一张。此时汉森公司的会计处理为：

借：应付账款　　　　　　　　　　　　40 000

　　贷：应付票据　　　　　　　　　　　　40 000

假定 2 个月后票据到期时，汉森公司支付票据面值与利息。

支付的本利和 = \$40 000 + \$40 000 × 6% × 2/12 = \$40 400

汉森公司应编制如下会计分录：

借：应付票据　　40 000

　　利息费用　　400

　　贷：现金　　40 400

（二）向银行借款

企业向银行借款时也往往签发本票。如果银行在债务人偿还借款时才收取利息，则此种情况称为贷款（Loan）。借款企业按其所签发的票据面额获取贷款时，可直接按所收到的现金借记“现金”账户。

【例 8－3】 假定汉森公司签发一张 2 个月期、面值 \$100 000 的票据，向银行申请贷款，贷款利率为 9%，则取得该项贷款时的会计分录为：

借：现金　　100 000

　　贷：应付票据　　100 000

票据到期时，汉森公司将偿付本利和 \$101 500（\$100 000 + \$100 000 × 9% × 2/12），汉森公司应编制如下会计分录：

借：应付票据　　100 000

　　利息费用　　1 500

　　贷：现金　　101 500

如果企业向银行借款时，银行预先扣除利息而只贷出企业所签发票据的面值与预扣利息之差的金额，则称为应付票据贴现。在这种情况下，企业获得贷款时，应按实收金额借记“现金”账户，并将银行预扣利息金额记入“应付票据贴现（Discount on Notes Payable）”账户。

【例 8－4】 假定汉森公司签发一张 2 个月期、面值 \$100 000 的票据，向银行申请贴现贷款，银行贴现率为 9%。

银行预扣贴现息 = \$100 000 × 9% × 2/12 = \$1 500

企业实得款 = \$100 000 － \$1 500 = \$98 500

汉森公司应编制会计分录如下：

借：现金　　98 500

　　应付票据贴现　　1 500

　　贷：应付票据　　100 000

“应付票据贴现”是“应付票据”的备抵账户，票据到期时应将此金额转为利息费用。上例中，当贴现票据到期偿付票据面值时，汉森公司编制会计分录如下：

借：应付票据　　100 000

利息费用　　1 500
贷：现金　　100 000
应付票据贴现　　1 500

（三）应计利息的期末调整

如果应付票据跨越两个会计期间，就应该在会计期末对应付票据的应计利息费用进行调整。

【例 8 - 5】 汉森公司于 12 月 1 日购入商品一批，并向销货方签发一张 3 个月期、利率 6%、面值为 $100 000 的本票。

12 月 31 日该票据尚未到期，但此时应计提属于本年度的一个月利息费用：

计提一个月利息费用 = $100 000 × 6% × 1/12 = $500

汉森公司应编制调整分录如下：

借：利息费用　　500
贷：应付利息　　500

在会计期末调整计提的利息费用后，利息费用 $500 将列入本年收益表中的费用项下，而应付利息则列入资产负债表的流动负债项下。

下年 3 月 1 日票据到期，偿还票据款及利息的会计处理如下：

借：应付票据　　100 000
应付利息　　500
利息费用　　1 000
贷：现金　　101 500

第三节　应付税金

企业在经营过程中通常需要定期向政府缴纳各种税金，如销售税、财产税、所得税以及代缴个人所得税和保险税等。当企业计算或估计出这些税金而尚未缴纳之前，就成为企业的流动负债。

一、应付销售税

在美国，联邦和州的法律通常要求销售商作为政府代理人向顾客代为征收销售税（Sales Tax）。一般来说，只要企业有商品销售或劳务供应的营业行为，就需要缴纳销售税，因而销售税也称营业税。销售税是对销售的商品所征收的税，它是按照销售收入的一定比例计征的。在美国，对某些商品还要征收消费税（Excise Tax）。消费税是对某些消费品，特别是对奢侈品所征收的一种税，通过征收消费税，可以达到提高成本，限制消费的目的。销售税是美国地方政府所征收的一种税，是地方政府的一项重要收入来源，联邦政府不征收销售税，而只征收消费税。

销售税和消费税两者都是向消费者征收，并且按规定由零售商或批发商代税务机关收取，然后定期汇交有关税收机构。这样，企业在代征而未交之前就构成了一项流动负债，并通过“应付销售税”账户进行处理。

【例 8-6】 某商场一天的商品销售收入为 \$200 000，销售税率为 5%，则销售税为 \$10 000（\$200 000 × 5%）。该商场应编制销售业务的会计分录如下：

借：现金（或应收账款）	210 000	
贷：销售收入		200 000
应付销售税		10 000

会计实务上为简便起见，企业往往把代收税款包括在收入内作为销售收入记账，到会计期末，再把这个销售收入换算为不含销售税的实际销售金额，并把销售税金转出。例如，上述销售业务包括税款在内的总销售金额为 \$210 000，期末，可计算出该总收入中的实际销售额为 \$200 000（\$210 000 ÷ 1.05）。编制会计分录如下：

借：现金（或应收账款）	210 000	
贷：销售收入		210 000
借：销售收入	10 000	
贷：应付销售税		10 000

二、应付财产税

财产税（Property Taxes）是对不动产和动产按估定价值征收的一种税，它是美国地方政府的一项主要收入来源。财产税的课税对象主要是房地产（不动产），在某些地方还包括生产经营用设备和汽车（动产）。在某种程度上，企业交纳的财产税是为当地政府提供的能使企业受益的多种服务所付出的代价。因此，企业交纳的财产税是一项营业费用，要摊配到各个受益期。

财产税通常按年估征，以地方财政年度起始日为“留置权日”（Lien Date），即从该日起财产税成为财产所有人的一项法定负债，企业应在这时确认应付财产税这一债务责任。但根据企业所在城市的规定，财产税一般是在留置权日之后估定和交纳，而地方财政年度与企业的会计年度又往往不一致，因而财产税的会计处理程序也往往不同。当税款的估定和交纳是在地方财政年度开始之后，则企业应在接到应交税款通知之前要按估计的金额预先计提财产税费用，并记录相应的负债。

【例 8－7】假定汉森公司的会计年度结束于 12 月 31 日，而当地地方财政年度是 7 月 1 日至下年 6 月 30 日，财产税的缴纳日期为每年 10 月 31 日。2012 年 7 月 1 日公司估计的全年财产税额为 \$24 000。2012 年 10 月 20 日，公司接到地方税收机构的财产税账单共计财产税 \$25 200。根据上述资料，汉森公司应作如下会计处理：

（1）因公司自己估计的全年财产税额为 \$24 000，则每月应分摊 \$2 000。2012 年 7、8、9 月，每月末记载估计的当月财产税费用的会计分录为：

借：财产税费用　　　　2 000

　　贷：应付财产税　　　　2 000

（2）2012 年 10 月末，由于已确定了全年的财产税额为 \$25 200，与原估计的 \$24 000 有偏差，因而就要对各月分摊的财产税费用进行调整。

实际每月应摊财产税费用 = \$25 200/12 = \$2 100

前 3 个月每月少摊财产税费用 = \$2 100 － \$2 000 = \$100

则总共少摊 \$300，这 \$300 可全部列为 10 月份应摊财产税的追加额：

10 月份的财产税费用 = \$2 100 + \$300 = \$2 400

2012 年 10 月 31 日缴纳全年财产税时的会计分录如下：

借：应付财产税　　　　6 000

　　财产税费用　　　　2 400

　　预付财产税　　　　16 800

　　贷：现金　　　　25 200

（3）在以后 2012 年 11 月至 2013 年 6 月，每月末记载财产税费用的会计分录分别为：

借：财产税费用　　　　2 100

　　贷：预付财产税　　　　2 100

三、应付所得税

对公司来讲，所得税支出是其一项费用支出，因而企业在定期估计出所得税额时，应借记“所得税费用（Income Taxes Expense）”账户，贷记“应付所得税”账户。在会计实务上，由于企业根据应税所得额自行估算并申报的应交所得税额，通常与征税机关核定的应征所得税发生偏差，因此应对这种差异进行适当处理。有关所得税会计的具体内容将在本章第五节详细介绍。

四、应付工薪税

企业应按期向员工支付工薪。工薪（Payroll）是雇员的劳动报酬，是企业对雇员运用其知识和技能、耗费其时间和精力以及付出一定的劳动的一种补偿，因而也称雇员报酬（Employee Compensation），它是大多数企业的主要费用支出。

工薪可以有以下不同的表现形式：

（1）薪金（Salary）：通常指管理人员的工薪，以月薪或年薪方式支付；

（2）工资（Wage）：通常指工人的工薪，以小时工资方式支付；

（3）佣金（Commission）：通常指销售人员的工薪；

（4）奖金（Bonus）：指向雇员支付的各种奖金。

美国政府实施的社会保险和失业救济等社会保障制度，要求企业和全体雇员以工薪额为计征基础各自承担一定的纳税义务，其中由企业交纳的、按照其雇员工薪额计征的各种税款统称为工薪税（Payroll Taxes），它是企业的一项费用支出，而企业雇员本身应交纳的各种税款则应由企业预扣代交。这样，企业在确定雇员工薪时，就要同时登记由企业预扣代交的雇员应纳税款以及由企业交纳的工薪税。

由企业预扣代交的雇员应纳税款以及由企业交纳的工薪税主要包括雇员所得税、联邦保险税及失业保险税等。

1. 雇员所得税

美国政府除了对公司课征所得税外，还对个人课征雇员所得税（Employee Income Taxes）。按照税法规定，企业应从雇员的工薪中扣除应缴纳的雇员所得税，因此对企业来说，这种代扣的所得税在其未汇交有关税收机关以前就构成了企业的一项流动负债。

公司对每一雇员所预扣的所得税金额是根据这一雇员的工薪额、婚姻状况和在预扣时可享有的"折让级数"确定的。根据美国立法的一般规定，雇员、其配偶以及每一个由其赡养的家属都可享有一个折让级数；遇有特殊情况，如65岁以上老人或盲人，还可追加折让级数。每一刚雇佣的新雇员必须填写代扣减免声明，填明减免数额。企业则根据雇员所填声明计算应代扣的雇员所得税金额。

2. 联邦保险税

联邦保险税（FICA Taxes）又称社会保险税（Social Security Taxes）。美国政府1935年通过的《联邦社会保险捐款法案（Federal Insurance Contribution Act，FICA）》规定，雇员在达到指定年龄而退休后，每月可领取退休金和享受医疗保险，其所需资金的来源，就是联邦保险税，该税收形成的资金即为社会福利基金。联邦保险税向企业和雇员同时征收，并且双方所课之税额相等。联邦保险税按照每一会计年度的雇员工薪额，计征到每一雇员的累计工薪达到一定金额为止。联邦保险税的税率和应计征的工薪额，都是由立法规定和变更的。

3. 失业保险税

失业保险税（FUTA Taxes）是根据美国《联邦失业保险税法案（Federal Unemployment Tax Act, FUTA）》而征收的一种工薪税，又称失业补助税（Unemployment Compensation Taxes）。失业保险税主要用于资助各州失业补助计划的实施，并且仅对企业征收，不从雇员的工薪中扣除。失业保险税的税率和征税基准由政府规定，并随工资水平的提高而相应变化。失业保险税按照每一会计年度的每一雇员工薪额，计征到累计工薪达到一定金额为止。失业保险税通常要区分联邦失业保险税和州失业保险税。

企业除了缴纳联邦保险税和失业保险税等工薪税外，通常还为其雇员支付养老金保险、健康和人寿保险，以及假期津贴等款项，这些支出一般称为附加福利（Fringe Benefits）。

企业一般都要编制工薪登记表（Payroll Register），定期报告工薪总额和代扣税款。工薪登记表是企业为每个工薪支付期编制的全部工薪总额的详细表格，它包括当期每一雇员的工薪额以及各项代扣款额。企业对应付工薪及工薪税的会计处理则是借助工薪登记表来完成的。根据工薪登记表提供的有关信息，即可对“工薪费用”和“工薪税费用”及相关的工薪负债和应付工薪税进行会计处理。

【例 8-8】假设汉森公司两周的雇员工薪总额为 \$20 000，其中代扣雇员所得税 \$2 400，代扣雇员联邦保险税 \$1 600，代扣雇员工会会费 \$280，则实际应付雇员工薪为 \$15 720（\$20 000 - \$2 400 - \$1 600 - \$280），此外，由公司应付的失业保险税为 \$1 400。汉森公司有关工薪及工薪税的会计分录如下：

（1）记录已发生的工薪费用

借：工薪费用	20 000	
贷：应付雇员所得税		2 400
应付联邦保险税		1 600
应付工会会费		280
应付雇员工薪		15 720

（2）记录由企业应付的工薪税费用

借：工薪税费用	3 000	
贷：应付联邦保险税		1 600
应付失业保险税		1 400

第四节 其他流动负债

除了前述流动负债外，企业的流动负债一般还包括应付股利、应付利息、应付公用事业费等应计负债以及存入保证金、预收收入、1 年内到期的长期负债、应付产品质量担保债务和或有负债等其他流动负债。

一、应付股利

当公司董事会决定并宣告发放现金股利后，就成为公司一项具有约束力的债务。由于股利宣告日和股利支付日要间隔一段时间，因此，在股利宣告日就应将这部分应付未付的现金股利作为流动负债记入"应付股利（Dividends Payable）"账户。有关股利的会计处理将在第十章介绍。

二、存入保证金

企业为了使借出的资产得以如期完整地收回或为保证某项经济活动得以顺利正常进行，往往向客户收取一定金额的保证金（Margins Received），如公用事业单位向用户收取保证金是常见的例子。企业收取的保证金未必全部要在一年内退还，但在会计实务中一般将尚未退还的保证金全部作为流动负债列报。在收到客户交来的保证金时，借记"现金"账户，贷记"存入保证金"账户。退还时，作相反的会计分录冲销。

三、预收收入

预收收入是指已经预先收取现金，但因尚未提供商品或服务而未确认的销售收入或服务收入，也就是顾客的预付款。很多企业在实际提供商品或劳务之前通常要预先收取货款，并在 1 年或一个营业周期内以交付商品或提供劳务的方式来抵偿，如预收货款、预收租金等。在商品尚未交付或劳务尚未提供之前，预收款项就构成企业的一项流动负债。

【例 8－9】 汉森公司 10 月 1 日出租一幢房屋，预收一年租金共 $12 000，则收到租金时的会计分录如下：

借：现金	12 000	
贷：预收租金收入		12 000

期末企业应将本期已提供商品或劳务而实现的收入部分通过调整分录转入本期收入账户。如本例中，在当年年终，预收租金中已实现的收入为 $3 000（$12 000 × 3/12），

则编制调整分录如下：

借：预收租金收入 3 000

贷：租金收入 3 000

四、一年内到期的长期负债

1 年内到期的长期负债是指长期债务中将在 1 年内偿还的本金部分。在年末资产负债表日，如果长期负债中有下一年度到期的部分，则应在资产负债表上将其单独列作流动负债反映。例如，某公司在 2009 年 7 月 1 日发行了 \$1 000 000、五年期的公司债券，则在 2013 年 12 月 31 日编制资产负债表时，由于这笔款项将在下一年度内到期偿还，因此应将这笔长期负债列在流动负债项下，以反映这笔将在下年要动用流动资产来偿付的债务。有时企业的长期负债需要分期偿还，那么每年末都要将在下年内到期偿还的部分在资产负债表上列为流动负债。

五、估计负债

估计负债是指债务已经存在，但其金额在资产负债表日还无法确定，需要予以估计才能列入流动负债的一种债务。常见的估计负债有产品质量保证债务、票券兑换债务以及前述的应付财产税等，下面主要介绍产品保证债务。

企业销售的商品往往随附书面担保，以保证在规定的期限内，当所出售的商品出现了担保范围内的质量问题时，将提供免费修理服务或更换零部件。这里的免费是对客户而言的，但对企业来说是一种费用支出。按照配比原则，由销售引起的保证费用必须与收入记录于同一会计期间。在商品销售成立时，企业虽然承担了保修义务，但并不知道有多少产品会返修、退货、退换或索赔，因而只能根据担保书的内容和有效期限，并依据历史经验进行合理的估计，将估计的金额作为商品销售期间的保证费用（Warranty Expense），而将未付的支出作为一项流动负债称为应付保证估计负债（Estimated Warranty Payable）。这种由产品保证书产生的负债，通常是按销售收入的一定百分比计算，其保证期一般是从几个月到几年不等。

【例 8－10】汉森公司某月的销售收入为 \$200 000，售出时担保在一年内对质量问题提供免费修理。根据过去的经验，估计产品返修或退换费用占销售收入的 3%，则估计当月的保证费用为 \$6 000（\$200 000 × 3%）。估计保证费用时编制会计分录如下：

借：保证费用 6 000

贷：应付保证估计负债 6 000

在以后实际发生商品退换或修理费用时，将冲销已计提的保证估计负债。本例中，假定当年有 \$5 800 的产品被退换或修理，则会计分录为：

借：应付保证估计负债　　　　　　　　　　　　5 800

　　贷：商品存货（或现金）　　　　　　　　　　　　5 800

如果保修契约余下的有效期不超过1年，则将应付保证估计负债列为流动负债，否则，将列为长期负债。

六、或有负债

前面介绍的各项流动负债，都是企业因过去交易引起的，具有明确的债务金额或债务金额可以估计的流动负债。但在现实经济生活中，企业还可能存在着另一类负债，即或有负债。或有负债（Contingent Liabilities）是指将来可能会因发生某种情况或某种意外而需要企业负清偿责任的债务。这种债务在资产负债表日并没有使企业承担确切的支付责任，因而或有负债是一种潜在的债务。一般而言，这种潜在的负债是否在将来转化为确切的负债，主要取决于某些事件是否发生。如果这些事件发生，或有负债将转化为企业的实际负债；如果这些事件不发生，或有负债就不构成企业的负债。

这里需要注意的是，或有负债不同于前述金额需要估计的负债。两者的区别不在于负债金额是否确定，而在于资产负债表日负债是否确实存在。也就是说，以后或许因某种事件的发生而有可能存在的负债是或有负债；因经济业务已经发生而存在，但金额无法确定，需要估计的负债是估计负债。换言之，即使金额可以确定，但目前负债还未存在，那也不是真正的负债，而是或有负债。

正因为或有负债是一种将来可能发生的潜在债务，所以从严格的意义上说，这类负债不是企业的真正负债，不应正式列入资产负债表中。然而，或有负债究竟应该如何反映于资产负债表，主要应决定于其出现的可能（概率）大小。美国财务会计准则委员会对如何反映或有负债作了如下规定：

（1）如果一项损失或费用很可能（Probable）会发生，即未来事件发生的概率相当大，则应合理地估计金额，并记录为负债列入资产负债表内。

（2）如果一项损失或费用可能（Reasonably Possible）发生，则应在财务报表的附注内加以说明。

（3）如果一项损失或费用不大可能（Remote）发生，则不在财务报表中报告。

常见的或有负债一般包括贴现应收票据、应收账款让售、通融票据保证、未决诉讼、追征税款等。其中，贴现应收票据已在前面章节作了介绍，下面介绍其他或有负债。

1. 应收账款让售

企业可以应收账款作为担保抵押品向金融机构借入款项，这种做法通常称为应收账款让售（Assignment of Accounts Receivable）。对借款企业来说，让售的应收账款就形成了一项或有负债。如果企业的赊销客户在一定的还账期限内不能清偿欠款，则金融机构有权向借款企业追索，借款企业必须负连带偿还责任，如数负责偿还。在资产负债表上，应将抵借在外的应收账款金额，在附注里加以说明。

2. 通融票据保证

通融票据（Accommodation Note）是一种并非出于商品交易业务，而只是为了通融资金所签发的票据。企业应出票人的要求，在票据上加盖背书，从而直接承担保证支付票款的责任。如果出票人不能如期付款，则作为票据背书人的企业就有代为偿付债务的责任。这种因通融票据背书而形成的或有负债，又称背书负债（Liability Under Endorsement），一般可以用括弧、附注等方式在资产负债表中予以列示。

3. 未决诉讼

未决诉讼（Lawsuit）是指企业在成为涉及损害赔偿案件中的被告而可能在败诉时进行赔偿的或有负债。如果发生的可能性不大，可在资产负债表上用附注说明这一未决诉讼或有负债。如果发生的可能性很大，败诉几乎已成定局，但尚未最后判决，则可从留存收益中拨出一部分专款以供清偿或有负债之需。此时可借记“留存收益”账户，贷记“或有负债拨定的留存收益”账户。

4. 追征税款

征税机关在审核企业申报的各项税款后，认为有追加课征的必要，但尚未定案，企业有合理的根据证实这一点时，应将其列为或有负债予以说明。

第五节 所得税会计

美国联邦政府收入的主要来源是向个人和公司征收所得税。独资企业和合伙企业不是所得税的纳税实体，其所得税由业主或合伙人将各自分得的企业净收益在申报个人所得税时缴纳。公司是纳税实体，政府将直接对其收益课征所得税。

一、应税所得的确定

对公司而言，所得税（Income Taxes）是对纳税人的应税所得（Taxable Income）所课征的一种税收。这里的“应税所得”是按照特定规则计算的，与按照公认会计原则所确定的会计账面收益不同，计算应税所得依据的是美国“国内税收总署（Internal Revenue Service）”制定的“国内税收法规（Internal Revenue Code）”，而该法规遵循的原则是“税务会计原则（Tax Accounting Principles，TAP）”。税务会计原则决定应税所得，从而决定公司的应交所得税。

由税务会计原则决定的税务会计目的与由公认会计原则决定的财务报告目的是不同的。税务会计原则的目的是增加政府收入，同时，也可作为调整宏观经济行为的政策和工具。例如，政府通过修订税务会计原则中的折旧政策，来鼓励或抑制企业进行的资产投资。

根据税务会计原则的规定，公司应交的所得税是依据应税所得计算的。将一定会计期间（通常为一年）的总收入减去税务会计原则允许的扣减项目，即为公司应税所得。在美国，所得税税率采用分级累进税率。在计算出应税所得后，应视金额来确定适用税率，以此计算应交所得税额。对于多数大公司来说，所得税税率为35%。

税务会计原则允许扣减的项目一般为公司进行正常的经营活动所发生的费用，但与公认会计原则的要求相比，又有以下一些不同：

（一）有价证券

公认会计原则允许确认交易证券未实现的持有利得或损失，并列入收益表中，而税务会计原则不允许在有价证券销售之前确认利得或损失。

（二）退休金以外的退休后福利（Postretirement Benefits）

除了退休金外，许多公司还向工人承诺退休后的其他福利。公认会计原则允许将这些福利在赚取的期间计入费用，而税务会计原则不允许将这些福利在赚取期间计入费用，只允许这些福利在实际支付时作为扣减项目。

（三）资产减值

公认会计原则允许将资产减值在发生当期记入损益，而税务会计原则不允许将资产减值在发生当期作为扣减项目，而是在出售资产时才能确认。

（四）保证义务

公认会计原则允许将估计的未来保证义务在产品销售当期确认为费用和负债，而税务会计原则不允许将估计保证义务在销售当期作为扣减项目，而是在保证义务实际支付时才能确认。

（五）经营净损失的结转或追溯

为了使产生经营损失的公司能够公平赋税，税务会计原则允许公司将某一年的经营净损失追溯来抵销以前年度的收益，或者结转来抵销未来年度的收益。按规定，一个公司的经营净损失可以抵销前2年的收益和未来20年的收益。经营净损失的追溯可使公司享受退税的待遇，经营净损失的结转可使公司减少未来的所得税支出。

（六）存货

在某些情况下，税务会计原则和公认会计原则对存货的处理要求是相同的。我们在第六章提到了“后进先出法的一致规则”，即如果公司采用后进先出法用于所得税目的，那么同样也必须将后进先出法用于财务报告目的。但下列情况除外：公认会计原则允许公司扣除过时存货，而税务会计原则是不允许的，除非存货实际已经处置了。

（七）折旧

与公认会计原则相比，税务会计原则允许采用更短时间内的更快的加速折旧方法。

在美国，税法对折旧方法的影响一直是相当大的，以纳税为目的进行的折旧通常是以加速成本回收制修正案（Modified Accelerated Cost Recovery System，MACRS）为基础。

不管厂场资产最佳估计的有效经济服务寿命如何，MACRS 对厂场资产使用期限是以“武断”的回收期为依据，将资产按使用年限分为 8 类，且对残值不作要求，整个购置成本在回收期都将转销为费用。一旦确定了资产的类别，折旧方法以及折旧年限都将确定。MACRS 分类及折旧方法如表 8-1 所示。

表 8-1　　MACRS 分类及折旧方法

使用期限	典型的资产	折旧方法
3 年期	小型工具、用于研究开发方面的设备	双倍余额递减法
5 年期	汽车、轻型卡车、计算机、办公设备	双倍余额递减法
7 年期	办公家具、生产用机器设备、不包括在其他类里的所有财产	双倍余额递减法
10 年期	水上运输设备、活动房屋	双倍余额递减法
15 年期	道路、某些特定企业的机器设备	150% 余额递减法
20 年期	污水处理系统、农场建筑物、发电和输电设备	150% 余额递减法
27.5 年期	居住用不动产	直线法
39 年期	非居住用的不动产	直线法

由表 8-1 可见，MACRS 规定 3 年、5 年、7 年和 10 年期的资产都按双倍余额递减法计算折旧，并且在适当时候转为直线法；15 年和 20 年期的资产采用 150% 余额递减法；而 27.5 年和 39 年期的资产（即建筑物）采用的是直线法。在采用双倍余额递减法计算折旧时，MACRS 要求遵循“半年惯例”（Half-year Convention），即认为所有的资产都是在纳税年度内投入使用的，不管资产在年度内何时购入，在取得资产的当年，为纳税目的折旧都按半年计算，而在资产报废的年份也有半年的折旧。MACRS 规定 3 年、5 年和 7 年期的资产折旧率如表 8-2 所示。

表 8-2　　MACRS 折旧率举例

年份	3 年期	5 年期	7 年期
1	33.33%	20.00%	14.29%
2	44.44	32	24.49
3	14.81	19.2	17.49
4	7.42	11.52	12.49
5		11.52	8.93

续表

年份	3 年期	5 年期	7 年期
6		5.76	8.93
7			8.93
8			4.45
合计	100.00%	100.00%	100.00%

MACRS 对大多数厂场资产的规定可以概括为两方面：(1) 采用双倍余额递减折旧法；(2) 采用比有效使用年限更短的折旧期。这两项加起来，使得厂场资产的加速折旧更为迅速。美国的大多数公司在给税收部门的所得税申报中采用这种加速折旧法。

二、所得税的跨期摊配

由于公认会计原则与税务会计原则的规定不同，导致了财务会计报告的税前账面收益与纳税申报中计算的应税所得之间产生差异，这种差异有些是暂时性的，有些则是永久性的。

(一) 暂时性差异

1. 暂时性差异的类型

暂时性差异（Temporary Differences）是指由于公认会计原则确认收入或费用的时间与税法确认收入或费用的时间不同而产生的税前账面收益与应税所得之间的差异。这种差异发生于某一会计期间，但在以后的会计期间内最终能够转回，因而也称为时间性差异（Timing Differences）。时间性差异主要有以下四种类型：

(1) 某些收入按照公认会计原则规定应当确认为当期收益，但按照税法规定需待以后期间确认为应税所得。例如，税法有时允许在分期付款销售的情况下，纳税人可以推迟相应所得税的支付，直到收到货款期间才将收入包括在应税所得中，从而形成应纳税时间性差异。这种应纳税时间性差异是指未来应增加应税所得的时间性差异。

(2) 某些费用按照公认会计原则规定应当确认为当期费用，但按照税法规定需待以后期间从应税所得中扣减。例如，估计的产品保证费用，按照配比原则可于产品销售的当期计入费用，但按照税法规定应于实际支付时从应税所得中扣减，从而形成可抵减时间性差异。这种可抵减时间性差异是指未来可以从应税所得中扣除的时间性差异。

(3) 某些收入按照公认会计原则规定应当于以后期间确认收益，但按照税法规定需计入当期应税所得，从而形成可抵减时间性差异。一些预收收入，例如预收租金、手续费、佣金等在收到时就记入应税所得中，但在财务报告中要作为未赚取收入而递延到赚得期间的账面收益中。

（4）某项费用按照公认会计原则规定应当于以后期间确认为费用，但按照税法规定可以从当期应税所得中扣减。一些预付费用，例如预付租金在支付时就可从应税所得中扣减，但在财务报告中要递延到以后的受益期间分期摊销。再一个典型的例子就是折旧，出于财务报告目的采用直线折旧法，而在确定应税所得时采用加速折旧法，那么，在厂场资产使用前期，从应税所得中扣减的折旧金额就会大于计入税前账面收益的折旧金额；后期则相反，从应税所得中扣减的折旧金额就会小于计入税前账面收益的折旧金额，从而形成应纳税时间性差异。

从上述可见，时间性差异的基本特征是，某项收入或费用均需计入税前账面收益和应税所得，只是计入税前账面收益和应税所得的时间不同。上述（1）、（4）项差异，会使本期税前账面收益大于应税所得，从而产生应纳税时间性差异；而（2）、（3）项差异，会使本期税前账面收益小于应税所得，从而产生可抵减时间性差异。

2. 暂时性差异的会计处理

对暂时性差异的会计处理一般采用递延法。递延法是将本期由于时间性差异产生的影响所得税的金额，递延和分配到以后各期，并同时转回原已确认的时间性差异对本期所得税的影响金额。这种步骤也称为“所得税的跨期摊配（Interperiod Tax Allocation）”。在递延法下，所得税被视为企业在获得收益时发生的一项费用，并应随同有关的收入和费用计入同一期间，以达到收入和费用的配比。因时间性差异产生的对未来所得税影响的金额，记入“递延所得税（Deferred Income Taxes）”账户，表明未来转回时间性差异时应付或可抵减的所得税。

如果当期所得税费用大于应交所得税，则记入“递延所得税”账户贷方的金额表示企业“推迟交纳的所得税”，并将在以后时间性差异转回期间增加当期的应交所得税。递延所得税贷方余额称为“递延所得税负债”，它将随时间的推移而转回并最终消失，其期末余额作为一项负债列入资产负债表。如果当期所得税费用小于应交所得税，则记入“递延所得税”账户借方的金额表示企业“预先交纳的所得税”，并将在以后时间性差异转回期间抵减当期的应交所得税。递延所得税借方余额称为“递延所得税资产”，它也将随时间的推移而转回并最终消失，其期末余额作为一项资产列入资产负债表。

【例 8-11】 索克公司 2013 年 1 月 1 日以 \$100 000 购入一套设备，估计残值为 \$4 000，估计使用年限为 5 年。索克公司对外报告采用直线法计算折旧，而在确定应税所得时采用双倍余额递减法，且在第 4 年改为直线法。假定这是税前账面收益与应税所得之间唯一的暂时性差异，且公司从 2013 年至 2017 年的五年间，每一年未扣减折旧费的税前收益均为 \$100 000，所得税率为 30%。每一年的所得税费用、应税所得、应交所得税和因时间性差异导致的递延所得税的计算如表 8 - 3 所示（有关折旧数据见第七章表 7 - 6）。

表 8 - 3　　每年所得税费用、应税所得、应交所得税和递延所得税　　单位：$

项　目	2013 年	2014 年	2015 年	2016 年	2017 年	合计
扣减折旧前的税前账面收益(1)	100 000	100 000	100 000	100 000	100 000	500 000
折旧费(直线法)(2)	19 200	19 200	19 200	19 200	19 200	96 000
税前账面收益(3) = (1) - (2)	80 800	80 800	80 800	80 800	80 800	404 000
所得税费用(4) = (3) × 30%	24 240	24 240	24 240	24 240	24 240	121 200
折旧费(双倍余额递减法)(5)	40 000	24 000	14 400	8 800	8 800	96 000
应税所得(6) = (1) - (5)	60 000	76 000	85 600	91 200	91 200	404 000
应交所得税(7) = (6) × 30%	18 000	22 800	25 680	27 360	27 360	121 000
递延所得税(8) = (4) - (7)	6 240	1 440	(1 440)	(3 120)	(3 120)	0

每年编制的有关应付所得税业务的会计分录如下：

2013 年：	借：所得税费用	24 240	
	贷：应付所得税		18 000
	递延所得税		6 240
2014 年：	借：所得税费用	24 240	
	贷：应付所得税		22 800
	递延所得税		1 440
2015 年：	借：所得税费用	24 240	
	递延所得税	1 440	
	贷：应付所得税		25 680
2016 年：	借：所得税费用	24 240	
	递延所得税	3 120	
	贷：应付所得税		27 360
2017 年：	借：所得税费用	24 240	
	递延所得税	3 120	
	贷：应付所得税		27 360

由上例可见，递延所得税贷方余额从 2015 年开始转回，到 2017 年终，递延所得税账户的余额即等于零。

在采用递延法进行会计处理时，递延所得税的账面余额是按照产生时间性差异时所适用的所得税率计算确认的，在以后所得税税率发生变动或开征新税时，对递延所得税的账面余额不作任何调整。也就是说，本期发生的时间性差异影响所得税的金额，用现行税率计算，以前发生而在本期转回的各项时间性差异影响所得税的金额，还用当初的原有税率计算。所以，递延所得税的账面余额不完全符合负债和资产的定义，不能完全反映为企业的一项负债或一项资产，只能视其为一项借项或贷项。

若所得税税率和税法的有关规定发生变动，公认会计原则要求采用债务法（Liability Method）。在债务法下，递延所得税的账面余额是按照现行所得税税率计算确认的，而不是按照产生时间性差异时所适用的所得税率计算的。因此，在税率和税法的有关规定发生变动时，对递延所得税的账面余额要进行相应的调整。也就是说，本期发生或转回的时间性差异影响所得税的金额，均应采用现行税率计算确定。所以，从理论上讲，债务法比递延法更合理，即按照债务法计算的递延所得税账面余额，在资产负债表上反映为一项负债或一项资产，但其会计处理则较为复杂，这里不再介绍。

（二）永久性差异

永久性差异（Permanent Differences）是指某一会计期间，由于公认会计原则和税法在计算收入和费用时的口径不同而产生的税前账面收益与应税所得之间的差异，这种差异在本期发生，但不会在以后各期转回。例如，投资于市政债券的利息收入属于会计报告的账面收益，但不计入应税所得，不交纳所得税；高级员工人寿保险政策的保险费在会计报告中必须作为费用处理，而在计算应税所得时不能作为扣减项目。由于永久性差异在以后都不可能转回，因而不存在任何所得税的跨期摊配，即不存在任何递延所得税资产或负债。如果差异金额很大，应在财务报表附注中加以说明。

本章小结

1. 流动负债

流动负债是指将在1年或者超过1年的一个营业周期内到期予以清偿的负债。流动负债通常分为应付金额确定、应付金额视经营情况而定以及应付金额需要估计的流动负债等三类。流动负债一般均按确定的未来需要偿付的金额计量。

2. 应付账款

应收账款是指企业在日常经营中由于赊购商品、材料或接受外界提供劳务而应付给供应单位的款项。应付账款的入账金额应当以买卖双方共同确定的成交价格为基础。如果购入的货物附有现金折扣条件，则应付账款入账金额的确定方法有总价法和净价法。

应付票据主要包括企业向银行借入短期贷款、购买商品或接受劳务、购置其他资产时所开出的本票。应付票据一般有计息与不计息之分。

3. 各项应付税款

销售税是对销售的商品所征收的税，按规定由零售商或批发商代税务机关收取，企业在代征未交前，就构成了一项流动负债。财产税是对不动产和动产按估定价值征收的一种税。财产税通常按年估征，企业在接到应交税款通知之前，要按估计的金额预先计提财产税费用，并记录相应的负债。由企业交纳的，按照其雇员工薪额计征的各种税款称为工薪税。由企业预扣代交的税金以及由企业交纳的工薪税主要包括雇员所得税、联邦保险税及失业保险税等。

4. 其他流动负债

其他流动负债一般包括应付股利、应付利息等应计负债以及存入保证金、预收收入、1 年内到期的长期负债、应付产品质量担保债务以及或有负债等。

5. 所得税及所得税会计

所得税是对纳税人的应税所得所课征的一种税收。因公认会计原则确认收入或费用的时间与税法确认收入或费用的时间不同而产生的税前账面收益与应税所得之间的差异称为暂时性差异或时间性差异。暂时性差异的会计处理有递延法和债务法两种，并存在所得税的跨期摊配问题。因公认会计原则和税法在计算收入和费用时的口径不同而产生的税前账面收益与应税所得之间的差异，称为永久性差异。这种差异在本期发生，但不会在以后各期转回，因而不存在任何所得税的跨期摊配问题。

复习思考题

1. 什么是流动负债？流动负债是如何分类、确认和计量的？
2. 什么是应付账款？如何确定应付账款的入账金额？
3. 用本票向银行贷款和采用应付票据贴现贷款在会计处理上有何区别？
4. 什么是工薪税？企业应交的工薪税包括哪些内容？
5. 由企业预扣代交的雇员税金包括哪些内容？
6. 什么是估计负债？有哪些常见的估计负债？如何进行会计处理？
7. 什么是或有负债？有哪些常见的或有负债？会计上如何处理或有负债？
8. 税务会计原则与公认会计原则的要求相比主要有哪些不同？
9. 什么是暂时性差异？有哪四种类型？如何进行会计处理？
10. 什么是永久性差异？它与暂时性差异的主要区别在哪里？

第九章

金融工具：长期负债和长期债权投资

本章内容提示

介绍长期负债的计价原则；债券的种类、发行价格的计算以及债务人对债券发行、折价和溢价摊销等业务的会计处理；长期借款和租赁负债的会计处理；最后从投资者角度介绍长期债权投资的会计处理。

企业在生产经营的扩展阶段，往往需要筹集大量的长期资金来购建长期营业用资产。企业经营所需长期资金的来源主要有两种途径：一是由所有者追加投资或由公司通过增发股票向股东筹集资金；二是通过举借长期债务向债权人筹集资金。一般情况下，公司往往愿意采纳后一种途径，这样如何举借长期债务是企业管理层必须要考虑的一项重要的财务决策。

第一节 长期负债的内容和计价

长期负债有两方面的重要特征：一是债务偿还期限较长，一般在1年或者超过1年的一个营业周期以上，因此对企业来说，长期负债是一种长期稳定的资金来源；二是债务的金额较大。企业举借长期债务主要是为了满足在扩展阶段因购置房屋、机器设备等长期营业用资产所必要的投资所需，因而债务的金额通常都是比较大的。

一、长期负债的内容

长期负债一般包括以下内容：

（1）应付债券。债券是公司为筹集长期资金而对外发行的一种有价证券，它是债券发行公司承诺在未来向债权人偿还债券本息的书面证明，是公司的一种主要长期负债。

（2）长期借款。长期借款是指企业向银行或其他金融机构借入的偿还期在1年或者超过1年的一个营业周期以上的各项借款。由于长期借款通常是以借债企业的资产作为抵押品，并以票据形式取得，因此又称为应付长期抵押票据。

（3）其他长期负债。其他长期负债是指除应付债券和长期借款以外的其他各种长期负债，主要包括应付租赁负债、应付退休金等。

二、长期负债的计价

长期负债通常按以下原则计价：

第一，长期负债的入账价值应按债务产生时的实际成本，即企业未来需要偿还的债务按现行市场利率折成的现值计价。

第二，长期负债的每期利息费用应等于每期期初的实际负债余额乘以举债时的实际市场利率。

第三，在长期负债的持续期内，每期资产负债表中长期负债的账面价值应等于尚需偿还的债务按市场利率折成的现值。这里用于计算现值的市场利率是指借债时的市场利率，在长期负债的持续期内不变。

第二节　应付债券

债券（Bonds）是举债公司所发行的用于筹集长期资金的有价证券，是债券发行公司对债券持有人承诺到期偿还债券本金并定期支付固定利息的一种书面证明，具有法律效力。应付债券则是债券发行公司的一项长期债务，其实质是一种长期应付票据。

一、债券概述

（一）公司债券简介

公司购置长期资产所需的资金往往数额巨大，通常不是一个或少数债权人所能提供的。因而公司就将所需借入的资金划分成若干较小单位，以发行公司债券的方式向社会上的广大投资者筹集资金。这种长期负债的特点是债券购买人数众多，资金来源渠道分散，并可以在证券市场上自由转让。公司发行债券首先应由股东大会通过，再经政府有关部门批准，符合法定条件后，方可印制和发行。

在发行公司债券时，发行公司和债券购买人之间通常订有一个债券契约（Bond

Indenture)，其中主要规定债券发行的方式、提供担保品的详细说明，以及偿债能力的保证条款等。由于公司债券涉及许多购买人，发行公司往往选定一家投资银行作为证券包销商来包销债券，并由其代表债券持有人（Bondholder）的利益监督发行公司履行契约中规定的所有条款。投资银行可以取得对任何抵押财产的保证权利，当发行公司未能履行契约中规定的条款时，它可以代表债券持有人主动采取必要的行动，如向法院起诉等。

（二）发行公司债券的利弊

1. 发行公司债券的益处

很多公司愿意采取发行债券的方式来筹集长期资金，这是因为发行公司债券可以给企业带来如下有益之处：

（1）可以筹集长期稳定的资金

发行公司债券所筹集的资金具有期限长、金额大的特点，一般是到期才归还本金，可满足企业进行扩大再生产所必要的投资需要。

（2）可以保持股东的投资比例及其对企业的控制权不受影响

由于公司债券持有人与企业之间的关系只是债权债务关系，他们除按期收取利息及收回本金外，无权参与企业的经营管理，无论发行多少债券，都不会改变公司现有股本结构，因而不会影响股东对企业的控制权。

（3）可以给企业带来税收上的好处

由于公司债券的利息支出可以在缴纳所得税之前作为一项费用从收入中抵扣，而增加股本所分派的股利则是从税后利润的扣减。因此，发行公司债券具有明显的税务上的好处。从这点来说，企业更愿意通过发行公司债券来解决对长期资金的需要，而非发行股票。

（4）能提高股东投资收益

如果通过发行公司债券筹集资金所进行的投资活动取得成功，就会使企业的资产报酬率高于债券的固定利息率，从而能提高每股收益，使股东享受到更多的剩余收益。

（5）可以转移通货膨胀风险

由于公司债券的本金和利率是固定的，因此应偿还的本金和应支付的利息不会受市场利率变化的影响。在出现通货膨胀的情况下，债券持有人仅能得到既定的货币金额，这相当于债券发行公司将通货膨胀的风险转移给了债券持有人。

2. 发行公司债券的不利影响

当然，发行公司债券也会给企业带来以下不利的影响：

（1）偿还公司债券的本金与利息将会导致企业未来大量的现金流出

如果企业经营不善，或者当市场利率处于不断下降时期，则公司债券本息的支付有可能成为企业财务上的沉重负担，甚至会导致企业破产。因此，企业举债一定要慎重，要避免盲目、过度负债所带来的财务风险。

（2）公司债券会给企业未来的经营活动和财务政策带来某些方面的限制

通常，债券持有人为了降低其投资风险，会在债券契约中对举债企业未来支付的最高股利、未来债务的最高限额、设置偿债基金、保持一定的收益率和流动比率等方面提出限制性的要求。这些要求对债券持有人来说将会降低其投资风险，但对于举债企业未来的经营活动和财务政策无疑会带来某些方面的限制。

（三）公司债券的种类

公司债券的种类有很多，可按不同的标准进行分类。

1. 按是否记名分为记名公司债券和不记名公司债券

记名公司债券（Registered Bonds）是指债券发行公司或债券管理机构保持债券持有人名册的债券。债券发行公司对所有债券持有人的姓名均进行登记，债券持有人需凭债券和自己的印鉴领取债券的本息。如果转让债券，则必须向债券发行公司办理过户登记手续。

不记名公司债券（Bearer Bonds）是指无须在债券发行公司或债券管理机构保持债券持有人名册的债券，这种债券可不经过户手续自由转让，持票人只凭债券即可按期领取债券利息，到期领取本金。

2. 按有无担保分为有担保公司债券和信用公司债券

有担保公司债券（Secured Bonds）是指以被抵押的特定财产作为履约保证的债券。例如，以土地或房屋等不动产作为抵押品而发行的公司债券、以机器设备等动产作为抵押品而发行的公司债券，以及以公司购入的其他企业的有价证券如债券、股票等作为抵押品而发行的公司债券等。如果用同一项财产作为多项公司债券的抵押品，可依照发行的先后顺序将公司债券分为“优先偿还权（Seniority）公司债券”、“次级偿还权（Subordinated）公司债券”等等。

信用公司债券（Debenture Bonds）也称无担保公司债券，是指不以特定的抵押品作为偿还保证的债券，其发行全凭公司的信用。一般只有信誉卓著和前景乐观的公司才有可能发行这种债券。发行这种债券通常要求有较高的利率，因为其投资者所承担的风险一般会高于有担保公司债券。

3. 按偿还方式可分为定期偿还公司债券和分期偿还公司债券

定期偿还公司债券（Term Bonds）通常只规定一个固定的到期日，在这个固定的到期日全部债券都要清偿。

分期偿还公司债券（Serial Bonds）通常会规定若干个到期日，在各个到期日分别偿还相应的到期债务。例如，某公司发行 10 年期的公司债券 1 000 万美元，规定从第六年起每年还本 200 万美元，到第十年全部还清。

4. 其他公司债券

除上述各类公司债券外，如果债券契约中规定债券持有人可以在一定时期后按照规定的比率将公司债券转换为发行公司的股份，这样的债券又称为可转换公司债券（Convertible Bonds）。一般而言，债券持有人更愿意购买可转换公司债券，因为这种债券可使持有人承担较小的财务风险：在公司经营初期，其收益很难预料的情况下，债券持有人可获得较为稳定和可靠的利息收入；而在公司的经营收益逐渐提高的情况下，债券持有人又可将债券转换为股票，从而获得比利息更多的股利。

另外，有些公司为了能更灵活地利用资金，往往发行一种可以在到期日之前收回的债券，称为可赎回债券（Callable Bonds）。当企业预期在将来可以按远远低于原发行债券的利率筹集资金时，发行可赎回债券显然对公司是有利的。该种债券在赎回日通常要向原债券持有人支付利息补偿金。

（四）公司债券的内容

公司发行的债券一般要列明以下内容：

1. 债券面值

债券面值（Face Value）就是公司债券上标明的借款本金，也是债券的到期值（Maturity Value），即公司债券到期偿还的金额，一般以 $1 000 或 $1 000 的倍数为单位。

2. 票面利率

票面利率是指债券上标明的年利息率，用于计算债券每期应付的利息，通常称为约定利率（Contract Rate）或设定利率（Stated Rate）。如果债券在一年中分次付息，则需将年利率折算为相应期间的利率。

3. 付息日

付息日（Interest Date）即支付利息的日期。不同的公司债券可能有不同的付息日，例如有半年付息一次的债券、一年付息一次的债券、还有到期一次偿还本息的债券等。美国公司的债券利息通常是每半年支付一次，即一年支付两次。

4. 到期日

到期日（Maturity Date）即偿还公司债券本金的日期。

二、公司债券的发行价格

在美国，多数公司发行的债券都可以在证券交易所进行交易，因而这些债券都有一个市场交易价格。公司债券在交易市场通常都是以债券到期值的百分比进行报价的，例如某公司的债券报价为 100，则面值为 $1 000 的债券的买卖价格就为 $1 000；如果报价为 101.5，则该债券的买卖价格就为 $1 015；如果报价为 98.5，则该债券的买卖价格

就为 \$985。

（一）货币时间价值的有关概念

从西方经济学的观点看，即使在没有风险和通货膨胀的条件下，今天1元钱的价值应大于一年以后1元钱的价值。今天投资一笔货币，就放弃了使用或消费这笔货币的机会或权利，那么按放弃时间的长短而计算的代价或报酬就称为货币时间价值（Time Value of Money）。

货币时间价值一般有两种表现形式：从相对量来看，就是在不考虑风险和通货膨胀条件下的社会平均投资报酬率；从绝对量来看，就是货币资本在生产经营过程中带来的真实增值额，即一定数额的货币资本与时间价值率的乘积。

在实际工作中，一般均以银行存款利息或利率反映或代表货币时间价值。在美国，通常将短期国库券的利率视同货币时间价值。在实务中，对利息的计算又有两种方式，一种是单利计算，另一种是复利计算。分析货币时间价值的影响，通常按复利计算。所谓复利是指在计算利息时，不仅本金计算利息，由本金产生的利息也应计息。

有关货币时间价值的计算主要涉及以下两方面：

1. 复利终值与现值

复利终值（Future Value）是指现在一定数额的款项按一定的利率复利计算至未来某一时点的本息之和。其计算公式为：复利终值 = 现值 × 复利终值系数

复利现值（Present Value）是指未来某一时点一定数额的款项按照一定利率复利折算成现在时点的价值。其计算公式为：复利现值 = 终值 × 复利现值系数

2. 年金终值与现值

年金（Annuity）是指在一定时期内，每隔相同时间就发生相同数额的系列收款或付款，也称等额系列款项。例如企业定期支付的公司债券利息即为年金。

年金终值是指按一定利率计算的若干期年金的本利总和。其计算公式为：

年金终值 = 年金 × 年金终值系数

年金现值是指按一定利率将若干期年金折算到现在的价值总和。其计算公式为：

年金现值 = 年金 × 年金现值系数

上述各有关系数均可查表求得。其中，n 为复利期数，i 为利率或折现率。

（二）市场利率与债券发行价格

公司在实际发行债券时，债券的发行价格往往与其面值并不相同。债券必须以投资者愿意支付的市场价格来销售，而债券的市场价格就是债券的现值。确定债券的价格要考虑两个利率：票面利率和市场利率。

前已述及，票面利率是公司债券应明确的重要内容之一，这一利率将用于计算债券

发行公司定期向债券持有人实际支付的利息。债券发行公司可根据所需资金的多少、未来支付利息的能力以及发行时资本市场的供需情况，自行确定所发债券的票面利率。

在债券发行时，金融市场上还存在其他在风险和期限上与该债券类似的金融资本，这些金融资本的通行利率，即为债券发行时的市场利率。市场利率（Market Rate）也称实际利率，是投资者对其投资所要求的报酬率。

通常，市场利率与票面利率不同，这是决定债券发行价格的重要因素。由于市场利率具有客观性和代表性等特征，债券发行公司一般按此利率来计算自己应负担的利息费用，而债券投资者也按此利率来确定自己的利息收益。

（三）公司债券发行价格的计算

公司通过发行债券筹集资金，引起当前现金流入，而与此相关的未来现金流出则分为两部分：一部分是未来定期支付的利息，另一部分是到期应偿还的本金。相对于发行这一时点，这两部分均为未来某些时点的终值，而这两部分未来终值折算的现值决定了发行债券时筹集资金的价值，即债券的发行价格。

由此可见，债券的现值就是债券发行时的实际价格，它由两部分组成：

（1）到期偿还的本金（即债券面值）的现值（即复利现值）。

（2）各期支付的现金利息的现值（即年金现值）。

在计算债券发行价格时，应注意明确以下两个问题：

第一，计算现值所使用的利率应为债券发行时的市场利率。如前所述，由于市场利率的客观性和代表性，债券发行公司会使用该利率来确定实际应负担的利息费用。因此，应按债券发行时的市场利率对未来偿还的本金和利息进行折现。

第二，计算的期限应为付息或计息的期限。例如，5 年期的债券，如果半年付息一次，则要付息 10 次，此时，折现期应为 10 期而不是 5 期，相应的市场利率也应折算为半年的利率。其原因是由于在复利情况下，本金和利息是一起计息的，因此本金和利息均应按计息期进行折现。

下面举例说明公司债券发行价格的计算。

【例 9－1】设瑞格公司在 2013 年 1 月 1 日发行面值为 \$1 000、票面利率为 14%、5 年期的公司债券 10 000 张。该债券每年付息两次，付息日为 6 月 30 日和 12 月 31 日。

1. 票面利率与市场利率相等，债券按面值发行

假定发行时的市场利率也为 14%，则半年期的利率为 7%，可分别从复利现值表和年金现值表中查得利率 7%、期数为 10 期、\$1 的两个现值系数分别为 0.508 35 和 7.023 58。则债券的现值计算如下：

未来现金流出：到期偿还本金 = \$1 000 × 10 000 = \$10 000 000

每期支付利息 = \$10 000 000 × 7% = \$700 000

本金的现值：　\$10 000 000 × 0.508 35 = \$5 083 500

利息的现值：　\$700 000 × 7.023 58 = \$4 916 500

债券的发行价格　\$10 000 000

2. 票面利率低于市场利率，债券以低于面值的价格发行

假定发行时的市场利率为16%，则半年期的利率为8%，可分别从复利现值表和年金现值表中查得利率8%、期数为10期、\$1的两个现值系数分别为0.463 2和6.71。则债券的现值计算如下：

本金的现值：　\$10 000 000 × 0.463 2 = \$4 632 000

利息的现值：　\$700 000 × 6.71 = \$4 697 000

债券的发行价格　\$9 329 000

可见，当票面利率低于市场利率时，债券以低于面值的价格发行称为折价发行，其发行价格低于面值的部分称为债券折价（Bond Discount）。本例中：

债券折价 = \$10 000 000 − \$9 329 000 = \$671 000

债券折价的实质是债券发行公司因票面利率低于市场利率而预先给予债券购买者的额外利息补偿，这部分折价将在债券有效期内逐期摊销，增加发行公司各计息期的利息费用。

3. 票面利率高于市场利率，债券以高于面值的价格发行

假定发行时的市场利率为12%，则半年期的利率为6%，可分别从复利现值表和年金现值表中查得利率6%、期数为10期、\$1的两个现值系数分别为0.558 39和7.36。

本金的现值：　\$10 000 000 × 0.558 39 = \$5 583 900

利息的现值：　\$700 000 × 7.36 = \$5 152 000

债券的发行价格　\$10 735 900

可见，当票面利率高于市场利率时，债券以高于面值的价格发行称为溢价发行，其发行价格高于面值的部分称为债券溢价（Bond Premium）。本例中：

债券溢价 = \$10 735 900 − \$10 000 000 = \$735 900

债券溢价的实质是债券发行公司因票面利率高于市场利率而从债券购买者预先收回多付的利息，这部分溢价将在债券有效期内逐期摊销，冲减发行公司各计息期的利息费用。

三、公司债券会计处理的账户设置

为了反映公司为筹集长期资金而实际发行债券、定期支付利息和到期偿还债券本金业务，一般要设置如下账户：

（一）应付债券

“应付债券（Bonds Payable）”账户反映公司所发行的债券面值的增减变动情况。该账户贷方反映债券面值的增加数，即发行的债券面值；借方反映债券面值的减少数，即债券本金的偿还数额或转股数额；余额在贷方，反映尚未归还的债券本金。

（二）应付债券折价

“应付债券折价（Discount on Bonds Payable）”账户反映债券发行价格小于债券面值的差额，它是“应付债券”的备抵账户。该账户借方反映已发行债券的折价数额；贷方反映债券折价的逐期摊销额；余额在借方，表示尚未摊销的债券折价数额。公司债券在折价发行的情况下，其某一时点的账面价值应等于“应付债券”账户的贷方余额与“应付债券折价”账户借方余额的差额。

（三）应付债券溢价

“应付债券溢价（Premium on Bonds Payable）”账户反映债券发行价格大于债券面值的差额，它是“应付债券”账户的附加账户。该账户贷方反映已发行债券的溢价数额；借方反映债券溢价的逐期摊销额；余额在贷方，表示尚未摊销的债券溢价数额。公司债券在溢价发行的情况下，其某一时点的账面价值应等于“应付债券”账户的贷方余额与“应付债券溢价”账户贷方余额之和。

四、面值发行公司债券

（一）债券在付息日发行

【例9-2】仍按【例9-1】的资料，假定瑞格公司按面值发行公司债券。有关公司债券业务的会计处理如下：

（1）2013年1月1日发售债券时。

借：现金	10 000 000	
贷：应付债券		10 000 000

（2）2013年6月30日支付上半年利息时。

借：利息费用	700 000	
贷：现金		700 000

（3）2013年12月31日支付下半年利息时。

借：利息费用	700 000	
贷：现金		700 000

以后各期利息费用的会计处理同上。

（5）2018年1月1日债券到期偿还本金时。

借：应付债券　　　　10 000 000

　　贷：现金　　　　　　10 000 000

（二）债券在两个付息日之间发行

企业有时为了期待更有利的市场情况出现，往往会故意推迟债券的发行。债券在两个付息日之间发行时，从理论上讲当然可以在第一个付息日按照债券购买人实际持有的债券日期支付利息。但在实际工作中，债券发行公司在各付息日通常均按面值及票面利率计算和支付半年利息，并不专门为不同购买日期的债券持有人分别计算和支付不同的债券利息。这样，债券购买者在购买公司债券时，除了应支付债券的买价外，还要附加从原定发行日期至实际发售日期之间的应计利息。对债券发行公司而言，发行款项中的应计利息是发行公司的一项预收款，其实质是对债券持有人的一项负债。这项负债在形成时应贷记“应付利息”账户，并在下一个付息日予以冲销。

【例9-3】仍按【例9-2】的资料，假定瑞格公司将定于2013年1月1日按面值发行的公司债券推迟到4月1日发行。则债券购买者在购买债券时，除了支付债券的买价外，还要附加3个月的应计利息，即瑞格公司发行债券时应预收3个月的利息。有关公司债券业务的会计处理如下：

（1）2013年4月1日发售债券时。

3个月的利息 = \$700 000 × 3/6 = \$350 000

借：现金　　　　10 350 000

　　贷：应付债券　　　　10 000 000

　　　　应付利息　　　　350 000

（2）2013年6月30日支付上半年利息时。

借：利息费用　　　　350 000

　　应付利息　　　　350 000

　　贷：现金　　　　700 000

（3）2013年12月31日支付下半年利息时。

借：利息费用　　　　700 000

　　贷：现金　　　　700 000

五、折价发行公司债券

（一）债券发行的会计处理

【例9-4】仍按【例9-1】的资料，假定瑞格公司折价发行公司债券，则2013年1月1日发售债券时的会计分录如下：

借：现金　　9 329 000
　　应付债券折价　　671 000
　　贷：应付债券　　10 000 000

“应付债券折价”是“应付债券”的备抵账户。在资产负债表上，应付债券的账面价值等于应付债券面值减折价账户余额。如上例，债券发行后在资产负债表上的列示如下：

长期负债：

应付债券 $10 000 000

减：应付债券折价（671 000）　　$9 329 000

由于债券折价与债券发行公司实际负担的利息费用直接相关，因此，债券发行公司在每期支付利息或计提利息时，要同时对债券折价进行摊销处理，以便将按票面利率计算的利息费用调整为实际负担的利息费用。

在上例中，瑞格公司借入 $9 329 000，但到期需偿还 $10 000 000，多付的债券折价 $671 000 部分是对债券在整个存续期内利息费用的调整。债券折价意味着增加公司的利息费用。在会计实务中，债券折价应逐期增加利息费用，这个过程就称为折价摊销。折价摊销将导致每期利息费用大于现金利息支出。债券折价摊销一般有两种方法：直线摊销法和实际利率法。

（二）债券折价摊销的会计处理

1. 直线摊销法

直线摊销法（Straight-line Amortization Method）是指将债券折价逐期等额摊销的一种方法。这种方法一般是将公司债券发行时所确认的全部折价按债券存续期内的付息次数平均等额分摊，因而各期的实际利息费用相同。

【例 9－5】仍以【例 9－4】的资料为例，债券折价总额为 $671 000。在直线摊销法下，各期应摊销的债券折价为：$671 000/10 = $67 100，则各期公司债券的实际利息费用也是相同的，计算如下：

利息费用＝付息日支付的利息＋债券折价摊销额＝$700 000＋$67 100
＝$767 100

直线摊销法下有关债券折价摊销的会计处理如下：

（1）2013 年 6 月 30 日支付上半年利息时。

借：利息费用　　767 100
　　贷：现金　　700 000
　　　　应付债券折价　　67 100

（2）2013 年 12 月 31 日支付下半年利息时。

借：利息费用　　　　　　　　　　767 100

　　贷：现金　　　　　　　　　　　　700 000

　　　　应付债券折价　　　　　　　　67 100

以后每期支付利息并摊销债券折价的会计处理同上，经过 10 次摊销后，公司债券发行所产生的债券折价全部摊销完毕。

2. 实际利率法

实际利率法（Effective-interest Method）指各期的实际利息费用是以各期期初债券的账面价值乘以发行时的实际利率（即市场利率）计算求得，各期的实际利息费用与各期按票面利率支付给债券持有人的利息的差额，即为当期债券折价的摊销额。

【例 9－6】仍以【例 9－4】的资料为例，编制瑞格公司债券折价摊销表，如表 9－1 所示。

表 9－1　　公司债券折价摊销表（实际利率法）　　单位：$

期数	支付利息 A＝到期值×7%	利息费用 B＝E×8%	折价摊销 C＝B－A	折价账户余额 D＝上期 D－C	应付债券账面价值 E＝面值－D
0				671 000	9 329 000
1	700 000	746 320	46 320	624 680	9 375 320
2	700 000	750 026	50 026	574 654	9 425 346
3	700 000	754 028	54 028	520 626	9 479 374
4	700 000	758 350	58 350	462 276	9 537 724
5	700 000	763 018	63 018	399 258	9 600 742
6	700 000	768 059	68 059	331 199	9 668 801
7	700 000	773 504	73 504	257 695	9 742 305
8	700 000	779 384	79 384	178 311	9 821 689
9	700 000	785 735	85 735	92 576	9 907 424
10	700 000	792 576*	92 576	0	10 000 000
合计	7 000 000	7 671 000	671 000		

注：* 调整取整数的影响。

有关各栏的计算如下：

A 栏：每期（半年）支付的现金利息固定不变。

每期现金利息 = 到期值 × 半年的票面利率 = \$10 000 000 × 7% = \$700 000。

B 栏：每期实际利息费用 = 上期账面价值(E) × 市场利率。

如第一期实际利息费用 = \$9 329 000 × 8% = \$746 320，第二期实际利息费用 = \$9 375 320 × 8% = \$750 026 等。

可见，每期实际利息费用随债券账面价值的增加而逐期增加。

C 栏：每期折价摊销额 = 每期实际利息费用（B）- 每期固定现金利息（A）。

D 栏：折价账户余额 = 上期余额 - 本期折价摊销额（C）。

折价账户余额随着每期的摊销逐渐减少，当最后一期折价摊销完毕时，其余额为零。

E 栏：公司债券账面价值 = \$10 000 000 - 折价账户余额（D）

或 = 上期公司债券账面价值 + 本期折价摊销额。

由此可见，按照实际利率法摊销债券折价时，应付债券的账面价值随着折价的摊销而逐期增加，当最后一期折价摊销完毕，折价余额为零，此时，应付债券的账面价值即为债券面值，也就是到期应偿还的本金 \$10 000 000。此外，以逐期增加的应付债券账面价值乘以发行时的市场利率，每期实际利息费用也必然逐期增加，从中减去每期支付的固定利息，得出的折价摊销额也逐期递增。

在实际利率法下，债券折价摊销的会计处理与直线摊销法相同，不同的只是各期折价摊销额和利息费用不相等。有关债券折价摊销的会计处理如下：

（1）2013 年 6 月 30 日支付上半年利息时。

借：利息费用	746 320	
贷：现金		700 000
应付债券折价		46 320

（2）2013 年 12 月 31 日支付下半年利息时。

借：利息费用	750 026	
贷：现金		700 000
应付债券折价		50 026

通过对上述两种摊销方法进行比较可见，两种摊销方法所记录债券存续期内的实际利息费用总额是相同的，但每期的实际利息费用则有所不同。

六、溢价发行公司债券

（一）债券发行的会计处理

【例 9-7】 仍按【例 9-1】的资料，假定瑞格公司溢价发行公司债券，则 2013 年 1 月 1 日发售债券时的会计分录如下：

借：现金　　　　10 735 900

　　贷：应付债券　　　　10 000 000

　　　　应付债券溢价　　　　735 900

“应付债券溢价”是“应付债券”账户的附加账户。在资产负债表上，应付债券的账面价值等于应付债券面值加溢价账户余额。如上例，债券发行后在资产负债表上的列示如下：

长期负债：

应付债券 $10 000 000

加：应付债券溢价 (735 900)　　$10 735 900

与折价发行债券一样，债券溢价与债券发行公司实际负担的利息费用直接相关，因此债券发行公司在每期支付利息或计提利息时，要同时对债券溢价进行摊销处理，以便将按票面利率计算的利息费用调整为实际负担的利息费用。

上例中瑞格公司借入 $10 735 900，但到期只需偿还 $10 000 000，多收入的债券溢价 $735 900 部分是对债券在整个存续期内利息费用的调整。债券溢价意味着减少公司的利息费用。在会计实务中，债券溢价应逐期减少利息费用，这个过程就称为溢价摊销。溢价摊销将导致每期利息费用小于现金利息支出。债券溢价摊销也包括实际利率法和直线摊销法。

（二）债券溢价摊销的会计处理

1. 直线摊销法

【例 9－8】 仍以【例 9－7】的资料为例，债券溢价总额为 $735 900。在直线摊销法下，各期应摊销的溢价为：$735 900/10 = $73 590，则各期公司债券的实际利息费用也是相同的，计算如下：

利息费用 = 付息日支付的利息 － 债券溢价摊销额

　　　　 = $700 000 － $73 590 = $626 410

直线摊销法下有关债券溢价摊销的会计处理如下：

（1）2013 年 6 月 30 日支付上半年利息时。

借：利息费用　　　　626 410

　　应付债券溢价　　　　73 590

　　贷：现金　　　　700 000

（2）2013 年 12 月 31 日支付下半年利息时。

借：利息费用　　　　626 410

　　应付债券溢价　　　　73 590

　　贷：现金　　　　700 000

以后每期支付利息并摊销债券溢价的会计处理同上，经过10次摊销后，公司债券发行所产生的债券溢价全部摊销完毕。

2. 实际利率法

在实际利率法下，各期按票面利率支付给债券持有人的利息与各期的实际利息费用的差额，即为当期债券溢价的摊销额。

【例9－9】仍以【例9－7】的资料为例，编制瑞格公司债券溢价摊销表，如表9－2所示。

表9－2　　公司债券溢价摊销表（实际利率法）　　单位：$

期数	支付利息 A＝到期值×7%	利息费用 B＝E×6%	溢价摊销 C＝A－B	溢价账户余额 D＝上期D－C	应付债券账面价值 E＝面值＋D
				735 900	10 735 900
1	700 000	644 154	55 846	680 054	10 680 054
2	700 000	640 803	59 197	620 857	10 620 857
3	700 000	637 251	62 749	558 108	10 558 108
4	700 000	633 486	66 514	491 594	10 491 594
5	700 000	639 496	70 504	421 090	10 421 090
6	700 000	625 265	74 735	346 355	10 346 355
7	700 000	620 781	79 219	267 136	10 267 136
8	700 000	616 028	83 972	183 164	10 183 164
9	700 000	610 990	89 010	94 154	10 094 154
10	700 000	605 846*	94 154	0	10 000 000
合计	7 000 000	6 264 100	735 900		

注：＊调整取整数的影响。

有关各栏的计算如下：

A栏：每期（半年）支付的现金利息固定不变。

每期现金利息＝到期值×半年的票面利率＝$10 000 000×7%＝$700 000。

B栏：每期实际利息费用＝上期账面价值（E）×市场利率。

如第一期实际利息费用＝$10 735 900×6%＝$644 154，第二期实际利息费用＝$10 680 054×6%＝$640 803等。

可见，每期实际利息费用随债券账面价值的减少而逐期减少。

C 栏：每期溢价摊销额 = 每期固定现金利息（A）- 每期实际利息费用（B）。

D 栏：溢价账户余额 = 上期余额 - 本期溢价摊销额（C）。

溢价账户余额随着每期的摊销逐渐减少，当最后一期溢价摊销完毕时，其余额为零。

E 栏：公司债券账面价值 = \$10 000 000 + 溢价账户余额（D）

或　　　　　　　　　　= 上期公司债券账面价值 - 本期溢价摊销额。

由此可见，按照实际利率法摊销公司债券溢价时，应付债券的账面价值随着溢价的摊销而逐期减少，当最后一期溢价摊销完毕，溢价余额为零，此时应付债券的账面价值即为债券面值，也就是到期应偿还的本金 \$10 000 000。此外，以逐期减少的应付债券账面价值乘以发行时的市场利率，实际利息费用也必然逐期减少，从每期支付的固定利息中减去递减的利息费用，得出的溢价摊销额也逐期递增。有关债券溢价摊销的会计处理如下：

在实际利率法下，债券溢价摊销的会计处理与直线摊销法相同，不同的只是各期溢价摊销额和利息费用不相等。有关债券溢价摊销的会计处理如下：

（1）2013 年 6 月 30 日支付上半年利息时。

借：利息费用	644 154	
应付债券溢价	55 846	
贷：现金		700 000

（2）2013 年 12 月 31 日支付下半年利息时。

借：利息费用	640 803	
应付债券溢价	59 197	
贷：现金		700 000

通过将上述两种摊销方法对比可以发现，尽管直线摊销法摊销折价或溢价时的计算十分简便，而且各期实际利息费用的金额相同，但由于债券账面价值是逐期增加或减少的，其结果必然导致公司债券的实际利率逐期下降或上升，这一结果显然违背了债券发行企业实际负担的利息费用是由债券发行时的市场利率所决定这一假定，因而是不合理的。而实际利率法则比直线摊销法更可取，由于各期实际利息费用等于各期债券账面价值乘以固定的实际利率，因而它符合配比原则。在会计实务中，直线摊销法常用于估计利息费用和进行利息分析。美国公认会计原则只允许当两种方法计算的摊销额之间的差异很小且不重要时，可采用直线摊销法。

七、公司债券的应计利息

前面所举公司债券折价或溢价发行的例题中，我们假定公司债券支付利息的日期与企业会计结账日期相同。但在实务中，债券发行公司为了不影响企业财务报表的编制，一般会选择与结账日错开的付息日。在这种情况下，企业在年末编制财务报表时，就要对从上一个付息日至结账日的应计利息及债券折价或溢价进行账项调整。

【例 9－10】仍以【例 9－4】所举瑞格公司折价发行公司债券为例，现假定该债券于 2013 年 3 月 1 日发行，每年付息日为 3 月 1 日和 9 月 1 日，且采用实际利率法摊销折价。

在实际利率法下，为简化计算，可将每期的实际利息费用和折价摊销额平均摊入每个月内，而不必逐月计算实际利息费用和折价摊销额。

该公司在 2013 年末应计提 4 个月的利息。根据【例 9－5】的计算结果，2013 年 9 月 1 日至 12 月 31 日这 4 个月的利息费用、应计利息和折价摊销额的计算如下：

利息费用 = \$750 026 × 4/6 = \$500 017

应计利息 = \$700 000 × 4/6 = \$466 667

折价摊销额 = \$50 026 × 4/6 = \$33 350

（1）2013 年 12 月 31 日编制调整分录如下：

借：利息费用	500 017	
贷：应付利息	466 667	
应付债券折价		33 350

（2）2014 年 3 月 1 日支付半年利息时的会计分录如下：

借：利息费用	250 009（\$750 026 × 2/6）	
应付利息	466 667	
贷：现金		700 000
应付债券折价		16 676（\$50 026 × 2/6）

八、公司债券提前赎回

前面已介绍，如果债券契约允许债券发行公司在债券到期前清偿债券，则这种债券称为可赎回债券。提前将债券赎回的原因可能是债券发行公司不需要继续使用这项长期资金，或者是由于市场利率在债券存续期间持续下降，企业赎回旧债券后可另外发行票面利率较低的新债券，以减轻支付高额利息的压力等。即便没有提前赎回条款，公司也可以从证券市场上按市价买回自己发行的债券。

债券是否提前赎回是由债券发行公司决定的，而且债券发行公司一般事先都确定好了赎回价格（Call Price）。赎回价格通常比面值高一些，但随债券到期日的临近赎回价格逐渐降低。债券赎回价格与债券账面价值之间的差额一般作为债券赎回损失或利得处理。

【例 9－11】克莱公司发行在外的债券面值为 \$3 000 000，该公司应付债券在某一付息日支付利息后的账面价值为 \$2 820 000，折价账户余额为 \$180 000（\$3 000 000 - \$2 820 000）。现假定该公司在付息日后马上将全部债券按 102 的价格提前赎回。有关计算如下：

债券赎回价格（\$3 000 000 × 1.02）	\$3 060 000
减：应付债券账面价值	2 820 000
债券赎回损失	\$240 000

则赎回债券时的会计分录如下：

借：应付债券	3 000 000	
债券赎回损失	240 000	
贷：应付债券折价		180 000
现金		3 060 000

九、公司债券的转换

有些公司会发行可转换公司债券，这种债券给投资者提供购股权，即在规定的时期内可以按照规定的比率将公司债券转换为公司的普通股。发行可转换公司债券的目的是吸引投资者购买债券，因为这种债券可以根据市场形势的变化而转换。当债券发行公司的股票价格上涨较高时，债券持有者可能会将债券转为普通股，以增加其投资收益。如果股票的价格没有上涨，债券持有者可以继续持有债券，并获得稳定的利息收入。所以，可转换债券能吸引大量投资者，从而使公司筹集到大量的长期资金。

可转换公司债券一般在付息日后可立即转换为普通股。由于这种转换只是使公司的债务证券变为股权证券，因而不需要按照债券的市场价格来确认转换损益。债券发行公司通常按照应付债券的账面价值将其转出，并将转换为股票的面值与应付债券账面价值之差额，作为“增收资本”入账。

【例 9-12】 假设前述瑞格公司于 2013 年 1 月 1 日溢价发行的面值为 \$1 000、5 年期、14% 的 10 000 张的债券为可转换公司债券。按照协议规定的条件，于 2015 年 7 月 1 日每张债券可换成面值为 \$1 的普通股 950 股。

假定债券持有人将债券全部转换为普通股，共换成 950 万股。此时债券的未摊销溢价为 \$421 090（见表 9-2），应付债券账面价值为 \$10 421 090，这个账面价值就是公司债券的转换价值，而转换成普通股的面值为 \$9 500 000，则将与转换价值的差额 \$921 090（\$10 421 090 - \$9 500 000）作为“增收资本”入账。有关会计分录如下：

借：应付债券	10 000 000	
应付债券溢价	421 090	

贷：普通股	9 500 000
增收资本——普通股	921 090

第三节　其他长期负债

一、长期借款

长期借款是企业以一定的财产作抵押，出具长期票据向债权人取得的借款。这种借款实际上就是“应付长期抵押票据”（Long-term Mortgage Notes Payable）。所签发的长期票据要载明借款条件、抵押品内容等，这种借款方式习惯上又称为“应付抵押借款”。也有一些企业采取先与某一个第三者如信托公司签订信托合同，然后以信托合同作为抵押文件向债权人借款的形式获得借款，这实际上是将担保的财产交给第三者保管的一种长期抵押借款。当借款企业无力偿还债务时，第三者可变卖抵押品偿还借款，以保障债权人的利益。

这种以发行票据方式借款的债权人一般只有一个或少数几个法人团体，而且债权人通常都是金融机构，如商业银行、保险公司和养老基金。从商业银行取得的抵押借款期限通常在 1 到 5 年之间；从保险公司和养老基金取得的抵押借款期限一般在 5 到 10 年之间。如果企业所需筹措的资金数额很大，非一个或少数几个机构所能承担，则通常采取发行公司债券的方式来筹集资金。

长期抵押借款通常是以分期等额付款的方式偿还，简称分期还款。分期还款额中包括偿还的本金和利息，还款期限可以按年度、半年或季度等。根据长期负债的计价原则，长期借款应按未来需要偿还债务的现值，即借入的本金入账，而不是按实际支付的总金额入账。

【例 9－13】 假设克里公司 2013 年初开具一张抵押票据借入一笔 5 年期、利率为 8%、本金为 \$600 000 的长期借款。该项借款要求在 5 年内分期等额偿还，且还款安排在每年的年末。

首先要确定该公司每年等额的还款数额。现已知 2013 年初借入的 \$600 000 即为未来每年等额偿还的现值，则根据前述年金现值与年金的关系可得出如下公式：

负债现值 = 每年相等的还款额 × 年金现值系数

$$\text{每年相等的还款额} = \frac{\text{负债现值}}{\text{年金现值系数}\ (n=5,\ i=8\%)} = \frac{\$600\ 000}{3.992\ 71} = \$150\ 274$$

即克里公司每年年末需要等额偿还 $150 274，且在每年的该笔还款额中所包含的本金和利息计算如表 9－3 所示。

表 9－3　　分期还款利息计算表

年份	年初借款余额 (1)	利息 (2)＝(1)×8%	每年还款额 (3)	偿还的本金 (4)＝(3)－(2)	年末借款余额 (5)＝(1)－(4)
2013	$600 000	$48 000	$150 274	$102 274	$497 726
2014	497 726	39 818	150 274	110 456	387 270
2015	387 270	30 982	150 274	119 292	267 978
2016	267 978	21 438	150 274	128 836	139 142
2017	139 142	11 132	150 274	139 142	0
合计	—	$151 370	$751 370	$600 000	—

上述业务编制会计分录如下：

(1) 借款时。

借：现金　　600 000

　　贷：应付长期抵押票据　　600 000

(2) 第一年末还款时。

借：利息费用　　48 000

　　应付长期抵押票据　　102 274

　　贷：现金　　150 274

(3) 第二年末还款时。

借：利息费用　　39 818

　　应付长期抵押票据　　110 456

　　贷：现金　　150 274

以后各年末还款的会计处理同上，只是记入“利息费用”和“应付长期抵押票据”账户借方的金额有所不同。

二、租赁债务

租赁（Lease）是指资产所有者将资产的使用权让于使用者以获取租金报酬的一种契约。在现代西方企业中，租赁业务较为普遍，特别是对价格昂贵及技术发展迅速的高新技术设备，很多公司愿意采用租赁方式取得这些资产。由于当代的科学技术迅猛发展，市场竞争不断加剧，企业为了保持市场竞争地位，不得不加快设备的更新速度。通过租赁方式，企业不需追加大量资金就可获得新的技术装备，从而使企业随时保持在技术方面的领先性。而对设备制造商来说，租赁又是扩大其产品市场的有效手段。因此，租赁业务自20世纪50年代初开始以来，得到不断的发展和完善。

（一）经营租赁与资本租赁

在租赁业务中，资产的租入者称为承租人（Lessee），资产的租出者称为出租人（Lessor）。根据租赁契约，承租人应在约定的期限内向出租人租入资产，取得资产的使用权，并向出租人支付租金。租赁一般有两种典型类型：经营租赁和资本租赁。

1. 经营租赁

经营租赁（Operating Leases）又称营业租赁、服务租赁，是一种简单的租赁方式，如按月租用的电话，按日、周或月租用的房屋等。经营租赁具有以下特点：

（1）租赁期较短，并且由出租人负责租赁资产的维修工作，其本质属于短期融资；

（2）它是可取消租赁；

（3）租赁资产在承租人资产负债表上不作任何反映，承租人将每期支付的租金作为当期营业费用处理。

2. 资本租赁

资本租赁（Capital Leases）又称财务租赁、融资租赁（Financial Lease），是一种较高级的租赁方式。资本租赁具有以下特点：

（1）虽然出租人仍保留租赁资产的所有权，但承租人除支付租金外，还必须承担诸如保险、税金、维修保养以及折旧等因持有资产而发生的费用；

（2）租赁期较长，而且租赁合同一般不可撤销，因而是不可取消租赁；

（3）承租人实际上等同于取得了该项资产的所有权，因此，承租人必须将租赁资产和租赁负债列入资产负债表内。

美国财务会计准则委员会的第13号说明规定，凡在租赁开始日，租赁合同符合下列条件之一者，属于资本租赁：

（1）租赁期满后，租赁资产的所有权转归承租人所有；

（2）租赁合同中规定承租人对于租赁资产具有以廉价购买的选择权；

（3）租赁期等于或超过租赁资产预计经济寿命的75%；

（4）租赁开始日，租赁期内最低租金支付额的现值等于或超过租赁资产公平市价减去出租人享有的任何相关投资税收优惠后的净值的90%。

凡不能符合上列4个条件的，属于经营租赁。此外，在租赁开始日，如果租赁资产已使用的期限超过了其经济寿命75%，则应作为经营租赁。

（二）承租人资本租赁的会计处理

根据美国财务会计准则委员会的规定，一项长期的不可取消的资本租赁，由于大体上已将全部风险和所有权利益都转移给了承租人，则等同于分期付款销售和购买交易。因此，尽管资产的法定所有权未转移，但承租人应将所租入的资产资本化，在租赁开始日将其作为一项资产和负债予以记录，入账金额应等于最低租金支付额的现值。但是，如果此项现值大于租赁开始日租赁资产的公平市价，则资产与相应的负债应按公平市价入账。

承租人对于资本化的租赁资产成本，应按照一定的方法予以摊销。如果租赁合同规定在租赁期满时租赁资产的所有权转移给承租人，或合同中规定承租人对租赁资产有廉价购买选择权时，租赁资产成本的摊销，应与承租人自有同类资产的计提折旧方法相一致，即在租赁资产的经济寿命年限内逐年计提折旧。如果租赁期满时，租赁资产的所有权并不转移给承租人，或租赁合同中并未规定承租人对租赁资产有廉价购买选择权，则此项租赁的资产属于一项无形资产，应在租赁期内摊销。

对于租赁负债，在整个租赁期间内，承租人每期所支付的最低租金支付额中应包括两项内容：一是租赁负债减少额；二是利息费用。其计算方法是：承租人首先按照确定的折现率计算租赁资产的现值，此现值即为租赁负债；再以每期租赁负债余额乘以折现率，即为承租人每期所发生的利息费用；从每期支付的租金中减去每期的利息费用，即为承租人每期租赁负债减少额。

现举一例简要说明承租人资本租赁的会计处理方法。

【例 9－14】 克里公司同一家租赁公司签订了一项设备租赁合同，其主要内容如下：

（1）出租人的设备成本（即公平市价）为 \$2 000 000；

（2）租赁期为 5 年，租约不可撤销，预计租赁资产的经济寿命为 6 年；

（3）承租人所担保的残值为 \$400 000（租赁期满时，将租赁资产出售后的差额由承租人承担）；

（4）租赁期满，租赁资产所有权不转移给承租人，承租人也无购买选择权；

（5）每期租金为 \$420 069，12 个月支付一次，每次先付租金；

（6）出租人的租赁隐含利率为 10%，并为承租人采用；

（7）各项管理成本由承租人直接支付。

由于租赁期超过了租赁资产预计经济寿命的 75%（5 年/6 年 = 83% > 75%），因而，此项租赁合同为资本租赁。

由于该项租赁资产的所有权在租赁期满后未转移给承租人，承租人应将租赁资产作为一项无形资产处理，称为“租赁权”（Leasehold）。租赁权应在租赁期间逐期进行摊销，列入租赁权摊销费。该项租赁权每年摊销额计算如下：

$$每年摊销额 = (\$2\ 000\ 000 - \$400\ 000)/5 = \$320\ 000$$

有关各期的租金支付和租赁负债分析如表 9－4 所示。

表 9-4　　租金支付和租赁负债分析表

年限	租赁负债期初余额 (1)	每期租金和残值 (2)	利息费用 (3)=(5)×10%	租赁负债减少 (4)=(2)-(3)	租赁负债期末余额 (5)=(1)-(4)
起租日	\$2 000 000	\$420 069	\$0	\$420 069	\$1 579 931
第一年末	1 579 931	420 069	157 993	262 076	1 317 855
第二年末	1 317 855	420 069	131 786	288 283	1 029 572
第三年末	1 029 572	420 069	102 957	317 112	712 460
第四年末	712 460	420 069	71 246	348 823	363 637
第五年末	363 637	400 000	36 363	363 637	0
合计		\$2 500 345	\$500 345	\$2 000 000	

承租人的有关会计分录如下：

(1) 租赁开始日。

借：租赁权　　2 000 000
　　贷：租赁负债　　2 000 000
借：租赁负债　　420 069
　　贷：现金　　420 069

(2) 第一年末。

借：利息费用　　157 993
　　租赁负债　　262 076
　　贷：现金　　420 069
借：摊销费用　　320 000
　　贷：租赁权　　320 000

第二、三、四年年末的会计处理同上。

(3) 第五年末支付所担保残值及摊销。

借：利息费用　　36 363
　　租赁负债　　363 637
　　贷：现金　　400 000
借：摊销费用　　320 000
　　贷：租赁权　　320 000

（4）假定租赁期满后处置租赁资产获得价款 \$360 000。

借：现金	360 000	
租赁资产处置损失	40 000	
贷：租赁权		400 000

三、退休金负债

西方企业一般都为其雇员办理退休金（Pension，即养老金），以便为年老退休或因事故而伤残的雇员提供离职收入。这种应付的退休金义务构成企业的长期负债，其会计处理视不同情形而定。退休金负债的一部分通常是由政府机构承担的，有些企业仅仅是向养老信托基金或保险公司支付规定的款项，从而把它的退休金负债转出去。在这种情况下，企业应偿付的退休金负债，只不过是欠交信托基金或保险公司的金额。但是，如果要在企业账上确认全部退休金负债，则用保险统计方法计算出来的负债数额就是将来大概要付给退休雇员净额的折现值。

在对退休金的会计处理中，当累计退休金义务超过退休金基金里资产的公平价值时，企业必须确认对雇员的负债。

【例 9 - 15】 假设克里公司当期的退休金费用是 \$200 000，其中 \$100 000 用现金支付给退休金基金，其会计处理为：

借：退休金费用	200 000	
贷：现金		100 000
应付退休金		100 000

对退休金的处理在美国会计界存在着争论，但其争论的焦点不在于它会影响什么账户，而在于如何计量退休金的当期费用和长期负债，因为这涉及复利的影响和选择哪种利率问题，而利率的选择对负债现值可以产生很大影响。有关租赁会计和退休金会计的详细内容可参考《高级财务会计》教材。

第四节　长期债权投资

由于债券可以在证券市场上自由转让，企业一般都会通过购买由政府或其他公司发行的债券进行投资活动，企业也还投资于其他公司的权益性证券。企业之间的投资根据投资的目的和持有期限，可分为短期投资和长期投资。短期投资的持有期间不超过 1 年，主要目的是运用闲置的资金获取收益，是企业现金的后备来源。长期投资的持有期间在 1 年以上，主要目的是获取商业利益，例如为了扩大经营规模、控制原材料来源或控制营销渠道，出于经营战略的需要，对重要供应商或客户进行财务援助等。公司之间的投资从性质上来说，又分为债权性投资和股权性投资。企业由于进行了债权性投资或者股权性投资，成为被投资企业的债权人或所有者。

一、长期债权投资的内容及要求

长期债权投资（Long-term Investment in Debt）是指对其他企业提供贷款或购买其他公司发行的债券而形成的，持有期间超过 1 年的非流动资产。投资企业与被投资企业之间形成债权债务关系，作为债权人的投资企业取得投资之后，依据债务契约的规定，有权从被投资企业定期收取利息、到期或提前收回投资。

长期债权投资的会计处理主要涉及三种经济业务：（1）取得长期债权投资；（2）持有期间收取利息，并确认投资收益（利息收入）；（3）到期收回本金，或者提前收回投资并确认收回投资利得或损失。

企业应通过"长期债权投资"账户进行长期债权投资的会计处理，并设置明细账反映投资种类及其债务人。本节主要以购买其他公司债券所形成的长期债权投资为例，说明长期债权投资的会计处理方法。根据美国财务会计准则第 115 号《投资于债券和权益性证券的会计处理》要求，投资于公司债券属于持有至到期的有价证券投资。这种长期债权投资的账面价值是摊余成本（Amortized Cost），也就是说，投资时的账面价值是其取得成本，而将取得成本与债券面值之间存在的折价或溢价在其持有期间内逐期摊销，这就使得长期债权投资的账面价值受到折价或溢价摊销额的影响而发生变化：折价摊销使得长期债权投资的账面价值逐步上升，而溢价摊销则使得长期债权投资的账面价值逐步下降，越临近到期日，长期债权投资的账面价值越接近所购入的公司债券的面值。

二、折价购买公司债券

（一）购入公司债券的会计处理

长期投资于公司债券同任何投资一样，按实际取得成本计价。投资取得成本包括债券购买价格、债券交易的佣金及手续费等。与债务人发行公司债券的会计处理不同之处是，投资者对折价或溢价购入公司债券所形成的债券折价或溢价，不另设账户反映。

【例 9－16】 仍以第二节中【例 9－4】的资料为例，但我们现在站在投资者的角度看投资的会计处理。假定迈克公司于 2013 年 1 月 1 日购入瑞格公司折价发行的全部公司债券，付息日为每年 6 月 30 日和 12 月 31 日。

迈克公司购入公司债券时的会计分录为：

借：长期债权投资——瑞格公司债券　　　　9 329 000

贷：现金　　9 329 000

该项业务中取得的债券总面值为 $10 000 000，实际取得成本为 $9 329 000，属于折价购买，折价总额为 $671 000。长期债权投资以实际取得成本入账，折价额不再另设账户反映。

（二）利息收入的会计处理

持有公司债券期间，投资者将收取利息款项，赚得利息收入。如果按债券面值购入公司债券，那么按期收取的现金利息就是投资的利息收入。

如果折价购入公司债券，则票面利率低于市场利率。由于收取的现金利息是按照票面利率计算的，而投资的利息收入应按照市场利率衡量，所以折价购入公司债券收取的现金利息通常低于应赚得的利息收入，两者的差额就是折价摊销额，属于利息收入的一部分，这部分折价摊销额将增加长期投资的账面价值。投资业务中，债权人对公司债券折价的摊销有直线摊销法和实际利率法两种，与前述债务人的折价摊销计算完全一样，而不同之处是将折价摊销表中的利息费用改为利息收入。按实际利率法摊销债券折价的计算见表 9－5 所示。

表 9－5　长期债权投资折价摊销表（实际利率法）　　单位：$

日期	收到利息(1) ＝到期值 ×7%	实际利息收入(2) ＝(4) ×8%	折价摊销(3) ＝(2)－(1)	长期债权投资账面价值(4) ＝期初账面价值＋(3)
2013. 01. 01				9 329 000
2013. 06. 30	700 000	746 320	46 320	9 375 320
2007. 12. 31	700 000	750 026	50 026	9 425 346
2014. 06. 30	700 000	754 028	54 028	9 479 374
2014. 12. 31	700 000	758 350	58 350	9 537 724
2015. 06. 30	700 000	763 018	63 018	9 600 742
2015. 12. 31	700 000	768 059	68 059	9 668 801
2016. 06. 30	700 000	773 504	73 504	9 742 305
2016. 12. 31	700 000	779 384	79 384	9 821 689
2017. 06. 30	700 000	785 735	85 735	9 907 424
2017. 12. 31	700 000	792 576*	92 576	10 000 000

注：* 调整取整数的影响。

【例 9－17】假定迈克公司采用实际利率法摊销债券折价，如表 9－5 所示，则其按期收取利息的会计处理如下：

（1）2013 年 6 月 30 日收到上半年利息时。

借：现金　　　　700 000

　　长期债权投资——瑞格公司债券　　　　46 320

　　贷：投资收益——利息收入　　　　746 320

（2）2013 年 12 月 31 日收到下半年利息时。

借：现金　　　　700 000

　　长期债权投资——瑞格公司债券　　　　50 026

　　贷：投资收益——利息收入　　　　750 026

由此可见，“长期债权投资”的账面价值随着折价的摊销而逐期增加，当最后一期折价摊销完毕，“长期债权投资”的账面价值即为债券面值，也就是到期应收回的本金 $10 000 000。

（三）到期收回债券投资的会计处理

当长期债券投资在到期日收回时，由于到期日的“长期债权投资”账面价值等于公司债券面值，因此，按债券面值（本金）回收投资。

【例 9－18】迈克公司到期收回债券投资的会计处理如下：

借：现金　　　　10 000 000

　　贷：长期债权投资—瑞格公司债券　　　　10 000 000

三、溢价购买公司债券

（一）购入公司债券的会计处理

【例 9－19】仍以第二节中【例 9－7】的资料为例，假定迈克公司于 2013 年 1 月 1 日购入瑞格公司溢价发行的全部公司债券，付息日为每年 6 月 30 日和 12 月 31 日。

迈克公司购入公司债券时的会计分录为：

借：长期债权投资——瑞格公司债券　　　　10 735 900

　　贷：现金　　　　10 735 900

该项业务中取得的债券总面值为 $10 000 000，实际取得成本为 $10 735 900，属于溢价购买，溢价总额为 $735 900。长期债权投资以实际取得成本入账，溢价额不再另设账户反映。

（二）利息收入的会计处理

如果溢价购入公司债券，则票面利率高于市场利率。由于收取的现金利息是按照票面利率计算的，而投资的利息收入应按照市场利率衡量，所以溢价购入公司债券收取的现金利息通常高于应赚得的利息收入，两者的差额就是溢价摊销额，这部分溢价摊销额将冲减长期债权投资的账面价值。投资业务中，债权人对公司债券溢价的摊销有直线摊销法和实际利率法两种，与前述债务人的溢价摊销计算完全一样，而不同之处是将溢价摊销表中的利息费用改为利息收入。按实际利率法摊销债券溢价的计算表不再举例。

【例 9－20】假定迈克公司采用实际利率法摊销债券溢价（参见表 9－2），则其按期收取利息的会计处理如下：

（1）2013 年 6 月 30 日收到上半年利息时。

借：现金	700 000	
贷：长期债权投资——瑞格公司债券		55 846
投资收益——利息收入		644 154

（2）2013 年 12 月 31 日收到下半年利息时。

借：现金	700 000	
贷：长期债权投资——瑞格公司债券		59 197
投资收益——利息收入		640 803

由此可见，“长期债权投资”的账面价值随着溢价的摊销而逐期减少，当最后一期溢价摊销完毕，“长期债权投资”的账面价值即为债券面值，也就是到期应收回的本金 $10 000 000。

四、提前收回债券投资的会计处理

投资债券的企业也可能在债券到期日之前将债券售出而提前收回债券投资。提前收回债券投资时，长期债权投资的账面价值与收回金额之间可能存在差异，从而形成出售债权投资利得或损失。对投资企业来说，将长期债权投资提前收回时的会计处理一般分两步：首先，将折价或溢价从上一利息收取日摊销至债券出售日，以确定出售日的长期债权投资账面价值和应收利息；然后，将长期债权投资的账面价值和应收利息之和与出售的实际净收入比较，以确定出售债权投资利得或损失。

【例 9－21】仍按【例 9－17】的资料，假定迈克公司将投资瑞格公司的债券于 2015 年 7 月 1 日在证券市场上全部出售，净得现金 $9 685 000。由于出售之前刚收到现金利息收入，则长期债权投资的账面价值为 $9 600 742（见表 9－5）。出售债券的利得或损失计算如下：

出售债券净得现金 $9 685 000

长期债权投资账面价值 9 600 742

债权投资出售利得 $84 258

则提前收回债券投资的会计分录如下：

借：现金　　9 685 000

　　贷：长期债权投资——瑞格公司债券　　9 600 742

　　　　债权投资出售利得　　84 258

本章小结

长期负债具有债务偿还期限较长和债务金额较大等重要特征。长期负债的入账价值应按债务产生时的实际成本，即企业未来需要偿还的债务按现行市场利率折成的现值计价。

1. 公司债券

公司债券是举债公司发行的用于筹集长期资金的有价证券。公司债券的内容一般包括债券面值、票面利率、付息日和到期日等。公司债券的发行价格就是其现值，它由两部分组成：一是到期偿还的本金（即债券面值）的现值；二是各期支付的现金利息的现值。公司债券可以按面值发行，也可以折价或溢价发行。公司发行债券时应通过“应付债券”、“应付债券折价”或“应付债券溢价”账户进行会计处理。债券折价或溢价应逐期调整利息费用，这称为折价或溢价摊销。债券折价应逐期增加利息费用，债券溢价应逐期减少利息费用。债券折价和溢价摊销一般有实际利率法和直线摊销法。公司债券提前赎回时，赎回价格与债券账面价值之间的差额一般作为债券赎回损失或利得处理。可转换公司债券通常按照公司债券账面价值将其转出。

2. 长期借款

长期借款是企业以一定的财产作抵押，出具长期票据向债权人取得的借款。长期借款应按未来需要偿还债务的现值，即借入的本金入账。

3. 租赁

租赁一般有两种类型：经营租赁和资本租赁。资本租赁是不可取消租赁，承租人在租赁开始日将其作为一项资产和负债予以记录。

4. 长期债权投资

长期债权投资是对其他企业提供贷款或购买其他公司发行的债券而形成的，持有期间超过 1 年的非流动资产。投资于公司债券属于持有至到期日的有价证券投资，这种长期债权投资的账面价值是摊余成本，即折价摊销使得长期债权投资账面价值逐步上升，同时，逐期增加利息收入；而溢价摊销则使得长期债权投资账面价值逐步下降，同时，逐期减少利息收入。

?复习思考题

1. 长期负债有何特点且如何计价?
2. 什么是公司债券? 公司通过发行债券筹集资金有何利弊?
3. 债券持有人与股东的权利有何不同?
4. 公司债券有哪些种类? 公司债券一般要列明哪些内容?
5. 如何确定公司债券的发行价格，并说明公司债券折价或溢价发行的原因。
6. 债券折价和溢价的摊销有哪两种方法? 各有什么优缺点?
7. 如何确定应付债券的账面价值?
8. 公司债券提前赎回时如何计量赎回损失或利得?
9. 可转换公司债券应按什么价值转出?
10. 两种类型的租赁各有何特点? 如何判断一项租赁为资本租赁?
11. 长期债权投资的会计处理主要涉及哪三种经济业务?
12. 长期债权投资的账面价值是如何计量的?

第十章

股东权益

本章内容提示

本章介绍了三种基本的企业组织形式和公司的特征，以及公司股票的种类、特征和价值。本章举例说明了股票发行、库存股份等实收资本业务、股利分派等留存收益业务的账务处理方法。本章还解释了每股收益的计算过程、留存收益表的编制，并展示了与股东权益相关的财务报表内容。

第一节　企业的组织形式

投资者在成立一家企业时会面临很多决策，重要的决策之一就是为所创立的企业确定组织形式。不同的企业组织形式在许多方面会呈现不同的特点，包括企业获取资金的能力、承担的税负、管理的效率以及所有者的投资风险等。这就需要企业的创立者权衡利弊，确定一个适宜的组织形式。在经营的过程中，企业也可以转变组织形式，以适应不同阶段的经营需要。

一、企业的组织形式

企业的组织形式（Form of Organization）主要有三类：独资企业、合伙企业和公司组织。从财务会计角度，企业组织形式上的差异，表现在所有者权益的账务处理和财务报告方面。

（一）独资企业

独资企业（Proprietorship），是由一个自然人投资并经营的企业。独资企业的所有者也是企业的管理者，不仅承担企业的全部盈亏，还要主持企业的日常管理。企业经营的好坏同所有者个人的管理能力、财务实力、健康状况等紧密相关。相对于其他组织形式，独资企业的设立程序简便，费用低廉。在经济生活中，独资企业的数量众多，但是收入总额的占比相对较小。独资企业常见于小型的服务企业和零售商店。

独资企业是非法人企业，其所有者对企业的债务承担无限责任。当独资企业清算时，企业资产无法抵偿企业负债的部分，依法由所有者的其他个人财产清偿。在会计上，通常设立业主资本账户，记录所有者在企业中权益的变动情况。在资产负债表中，仅使用一个业主资本项目，反映期末所有者权益额。独资企业资产负债表中所有者权益的报告如表 10－1 所示。

表 10－1　　资产负债表中所有者权益部分

独资企业	
所有者权益	
业主资本，詹妮	$25 000
合伙企业	
合伙人权益	
业主资本，戴维	$30 000
业主资本，丹妮	20 000
合伙人权益合计	$50 000
公司组织	
股东权益	
实收资本	$200 000
留存收益	90 000
股东权益合计	$290 000

尽管独资企业不是独立的法律主体，却是一个经济主体。根据会计主体假设，独资企业的经济活动必须与所有者个人的其他经济活动相区分，并单独记录在企业的账簿上，以便清晰地反映企业本身的经营成果和财务状况。在所得税方面，独资企业没有缴纳企业所得税的法律义务。独资企业的经营成果是所有者的个人所得，应申报缴纳个人所得税。

（二）合伙企业

合伙企业（Partnership），是由两个或两个以上投资者以契约关系为基础建立的企业。合伙企业的投资者称为合伙人，既是企业的所有者，又是企业的管理者。合伙人通过签订合伙协议，规范每一合伙人在企业中的权利和义务。

所有合伙人共同投资和经营企业，共担风险，共享收益。合伙人之间存在互为代理的关系，每一合伙人都能签订对所有其他合伙人有约束力的合同。所以，当某一合伙人转让在企业中的权益时，必须得到全体合伙人的一致同意。新合伙人的加入和原合伙人的退伙都需要重新签订合伙协议，在新的契约基础上继续经营的企业，本质上已不再是原有的企业。同独资企业一样，合伙企业的设立手续较为简便，费用不高。

合伙企业是非法人企业，合伙人对企业的债务承担无限连带责任。当企业清算时，企业资产无法抵偿企业负债的部分，依法由合伙人的其他个人财产清偿。在会计上，必须为每一合伙人设立单独的业主资本账户，反映每一合伙人在合伙企业中权益的变动情况。在资产负债表中，所有者权益项下应报告每一合伙人在企业中的权益额，如表10-1所示。

与独资企业一样，合伙企业虽不是独立的法律主体，却是经济主体。根据会计主体假设，合伙企业的经济活动必须与每一合伙人的其他经济活动相区分，并单独记录在企业的账簿上。在所得税方面，合伙企业同样没有缴纳企业所得税的法律义务。每一合伙人从合伙企业分得的利润或分担的亏损，应计入每一合伙人的个人所得，申报缴纳个人所得税。

（三）公司组织

公司（Corporation），是依据公司法创立并登记的法律实体。作为独立的法律实体（或称法人），公司同自然人一样，享有法律赋予的权利并承担相应的义务。例如，公司拥有自己的资产，能够以自己的名义签订合同、进行诉讼。在经济生活中，公司的数量并不占优势，但是收入总额的占比是最大的。

公司既是独立的法律实体，也是经济主体。根据会计主体假设，公司的经济活动应同股东的其他经济活动相区分，公司的账簿只记录公司自身的经济活动。在所得税方面，作为独立法人的公司，应缴纳公司所得税。

二、公司的特征

公司作为现代企业的主要组织形式，不仅是独立的法人，还具有区别于独资企业和合伙企业的其他特征，包括有限责任、永续存在的可能、筹资能力强、所有权与管理权的分离、开办费用高、政府限制多、双重纳税等方面。

（一）有限责任

公司是法人企业，以自己的法人财产承担对自己债务的清偿责任。对于股东来说，其财产可分为对公司的投资部分和其他部分。股东对公司的投资由于构成公司法人财产的一部分，依法用于公司债务的清偿，而其他部分财产不需要担负对公司债务的清偿责任。所以，公司的股东是以其投资额对公司的债务承担有限责任（Limited Liability）。

在会计上，为了明确股东承担的责任限额，股东对公司的净投资必须单独记录和报告，而归属于股东权益的累积未分配利润或亏损需另行记录和报告，不得与所有者的净投资混淆。如表10－1所示，公司资产负债表中股东权益由两部分构成，实收资本报告股东对公司的净投资，留存收益报告公司累积的未分配利润或亏损。

由于股东以其投资额对公司的债务承担有限责任，在公司破产时，债权人不会追讨股东的个人财产。公司的这一特征建立起一道防火墙，保护了股东对公司投资之外的个人其他财产，使得股东向公司投资的最高损失额限定在投资额之内。相对于承担无限责任的独资企业的所有者和合伙企业的合伙人，投资损失的底线是确定的。因此，有限责任的特征为公司吸引了大量的投资者。

（二）永续存在的可能

对于独资企业和合伙企业，所有者个人的健康、志趣等因素皆可能导致所有者的失去或变更，引起原有企业的消亡。公司组织不会发生这类情形。

在股票发行市场（一级市场）内，投资者购入股票成为公司的股东，公司出售股票筹集资金，随后展开经营。股东对公司股权的转让是自由的，股东之间不存在类似于合伙人之间的互为代理关系。所以，股东若想收回投资，可以在股票交易市场（二级市场）中转让股权，很少存在来自其他股东的限制。尤其对于一家上市公司，股东的变换日日发生。由于公司股权的易主不会直接影响公司的经营，公司具有永久存在的可能性。

（三）筹资能力强

公司的有限责任特征限制了投资者的最高投资损失，股票的自由转让赋予了投资者处置资产的灵活性，两者皆提高了公司吸引投资的能力。此外，不像独资企业和合伙企业，运营资金主要源于少数几个所有者，公司可将资本划分成低值等额的股份，面向公众发行股票，吸引更为广泛的投资群体，从而集中大量分散的资金。公司在经营期间，还可以利用较高的信息透明度，获取更多更低廉的筹资渠道和机会。

（四）所有权与管理权的分离

公司的股东众多，不可能也无必要直接参与公司的日常管理。公司的股东会或股东大会是公司的最高权力机构，由其选举董事并成立董事会。董事会作为股东会或股东大会的执行机构，任命总经理等高级管理人员，负责公司的日常管理。由此，与独资企业和合伙企业不同，公司的所有权与管理权是分离的。

这一性质避免了独资企业和合伙企业的管理弊端，即企业的管理水平完全依赖于所有者本身的管理能力。公司可以招贤纳才，聘用受过良好教育和专门训练、忠实守信的职业经理，代理股东进行日常的管理，提高企业的管理效率。

但是，职业经理与股东的利益取向并不完全一致。管理者可能会追逐自身利益的最大化，从而损害股东的利益，这就是公司无法躲避的代理问题（Agency Problem）。为了引导管理者依照股东的利益经营，解决代理问题，公司会产生大量的代理成本。代理成本主要包括三个方面：对管理者的监控成本，如财务报表审计；对管理者的激励成本，如建立薪酬激励计划；管理者损害股东利益所造成的损失，如管理者不愿承担风险而放弃好的投资机会所丧失的收益，在工作中谋取个人私利导致公司运营费用的提高等。

（五）开办费用高

企业设立期间的支出，称为开办费用（Organization Cost）。相比于独资企业和合伙企业，公司的开办费用是高昂的。公司的创立必须经政府的核准，报送大量的文件资料。公司的创立还要发行股票、召开创立大会，进行公司章程的制定、董事会的选举等事项。在推销股票的过程中，公司需要与投资银行、会计师事务所和律师事务所等中介机构打交道，支付不菲的中介服务费。这一系列的活动必然导致大量的支出。

（六）政府限制多

政府会向公司施加多方面的严格限制，来保护广大投资者的利益。公司创立时，应符合法律规定的条件；再次发行股票或债券时，需要政府的核准；政府有权对公司的记录和报告进行检查。尤其是上市公司，必须按证券监督机构的要求上报财务及其他重要信息并公开披露。政府的监管措施增加了公司的运营成本。此外，公司的竞争者阅读公开披露的公司信息，会进一步了解公司的经营状况，对公司的经营可能产生负面影响。

（七）双重纳税

独资企业和合伙企业的经营所得，是作为所有者的个人所得来纳税的，只需承担一次性税负。但是，公司的经营所得必须承担双重纳税（Double Taxation）的负担。首先，公司作为独立法人，缴纳公司所得税。其次，公司税后利润的一部分若以股利的形式分配给股东个人，又归入股东的个人所得，还需交纳个人所得税。

从上面的分析中，我们了解到三类主要的企业组织形式及其特征。但是，在现实的经济生活中，会衍生出更为多样的组织形式，并为法律所认可。例如，前述的合伙企业是无限合伙（或称普通合伙）企业，实际还存在有限合伙企业，即拥有至少一个普通合伙人和至少一个有限合伙人的企业。在有限合伙企业中，有限合伙人以其投资额对企业的债务承担有限责任，一般不参加企业管理。再如，美国公司法允许设立S公司，公司的股东对公司的债务承担有限责任，但是公司不需缴纳公司所得税，公司的经营成果在股东之间分摊后，由股东各自申报缴纳个人所得税。

不同的国家和地区对企业组织形式的规定会有所差别。企业的创立者和所有者应该熟知企业设立所在地的企业法，在法律的框架之下，权衡各类企业组织形式的利弊，为企业更好地建立和发展作出明智的选择。

第二节　股票的种类、特征和价值

公司的资本被划分成大量等额的股份，基本单位为一股，向公众发售，以便筹集资金。公众投资于公司的股份，取得的凭证就是公司的股票。股票是公司所有权的证明，上面列明了发行公司的名称、股东的名称、持股的数量等内容。股票分为普通股和优先股两大类。普通股是公司股本的最基本形式，每一家公司都要发行普通股。优先股的发行却依公司的需求而定。

一、普通股的基本特征

普通股（Common Stock）的基本特征包括在股东大会上的表决权、分享公司利润的权利、对剩余资产的要求权、优先认股权、所有权的永久性等。普通股股东可以阅读公司法和公司章程来了解自身的各项权利和义务。

（一）在股东大会上的表决权

持有普通股的股东在股东大会上对公司的事务拥有表决权（Voting Right），从而影响公司的经营。公司的事务一般包括董事会的选举、重大的投资和融资决策、利润分配方案、公司章程的修改等内容。表决权通常采用一股一票的方式。股东之间如果对公司的事务持有不同的意见，为了维护自身的利益，会设法获取更多的表决权，在股东大会之前经常上演代理权之争。此外，股东在选举董事时，存在着多数投票制和累积投票制，后者更有利于维护中小股东的利益。

（二）分享公司利润的权利

公司的利润归属于股东，所以股东拥有分享公司利润的权利（Claims to Income）。公司的一部分利润会以股利等形式向股东分配，余下的利润留存，继续用于公司的经营。对股东的利润分配不同于对债权人的利息支付，向股东分配利润不是公司的法定义务，利润分配方案需要经过股东大会的通过才会生效。公司会根据经营成果、现金流状况和未来的投资计划等多种因素，决定是否发放股利、发放多少股利和具体的股利形式。当公司发放股利时，股东按照持股比例获取相应的股利额。

（三）对剩余资产的要求权

普通股股东的权益落后于债权人的权益和优先股股东的权益。在公司清算的情况下，公司会变卖全部资产，偿还债务和赎回优先股，如果还有剩余的资产，才能在普通股股东之间按持股比例分配。这就是普通股股东的剩余资产要求权（Claims to Residual Assets）。作为公司的投资者，普通股股东承担最大的投资风险。

（四）优先认股权

为了保证公司增发股票后，原有股东的持股比例维持不变，尤其保证原有控股股东的控股权，原有的普通股股东具有按原有的持股比例优先认购新增股票的权利，称作优先认股权（Preemptive Right）。例如，公司发行在外普通股的总数是 100 000 股，你持股 10%，也就是 10 000 股。公司准备增发 20 000 股普通股，作为普通股股东，你可以认购新增股票的 10%，也就是 2 000 股。股票增发后，你的持股比例仍然保持在 10%（12 000/120 000）。当然，原有股东可以放弃优先认股权，让与他人行使。现在，优先认股权并不是任何普通股股东必有的一项权利，公司可以通过股东大会表决，取消这一权利。

（五）所有权的永久性

与公司的债务不同，公司发行普通股获得的资本是公司的永久性资金，没有到期日，除非公司依法注销普通股。所以，普通股股东收回投资的主要方式，不是等到公司返还其投资，而是在股票交易市场上出售股票。不论股东如何变换，普通股以及它所代表的公司所有权依然存在。

二、优先股的类别与特征

优先股（Preferred Stock）是一种混合证券，兼具股权和债权特征。优先股的股权特征主要表现在两个方面：（1）优先股权益是剩余权益，落后于债权人权益；（2）优先股的股利从税后利润中分派。其债权特征主要是：（1）在一定条件下可以被赎回的优先股，类似于有到期日的债务；（2）优先股是固定收益证券，其股利一般表述为股本的固定百分比或每股的固定股利额，类似于债务的固定利息。所以，在资产负债表中，优先股所代表的权益通常列在股东权益项下，但列于普通股权益之上。

在利润分配权和资产要求权上，优先股比普通股具有一定的优先权。相应的，优先股的表决权通常被取消。公司发行的优先股可能会一种以上，只是在利润分配权和资产要求权的具体规定上存在差异。在利润分配方面，优先股可能具有累积特征或参加分派特征。

（一）具有“累积特征”的优先股

除非被特别标注为非累积优先股（Noncumulative Preferred Stock），法律上一般认为优先股都具有累积特征。对于累积优先股（Cumulative Preferred Stock），公司连续多年没有宣布分派的优先股利，将被持续累积到宣布分配股利的年度发放。但是，以前年度的拖欠股利（Dividends in arrears）不是公司的债务，公司是没有义务支付这些股利，除非公司宣布分派股利、赎回优先股或进行清算。对于非累积优先股，某年没有宣布分派的优先股利，不会在以后年份因股利的分派而补发。

【例10-1】某公司2013年末的股东权益构成如下：

优先股，每股面值\$100，股利率6%，发行并为股东持有2 000股	\$200 000
普通股，每股面值\$1，发行并为股东持有250 000股	250 000
留存收益	1 000 000
股东权益总额	\$1 450 000

在2011年之前，公司的优先股利已经全部发放，但在2011年和2012年没有宣布发放股利。在2013年，公司宣布发放\$50 000股利。

优先股的股利率是固定的6%，意味着每股固定的股利额是\$6（\$100×6%）。本公司优先股的每年固定股利额是\$12 000（\$200 000×6%，或\$6×2 000股）。

如果公司的优先股是非累积的，股利分配的方式是：以前年度拖欠的股利不予考虑，先发放2013年当年的\$12 000股利；余下的\$38 000分配给普通股股东。如果公司的优先股是累积的，拖欠股利共计\$24 000（\$12 000×2年）。股利分配的方式是：先发放以前年度拖欠的\$24 000优先股股利，再发放2013年当年的\$12 000优先股股利，优先股股东共获得股利\$36 000；余下的\$14 000分配给普通股股东。

（二）具有"参加分派特征"的优先股

对于非参加分派的优先股（Nonparticipating Preferred Stock），每年可以获取的股利只限于按照定额或定率计算的股利。如果【例10-1】中的优先股是非参加分派的，每年可以获取的股利额只限于\$12 000。对于参加分派的优先股（Participating Preferred Stock），在享有每年的固定股利之后，有权利再与普通股共同分享剩余的股利。依照参加分派的程度不同，有全部参加分派的，也有部分参加分派的。在盈利状况好、利润分配程度高的公司中，持有参加分派优先股的股东能获得更好的回报。

此外，公司可以发行附带不同选择权的优先股，比如可赎回的优先股和可转换的优先股等。

可赎回的优先股（Callable Preferred Stock），是指发行公司按照规定的条件有权利从股东手中收回并注销的优先股。可赎回的优先股形式上属于权益性有价证券，实质上类似于有到期日的债券，影响公司的偿债能力。在资产负债表中，可赎回的优先股列报在负债项下；在收益表中，可赎回优先股的股利列报为利息费用。

可转换的优先股（Convertible Preferred Stock），是指优先股股东按照规定的条件有权利将其手中的优先股更换为本公司普通股的优先股。当达到转换条件且公司经营业绩良好，可转换优先股的股东通过股票转换，成为普通股的股东，会获得更多的收益而非固定的优先股利。当然，可转换优先股的股东有权利放弃股票的转换。

三、股票的价值

常见的股票价值包括账面价值和市场价值。

（一）账面价值

公司全部股票的账面价值（Book Value）就是公司的股东权益总额，不仅包括股东的净投资额，还包括公司经营累积的未分配利润或亏损。普通股的每股账面价值（Book Value per Common Share），即每股净资产，是财务分析中的重要指标，计算公式如下。

$$普通股每股账面价值=\frac{股东权益总额-优先股权益额}{普通股在外发行股数}$$

上述公式中优先股的权益额通常等于优先股的股本与增收资本之和。当优先股具有累积特征，还应加上截至计算日的拖欠股利。当优先股具有赎回特征，优先股的权益额等于每股赎回价格与发行在外优先股股数的乘积。

【例 10－2】 某公司在 2013 年 12 月 31 日的股东权益构成如下。

面值为 \$100 的 2% 累积优先股，额定股份 80 000 股，已发行 18 000 股	\$1 800 000
优先股增收资本	172 500
面值为 \$10 的普通股，额定股份 800 000 股，已发行 500 000 股	5 000 000
普通股增收资本	1 236 000
留存收益	6 450 000
股东权益总额	\$14 658 500

该公司已经连续三年（含 2013 年）没有发放股利。那么，累积优先股的拖欠股利共计 \$108 000（＝\$1 800 000×2%×3）。累积优先股的权益额为 \$2 080 500（＝\$1 800 000＋172 500＋108 000）。

$$普通股每股账面价值=\frac{14\ 658\ 500-2\ 080\ 500}{500\ 000}=\$25.16$$

如果上例中优先股仅是可赎回优先股，每股赎回价格是 \$115，那么，可赎回的优先股权益额为 \$2 070 000（\$115×18 000）。

$$普通股每股账面价值=\frac{14\ 658\ 500-2\ 070\ 000}{500\ 000}=\$25.18$$

只要公司经营良好，有留存收益，普通股的每股账面价值会高于股票的发行价格。为了防止新股东侵犯原股东的权益，公司增发新股的价格一般不应低于普通股每股账面价值。例如，若原股东的每股账面价值为 \$5，发行在外股数为 10 000 股；新增发 10 000 股，每股发行价为 \$3，则增发后公司的账面总价值为 \$80 000，发行在外股数为 20 000 股，每股账面价值降为 \$4，比原股东每股账面价值下降了 \$1。

（二）市场价值

股票的市场价值（Market Value），也就是股价，代表了股东的财富状况。由于股票供求状况等因素的影响，股票价格时刻在发生变化。

股价是投资者在二级市场上的股票投资额。投资决策中，投资者可以通过每股账面价值与股价之间的关系，分析股票的投资价值。例如，公司现有的经营状况良好，会计记录可靠，未来的获利能力较强，股价却低于每股账面价值，意味着股票价值可能被市场低估，存在着投资机会。但是，由于股价受到多种因素影响，每股账面价值只是公司过去业务结果的反映，两者之间没有明显的依存关系，投资者还需慎重分析。

第三节 实收资本

实收资本（Paid-in Capital，Contributed Capital）代表股东对公司的净投资。投资者通过购买公司发行的股票投入资金，形成公司的实收资本。发行股票是公司重要的融资活动，是取得长期资金的主要渠道之一。公司成立必须发行股票，筹集经营所需的资金，缴足注册资本①的最低限额。公司后续经营还可以发行股票，补充扩大经营、偿还债务等所需的资金。当然，公司也可以回购自身股票或依法注销自身股票，减少实收资本。

一、有关股份的基本概念

为了便于说明实收资本的账务处理和报告，分析股东对公司净投资的变动情况，有必要了解有关股份的基本概念，包括额定股份、已发行股份、库存股份和发行在外为股东持有股份。我们可以在公司的资产负债表及其附注中，了解到它们的具体情况，它们的关系如图 10－1 所示。

---

① 注册资本，即法定资本，是公司的全体股东或发起人认缴的出资额或认购的股本总额，并在公司登记机关依法登记。

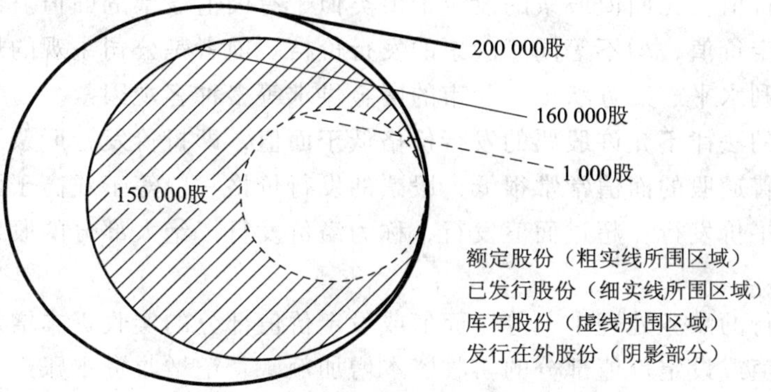

图 10－1 相关股份概念之间的关系

额定股份（Authorized Stock），是公司创立时在公司章程中规定的、经政府有关机构核准可以发行的最大股份总量，也称为法定股份。额定股份可以一次全部发行完毕，也可以分期分批发行。所以，额定股份包含未发行股份和已发行股份。公司为筹集资金已经对外发售的股份，称为已发行股份（Issued Stock）。

在已发行股份中，公司从股东手中回购并持有的本公司股份，称为库存股份（Treasury Stock）。公司可能将其注销，或者用于其他目的。尚未被公司回购的由股东持有的已发行股份，称为发行在外股份（Outstanding Stock）。股东权益代表着发行在外股份所对应的所有者权益。

如表10－6，某公司普通股的额定股份是200 000股，已发行160 000股，库存股份是10 000股。那么，公司发行在外股份是150 000股（＝160 000－10 000），由股东持有，代表$4 000 000的股东权益额。

二、股票发行的账务处理

以发行股票的公司作为会计主体，股票的发行一定会引起股东权益中实收资本的增加。在账务处理上，应该贷记实收资本类账户。

实收资本类账户主要包括股本（Capital Stock）和增收资本（Additional Paid-in Capital）账户。会计实务中，公司可以根据股票的具体类别、投资者种类等分别设立不同级次的账户，提供更为丰富详细的投入资本信息。本章主要使用普通股、优先股、增收资本等总分类账户，它们的正常余额方是贷方。前两者是股本账户。

公司发行的股票可以有面值，也可以无面值。股票面值（Par Value），是公司主观确定的每份股票价值。它通常代表每一股份的法定资本（Legal Capital，Stated Capital）。对于无面值股票（No-par Stock），可以在公司章程中注明其设定价值（Stated Value），也可以无设定价值。无面值股票的设定价值类似于有面值股票的面值。但是，无论是股票面值还是设定价值，均不等同于股票的发行价格。前者是公司主观的规定，后者则取决于公司的盈利水平、财务状况、股市的资金供求等多种客观因素。

许多国家的法律不允许股票的发行价格低于面值，即折价发行股票。所以，股票的面值，尤其是普通股的面值常常很低，股票的发行价格一般等于或高于面值。股票按面值发行，称为平价发行；超过面值发行，称为溢价发行。绝大部分的股票发行都是溢价发行。

在股票发行的账务处理中，等于面值或设定价值部分的实收资本增加额，贷记股本账户；超过面值或设定价值部分的实收资本增加额，贷记增收资本账户。对于无设定价值的无面值股票，实收资本增加额全部贷记股本账户。

【例 10－3】 某公司在 2013 年 10 月 1 日发售普通股 100 000 股，并收到投资者交付的现金。以下假定四种独立的发行条件，分别为其作出相应的账务处理。

（1）股票每股面值 $1，按面值发行。

借：现金	100 000	
贷：普通股		100 000

（2）股票每股面值 $1、发行价格 $4，溢价发行。

借：现金	400 000	
贷：普通股		100 000
增收资本——超面值部分		300 000

（3）股票无面值，每股设定价值 $1、发行价格 $4。

借：现金	400 000	
贷：普通股		100 000
增收资本——超设定价值部分		300 000

（4）股票无面值，发行价格 $4。

借：现金	400 000	
贷：普通股		400 000

如果公司发行的是优先股，上述业务中记录在普通股账户中的金额应该记入优先股账户。

此外，在股票发行的过程中会发生向承销股票、提供会计服务和法律咨询的中介机构支付的服务费、股票的印刷费以及推销股票的宣传费等，属于股票发行的直接成本。这些必要支出不仅降低了公司实际的筹资额，而且减少了股东权益的增加额。在会计上，这些支出发生时，应冲减增收资本。

【例 10－4】 某公司 2013 年 10 月 1 日发行面值为 $1 的普通股 100 000 股，每股发

行价格 $6，投资者支付现金购买。股票的直接发行成本是 $50 000，已用现金支付。会计分录如下。

（1）溢价发行股票

借：现金	600 000	
贷：普通股		100 000
增收资本——超面值部分		500 000

（2）支付直接发行成本

借：增收资本——超面值部分	50 000	
贷：现金		50 000

上述两笔会计分录可以合并如下：

借：现金	550 000	
贷：普通股		100 000
增收资本——超面值部分		450 000

当投资者直接认购公司股票，投资者需先填写认股书，然后一次或分次缴纳认股款。收到投资者的认股书，公司应设立"应收认股款"账户（Subscriptions Receivable），记录公司对投资者的债权变动，以反映投资者履行缴款义务的情况。同时，设立认购股本（Subscribed Stock）账户，在投资者填具认股书时，暂时记录股本的增加；当收讫全部认股款，股票发行成功时，将股本增加额从认购股本账户转记到普通股或优先股账户。

【例 10－5】某公司采用直接认购方式，发行面值为 $1 的普通股 100 000 股。2012 年 10 月 1 日已全部由投资者按每股 $4 的价格认购。根据合约，投资者于 12 月 1 日和 2013 年 2 月 1 日分两次交纳认股款。公司收到全部认股款后，2013 年 2 月 2 日向投资者发行股票。上述业务的会计分录如下。

（1）2012 年 10 月 1 日，投资者填具认股书。

借：应收认股款	400 000	
贷：认购普通股		100 000
增收资本—超面值部分		300 000

（2）2012 年 12 月 1 日，收到第一批认股款 $300 000。

借：现金	300 000	
贷：应收认股款		300 000

（3）2013 年 2 月 1 日，收到第二批认股款 $100 000。

借：现金	100 000	
贷：应收认股款		100 000

（4）2013 年 2 月 2 日，收到全部认股款，向投资者发行股票。

借：认购普通股　　　　100 000

　　贷：普通股　　　　100 000

你可能注意到，在前述举例中，公司发行股票最终换取的皆为现金。但是，投资者的投资方式是多种多样的，不仅限于现金形式。让我们采用会计等式，说明在股票发行过程中，不同投资方式的影响，如表 10－2 所示。

表 10－2　股票发行中不同投资方式对会计等式的影响

投资方式	现金	+	非现金资产	=	负债	+	股东权益
（1）	增加						增加
（2）			增加				增加
（3）					减少		增加
（4）							增加并减少

第（1）种投资方式，是股东以现金投资，使得发行公司的现金资产和股东权益同增。第（2）种投资方式，是股东向发行公司投入存货、固定资产、无形资产或持有的其他实体有价证券等非现金资产，使得发行公司的非现金资产和股东权益同增。第（3）种投资方式，引起发行公司负债的减少和股东权益的增加。例如，债转股业务。第（4）种投资方式，只影响了股东权益内部项目的一增一减，改变了股东权益的内部结构，例如分派股票股利。

当公司发行股票换取的是非现金资产，发行公司可能会面临会计计量的问题，即按多少金额记录非现金资产和股东权益的增加。这时，账务处理的原则是：基于公平交易，按照所投入的非现金资产和所发行的股票中某一方更为合理的公允价值记录。比如，非上市公司发行股票，没有可供比照的股票交易价格，就可以使用非现金资产的合理评估价值计量；上市公司接受股东的非现金资产，这些资产没有活跃的或可类比的交易价格且价值评估不易，就可以使用上市公司新增发股票的市场价格计量。

【例 10－6】某公司是非上市公司，在 2013 年 10 月 1 日，向恒兴公司定向发行面值为 \$1 的普通股 100 000 股，换取恒兴公司已经使用两年的一条专用生产线，这条生产线没有市场报价，但经过专家评估，价值为 \$900 000。

由于该公司的股票没有市场报价，可以采用生产线的评估价值记录资产和股东权益的增加。会计分录如下。

借：设备　　　　900 000

　　贷：普通股　　　　100 000

增收资本——超面值部分　　　　　　　　800 000

三、股票的回购和重新发售

公司可以从股东手中回购（Repurchase）自己已发行的股票，然后由公司直接注销掉或被暂时保存用于其他目的，如活跃股票交易、用于职工持股计划、反收购等。回购后尚未注销的股票形成公司的库存股份。此外，股东向公司捐赠的本公司股票，也会形成库存股份。库存股份不是公司的资产，由于库存股份归发行公司而不是股东持有，不具有表决权，也不能参与公司利润的分配。

公司设立库存股份账户，进行库存股份的账务处理。库存股份账户，是股东权益类账户，正常余额方在借方，是实收资本类账户的抵减账户。该账户的借方余额在资产负债表上不能列为资产项目，应列为股东权益的减项。库存股份的计量采用回购成本。

该账户的结构如图 10－2 所示。

库存股份	
回购股票的成本 +	注销或再出售库存股份的回购成本 －
期末库存股份的回购成本	

图 10－2　库存股份账户的结构

（一）股票回购的账务处理

公司回购股票相当于向股东返还已投入的资本，使得公司的库存股份增加，发行在外股份减少，导致股东权益的下降。应按股票的实际回购成本，借记库存股份账户。

【例 10－7】某公司 2013 年 10 月 1 日在股票市场上以每股 $18 购买本公司发行在外的普通股 60 000 股，共支付现金 $1 080 000（60 000 股 × $18）。公司普通股的每股面值是 $1。会计分录如下。

借：库存股份　　　　　　　　　1 080 000

　　贷：现金　　　　　　　　　　　　　1 080 000

（二）库存股份注销的账务处理

公司向股东返还股款时，需要先回购股票，再进行注销（Retirement）。注销库存股份时，应按原回购成本贷记库存股份账户，按面值借记股本账户。原回购成本超过面值的部分，依次冲减增收资本和留存收益；原回购成本低于面值的部分，增加增收资本。

【例 10－8】接上例。该公司 2013 年 10 月 30 日依法注销掉 30 000 股库存股份。增收资本有贷方结余 $500 000。会计分录如下。

借：普通股　　　　　　　　　　　30 000

增收资本　　　　　　　　　　　　　　500 000
留存收益　　　　　　　　　　　　　　10 000
贷：库存股份　　　　　　　　　　　　　　　　540 000

如果公司当初回购股票的价格是每股 $0.8，注销库存股份的会计分录如下。

借：普通股　　　　　　　　　　　　　　30 000
　贷：库存股份　　　　　　　　　　　　　　　24 000
　　　增收资本——注销库存股份　　　　　　　　6 000

股票的回购和注销对库存股份账户和增收资本账户的影响如图 10－3 所示。

库存股份

10.1	1 080 000	540 000	10.30
	540 000		

增收资本

		500 000	
10.30	500 000		
		0	

图 10－3　股票回购和注销的账户记录

（三）库存股份出售的账务处理

库存股份可能被重新出售（Reissuance），回到股东手中。当库存股份再出售时，按原回购成本贷记库存股份账户，按收取的现金借记现金账户。

由于该项业务发生在公司与股东之间，即便回购成本与收到的现金不相等，也不能作为出售的利得或损失计入当期的经营成果，其间的差额应直接调节股东权益的数额和构成。原回购成本超过收取现金的部分，依次冲减增收资本和留存收益；原回购成本低于收取现金的部分，增加增收资本。

【例 10－9】沿用【例 10－7】的资料，假定该公司回购股票不是为了注销。增收资本有贷方结余 $40 000。2013 年 10 月 30 日出售库存股份 10 000 股，每股售价 $21。2013 年 12 月 15 日又出售库存股份 15 000 股，每股售价为 $12。

（1）10 月 30 日，共收到现金 $210 000（10 000 股 × $21）。已出售库存股份的账面成本是 $180 000（10 000 股 × $18）。再出售价格高于回购成本的部分 $30 000，应贷记增收资本账户。会计分录如下。

借：现金　　　　　　　　　　　　　　210 000
　贷：库存股份　　　　　　　　　　　　　　　180 000
　　　增收资本——出售库存股份　　　　　　　　30 000

（2）12 月 15 日，共收到现金 $180 000（15 000 股 × $12）。已出售库存股份的账面成本是 $270 000（15 000 股 × $18）。再出售价格低于回购成本的部分 $90 000，先由增收资本账户结余补偿，共计 $70 000，即原结余 $40 000 与出售库存股份形成的 $30 000 之和；余下的 $20 000 差额由留存收益补偿。会计分录如下。

借：现金　　180 000
　　增收资本　　70 000
　　留存收益　　20 000
　　贷：库存股份　　270 000

股票的回购和再出售对库存股份账户和增收资本账户的影响如图 10 - 4 所示。

库存股份			
10.1	1 080 000	180 000	10.30
		270 000	12.15
	630 000		

增收资本			
		40 000	
10.15	70 000	30 000	10.30
		0	

图 10 - 4　股票回购和再出售的账户记录

第四节　留存收益

留存收益，是公司在经营中累积的未分配利润或亏损。影响留存收益的主要业务是：公司的经营成果和分派的股利。本章设立留存收益账户，反映留存收益的增减变化和结余。

将企业的当期经营成果计入留存收益，需要通过会计年度末的结账程序（请见会计循环相关章节）。在结账程序中，对于赚得的净收益，借记收益汇总账户，贷记留存收益账户；对于发生的净损失，借记留存收益账户，贷记收益汇总账户。下面介绍有关股利的分派业务。

一、股利业务

股东享有对公司利润的分配权，股利（Dividends）是公司分配利润的形式。在董事会宣布派发股利之前，公司不承担向股东分发股利的义务。常见的股利形式是现金股利和股票股利。

（一）与股利相关的日期

与股利相关的重要日期有四个，分别是股利宣告日、股权登记日、除息日和股利支付日。了解这些日期的作用，不仅有利于投资者明确是否有权取得股利，而且有利于公司在恰当的期间记录股利业务。图 10 - 5 显示了英特尔公司董事会宣布发放的一次普通股季度现金股利（每股 22.5 美分）的相关日期。

股利宣告日（Date of Declaration），是董事会正式向公众发布股利公告、表明利润分配方案得到批准通过的日期。股利公告中应说明股利分派的金额、形式、日期等内

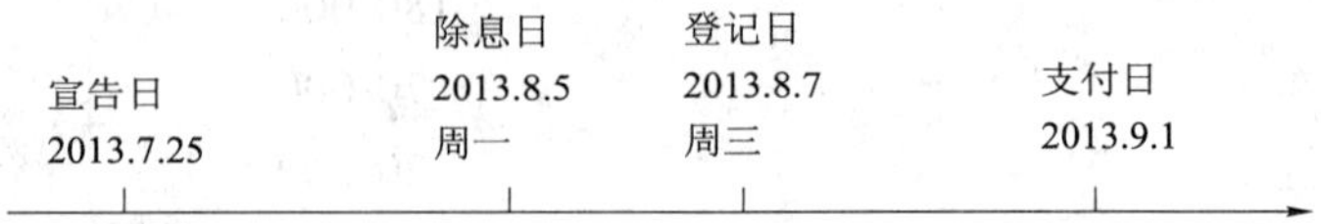

图 10－5 与股利相关的日期

容。在宣告日，公司已承担向股东分派股利的责任，会计要素发生变化，公司需要对股利业务进行会计记录。从图 10－5 中可以看到，2013 年 7 月 25 日英特尔公司宣布了这次季度现金股利。

股权登记日（Date of Record）用于表明该日在册的股东有权获得股利。如果你在 2013 年 8 月 7 日持有英特尔公司股票，是当日英特尔公司的在册股东，你在支付日就会收到现金股利。股权登记日用来判定谁拥有获得股利的权利，不影响会计要素，公司不需记账。

除息日（Ex-dividend Date）用于表明在该日及该日之后获得股票的股东无权享有之前宣布的现金股利。各国确定除息日的方法不同。美国证券交易委员会要求股票交易的结算期为三个营业日。按此推算，你若想在股权登记日如 2013 年 8 月 7 日（周三）成为在册股东，必须最迟在三个营业日（8 月 5、6、7 日）之前的 8 月 4 日买入股票。否则，8 月 5 日买入，你只能成为 8 月 8 日的在册股东，会丧失享有股利的权利。所以，8 月 5 日就是英特尔公司本次季度现金股利的除息日。在美国，除息日一般是股权登记日之前倒数的第二个营业日，如英特尔举例的 8 月 5 日。股票在该日除息，仅影响股价，不影响会计要素，公司不需记账。

股利支付日（Date of Payment），是向股权登记日在册的股东发放现金股利的日期。图 10－5 显示英特尔公司在 2013 年 9 月 1 日支付季度股利。在股利支付日，会计要素发生了变化，公司应进行账务处理。

（二）现金股利

只有在可分配利润和现金充裕、经董事会或股东大会批准通过时，才能向股东发放现金股利（Cash Dividends）。现金股利业务需要在宣告日和支付日进行账务处理。在宣告日，公司留存收益减少，负债增加，负债就是公司向股东支付现金股利的义务；在支付日，负债和现金同时减少。

【例 10－10】某公司于 2013 年 12 月 18 日宣布现金股利 $400 000，2014 年 1 月 20 日向股东支付。会计分录如下。

（1）2013 年 12 月 18 日宣告现金股利。

借：留存收益	400 000	
贷：应付股利		400 000

（2）2014 年 1 月 20 日支付现金股利。

借：应付股利 400 000

贷：现金 400 000

（三）股票股利

为了在投资者面前维持良好的公司形象，在没有充足现金的情况下，公司可能派发股票股利（Stock Dividends）。公司也可能通过发放股票股利，增加发行在外股数，拉低股票价格，活跃本公司股票的交易。尽管股东未从股票股利中直接获得现金，却可以通过出售收到的红股，间接地获取现金。股东也可以等待时机，以后出售红股，同时获得节约个人所得税的好处。

股票股利的分派不引起资产的变动。利润分配导致留存收益的减少，股票增发导致实收资本的增加。股票股利只引起股东权益内部结构的改变，却不改变股东权益总额。在宣告日，由于股票未正式发放给股东，股本额一般暂记入可分配普通股股利账户的贷方。在股票正式发行时，将股本额由可分配普通股股利账户转记到普通股账户。可分配普通股股利账户不是负债类账户，应列在资产负债表中的股东权益部分。

股票增发的比例会影响股票股利额的计算。如果股票增发比例少于 20%，被视作少量分派的股票股利。由于增发的股数不多，不会使股价明显地下降，一般按照宣告日的股价计算股利额。如果分派比例不低于 20%，被视作大量分派的股票股利。由于大量分派会导致发行在外股数的激增，引起股价的大幅下降，一般按股票面值计算股利额。

【例 10－11】 某公司拥有发行在外为股东持有的普通股 100 000 股，每股面值为 \$10。2013 年 12 月 18 日宣布 10% 的股票股利，当日每股市价为 \$55。2014 年 1 月 30 日向股东增发股票。本次股票股利向股东增发的股票为 10 000 股（100 000 股 ×10%）。10% 的股票股利属于少量分派，股利分派额按股票市价计算，共计 \$550 000（\$55 ×10 000 股）。

（1）2013 年 12 月 18 日宣布股票股利

借：留存收益 550 000

贷：可分配普通股股利 100 000

增收资本——超面值部分 450 000

（2）2014 年 1 月 30 日向股东增发股票

借：可分配普通股股利 100 000

贷：普通股 100 000

【例 10－12】 如果上例中股票股利的分派率是 30%，就属于大量分派的股票股利。向股东增发的股票为 30 000 股（100 000 股 ×30%）。股利分派额按股票面值计算，共计 \$300 000（\$10 ×30 000 股）。

(1) 2013 年 12 月 18 日宣布股票股利

借：留存收益　　300 000

　　贷：可分配普通股股利　　300 000

(2) 2014 年 1 月 30 日向股东增发股票

借：可分配普通股股利　　300 000

　　贷：普通股　　300 000

二、股份拆分

股份拆分（Stock Split），是指对本公司的股票进行分割。股份拆分可以增加发行在外的股数，降低每股市价，活跃本公司股票的交易。例如，1 对 2 股份拆分就是将公司原有的 1 股变成 2 股。同时，股份拆分由于将 1 份股票分割为多份股票，股票的每股面值会成比例地减少。例如，1 对 2 股份拆分，拆分前每股面值为 $10，拆分后每股面值为 $5。

股份拆分业务不影响会计要素，不需要进行账务处理，只要及时作出备忘记录，载明公司股数和每股面值等方面的变动。现金股利、股票股利和股份拆分的影响如表 10 - 3 所示。

表 10 - 3　现金股利、股票股利和股份拆分的影响对比

	股东权益总额	实收资本	留存收益	资产	股数	每股面值
现金股利	减少	不变	减少	减少	不变	不变
股票股利	不变	增加	减少	不变	增加	不变
股份拆分	不变	不变	不变	不变	增加	减少

三、留存收益表

留存收益表，是反映公司一定期间留存收益变动情况的报表，如表 10 - 4 所示。在会计实务中，公司不单独编制留存收益表，而是将其作为股东权益变动表的一部分，如表 10 - 5 中以留存收益为列标题的灰色阴影部分。

留存收益表列报的内容包括留存收益的期初余额、期末余额以及引起留存收益变动的会计事项。这些会计事项包括企业当期的净利润或净损失、宣布发放的股利、因库存股份注销和再出售对留存收益的冲减以及前期错误的更正等。留存收益表将收益表和资产负债表相连接。其中，留存收益表中的净收益或净损失来自收益表的最终结果，留存收益表中的期末留存收益又归入资产负债表。

表 10－4　　留存收益表

某公司 2013 年度留存收益表

加：前期错误的更正	4 200
调整后余额	$661 700
加：净收益	106 000
减：现金股利	(40 000)
出售库存股份	(10 000)
注销库存股份	(20 500)
期末留存收益，2013 年 12 月 31 日	$697 200

（一）前期错误的更正

对于任何企业来说，会计差错不可避免。企业发现重大的会计差错后，应该及时纠正，调整有差错的账户余额。如果是以前期间的会计差错，采用追溯法（Retrospective Method），根据差错涉及的项目性质调整不同的账户结余。对于出现差错的资产、负债或股东权益项目，应直接冲销或补记相应的账户；对于出现差错的前期收入或费用项目，因前期收入和费用已随结账程序记入留存收益，应调整留存收益账户，并按税后净额列报在留存收益表中，用来更正错误的期初留存收益额。

在更正前期差错的当期，企业需要在财务报表附注中披露重大差错的性质和原因、差错更正的财务影响以及无法采用追溯调整的原因。

【例 10－13】某公司 2011 年 1 月 1 日购置一台设备误记为管理费用，设备的购置成本为 $10 000，估计使用年限为 5 年，无残值。采用直线折旧法。该公司的所得税率为 30%。2013 年末清查资产时发现此项错误。该公司如何对 2013 年度留存收益中原有的期初留存收益作出调整？

分析 2011 年购置设备时的差错。设备少记 $10 000，管理费用多记 $10 000。

分析 2011 年和 2012 年漏记设备折旧的差错。设备每年折旧额为 $2 000（$10 000/5 年）。连续两年，累计折旧少记 $4 000，折旧费用少记 $4 000。

由此，连续两年费用高估 $6 000（$10 000－4 000），导致两年税前利润低估 $6 000，所得税费用低估 $1 800（$6 000×30%）。所以，两年税后利润低估 $4 200（$6 000－1 800），留存收益低估 $4 200。那么，应对 2013 年初留存收益调增 $4 200，如表 10－4 所示。

（二）留存收益的分拨

留存收益的分拨，就是划分出一部分留存收益，不能用于分派股利。未分拨的部分是可分配的利润。分拨留存收益的原因主要是：（1）公司债务契约中的限制性条款要求限制股利的分派；（2）法律要求股东权益总额不得低于公司的实收资本，公司必须按照库存股份的取得成本分拨留存收益①；（3）公司为了扩大经营等目的需要现金而限制股利的分配。

对于留存收益的分拨，可以进行账务处理或者在财务报表的附注中说明。留存收益的分拨并不改变留存收益的总额，仅是留存收益内部结构的变化。值得注意的是，留存收益的分拨单单限制股利分派的程度，不意味着公司留存对等的现金额，分拨的留存收益作为公司的一部分资金来源，对应于资产方面，既可表现为现金形式，也可表现为非现金资产。

第五节　每股收益和股东权益的报告

一、普通股每股收益

普通股每股收益（Earnings Per Share，EPS），是衡量公司盈利能力的重要财务指标。会计准则要求，在收益表中列报普通股每股收益。如表 4 – 3 所示，普通股每股收益列报在净收益之下，还包括持续经营的每股收益、终止经营的每股收益、非常项目的每股收益等。普通股每股收益的具体计算信息可以放在报表附注中披露。

为了计算每股收益，要区分简单资本结构和复杂资本结构。没有发行稀释证券的公司具有简单的资本结构。稀释证券（Diluted Securities），是指可能使公司发行在外的普通股股数增加，从而降低普通股每股收益的有价证券，如可转换的优先股、可转换的公司债券和认股权证等。发行稀释证券的公司具有复杂的资本结构。

（一）基本的普通股每股收益

无论公司的资本结构如何，都应计算基本的普通股每股收益（Basic EPS）。计算公式如下。

---

① 当留存收益全部被派发为股利，留存收益为零，股东权益总额等于实收资本额扣除库存股份成本之后的差额，低于实收资本额，不符合法定最低限。按照库存股份分拨留存收益，留存收益额至少等于库存股份成本，两者相互抵消，可以保证股东权益总额至少不低于实收资本额。

$$基本普通股每股收益 = \frac{属于普通股股东的当期净收益}{加权平均发行在外普通股股数}$$

【例10－14】 某公司2013年1月1日发行在外为股东持有的普通股股数为240 000股，6月1日回购股份40 000股，9月1日又出售库存股份10 000股。当年的净收益为$230 000。此外，公司还有发行在外的10%、面值为$10的优先股10 000股。

（1）计算分母，即当年加权平均发行在外普通股股数。计算方式有两种。方式一，按发行在外股数变动日至期末的月份数对变动的股数加权平均。方式二，按发行在外股数总量不变期间的月份数对相应的股数总量加权平均。

方式一：240 000股×12/12－40 000股×7/12＋10 000股×4/12＝220 000股

方式二：240 000股×5/12＋200 000股×3/12＋210 000股×4/12＝220 000股

（2）计算分子，即属于普通股股东的当期净收益。当公司有发行在外优先股，分子的计算如下：

属于普通股股东的当期净收益＝净收益－优先股应享的股利

该公司优先股股利为$10 000（$100 000×10%）。属于普通股股东的当期净收益为$220 000（$230 000－10 000）。

（3）基本的普通股每股收益＝$220 000÷220 000股＝$1

（二）完全冲淡的普通股每股收益

当公司具有复杂的资本结构，需要在收益表中对每股收益作双重表述，分别计算基本的每股收益和完全冲淡的每股收益（Fully Diluted EPS）。完全冲淡的每股收益计算所依据的假设是：公司期末拥有的稀释证券在其发行日已经全部转换为普通股或全部履行认购为普通股。这项指标向现在的普通股股东发出警示，投资回报面临下降的风险，即一旦稀释证券变为普通股，他们手中的每股普通股享有的收益就会减低。

【例10－15】 沿用上例资料，但是优先股是在五年前发行的可转换优先股，转换比率是每股可转换为2股普通股。计算2013年完全冲淡的普通股每股收益。

计算之前，先假设可转换优先股在五年前发行时就转换为普通股，那么，2013年1月1日的10 000股优先股相当于20 000股普通股。2012年加权平均发行在外普通股股数是240 000股（220 000股＋20 000股）。优先股假定转换后，原优先股股利$10 000成为归属于普通股的净收益，2012年属于普通股股东的净收益为$230 000（$220 000＋10 000）。

完全冲淡的普通股每股收益＝$230 000÷240 000股＝$0.96

二、股东权益的报告

股东权益的报告涉及两个财务报表。一是股东权益变动表，是股东权益的动态报告；一是资产负债表，在股东权益项目之下的内容是股东权益的静态报告。

（一）股东权益变动表

股东权益变动表（Statement of Stockholders'Equity），是反映某一期间股东权益各个组成部分及其总体变动情况的报表。股东权益变动表通常采用矩阵形式，如表 10－5 所示。矩阵中的最上一行排列出股东权益的组成项目，包括股本、增收资本、留存收益、库存股份、累计其他综合收益等。矩阵中的最左一列列出引起各组成项目变动的事项，包括股票的发行、回购、注销和再出售、净收益、股利、其他综合收益等。

表 10－5 股东权益变动表

某公司 2013 年度股东权益变动表 单位：千美元

	优先股	普通股	增收资本	留存收益	累计其他综合收益	减：库存股份	合计
余额，2013 年 1 月 1 日	3 000	4 000	12 000	9 000	100	（100）	28 000
净收益				660			660
其他综合收益							
可供出售金融资产损失					（10）		（10）
外币报表折算利得					8		8
其他综合收益小计					（2）		（2）
普通股股利				（220）			（220）
普通股增发		100	350				450
回购普通股						（50）	（50）
余额，2013 年 12 月 31 日	3 000	4 100	12 350	9 440	98	（150）	28 838

（二）资产负债表中的股东权益

资产负债表中股东权益部分如表 10－6 所示。其中各项目的金额应与股东权益变动表中的期末余额保持一致。股东权益由实收资本、留存收益和累计其他综合收益构成，并按此顺序列报。

实收资本包括股本和增收资本。股本一般分为优先股股本和普通股股本。增收资本的类别较多，如源于股票发行的超面值部分、超设定价值部分、出售或注销库存股份形成的部分等。实收资本列报中，优先股及其增收资本可以先于普通股及其增收资本列示，也可以先列示优先股和普通股的股本，再列示各类股票的增收资本合计数。值得注意的是，普通股股本应按照已发行股份的金额列报，包含库存股份和发行在外股份。

如果公司存在库存股份，按照回购成本作为减项，列报在实收资本之下，或者列报在实收资本、留存收益以及累计其他综合收益的合计数之下。资产负债表中的股东权益额代表着发行在外为股东持有股票对应的权益。

此外，与发行在外各类股票相关的特征，如取得股利和剩余资产的优先权、利润的参加分派权、可转换特征以及可赎回特征等，应在资产负债表或财务附注中披露。

表 10－6　　资产负债表中的股东权益部分

股东权益	
实收资本	
优先股，每股面值 \$10，股利 8%，额定并已发行 30 000 股	\$300 000
普通股，每股面值 \$1，额定 200 000 股，已发行 160 000 股	160 000
增收资本	2 000 000
实收资本合计	\$2 460 000
留存收益	1 600 000
实收资本和留存收益合计	\$4 060 000
减：库存股份（普通股 10 000 股，按成本计价）	60 000
股东权益合计	\$4 000 000

本章小结

1. 企业的组织形式

独资企业、合伙企业和公司是主要的企业组织形式。公司具有有限责任、永续存在、筹资能力强和管理效率高的优点，但是也存在双重纳税、高昂的组织费用、政府限制和代理问题等缺陷。

2. 所有者权益

公司的所有者权益，称为股东权益。股东权益主要由实收资本和留存收益构成。股票有普通股和优先股两大类。建立公司都要发行普通股，普通股股东一般具有表决权、利润分配权、剩余资产分配权和优先认股权等四种基本权利。优先股是集债权和股权特征的混合证券，在分派股利上可能具有累积或参加分派特征。公司还可能发行可收回或可更换的优先股。股票的账面价值不等同于市场价值，普通股每股账面价值是财务分析的重要指标。

3. 股份的概念

额定股份、已发行股份、库存股份和发行在外股份，是股份的基本概念。其中，库存股份不是公司的资产，不具有表决权和利润分配权。实收资本随着股票的发行、回购或再出售以及注销而发生变动。实收资本的账务处理采用股本（普通股、优先股）和增收资本账户。股票发行的会计记录受到股票的种类、有无面值、有无设定价值的影响，公司发行股票增加股东权益的同时，可能增加公司的资产、减少负债或减少另一部分股权权益。回购的库存股份按回购成本计价，再出售价格与回购价格的差额不影响公司收益表，直接计入股东权益。

4. 留存收益

留存收益主要受到公司经营成果和股利业务的影响。现金股利在宣布日和支付日进行账务处理。股票股利有大量分派和少量分派，应分别采用股票面值和市价计算股利分派额。股票股利和股份拆分都可以增加公司发行在外的股数，但不影响股东权益总额。为了限制股利的分派，公司可以进行留存收益的分拨。公司在一定期间的留存收益变动都反映在留存收益表中。

5. 每股收益

普通股的每股收益是重要的盈利能力指标，要求列报在收益表中。存在稀释证券的公司，应双重表述每股收益，计算基本的每股收益和完全冲淡的每股收益。股东权益的报告主要涉及两张报表：股东权益变动表，资产负债表中的股东权益部分。

复习思考题

1. 企业的主要组织形式有哪些？说明公司组织的特征。
2. 普通股的基本特征有哪些？
3. 说明优先股的性质，以及优先特征反映在哪些方面？
4. 解释普通股每股账面价值的计算方法。
5. 说明额定股份、已发行股份、发行在外股份和库存股份之间的关系。
6. 分析股票发行对会计等式的影响。
7. 股票发行的账务处理应考虑哪些因素？
8. 解释库存股份的性质。说明库存股份账户的结构。
9. 库存股份的注销和再出售是否会产生计入收益表的利得或损失？
10. 与股利相关的日期有哪些？说明现金股利业务的账务处理。
11. 股票股利按分派率大小如何划分，对其账务处理的影响是什么？
12. 比较现金股利、股票股利和股份拆分的影响。

13. 说明留存收益表的结构。
14. 如何更正以前期间的会计差错？对留存收益表的影响是什么？
15. 什么是留存收益的分拨？原因有哪些？
16. 如何计算普通股每股收益？如何计算加权平均发行在外股数？
17. 什么是稀释证券？简单和复杂资本结构下的每股收益计算有何不同？
18. 主要有哪些与股东权益有关的报表？说明它们的结构和内容。

第十一章

长期股权投资和合并财务报表

本章内容提示

介绍长期股权投资性质，重点在于长期股权投资初始确认和后续计量的会计方法，以及编制合并财务报表的基本方法和基本程序。

企业可能出于不同的目的对外进行投资，通过第五章和第九章的学习已经分别了解了短期投资和长期债权投资的会计处理问题，本章介绍长期股权投资的会计问题。

第一节　长期股权投资

长期股权投资（Long-term Investment In Stock/Equity）是指通过支付现金、非现金资产或债转股等方式取得其他企业一定份额所有者权益而形成的，持有期间超过1年以上的非流动资产，企业通过投资成为被投资企业的所有者。作为所有者取得投资之后，享有在董事会的表决权和分享利润及剩余权益的权利。一般来说，对于股份公司来说，股东不能从企业撤回投入资本，所以投资企业只有通过出售股份的方式收回股权投资。

一、长期股权投资的分类

除了在第五章中提到的分类为交易性金融资产的股权投资外，长期股权投资根据投资的不同目的及投资企业和被投资企业之间的关系可以分为三种类型，通常以持有被投资企业有表决权股份数量及对被投资企业决策的影响的程度为划分标准。

（一）既非控制也非重大影响的股权投资

当取得被投资企业有表决权的股份低于全部发行在外的有表决权股份的20%时，

则认为投资企业对被投资企业既没有控制权，又不能对其抉择施加重大影响。

（二）重大影响的股权投资

当直接或间接持有被投资企业有表决权的股份占全部发行在外的 20% 或 20% 以上有表决权股份时，则视为投资企业能够对被投资企业的相关决策产生重大影响（Significant Influence），被投资企业称为投资企业的联属企业（Affiliates）。除所有权投资因素外，还有其他判断存在重大影响的因素，如①：

（1）在被投资方董事会或类似权力机构中有代表；

（2）参与政策制定过程的情况，包括股利分配或其他分配决策的参与情况；

（3）与被投资方之间的重大交易；

（4）管理人员的交换；或

（5）提供关键的技术信息。

（三）控制性股权投资

当投资企业持有被投资企业的有表决权的股权份额超过 50% 时，投资企业对被投资企业具有控制权，投资公司和被投资公司之间是母公司和子公司之间的关系。

但是持有有表决权股份的比例不是决定公司之间关系的唯一标准，会计处理上还要遵循实质重于形式的原则，例如当被投资公司的股权分散时，可能持有低于 50% 的股权份额就可以控制被投资公司；或者通过其他安排对被投资公司进行实质性控制或产生重大影响。本书为便于介绍长期股权投资的处理程序，以持股比例确定长期股权投资类型。

长期股权投资的会计处理程序通常涉及三个方面：（1）取得长期股权投资初始确认和计量；（2）持有期间的后续确认和计量持有期间的投资收益；（3）长期股权投资的处置及确认和计量处置投资的利得或损失。

企业一般设置“长期投资”账户记录长期股权投资，按被投资企业或投资股票的类型设置明细账，例如，“长期投资—A 公司的普通股”。长期股权投资通常按取得成本进行初始确认和计量，而后续计量则根据前述长期股权投资的三种类型而有所不同。

二、既非控制又非重大影响的长期股权投资——成本法

当投资公司持有被投资公司股权份额低于 20% 时，一般认为这样的股权不足以对被投资公司的经营、投资和筹资决策产生重大影响。对于非控制又非重大影响的股权投资，如果没有分类为可出售金融资产，会计处理通常采用成本法。所谓成本法是指投资企业在取得股权投资后，长期投资账户余额不随被投资企业经营损益的变化而变动，一

---

① IAS 28：Investments in Associates and Joint Ventures，IFRS © Foundation 2012。

般应保持初始确认的原投资成本数额，只有在收到被投资企业分派的现金或其他资产股利时，才确认股权投资收益。举例说明如下。

【例 11-1】 假设 P 公司于 2012 年 1 月 1 日以 $300 000 取得 S 公司 10% 有表决权的股份。S 公司发行在外的普通股股数为 100 000 股。2012 年内 P 公司所持有的 S 公司股权份额未变。S 公司 2012 年的净收益为 $200 000，2013 年 1 月宣布并发放现金股利 $80 000。

P 公司持有 S 公司的股权比例低于 20%，对 S 公司的决策没有重大影响。根据上述资料 P 公司会计处理如下：

（1）投资取得日初始确认和计量及记录

2012 年 1 月 1 日取得 S 公司有表决权股份，按照实际取得成本 $300 000，初始确认，作会计分录如下：

借：长期投资—S 公司普通股　　300 000

　　贷：现金　　300 000

2012 年 S 公司获取净收益 $200 000，由于 P 公司对 S 公司的经营决策没有重大影响，P 公司不需要做任何会计分录，S 公司的经营成果导致股东权益的变动不在长期股权投资的账户中反应。

（2）2013 年 1 月 1 日 S 公司宣布并发放现金股利 $80 000，P 公司收到现金股利 $8 000，确认投资收益作会计分录如下：

借：现金　　8 000

　　贷：投资收益　　8 000

对于既非控制又非重大影响的权益证券投资，如果其公允价值可以合理地确定，可将这类投资归类为可出售投资。第 9 号国际财务报告准则将这类投资定义为可出售投资包含于金融资产之中。对于能够可靠确定其公允价值的可出售投资，后续计量采用公允价值。与交易性投资不同的是，可出售投资公允价值变动产生的损益直接计入其他综合收益（所有者权益）①。可出售投资采用公允价值后续计量要点如下：

（1）实际取得成本对长期股权投资进行初始确认与计量。

（2）持有期内，当被投资公司宣布发放现金股利时确认股利收入，但在会计报告期末应按照公允价值调整长期股权投资账面价值，确认未实现的持有利得或损失直接计入所有者权益。

（3）在出售长期股权投资时，比较账面价值和处置收入，转出以前计入所有者权益的公允价值变动额，确认出售的利得或损失。

---

① IFRS 9: Financial Istruments, P5.7.5, Appendix P5.2.2, IFRS, IFRS © Foundation 2012

初始确认和收取现金股利的会计确认与前相同，于 12 月 31 日按公允价值调整长期投资账面价值，并在所有者权益中确认公允价值变动损益。

2012 年 12 月 31 日 S 公司的每股市价为 \$32 元，P 公司所持 S 公司股票的市值总额为 \$320 000（＝100 000×10%×\$32），高于长期投资的账面价值 \$300 000，P 公司应按照市价调整长期投资账面价值，并确认长期投资的未实现持有利得 \$20 000。未实现持有投资利得一般计入综合收益列于所有者权益项下。

借：长期股权投资—S 公司普通股 20 000

　　贷：综合收益—未实现持有投资利得 20 000

而可出售投资形成的未实现持有利得或损失计入综合收益项目，可以按照以下的方式列报：

在收益表中净收益项目之下的其他全面收益部分中，或在单独的全面收益表中列报。

在资产负债表中留存收益项目之下的累计其他全面收益部分中列报。

在 2012 年 12 月 31 日的资产负债表中有关长期股权投资的项目列示如表 11－1。

表 11－1　　资产负债表中有关长期股权投资的项目

资　产		负　债	
……		……	
长期投资（公允价值）		股东权益：	
(\$300 000 + \$20 000)	\$320 000	……	
……		其他全面收益：	
		未实现持有投资利得	\$20 000

如果 S 公司发放股票股利，作为投资企业的 P 公司不需要确认投资收益，只是对收取股票股利及长期股权投资中所持 S 公司的普通股股数增加的情况进行备忘登记。

其后以公允价值计量的可出售投资（金融资产）出售时，应将计入综合收益的公允价值变动额转出，计算投资损益。

沿用上述资料，假设 2013 年 3 月 10 日，P 公司将投资于 S 公司普通股份 10 000 股以每股 \$33 全部出售，得款 \$330 000。这是应将上次公允价值变动额由综合收益转出，做会计分录如下：

借：现金 330 000

　　综合收益—未实现持有投资利得 20 000

贷：长期股权投资—S 公司普通股　　320 000

　　投资收益　　30 000

三、有重大影响的长期股权投资——权益法

当股权投资对被投资企业的经营、投资和筹资决策能够施加重大影响时，属于重大影响的股权投资，对重大影响的股权投资会计处理适用于权益法（Equity Method）①。所谓权益法是指长期股权投资的后续计量反映被投资企业的股东权益的变动。当被投资企业的股东权益受到某些交易或事项的影响发生变化，长期股权投资的账面价值随被投资企业股东权益的变动而相应发生变化，如被投资企业因经营活动产生收益而使股东权益增加，因发放现金股利而减少股东权益等。

权益法下的长期股权投资的账务处理要点如下：

（1）按实际取得成本对长期股权投资进行初始确认和计量及记录。

（2）后续计量，持有期内确认计量被投资公司股东权益变化对长期股权投资账面价值的影响。哪些交易和事项会影响股东权益？如公司经营活动产生的损益及利润分配、公司接受捐赠资产、资产重估增值等。以下主要介绍被投资公司取得经营成果和分配利润，引起长期投资账面价值的变动。

第一，被投资公司当期赚得利润时，意味着被投资公司股东权益的增加，投资公司所拥有的被投资公司的股东权益额也相应增加，由此应增加长期股权投资的账面价值，同时确认投资收益；被投资公司当期发生亏损时，意味着被投资公司股东权益的减少，投资公司所拥有的被投资公司的股东权益额也相应减少，由此应减少长期股权投资的账面价值，同时确认投资损失。如果取得股权投资成本高于或低于取得当时应该享有的被投资企业所有者权益账面价值的相应份额，在确认投资损益时还应对增值部分加以摊销，调整实际投资损益。

第二，当被投资公司分配利润时（如宣布发放现金股利），意味着被投资公司股东权益的减少，投资公司所拥有的被投资公司的股东权益额也相应减少，由此应在获得分派来的利润同时，冲减长期股权投资的账面价值。

【例 11－2】沿用【例 11－1】，设 P 公司于 2012 年 1 月 1 日以 $300 000 取得 S 公司 30% 有表决权的股份，当时 S 公司股东权益的账面价值为 $800 000，超越应享权益的 $60 000（$300 000－$240 000），假设超越部分归属于剩余使用年还有 6 年的建筑物，其他数据资料相同。

P 公司持有 S 公司的股权 20% 以上，对 S 公司的决策有重大影响，应采用权益法。

① IAS 28：Investments in Associates and Joint Ventures，IFRS IFRS © Foundation 2012

对于上述S公司2012年度的经营情况，P公司的会计处理如下：

（1）2012年1月1日取得S公司有表决权股份，按照实际取得成本 \$300 000 登记长期投资账户：

借：长期投资—S公司普通股　　300 000
　　贷：现金　　300 000

（2）2012年S公司报告年度净收益 \$200 000，P公司所拥有的S公司30%的股份，股东权益额也按净收益的30%相应增加 \$60 000（\$200 000×30%）。

借：长期投资—S公司普通股　　60 000
　　贷：投资收益　　60 000

由于S公司的报告经营收益按其建筑物的账面价值折旧，而P公司购买股份时建筑物增值 \$60 000，剩余使用年限6年，每年应增加摊销 \$10 000，调整实际投资收益，作会计分录如下：

借：投资收益　　10 000
　　贷：长期投资—S公司普通股　　10 000

上述两项会计分录入账后，实际投资收益为 \$50 000。

（3）2013年1月收到S公司在分派的现金股利 \$24 000（= \$80 000×30%），P公司所拥有的S公司股东权益额相应减少 \$24 000，会计分录如下：

借：现金　　24 000
　　贷：长期投资—S公司普通股　　24 000

作上述账务处理后，长期投资的账面价值为 \$326 000（300 000+60 000－10 000－24 000）。

四、有控制权的长期股权投资——合并财务报表

当股权投资占被投资公司股权份额50%以上时，或实质上存在对被投资公司的控制时，通常认为这两个公司之间存在着母子关系。投资公司称为母公司（Parent Companies），被投资公司称为子公司（Subsidiaries），母公司和子公司分别是独立的法律主体，从事各自的经营活动，编制各自的财务报表。但由于它们的特殊关系，母公司与所属子公司共同构成了集团公司，根据实质重于形式的原则，母子公司集团可以被看作一个经济主体。母公司在其单独财务报表上，对其在子公司的股权投资采用成本法①，但是母公司还应在母公司及其所属子公司的财务报表的基础上，编制合并财务报表，合并报表包括合并资产负债表、合并收益表和合并现金流量表及附表。存在实质性

① IAS No. 28，Investments in Associates and Joint Ventures paragraph 17，IFRS © Foundation 2012.

控制是确立母子公司关系的前提，所以“控制”是编制合并报表的基础。控制的存在必须满足以下条件①：

（1）拥有被投资方的权力；

（2）因参与被投资方活动而承担或有权获取可变的回报；以及

（3）通过对被投资方行使权力能够影响所获取回报的金额。

合并财务报表主要是向母公司的股东和债权人报告公司集团的财务状况和经营成果。在公司集团中，由于母公司控制和操纵其他公司，所以合并报表与各公司单独财务报表具有不同的意义。合并财务报表不是揭示某一法律实体的财务状况和经营成果，而是在于提供表述公司集团这一经济实体的财务资料。从合并财务报表来说，母公司同其子公司，如同总公司同其分支机构一样，而非各自独立的经济主体。所以合并财务报表为那些与母公司有利益关系的方面所需要，他们关心的是公司集团的整体财产，需要了解公司集团的经营成果和财务状况，据此进行评价与决策。

同子公司利益有关的方面，往往也关心公司集团的财务状况和经营成果，尤其是在子公司的债务由母公司担保的情况下，子公司的债权人实际上也就是母公司的债权人。由于客观的需要，合并财务报表日益成为会计实践和会计理论研究方面的重要问题。

然而，合并报表也存在一定的局限性，不能代替公司集团内各个企业的报表，其局限性主要表现在以下几个方面：

其一，合并报表超越了公司集团内各公司单个企业的法律主体，以经济实体为本。但各公司仍为独立的法律主体，承担一定的法律责任。子公司的少数股东和债权人要了解各子公司的财务状况和经营成果，合并报表难以满足要求。

其二，合并报表是公司集团内各别公司财务报表的综合，难免产生以长抵短、以强补弱的问题，从而可能掩盖了一些公司经营活动中存在的问题。

第三，公司集团内各公司资产的分类不同，计价的标准有异，编制合并报表时虽有调整，但很难完全趋于一致，因而可能导致一定程度的歪曲。

由此可见，我们在使用合并报表时，应了解合并报表的长处和不足。

合并财务报表堪称世界难题，通常在高级财务会计中列为专题介绍，本章仅介绍合并财务报表的基本概念与方法。

---

① IFRS No. 10, Consolidated Financial Statements paragraph 5, IFRS © Foundation 2012.

第二节　企业合并和企业合并的会计方法

企业合并是以资本为纽带实现的企业间各种资源的重组和整合，是影响企业经营活动的重大行为。会计如何反映企业合并、如何提供反映企业合并实质的会计信息，使之对信息使用者更为有用，是企业会计的重要问题。

一、会计概念的企业合并

关于企业合并，公司法往往只包括创立合并和吸收合并，会计上企业合并概念与法律上的企业合并概念不完全一致，会计中的企业合并是指通过股权投资或其他方式，导致企业经营决策及管理控制的一体化，称为企业联合（Business Combination），或译为企业合并。会计准则将企业合并定义为：合并方（Acquirer，或称购并方）取得一个或多个企业（Acquire）控制权的一项交易或事项。控制则定义为"对被投资企业拥有权力并行使权力，涉入其财务与经营策略，并据以影响其盈利并获取利益①。购并方取得被并购方控制权可能通过不同方式，如②：

（1）转让现金、现金等价物或其他非现金资产；

（2）发生债务；

（3）发行权益性证券；

（4）多项对价组合；

（5）无对价获取控制权，例如通过合约等方式。

所以会计上企业合并通常包括取得控制权的所有合并方式，不仅包括创立合并、吸收合并、直接取得被兼并企业的几乎全部资产获取被兼并企业的控制性股权，还包括以其他方式取得被兼并企业的控制权等，甚至可能会不支付对价。

关于如何理解和掌握控制概念标准，国际会计准则理事会于 2011 年 5 月发布了 IFRS 10，对控制加以定义，对编制合并财务报表的程序作出规定③。

然而企业合并形成一个经济实体，会计出于对企业合并交易本质的不同理解，形成

① IFRS 10：Consolidated Financial Statements，IFRS © Foundation 2012.

② IFRS 10：Consolidated Financial Statements，Appendix B，Application guidance，Paragraph B5，IFRS © Foundation 2012.

③ IFRS 10：Consolidated Financial Statements，IFRS © Foundation 2012.

会计上处理企业合并的不同会计方法，主要有购并法（Purchase Method）、权益结合法，或译为联营法（Pooling of Interest or Uniting of Interest）。购并法将企业合并交易看成是一般资产交易，而权益结合法则视企业合并为合并各方的股东权益结合或联合，而不是真正意义上买卖交易。2001 年美国 FASB 的 141 号会计准则和国际会计准则理事会的 IFRS 10 都取消了联营法，企业合并全部采用购并法。

为了促进会计准则的国际趋同，美国财务会计准则委员会与国际财务报告理事会在"企业合并"会计准则制定方面进行合作，分别于 2007 和 2008 正式公布了修订后 SFAS 141 和修订的 IFRS 3。修订后企业合并会计准则将收买法（Purchase Method）改为购并法（Acquisition Method，为区别英文两个概念，不妨称为购并法），本章介绍 IFRS 10 的购并法。

二、企业合并——购并法

购并法是将一个企业取得另一企业的控制权视同一般资产的购置，资产购置是一项公平市场交易，交易双方自然是按公允交易的价格交易。所以购并法下投资方因合并形成的投资成本以所支付对价的公允价值计量，合并取得被合并方的净资产相应份额自然也是以公允价值计量。

（一）购并法的基本程序

购并法涉及以下程序①：

（1）确认购并方；

（2）确定控制权取得日，即确定购并日；

（3）确认和计量企业购并中取得的可识别资产和承担的负债，并确认和计量被购并方中除购并方（即母公司）以外权益，即非控性权益；

（4）确认并计量商誉，或便宜购买获取的利得。

（二）购并方和购并日的确认

1. 确定购并方

在一般购买资产的交易中，资产买方是支付现金或其他资产的一方。通过取得被投资股份的企业合并中，基于购并法一般来说购并方是支付对价（Consideration）并取得被并购方控制权的一方。但在某些情况下并非总是如此简单，应根据实质重于形式的原则判别实质上的购并方，会计准则将企业合并定义为"一方取得另外一方或多方控制权的交易或事项"。尤其在通过交换股票实施的企业合并，有时发行股票（形式上买方）的一方可能是实质上的被购并方，而被投资企业则是实质上的购并方，称之为反

---

① IFRS 3：Business Combination，Paragraph 4. IFRS © Foundation 2012. IFRS

向并购。所以判断购并方通常遵循实质重于形式原则。企业合并中判断并购方通常考虑以下识别因素：

（1）根据表决权判断，拥有最大表决权股份的一方通常是并购方。

（2）实质控制权判断，当购买股份少于50%时，如果不存在其他拥有重大影响的另一方时，最大少数权益就是并购方。例如甲公司取得另一公司40%有表决股份，而其他股东比较分散，没有任何股东具有重大影响，那么取得40%股权的甲公司就是购并方。

（3）在合并后的董事会中，能够选举董事会多数成员，或能够指派多数成员的一方就是并购方。

（4）根据交易条款判断，通常购并交易中支付并购溢价的一方是并购方。

通过交换股票实施的合并需要分析合并后控制权，判断确认实质上的购并方和被并购方。以下例子根据合并后的控制权判定购并方和被并购方，即反向并购。

【例11-3】假设上市公司P发行1 600股普通股以2:1的交换比率交换了非上市公司S全部发行在外的1 000股普通股份中的800股，即外发股份的80%。P公司原先发行在外的普通股为1 000股，发行后P公司发行在外股票合计为2 600股。股票交换后P公司是S公司80%权益的控股权的股东。但在P公司的董事会中，P公司原先的股东持有表决权股票的38.46%（1 000/2 600），而S公司原股东持有表决权股票61.54%（1 600/2 600），绝对控制P公司，所以实质上是S公司控制了P公司，是实质上的购并方，而P公司是被并购方。

在现实的经济活动中，不乏私募公司通过安排自身被并购达到借壳上市的目的。IFRS要求通过交换股票实现的企业合并，实质上的购并方和被并购方就是会计处理上的购并方和被并购方。

2. 购并日和计量期间（Measurement Period）

购并日是指并购方取得被并购方控制权的日子，一般来说购并日是指购并方转让了购并对价、取得并购资产并承担被购并方负债的日期，即截止日（Closing Date）。但一些情况下并购交易和购并对价的转让可能要经历一段时间，可以根据双方具体条款，购并方可能在截止日前取得控制权，也可能在截止日后取得控制权。因此需要具体情况具体对待，应结合实际情况分析确定购并日。合并日的确定对于企业并购非常重要，因为合并日是确定合并对价和合并所取得净资产公允价值的基准日。

但值得提出的是，第3号国际财务报告准则要求，在发生企业合并的报告期末，如果企业合并的初始会计处理尚未完成，购并方应该在其财务报告中报告未完项目预计数额。待其后合并交易明晰，如果获取到较购并日更为可靠的资料信息，并影响到原先估计的数据，可以在一定的时间内对原先的估计数额进行追溯调整，该期间称为计量期间，但计量期间不应超过一年。[①]

可能调整的项目包括：

（1）取得的资产和承担的负债，以及非控制权益；

（2）转让的购并对价；

（3）购并方合并前持有被购并方的权益；

（4）商誉或便宜购并形成的利得。

例如购并方合并前持有被购并方的权益原先价值被高估或被低估，那么需要调整合并成本；如合并取得某项资产估价发生变化，就要调整该项资产公允价值；这些调整都可能引起合并商誉的调整。

【例11-4】 Pa公司与2012年10月1日购并Sa公司，购并取得的净资产委托一家评估公司评估。2012年12月31评估公司评估工作尚未完全结束，企业合并初始会计处理不能完成，为编制2012年度财务报告，Pa公司以暂估公允价值报告其企业合并所确认的净资产。其中某项厂场设备的暂估公允价值为60 000元，剩余使用年限为5年。以暂估价值报告，确认的合并商誉是31 000元。

2013年5月30日，即2012年度报告期5个月后评估公司出具评估报告，合并日厂场设备的公允价值评估为80 000元。

2012年编制财务报告时，企业合并的会计初始确认因评估尚未结束，以暂估价值报告，属于计量期间的调整项目，因此2013年12月31日编制财务报表时应对2012年财务报表进行追溯调整。厂场设备的存置价值调增19 000元（即最终的评估值高于暂估值20 000元，减去增加的3个月折旧1 000元），折旧费增加1 000元，营业利润减少1 000元，累计折旧增加1 000元，合并商誉减少20 000元。同时在财务报表还应披露调整原因和数额

（三）确认和计量合并中取得的可识别资产和承担的负债

购并法需要确认和计量合并所取得的可识别的资产和承担的负债，即母公司编制合并报表应按子公司各项资产和负债的公允价值而非账面价值报告，因此需要确认和计量子公司每项资产负债的公允价值。

1. 确认取得的可辨认资产和承担的负债

确认合并中取得可辨认的资产和承担的负债，首先要求确认的资产和负债应符合资产和负债的定义；例如并未承诺，但预期将支付给被并购方员工离职或退出某项服务的补贴。

其次，企业合并中确认的可辨认的资产和承担的负债应属于企业合并交易中交换

---

① IFRS3，IFRSs 3：Business Combination，Paragraph45-46. IFRS © Foundation 2012.

资产和负债。有些情况下并购双方在并购前曾签订某些协议或存在某些交易关系，或在并购谈判过程中签订了独立于并购的协议，这些协议所形成的交易不能确认为企业合并的资产或负债，属于独立于企业合并的其他交易。例如清偿以前的交易款项，或给予被购并方原先股东或员工其后服务津贴，或支付被并购方代垫付的并购费用。这些交易都是独立于企业并购的其他交易。确认取得的资产或承担的负债不仅限于被购并企业账面记录，还包括被并购企业自创的无形资产、账外资产及或有负债。

最后，确认的资产和负债还需要进行分类，或分配，资产和负债的分类应该依据合同条款、经济状况、使用情况或会计政策，或根据合并日存在具体条件等实际情况进行分类①。如金融资产或负债应根据具体情况区分为交易性金融资产和负债，或分类为可出售金融资产和负债，或持有至到期日金融资产和负债等。

2. 计量各项可辨认资产和负债及或有负债

前已指出，购并法的出发点是将企业合并取得控制权视同直接取得购置资产，企业合并所确认的各项可辨认的资产、负债及或有负债，除例外情况外均以合并日的公允价值计量，可辨认资产的公允价值减去所承担负债及或有负债的公允价值，就是所取得可辨认净资产的公允价值。

被并购企业中如果存在除母公司以外的非控制性权益，非控制性权益应以其在被购并方权益的公允价值计量，或以其对被购并方可识别净资产的相应份额计量②。

采用公允价值计量被并购企业各项可辨认资产和负债及或有负债，不同分类的资产负债及或有负债的公允价值如何计量、如何做到客观可靠？是运用公允价值计量的关键与困扰实践的问题，尽管会计准则也提出了建议，但在实施过程中仍有许多具体问题需要讨论和研究。这将在专门的课程中加以讨论。

（四）企业合并中转让的合并对价与相关合并费用

合并方为取得被合并方控制权需要支付对价，所转让对价的公允价值构成取得成本。

1. 合并对价

（1）并购所支付对价及其公允价值

合并对价是指因购并方为了取得被购并方权益所转让资产与所发生的负债。合并对价可能采用不同项目，如现金、其他资产，购并方的部分业务、子公司，或有对价、优先股或普通股票、期权等。合并对价应以购并日的公允价值计量，合并对价公允价值确

① IFRS 3: Business Combination, Paragraph 11 – 17. IFRS © Foundation 2012.

② IFRS 3: Business Combination, Paragraph 19. IFRS © Foundation 2012.

定的难易程度与企业并购的支付方式直接相关。如果企业并购取得的股权完全由公开交易的股票市场上取得，以现金方式支付，那么就不存在取得成本的估价问题，所支付的现金数额就是控股权的取得成本。但在多数情况下，企业间的并购交易并非全部使用现金，而是采用非现金资产或通过发行有价证券的方式。例如通过发行普通股作为对价，即使该普通股是市场交易股票，由于发行数量增加产生稀释作用，原先的市场价格已不能反映其公允价值，这就需要对合并对价的公允价值加以评估。同上述企业合并所确认的净资产公允价值评估一样，评估的客观性和可靠性受很多因素影响。总之合并对价的公允价值的确定较为复杂，根据并购的支付方式聘请专业机构进行评估，难度大但又至关重要。

当购并方所转让合并对价的公允价值与其账面价值不相等时，转让对价的账面价值与其公允价值的差额计入购并方的当期损益。

（2）或有支付（Contingent Consideration）

或有支付是指在企业合并完成后的将来，为了履行合并协议的某些承诺而追加给付的现金、其他资产或有价证券。例如购买方承诺合并后一定期间内企业未达到协议保证的一定的盈利水平，或换出股票未达到协议保证的价格水平，而给予被合并企业原股东的补偿。对于或有给付，若在合并完成之时双方通过合同或协议约定，并且其价值能够可靠地计量则应将其计入取得成本。

或有对价在合并日后取得更为可靠的信息表明其已确认公允价值需要调整，属于计量期间的调整项目。但对于基于盈利水平和股票价格的或有支付以增发股票方式不属于调整项目，而是调整股票价格，即调整增收资本。

（3）分次购并（Combination Achieved in Stages）

分次购买实现的购并是指通过多次购买股份取得被购并方的控制权。对于分次购买股权完成的并购，会计准则规定控制权取得前的持有的权益应按取得日的公允价值计量①。以前持有的权益类似于原先股权投资处置，其公允价值与存置价值之间的差额计入当期损益。

以上的三项公允价值构成购并方取得控制权的全部成本，即包括：合并日购并方转让的合并对价、合并前购并方持有的被购并方权益、或有对价三项公允价值之和。

【例 11－5】 Pa 公司收购 Sa 公司 45% 普通股，所转让对价包括现金 70 万元和一项固定资产，固定资产的存置价值 45 万元。合并前持有 Sa 普通股 10%，存置成本 20 万元。合并日经评估固定资产的公允价值 65 万元，合并前持有 10% 普通股的公允价值为

---

① IFRSs 3：Business Combination，Paragraph 41－42. IFRS © Foundation 2012. IFRS

30万元。Pa公司收购Sa公司45%股权后，连同以前持有的10%普通股共持有Sa公司55%的普通股，绝对控股实现企业合并。假设不存在或有对价，投资成本，即企业合并中Pa公司支付的对价计算如下：

对价项目	账面存置成本	公允价值
现金	700 000	700 000
固定资产	450 000	650 000
合并前持有普通股10%	200 000	300 000
合计	1 350 000	1 650 000

用作合并对价资产的公允价值高于账面价值30万元，属于资产处置利得。

Pa公司对Sa公司股权投资成本会计处理如下：

借：长期股权投资	1 650 000	
贷：固定资产		450 000
股权投资		200 000
现金		700 000
固定资产处置收益		200 000
股权投资收益		100 000

在购买方合并对价的公允价值难以确定情况下，如果被购并企业的净资产的价值容易确定，则购买方的取得成本也可以按其所购并权益的公允价值来确定。例如被投资公司若为上市公司，那么其获取的被投资公司股份的市场价值可视为取得成本的参考价值。

（4）无合并对价的企业合并（Combination Achieved Without The Transfer of Consideration）

在某些情况下，企业取得对另一企业的控制权可能不发生合并对价。企业合并不发生合并对价的情形如①：

（1）被购并方向现行投资者（原先的购并方）回购足够股份；

（2）少数股权行使否决权，使以前的控制方失去对被购并方控制权；

（3）购并方与被购并方达成协议进行合并，购并方没有转让对价，合并前在被购并方也无权益。

2. 企业合并的各项直接费用

企业合并过程中购买方除了向出售方支付对价外，还会发生一些直接成本支出，如

① IFRSs 3：Business Combination，Paragraph 43－44. IFRS © Foundation 2012. IFRS

法律顾问费、会计师服务费，支付给投资银行和证券商的费用等，这些费用记为费用发生和提供服务期间的期间费用①。如果因企业合并发行有价证券，还会发生有价证券的印制、发行费用，向证券监督管理机构支付的登记注册费等。若企业合并发行债券，债券发行中发生的这些费用一般记作债券的发行成本而非股权投资成本；若企业发行股票用于并购，股票发行中的注册登记费用直接抵扣股票发行的实收资本，而不是计入企业合并的取得成本。

（五）无形资产和企业合并商誉问题

被购并企业净资产评估过程中，一般会产生许多无形资产，无形资产区分为可辨认的无形资产和不可单独辨认的无形资产。企业合并中可识别的无形资产，美国 142 号会计准则提出一些识别确认原则，无形资产多是以合约或法律所确定，如特许经营权、资产使用权、服务协议、专利权、商标、品牌、非竞争协议等；也有的属于非合约性的无形资产，如客户名录、非专利技术、数据库等。合并后无形资产的会计处理方法，区分有确定使用年限的无形资产和寿命期不确定的无形资产，确定寿命的无形资产其成本在其寿命期内摊销，寿命期间不能确定的无形资产采取减值测试，不可辨认的无形资产归为合并商誉。

（六）购并法归纳

通过以上介绍，购并法的特点可以简单归纳如下：

（1）合并方所支付的对价按其合并日公允价值计量；

（2）合并过程中发生的直接费用计作费用发生期间的期间费用；

（3）确认合并所取得的资产和承担的负债，按合并日的公允价值计量所确认的各项资产和负债；

（4）被购并方若存在除购并方以外的非控制权益，非控制性权益按被购并方公允价值，或按其可识别净资产公允价值应享份额计量确认；

（5）合并方的合并成本（合并对价公允价值加合并前持有权益公允价值加或有对价公允价值）与被购并方非控制性权益之和大于被购并方可辨认净资产公允价值的差额确定为商誉；反之两者之和小于被购并方可辨认净资产公允价值的差额，确认为便宜购并利得，计入合并期间损益（非控制权益不能确认便宜购并利得）；

（6）企业合并视为购并，被购并方合并日前留存收益在合并报表上被消除，被购并方合并日后经营成果才能纳入合并报表。

【例 11-6】设 P 公司和 S 公司 2012 年 12 月 31 日合并前的资产负债表及 P 公司和 S 公司净资产的评估公允价值如表 11-2 所示。分两种情况：合并产生商誉和

---

① IFRSs 3: Business Combination, Paragraph 53. IFRS © Foundation 2012.

便宜并购。

表 11－2　　P 公司和 S 公司合并前的资产负债表　　单位：千美元

项　目	P 公司	S 公司	
		账面价值	公允价值
现金	1 140	100	100
应收账款	2 000	150	150
存货	400	70	70
房屋及设备	3 000	500	550（净）
累计折旧	（1 200）	（150）	—
土地	1 000	300	400
资产总计	6 340	970	
应付账款	1 000	150	150
其他应付款	300	20	20
长期借款	500	—	—
普通股（每股面值 $10）*	2 340		
普通股（每股面值 $3）#		180	
增收资本	200	20	
留存收益	2 000	600	
负债和股东权益总计	6 340	970	
S 公司净资产		800	1 100

* 发行在外 234 000 股，#发行在外 60 000 股。

（1）并购成本大于被合并公司的可识别净资产公允价值

2013 年 1 月 1 日，P 发行股票 40 000 股作为合并对价取得 S 公司 100% 的所有权，P 公司股票每股公允价值为 $30，为简单起见假设没有发生其他直接合并成本，也不存在或有支付，合计对价计 120 万美元。合并完成日，P 公司股权投资会计分录如下：

借：长期股权投资—S 公司　　1 200 000
　　贷：普通股　　400 000
　　　　增收资本　　800 000

会计分录入账后，P 公司资产负债表 11－3 各别资产负债表栏，长期股权投资账户余额120万美元，股本274万美元，增收资本100万美元。

表11-3　　P公司及S公司合并工作底稿（100%股权）

2013年1月1日　　单位：千美元

项　目	各别资产负债表		消除与调整		合并报表
	P	S	借	贷	
资产					
现金	1 140	100			1 140 + 100 = 1 240
应收账款	2 000	150			2 000 + 150 = 2 150
存货	400	70			400 + 70 = 470
房屋及设备	3 000	500	B 50		3 000 + 550 = 3 550
累计折旧	(1 200)	(150)	B 150		(1 200)
土地	1 000	300	b 100		1 000 + 300 + 100 = 1 400
对S公司投资	1 200			A 800 B 400	
商誉			b 100		100
资产总额	7 540	970			7 710
负债和股东权益					
应付账款	1 000	150			1 000 + 150 = 1 150
其他应付款	300	20			300 + 20 = 320
长期借款	500	—			500
普通股（每股面值$10）*	2 740				2 740
普通股（每股面值$3）#		180	a 180		
增收资本	1 000	20	a 20		1 000
留存收益	2 000	600	a 600		2 000
负债和股东权益总计	7 540	970	1 200	1 200	7 710

S公司可识别资产和承担负债确认和评估如表11-2公允价值栏，S公司可识别资

产和负债按公允价值并入P公司相应项目，由于是一次性并购，并且不存在非控制性权益，合并对价公允价值（即股权投资成本）大于S公司可识别净资产（资产和负债）公允价值的数额10万美元确认为商誉，购并法下合并日编制的合并资产负债工作底表如表11-3所示。通常在母、子公司财务报表的基础上进行消除和调整，将调整消除后的母、子公司报表上相应项目合并编制合并报表。

表11-3中调整消除栏示意性分录如下：

（A）消除子公所有者权益与相应投资：

借：普通股	180 000	
增收资本	20 000	
留存收益	600 000	
贷：对S公司投资		800 000

（B）资产增值调整：

借：房屋及设备	500 000	
累计折旧	150 000	
土地	100 000	
商誉	100 000	
贷：对S公司投资		400 000

根据表11-3合并报表余额栏，P公司在股权取得日编制的合并资产负债表如表11-4所示。

表11-4　　P公司及S公司合并资产负债表

2013年1月1日　　单位：千美元

资　产		负债和股东权益	
现金	1 240	应付账款	1 150
应收账款	2 150	其他应付款	320
存货	470	长期借款	500
流动资产	3 860	负债	1 970
厂场设备（净值）	3 550		
累计折旧（厂场设备）	（1 200）	普通股	2 740
土地	1 400	增收资本	1 000
商誉	100	留存收益	2 000
资产总计	7 710	负债和股东权益总计	7 710

（2）便宜并购

假设上述P公司股票每股公允价值不是$30，而是$25，也没有发生其他直接合并成本，不存在或有支付，合并对价合计100万美元。合并完成日，P公司股权投资会计分录如下：

借：长期股权投资—S公司　　1 100 000
　　贷：普通股　　400 000
　　　　增收资本　　600 000
　　　　便宜购并利得　　100 000

会计分录入账后，P公司资产负债表11－5各别资产负债表栏，长期股权投资账户余额110万美元，股本274万美元，增收资本80万美元。

表11－5　　P公司及S公司合并工作底稿（100%股权）

2013年1月1日　　单位：千美元

项　目	各别资产负债表		消除与调整		合并报表
	P	S	借	贷	
资产					
现金	1 140	100			1 140＋100＝1 240
应收账款	2 000	150			2 000＋150＝2 150
存货	400	70			400＋70＝ 470
房屋及设备	3 000	500	B 50		3 000＋550＝3 550
累计折旧	（1 200）	（150）	B 150		（1 200）
土地	1 000	300	b 100		1 000＋300＋100＝1 400
对S公司投资	1 100			A 800 B 300	
资产总额	7 340	970			7 610
负债和股东权益					
应付账款	1 000	150			1 000＋150＝1 150
其他应付款	300	20			300＋20＝ 320
长期借款	500	—			500

续表

项目	各别资产负债表		消除与调整		合并报表
	P	S	借	贷	
普通股（每股面值￥4.5）*	2 740				2 740
普通股（每股面值￥3）#		180	a 180		
增收资本	800	20	a 20		800
留存收益 便宜购并利得	2 000 100	600	a 600		2 100
负债和股东权益总计	7 340	970	1 200	1 200	7 610

合并对价小于S公司可识别净资产公允价值10万美元，属于便宜并购，便宜并购利得计入损益。合并报表工作底稿如表11－5所示。

根据表11－5合并报表余额栏，P公司在股权取得日编制的合并资产负债表如表11－6所示。

表11－6　P公司及S公司合并资产负债表

2012年1月1日　单位：千美元

资产		负债和股东权益	
现金	1 240	应付账款	1 150
应收账款	2 150	其他应付款	320
存货	470	长期借款	500
流动资产	3 860	负债	1 970
厂场设备（净值）	3 550	普通股	2 740
累计折旧（厂场设备）	（1 200）	增收资本	800
土地	1 400	留存收益	2 100
资产总计	7 610	负债和股东权益总计	7 610

第三节 合并日合并财务报表的编制——购并法

编制合并报表，首先应统一母子公司的会计政策，如果母子公司类似的交易或事项采取不同的会计政策，编制合并报表时应加以调整使之保持一致。编制合并报表需要实施以下程序①：

（1）合并母公司及其子公司的资产、负债、权益、收入、费用、现金流项目；

（2）抵消（消除）母公司在每一子公司投资的账面价值，抵消（消除）母公司在每一子公司中的权益份额；

（3）全部抵消公司集团内部所有交易相关的资产、负债、权益、收入、费用、现金流。

本节采用循序渐进的方式，介绍合并报表的编制程序。首先介绍母公司100%控股子公司合并报表的编制，然后讨论子公司存在非控制权益合并报表的编制。

一、100%控股子公司合并报表的编制

为了介绍编制包括全资子公司在内的合并财务报表，设简例如下。

【例11-7】 假设P公司于2013年1月1日取得S公司的控制权建立母子公司关系。母公司（P）和子公司（S）在合并前，2012年12月31日的各别资产负债表如表11-7所示。

表11-7　　P公司和S公司各别资产负债表

2012年12月31日　　单位：美元

项　目	P公司	S公司
资产		
现金	$205 000	$35 000
应收账款	15 000	30 000
应收账款—S公司	10 000	
存货	170 000	70 000
厂场设备（净值）	100 000	45 000
资产总计	$500 000	$180 000

① IFRS 10: Consolidated Financial Statements, Appenix B, Application Guidance, B86。IFRS © Foundation 2012.

续表

项　　目	P公司	S公司
负债和股东权益		
应付账款	$60 000	$20 000
应付账款—P公司		10 000
普通股—P公司（面值为 $6）	300 000	—
普通股—S公司（面值为 $10）		100 000
留存收益	140 000	50 000
负债和股东权益总计	$500 000	$180 000

注：P公司外发面值为 $6 的普通股 50 000 股，S公司外发面值为 $10 的普通股 10 000 股。

设P公司于 2013 年 1 月 1 日以现金 $170 000 收购了S公司面值为 $10 的全部有表决权的外发股份 10 000 股。对于这一交易，P公司应作如下会计分录：

借：对S公司投资　　170 000
　　贷：现金　　170 000

上述会计分录登账后。母公司的资产负债表如表 11－9 的母公司栏。母子公司合并后通常需要编制合并日的合并资产负债表，为以后合并财务报表的编制确立基础。前已指出采用购并法编制合并报表，母公司按资产和负债的取得成本，即按收买日的公允价值合并报告子公司的资产与负债；子公司各项资产和负债的公允价值与收买总成本之间的差额确定为商誉。所以合并日合并报表的编制程序如下：

（1）将子公司的相关资产负债调整至其公允价值，超越子公司净资产公允价值的收买成本确认为商誉；

（2）消除母子公司之间相应且相反的项目，如母公司的投资项目与子公司的股东权益项目；

（3）将调整消除后母子公司的相应项目加总（合并）编制合并资产负债表。

（一）投资成本的分配

为了分配投资成本，需要对子公司净资产公允价值进行评估。各项资产和负债公允价值的评估，一般原则是区分货币性项目和非货币性项目。对于货币性资产和负债项目，其合理价值是其未来应付或应收现金数额。若为长期货币性项目，应考虑其风险特征按适当贴现率贴现为现值。若为上市证券，那么其市价可以作为其合理价值的重要依据。

对于企业经营使用的非货币性资产，其公允价值可采用效用相似资产的重置价值为依据。对于无重置价值或用于销售目的的非货币性资产，如原材料、产成品等存货项目，则可以其预计的销售价值扣除销售过程中必要费用支出，以及适当的利润作为其公允价值的依据。

对于非货币性负债，其公允价值的确定应估计消除此项负债的将来的现金流出，并按适当贴现率加以贴现。如果企业存在可确指的无形资产，其公允价值可参考类似无形资产的市场交易价格，或对其未来创利能力加以估计，并按适当贴现率贴现。

本例中假设S公司的各项资产经评估确定，除厂场设备市价升值 \$10 000 外，其余各项资产的公允市价均与账面价值相等。那么P公司取得S公司的取得成本 \$170 000 同S公司净资产账面价值 \$150 000 之间的差额 \$20 000。分析如表 11－8：

表 11－8　　购并成本构成

S公司100%股权的收买价格		\$170 000
减：S公司净资产公允市价		
S公司净资产账面价值		\$150 000
厂场设备增值	10 000	160 000
商誉		\$10 000

从表 11－8 可以知道，取得成本同S公司净资产账面价值之间的 \$20 000 差额，\$10 000 属于厂场设备评估增值，剩下的 \$10 000 归属于合并商誉。

（二）编制合并报表的消除调整程序

编制合并报表的调整消除程序可以采用工作底表来完成，也可以直接调整消除有关项目。采用工作底表如表 11－9 的消除调整栏，调整消除的基本程序可用会计分录形式示意如下：

1. 消除母公司的投资和子公司股东权益

如表 11－9 消除和调整栏 a，示意性会计分录如下：

a. 借：普通股—S公司	100 000	
留存收益—S公司	50 000	
贷：对S公司投资		150 000

2. 根据资产评估的公允价值，调整子公司有关资产和负债的账面价值，并确定商誉

如表 11－9 消除和调整栏 b，示意性会计分录如下：

b. 借：厂场设备	10 000	
商誉	10 000	
贷：对S公司投资		20 000

上述 a 和 b 可以合并为一个示意性分录：

借：厂场设备　　10 000
　　商誉　　10 000
　　普通股—S 公司　　100 000
　　留存收益—S 公司　　50 000
　　贷：对 S 公司投资　　170 000

需要说明的是，在购并法下子公司的净资产视为被收买，并已按公允市值列入合并报表，因此子公司合并前的留存收益不应并入合并留存收益，股权取得日合并资产负债表中的留存收益，只包括合并前母公司的留存收益。

3. 消除母子公司之间的内部交易

如果母子公司之间存在公司间内部交易，假设 P 公司欠 S 公司账款 $10 000，编制合并报表时应予消除。

C. 借：应付账款—P　　10 000
　　贷：应收账款—S　　10 000

表 11－9　　P 公司及 S 公司合并工作底稿（100%股权）

2013 年 1 月 1 日　　单位：美元

项　目	各别资产负债表		消除与调整		合并报表
	P	S	借	贷	
资产					
现金	$35 000	$35 000			$70 000
应收账款	15 000	30 000			45 000
应收账款—S 公司	10 000			c 10 000	—
存货	170 000	70 000			240 000
对 S 公司投资	170 000	—		b 20 000 a 150 000	—
厂场设备（净）	100 000	45 000	b 10 000		155 000
商誉			b 10 000		10 000
资产总额	$500 000	$180 000			$520 000
负债和股东权益					

续表

项　目	各别资产负债表		消除与调整		合并报表
	P	S	借	贷	
应付账款	$60 000	$20 000			$80 000
应付账款—P		10 000	c 10 000		
普通股—P	300 000				300 000
普通股—S		100 000	a 100 000		
留存收益	140 000	50 000	a 50 000		140 000
负债和股东权益	$500 000	$180 000	$160 000	$160 000	$520 000

（三）编制合并资产负债表

完成了消除调整程序，合并消除调整后母子公司报表的相应项目就可以编制出合并日母子公司的合并资产负债表。如表 11－10 所示。

表 11－10　　P 公司及 S 公司的合并资产负债表

2013 年 1 月 1 日

资　产		负债和股东权益	
现金	$70 000	应付账款	$80 000
应收账款	45 000		
存货	240 000		
流动资产	355 000		
厂场设备（净值）	155 000	普通股	300 000
商誉	10 000	留存收益	140 000
资产总计	$520 000	负债和股东权益总计	$520 000

二、子公司存在非控制性权益

母公司对子公司的控制往往不采取完全控股的方式，而是持有多数控制性股权，如 60% 或 70% 的股权等，甚至低于 50% 权益而通过契约等其他方式控制子公司，以较少的资本控制更多的资本。当母公司的控股权小于 100% 时，子公司的一部分股权将为母公司以外的股东所持有，这部分股东权益以前被称为少数权益，由于控制不等于多数股权，所以美国财务会计准则委员会 141 号会计准则和 IFRS 的 No. 3 将之称为非控制性权益。

（一）合并报表对非控制权益的报告方法

子公司存在非控制性权益的情况下，母公司在编制合并报表时如何反映非控制股东的应享权益？由于对集团公司概念的不同见解，在会计理论和会计实务中就产生了不同的理论和方法。企业合并如何计量非控制权益及非控制性权益如何反映于合并报表，主要体现于对以下几个问题的解决。

第一，子公司净资产中属于非控制性权益的净资产应否包含于合并报表之中？

第二，若属于非控制性权益的净资产报告于合并报表上，那么非控制性权益的净资产如何计量，即以何种价值报告？是按其账面价值报告还是以企业合并日的公允价值报告？

第三，在合并资产负债表中，非控制性权益应否列为股东权益？

第四，合并损益表上非控制性权益应享损益是否属于损益分配？

追溯历史，在联营法下由于企业的合并被视为各成员公司（Constituent Companies）股东权益的平等结合，非控制性权益在合并资产负债表应列为股东权益，非控制性权益应享损益在合并损益表上属于合并损益的分配。

在购并法下，由于对待非控制性权益的观点不同，对非控制权益的计量有几种不同的方法。

1. 比例合并法（Proportionate Consolidation）

比例合并法是指在合并报表上，以企业合并时的公允值按母公司的应享比例合并子公司的资产负债、收入和费用，少数股东的应享权益完全被排斥在合并报表之外。由此称之为比例合并法。历史上比例合并法通常用于合资和合作企业中股权投资。

2. 母公司法（Parent Company Method）

在母公司法下，母公司的合并报表上包括子公司的全部资产和负债、收入和费用，但对于各项目属于母公司的应享份额均以合并时的公允值计量，而属于非控制性权益的应享份额则按子公司的账面价值计量。母公司法的主要特点如下：

（1）合并报表上非控制性权益被排斥在合并资产负债表上的股东权益之外，而以“少数权益”（即非控制权益）的单独项目列于合并资产负债表上的负债和股东权益两大类之间，将非控制性权益视为负债。

（2）合并损益表上，非控制性权益应享子公司净利润的相应份额被排斥在合并净利润之外，而以“非控制权益应享净利润”的单独项目列于各项费用之下，实质上将其视为费用。

（3）在合并资产负债表上，合并子公司的所有资产负债项目，但对于母公司的应享份额按企业合并日公允价值，而对属于非控制性权益的应享份额则按子公司的账面价值，即对于同一资产负债项目，可能出现不同计价基础。

（4）对于公司之间的交易所包含的未实现利润，应全部消除而非仅消除母公司应享份额。

美国在 141 号会计准则之前，企业合并对非控制性权益计量主要采用母公司法。

3. 实体法（Entity Method）

实体法通常也译为主体法，对于子公司的全部资产和负债均以合并日的公允价值全部并入合并报表，并可为非控制性权益确认商誉。这种方法从经济实体的理论出发将子公司净资产视为统一不可分割的经济实体，所以称为实体法。主要特点如下：

（1）合并资产负债表上，非控制性权益的股东权益包括在合并的股东权益之中，通常在股东权益项下单独列示；

（2）合并损益表上，非控制性权益应享子公司净利润属于合并净收益的组成部分，与控股股东的应享利润分列；

（3）在合并资产负债表上，按合并日的公允价值合并子公司的全部资产负债项目，并可为非控制性权益确认商誉；

（4）公司间交易未实现的利润应全部消除。

国际财务报告准则第 3 号①要求的方法属于实体法，即子公司全部资产负债按公允价值纳入合并报表，按子公司可识别净资产的公允价值确认非控制权益，可以为非控制性权益，即少数股东权益确定商誉，也可能不确认商誉，但属于非控制权益的权益不可以低于可识别净资产的公允价值。

（二）存在非控制性权益情况下，合并日合并报表的编制

本章以实体法为例介绍存在非控制性权益的情况下，合并报表的编制程序。

【例 11－8】 沿用前例购并法，设 P 公司以现金 $136 000、即按每股 $17 收买 S 公司 80% 外发有表决权的股份，即 8 000 份。对此项交易 P 公司作如下会计分录：

借：对 S 公司投资　　136 000

　　贷：现金　　136 000

以上会计分录过账后，P 公司和 S 公司在股权取得日的各别资产负债表如表 11－12 所示。

设 S 公司各项资产的公允市价同前，即除了厂场设备公允市价升值 $10 000 外，其余资产公允市价同其账面价值无异。所以母公司收买成本分配及 S 公司价值分布如表 11－11 所示。

---

① IFRS No. 3，Business Combination，Appendix B paragraph B44－45. IFRS © Foundation 2012.

表 11－11　**S公司价值分布表**

	S公司可识别净资产公允价值	P公司（80%）	S公司非控制性权益（20%）
S公司公允价值			
S公司净资产账面价值：	$170 000	$136 000	$34 000
普通股本	$100 000	$80 000	$20 000
留存收益	50 000	40 000	10 000
S公司可识别净资产账面价值	150 000	120 000	30 000
加：厂场设备增值	10 000	8 000	2 000
S公司可识别净资产公允价值	160 000	128 000	32 000
商誉	$10 000	$8 000	$2 000

根据表 11－11，调整与消除程序如表 11－12 的消除与调整栏，根据表 11－12 合并报表余额栏，P公司在股权取得日编制的合并资产负债表如表 11－13 所示。

表 11－12　**P公司及S公司合并工作底稿（80%股权）**

2013 年 1 月 1 日

项　目	各别资产负债表		消除与调整		合并报表
	P	S	借	贷	
资产					
现金	$69 000	$35 000			$104 000
应收账款	15 000	30 000			45 000
应收账款—S公司	10 000			d 10 000	—
存货	170 000	70 000			240 000
对S公司投资	136 000	—		b 16 000 a 120 000	—
厂场设备（净）	100 000	45 000	b 8 000 c. 2 000		155 000
商誉			b 10 000		10 000
资产总额	$500 000	$180 000			$554 000

续表

项　　目	各别资产负债表		消除与调整		合并报表
	P	S	借	贷	
负债和股东权益					
应付账款	$60 000	$20 000			$80 000
应付账款—P		10 000	d. 10 000		
非控制性权益				c. 34 000	34 000
普通股—P	300 000				300 000
普通股—S		100 000	a. 80 000 c. 20 000		
留存收益	140 000	50 000	a. 40 000 c. 10 000		140 000
负债和股东权益	$500 000	$180 000	$178 000	$178 000	$554 000

可见存在非控制性权益的情况下，合并报表的编制程序与母公司持有 100% 股权的编制程序相同。如采用修证的实体法，母公司仍按所取得的股权分配其收买成本并确定商誉，非控制权益按子公司可识别净资产公允价值确认而非按整体公允价值（实体法）计算，即不给非控制性权益确认商誉。

表 11－13　　P 公司及 S 公合并资产负债表

2013 年 1 月 1 日

资　　产		负债和股东权益	
现金	$104 000	应付账款	$80 000
应收账款	45 000		
存货	240 000	股东权益：	
流动资产	389 000	普通股	300 000
厂场设备（净值）	155 000	非控制性权益	34 000
商誉	10 000	留存收益	140 000
资产总计	$554 000	负债和股东权益总计	$554 000

第四节　合并日以后合并财务报表的编制

母子公司经过一个会计期间的经营活动，都要编制各自的财务报表，作为一个联属公司集团，也要编制合并的财务报表。根据国际财务报告准则母公司在其单独的报表中对子公司股权投资采用成本法。

【例 11－9】沿用【例 11－8】，假设 P 公司用现金收买 S 公司 80% 的股权，P 公司对 S 公司股权投资在会计处理上采用成本法。经过了一年的营业活动，P 公司和 S 公司 2013 年 12 月 31 日各自的财务报表如表 11－14 所示。其余有关资料如下：

（1）2013 年度 S 公司取得净收益 $19 000；

（2）厂场设备采用直线折旧法，S 公司厂场设备剩余使用年限为 10 年，预计无残值；

（3）商誉将不摊销，年末测试提减值准备；

（4）2013 年度内 S 公司向 P 公司销售商品 $50 000，毛利率为 50%，其中的 $10 000 期末仍留在 P 公司的存货中；

（5）S 公司在 2013 年 12 月 15 日宣布并发放本年现金股利 $10 000；

（6）2013 年 12 月 31 日，S 公司欠 P 公司 $6 000。未发生其他母子公司之间的交易；

（7）P 公司采用成本法记录对 S 公司投资，假设商誉年末经测试未发生减值；

同股权取得日合并报表的编制一样，具体程序可在工作底表上进行，如表 11－14 所示。表上消除和调整项目说明如下。

P 公司及 S 公司合并工作底稿（80% 股权）

表 11－14　　**2013 年 12 月 31 日**

项　目	各别资产负债表		消除与调整		合并报表
	P	S	借	贷	
损益表					
销售收入	$416 000	$150 000	d. 50 000		$516 000
投资收益	8 000	—	e. 8 000		—
销售成本	（231 000）	（89 000）		d. 45 000	（275 000）

续表

项目	各别资产负债表		消除与调整		合并报表
	P	S	借	贷	
各项费用	(130 000)	(26 500)			(156 500)
折旧费	(10 000)	(4 500)	c. 1 000		(15 500)
所得税	(20 000)	(11 000)			(31 000)
净收益	$33 000	$19 000			$38 000
非控制性权益应享收益			g. 3 800	h. 1 200	(2 600)
公司集团净收益					$35 400
现金	$88 000	$50 500			$138 500
应收账款	18 000	30 000			48 000
应收账款—S公司	6 000			f. 6 000	
存货	190 000	65 000		d. 5 000	250 000
对S公司投资	136 000	—		a. 120 000 b. 16 000	—
厂场设备（净）	90 000	40 500	b. 10 000	c. 1 000	139 500
商誉			b. 10 000		10 000
资产总额	$528 000	$186 000			$586 000
负债和股东权益					
应付账款	$55 000	$21 000			$760 00
应付账款—P		6 000	f. 6 000		—
非控制性权益			e. 2 000 h. 1 200	a. 30 000 b. 4 000 g. 3 800	34 600
普通股—P	300 000				300 000
普通股—S		100 000	a. 100 000		

续表

项　　目	各别资产负债表		消除与调整		合并报表
	P	S	借	贷	
留存收益 1/1/2013	140 000	50 000	a. 50 000		140 000
现金股利（2013 年度）		(10 000)		e. 10 000	
净收益	35 400	19 000			35 400
负债和股东权益	$528 000	$186 000	$240 000	$240 000	$586 000

（1）母公司采用成本法处理对 S 公司投资，表 11－14 中 P 公司对 S 公司股权投资账户仍为原投资成本 $136 000，投资收益为现金股利 $8 000。

消除调整可分为两个部分，首先消除 S 公司的股东权益和 P 公司对 S 公司的投资成本，并确认资产增值和商誉，该消除和调整程序与合并日合并程序相同。S 公司的股东权益的 80% 对应于 P 公司的投资，20% 属于 S 公司的非控制性权益；P 公司投资成本高于应享 S 公司权益部分属于有关资产增值及商誉。示意性会计分录如表 11－14 调整消除栏 a 和 b。

a. 借：普通股—S　　100 000
　　留存收益—S　　50 000
　　贷：长期投资—S 公司　　120 000
　　　　非控制性权益　　30 000

b. 借：厂场设备　　10 000
　　商誉　　10 000
　　贷：长期投资—S 公司　　16 000
　　　　非控制性权益　　4 000

（2）会计期内应摊销 S 公司厂场设备的增值，这将增加合并报表上的折旧费。厂场设备增值 $10 000，分 10 年摊销每年摊销 $1 000。示意如下：

c. 借：折旧费用　　1 000
　　贷：累计折旧　　1 000

（3）消除公司之间交易未实现收益

2013 年度内 S 公司向 P 公司销售商品 $50 000 属于公司集团内部交易，应予消除。其中的 $10 000 期末尚未向第三者销售仍留在 P 公司的存货中，毛利率为 50%，未实现收益为 $10 000 包含于存货之中，应予消除。示意会计分录如下：

d. 借：销售收入 50 000
　贷：销售成本 45 000
　　存货 5 000

(4) 消除会计期内P公司记入投资收益中的S公司发放的现金股利 \$8 000 (\$10 000×80%)，S公司发放股利 \$10 000，剩余的 \$2 000 (20%) 为S公司非控制性权益所得。示意会计分录如下：

e. 借：投资收益 8 000
　　非控制性权益 2 000
　　贷：现金股利 10 000

(5) 消除母子公司之间的债务 \$6 000。示意会计分录如下：

f. 借：应付账款—P公司 6 000
　　贷：应收账款—S公司 6 000

(6) S公司报告净收益为 \$19 000，其中的 20% (\$19 000×80% = \$3 800) 属于非控制性权益，在合并的损益表上应单独列示，并归入合并资产负债表中的非控制性权益项内。会计分录示意如下：

g. 借：非控制性权益应享收益 3 800
　　贷：非控制性权益 3 800

但S公司报告的净收益中包含了未实现收益 \$5 000，其中的 20% (\$5 000×20% = \$1 000) 应从非控制股东应享的收益中减去，同时摊销的 \$1 000 固定资产增值中的 20% (\$1 000×20% = \$200) 也应从少数股东应享的收益中减去，合计 \$1 200。会计分录示意如下：

h. 借：非控制性权益 1 200
　　贷：非控制性权益应享收益 1 200

上述两个示意分录可合并在一起，即在计算非控制权益应享收益时，应以调整过的S公司净收益计算即：(\$19 000 - \$5 000 - \$1 000)×20% = \$2 600，分录示意如下：

借：非控制性权益 2 600
　贷：非控制性权益应享收益 2 600

(7) 商誉在合并报上的处理

美国142号会计准则和第3号国际财务报告准则都规定商誉确认为一项资产，其成本不再摊销，而是定期对商誉进行减值测试，若经测试表明商誉已减值则需要提减值准备。假设例中公司合并产生商誉 \$8 000，期末测试未发生减值，所以不作任何调整。

(8) 编制合并报表

完成了必要的调整和消除程序后，加总P公司及S公司消除和调整后有关账户的余额，得出合并工作底表的合并报表栏数额。据此P公司编制的合并收益表及留存收益表如表11－15，合并的资产负债表如表11－16所示。

表11－15　**P公司及S公合并收益表及留存收益表**

2013年12月31日

销售收入		$516 000
销售成本		275 000
销售毛利		241 000
营业费用：	$156 500	
各项费用		
折旧费用	15 500	172 000
税前收益		69 000
所得税费		31 000
税后收益		38 000
减：非控制性权益应享收益		2 600
净收益		35 400
加：留存收益（1/1/ 2013）		140 000
留存收益（12/31/ 2013）		$175 400

表11－16　**P公司及S公合并资产负债表**

2013年12月31日

资　产		负债和股东权益	
现金	$138 500	应付账款	$76 000
应收账款	48 000		
存货	250 000	股东权益：	
流动资产	436 500	普通股	300 000
厂场设备（净值）	139 500	非控制性权益	34 600
商誉	10 000	留存收益	175 400
资产总计	$586 000	负债和股东权益总计	$586 000

关于编制合并日后更长期间的合并财务报表及更为复杂的问题，将在高级财务会计中详细介绍。

本章小结

本章要点可以归纳为以下几个方面：

1. 通常投资公司和被投资公司之间的关系一般分为三种情况分别采用不同的会计处理：(1) 既非控制又非重大影响的长期股权投资，若公允价值难以可靠确定，采用成本法；若长期股权投资为上市公司股票，归类为可出售投资以公允价值进行后续计量；(2) 有重大影响的长期股权投资采用权益法；(3) 存在控制权的长期股权投资，母公司应编制合并财务报表。

2. 所有长期股权投资均按实际取得成本进行初始确认与计量。长期投资采用成本法，持有期内，在被投资企业宣布现金或其他资产股利时，确认投资收益，投资初始成本通常不变。

3. 权益法是指长期股权投资的账面价值反映投资公司所拥有的被投资公司的股东权益的变动。权益法下被投资公司当期获得利润时，增加长期股权投资的账面价值。被投资公司分配利润时（如宣布发放现金股利），应减少长期股权投资的账面价值。

4. 企业合并会计方法

美国 141 号会计准则和 IFRS No. 3 规定企业合并 141 号采用购并法。

5. 存在少数（非控制）股权，运用购并法对非控制权益的处理方法

在购并法下，子公司存在非控制性权益，合并报表上对非控制权益的处理方法有：比例合并法、母公司法和实体法。

美国 141 号会计准则和 IFRS No. 3 对非控制权益的计量和报告所采用的方法属于实体法。

6. 编制合并报表的程序

母公司对子公司实质性控制是编制合并报表的基础，编制合并报的程序可以简单归纳为：抵消与合并。

复习思考题

1. 长期投资从性质上如何划分？它们各自有什么特点？

2. 长期股权投资中，投资公司与被投资公司之间的关系可以划分为哪几类？它们分别适用于哪种账务处理方法？

3. 长期股权投资后续计量采用权益法，会计处理考虑哪几个方面？

4. 定义母公司和子公司。
5. 编制合并财务报表有何意义和作用?
6. 企业合并成本的构成与分配，实施购并法涉及哪些程序?
7. 如果子公司存在非控制性权益，非控制权益如何计量?
8. 在合并报表上非控制性权益如何反映?
9. 掌握合并日与合并日后合并报表的编制程序和方法。
10. 在什么情况下，母子公司之间交易所包含的利润应该消除?

第十二章

现金流量表

本章内容提示

本章讲授现金流量表的作用、结构和内容，以及现金流量表的编制原理。举例说明直接法和间接法下现金流量表的编制程序。

第一节　现金流量表的形成和作用

企业的经营离不开现金，现金是企业的血液。企业从销售商品、提供劳务、收回投资以及发行有价证券等活动中获取现金，因购买商品、发生营业费用、投资以及还债等活动使用现金。健康合理的现金流动是企业维持正常运转的保证。能够反映企业一定期间现金流入和流出状况的报表，就是现金流量表（Statement of Cash Flows）。然而，现金流量表正式成为对外公布的财务报表经历了较长的演变过程。

一、现金流量表的演进

从20世纪30年代起，各国会计准则普遍推行权责发生制，收益表作为重要的对外财务报告，受到财务报告使用者更多的关注。但是，收益表并不能完全说明企业财务状况的变动情况，在会计实务中一些企业会自行编制“资金表”作为内部报表，来补充基于权责发生制基础的收益表的不足，但资金表的报表格式不统一，企业不必对外披露。

1962年，美国注册会计师协会公布了第3号会计研究报告《现金流动分析和资金报表》，建议在企业对外报告中增加一张资金表。1963年，美国会计原则委员会发布第

3 号意见书，建议企业以营运资本为基础编制“资金来源与运用表”作为财务报告的补充信息，但不具有强制性。

由于美国会计学会和其他会计职业组织对编制这一报表的支持，美国会计原则委员会在 1971 年发布第 19 号意见书《财务状况变动的报告》，将这一报表命名为“财务状况变动表”，使其成为企业必须正式对外公布的报表之一。该报告没有明确规定财务状况变动表的编制基础，企业可以采用营运资本或现金作为编制基础。

美国在 20 世纪 70 年代经历了严重的通货膨胀，收益表被认为不能提供真实的收益额，资产负债表被认为只披露历史成本而非现时价值，两表所提供的信息不能满足报表使用者的需要，甚至误导报表使用者的决策。因为有的企业获得了高额利润，仍然面临着经营困难的窘境。由此，更多的企业开始以现金为基础编制财务状况变动表，以便准确反映企业持续经营的能力。

1978 年，美国财务会计准则委员会发布的财务会计概念公告第 1 号指出，财务报告应当提供帮助目前和潜在的投资者和债权人及其他使用者评价企业潜在现金流量的金额、时间分布和不确定性的信息。1984 年，美国财务会计准则委员会发布的财务会计概念公告第 5 号指出，企业提供的全套财务报表中应当反映企业当期的现金流量，并肯定和分析了现金流量表的作用。

1987 年 11 月美国财务会计准则委员会正式公布财务会计准则第 95 号《现金流量表》，要求企业编制现金流量表代替财务状况变动表，将其作为正式对外报告的基本财务报表。国际会计准则委员会在 1992 年正式发布了国际会计准则第 7 号《现金流量表》，以规范现金流量表的内容和编制方法。

二、现金流量表的作用

现金流量表有助于企业的利益相关者评价企业的现金创造能力、支付能力、财务弹性和收益质量。

（一）预测企业未来现金流量的数量、时间和风险

在大多数情况下，过去的现金收支状况是未来现金流量的指示器。比如，对于本期长期营业用资产变动引起的现金流量，其增减变化和幅度有助于分析企业经营方向的变化和经营规模的变动。结合其他因素，可以预测未来日常经营活动现金流量的变化方向、大小以及波动程度。

（二）评价企业的支付能力和融资需求

企业的支付能力，是企业向股东分派股利和向债权人偿付本息的能力。现金流量表中，会列示现金股利支付和本息偿付的信息。持续稳定的股利支付，以及有保障的债务偿还能力，可以增强企业的再融资能力，并获取更多的相对低成本的资金。现金流量表

有助于了解某期企业资金的主要来源，是内部经营提供，还是外部融资，以及企业对资金需求的程度。

（三）评价企业的财务弹性

财务弹性，是企业运用现金应付市场变动的能力，表现为应付未能预见的偶发事件的能力，或抓住有利时机及时进行有效投资的能力。其中，自由现金流量（Free Cash Flow）是评价企业财务弹性的重要指标，可以利用现金流量表披露的书籍计算。该指标等于营业活动创造的现金流量扣除企业发展所需的资本性支出之后的余额。它表明了企业在不依靠外部融资的情况下，为投资机会获取资金的能力和抗风险能力，相应揭示了企业支付股利和偿还本息的实力。自由现金流量越高，企业的财务弹性越大。具有良好流动性和较高财务弹性的企业能够持续稳定的健康发展。

（四）揭示企业的收益质量

从长期来看，较强的盈利能力最终表现为较高的现金净流入。然而，短期来看，企业某期的利润不可能等于现金净流量，现金流量表中详细提供了营业收益与营业活动现金流量之间的差异信息，便于分析现金流量与利润的背离情况以及产生的原因。报表分析者考察这些信息，有助于投资者分析企业的利润质量，识破账面盈利而面临破产的企业，避免抛弃暂时亏损而发展潜力巨大的企业。

此外，现金流量数据不受会计方法选择和会计估计的影响。在不存在虚假报告的前提下，现金流量是比利润更为真实的指标。

第二节 现金流量表的结构和内容

现金流量表的现金概念不同于账务处理中所指的现金。现金流量表分别从营业活动、投资活动和筹资活动角度揭示了现金的变动。

一、现金流量表的现金概念

现金流量表的现金概念包括现金以及现金等价物。现金等价物（Cash Equivalents），是易于转换为已知数额、其价值受利率影响较小的短期投资项目，具有高度的流动性和较低的风险。在会计实务中，指距到期日不超过3个月的投资项目，如短期国库券、商业票据、货币市场资金等。

二、现金流量表的结构和主要内容

在现金流量表中，现金流量按经济活动性质分为三类：营业活动现金流量，投资活动现金流量，以及筹资活动现金流量。

（一）营业活动现金流量

营业活动现金流量（Cash Flows from Operating Activities）分为现金流入和现金流出两部分。在日常的营业循环中，企业为获取原材料和商品，会支付现金，形成购货支出；同时，会发生工薪等营业费用支出。当企业对外销售商品或提供劳务，会从客户手中收回现金。正常情况下，营业活动是企业利润的主要来源。表 12－1 是常见的营业活动现金流量。

表 12－1　　营业活动现金流量

现金流入：	现金流出：
1. 从客户手中收到的现金，如商品或劳务的现销收入、收回商业性应收款； 2. 收取的利息和股利； 3. 除投资活动和筹资活动以外的其他现金收入，如胜诉收取的诉讼赔款和保险赔款等。	1. 购买材料或商品支出； 2. 工薪支出及其他营业费用支出； 3. 利息支出； 4. 所得税支出； 5. 除投资和筹资活动以外的其他现金支出，如诉讼赔款、捐赠支出、罚款支出等。

值得注意的是，收取的利息和股利源于投资活动，利息支出源于筹资活动。但是，美国财务会计准则委员会将其划归到营业活动现金流量，主要因为这些收支与收益表有关。

（二）投资活动产生的现金流量

投资活动现金流量（Cash Flows from Investing Activities）分为现金流入和现金流出两部分。投资活动涉及企业对内投资，即取得固定资产、自然资源和无形资产等长期营业用资产，以及企业对外的长短期投资。取得上述项目，流出现金；处置这些项目，流入现金。但是，投资期间收取的利息和股利不归入投资活动现金流量。表 12－2 是常见的投资活动现金流量。

表 12－2　　投资活动现金流量

现金流入：	现金流出：
1. 收回贷款、债券投资而收取的现金； 2. 出售股权投资而收取的现金； 3. 处置长期营业用资产（固定资产、自然资源、无形资产等）而收取的现金。	1. 向其他企业贷款、购买债券的支出； 2. 购买其他企业股权的支出； 3. 购买长期营业用资产（固定资产、自然资源、无形资产等）支出。

（三）筹资活动产生的现金流量

筹资活动现金流量（Cash Flows from Financing Activities）分为现金流入和现金流出两部分。企业的资金来源于举债和所有者投资。筹资活动主要包括从债权人和所有者手中获取资金、向其支付投资回报以及归还投资。但是，利息支出不归入筹资活动现金流量。表 12 – 3 是常见的筹资活动现金流量。

表 12 – 3　　筹资活动现金流量

现金流入：	现金流出：
1. 借入长短期借款或发行债券而收取的现金； 2. 发行股票等权益性证券而收取的现金。	1. 偿还借款、债券本金或赎回债券的现金支出； 2. 回购或注销股票、赎回优先股的现金支出； 3. 现金股利支出。

三、其他信息披露

现金流量表还应披露以下信息：

其一，现金等价物的组成。

其二，重大的不涉及现金的投资和筹资活动，如发行股票换取固定资产、将公司债券转换为普通股等。

其三，汇率变动对从事外币业务或海外经营的公司所持有的外币现金余额的影响。

第三节　现金流量表的编制

现金流量表的编制以会计等式为基础，利用比较资产负债表、当期收益表和其他相关资料，采用直接法或间接法编制。

一、现金流量表的编制原理

现金流量表的编制依赖于对会计等式的运用。下面是会计等式以及变形。

资产　　　　　　= 负债 + 所有者权益

现金 + 非现金资产 = 负债 + 所有者权益

移项后的会计等式是：

现金 = – 非现金资产 + 负债 + 所有者权益

根据移项后的会计等式，可以得出两个结论。

（1）经济业务分为现金性和非现金性两类。同时影响等式两边的经济业务是现金性业务，涉及的现金变动应列报在现金流量表中。只影响等式右边的经济业务是非现金性业务，其信息不需在现金流量表中列报，但是重大性业务需要在表下或附注中披露。

（2）对于现金性业务，利用等式右侧项目信息可以确定现金的变动原因、金额与方向。

- 从等式右侧项目的种类可以判定经济活动的种类，见本章第二节；
- 从等式右侧项目的变动金额可以推算现金变动额，基于等式原理。
- 从等式右侧项目的变动方向可以辨别现金是增还是减。基于等式原理，现金与非现金资产的变动方向相反，现金与负债、所有者权益的变动方向相同。

下面是移项前会计等式以及非现金项目的变动信息。你可以试着推断相关的现金流量。

A. 现金 + 非现金资产 = 负债 + 所有者权益

? − \$17 000

依据上述信息，现金流出 \$17 000。属于哪类经济活动呢？如果非现金项目是工资费用，就属于营业活动；如果是利息费用，美国会计准则下属于营业活动；如果是股利，就是筹资活动。

B. 现金 + 非现金资产 = 负债 + 所有者权益

? + \$50 000

依据上述信息，现金流入 \$50 000。属于哪类经济活动呢？如果非现金项目是预收收入或应付账款，就属于营业活动；如果是应付债券，就是筹资活动。

C. 现金 + 非现金资产 = 负债 + 所有者权益

? + \$28 000

依据上述信息，现金流出 \$28 000。属于哪类经济活动呢？如果非现金项目是预付费用或应收账款，就属于营业活动；如果是固定资产，就是投资活动。

逐一分析每项业务对现金的影响是不现实的。在会计期末，可以通过了解每一非现金项目在当期的总变动分析现金的变动。

二、现金流量表的编制资料

全部非现金项目在当期变动的获取来源，就是编制现金流量表所需的资料，如下：

（1）比较资产负债表。用于计算资产负债表项目的当期变动额。

（2）当期收益表。用于进一步解释留存收益的变动。

（3）其他数据资料。主要包括非现金损益、非流动项目的变动以及当期涉及重大投资和筹资活动等资料。

凯利公司现金流量表的编制资料有：凯利公司2012年12月31日和2013年12月31日比较资产负债表，如表12－4所示，为便于编制报表，在最右侧列示每一项目的变动额；2013年度的收益表，如表12－5所示；其他资料。

表12－4　　凯利公司比较资产负债表（单位：千美元）

	2013年12月31日	2012年12月31日	变动
	(a)	(b)	(a)－(b)
资产			
现金	$92	$54	$38
应收账款	136	52	84
存货	108	0	108
预付费用	8	12	－4
长期投资	40	44	－4
土地	90	140	－50
设备	786	536	250
减：累计折旧	102	42	60
资产合计	$1 158	$796	
负债和股东权益			
应付账款	$66	$80	$－14
应付工薪	32	28	4
应付股利	2	0	2
应付所得税	30	50	－20
应付公司债	220	300	－80
减：公司债折价	44	54	－10
股本	440	120	320
留存收益	412	272	140
负债和股东权益合计	$1 158	$796	

表 12-5 凯利公司收益表（2013 年度，截止于 12 月 31 日，单位：千美元）

销售收入		$1 780
投资收益		4
出售长期投资利得		4
		$1 788
销售成本	$930	
营业费用	442	
利息费用	24	
出售设备损失	4	
所得税费用	130	1 530
净收益		$258

其他资料如下：

（1）营业费用中包括 $70 000 的折旧费用。

（2）出售长期投资获取现金 $10 000。长期投资全部为股权投资，采用权益法核算，当期获得投资收益 $4 000，获得现金股利 $2 000。

（3）土地按照账面价值出售换取现金。

（4）取得成本为 $332 000 的设备，一部分支付现金 $212 000，其余部分通过发行面值为 $1 的普通股获得。出售设备收取现金 $68 000，设备原值为 $82 000，账面价值为 $72 000。

（5）利息费用 $24 000，包含公司债的折价摊销额。

（6）年初按账面价值 $76 000 赎回面值为 $80 000 的公司债，支付现金。

（7）发行面值为 $1 的普通股获取现金 $200 000，另发行面值 $1 的普通股为换取设备（见第 4 项）。

（8）宣布现金股利 $118 000。

三、现金流量表的编制方法

现金流量表的编制方法有两种：直接法和间接法。两种方法的区别在于营业活动现金流量的列报方式，而在报表其他部分没有差异。

直接法（Direct Method）下，营业活动现金流量部分直接列示现金流入和现金流出项目及其金额。表 12-8 是直接法下的现金流量表。常见的营业活动现金来源和运用项目包括从客户手中收取的现金、购货支出、工薪支出及其他营业费用支出、利息支出和所得税支出等。这种方法的优点在于直观且易于理解。

间接法（Indirect Method）下，营业活动现金流量部分以净收益为起点，将其逐步调整为营业活动现金流量。表 12 - 10 是间接法下的现金流量表。由于起点“净收益”含有非现金性损益和非营业性利得或损失而且以权责发生制基础计算，必须通过剔除非现金性损益或非营业性利得或损失、考虑权责发生制下应计和递延项目对现金的影响，得到以收付实现制基础计算的营业收益，也就是营业活动现金净流量。

无论采用哪种编制方法，都可以使用工作底稿、账户等工具帮助报表的编制。

四、直接法下现金流量表的编制

根据本节凯利公司的有关资料，编制直接法下的现金流量表。从比较资产负债表中得知，当期现金增加 \$38（= \$92 - 54）。本部分所用数据的货币单位均为千美元。

（一）营业活动现金流量

直接法下每个营业活动现金流量的计算是以收益表的各种收入和费用为起点，先剔除非现金性损益或非营业性利得或损失，然后考虑相关营运资本项目（即营业性的应计和递延项目）的影响。

常见的非现金性损益包括备抵法下计提的坏账费用、固定资产的折旧费用、无形资产的摊销费用、权益法下的投资收益等。在凯利公司收益表中，该类项目有折旧费用 \$70 和权益法下的投资收益 \$4。

常见的非营业性利得或损失包括出售固定资产、无形资产以及投资的利得或损失、公司债券赎回的利得或损失等。在凯利公司收益表中，该类项目有出售设备损失 \$4 和出售长期投资利得 \$4。

除上述项目之外，收益表中的其他损益项目（销售收入、销售成本、不含折旧的营业费用、利息费用和所得税费用）需要依据等式原理，利用相关的营运资本变动，调整为营业活动现金流量项目。常见的需要保留并调整的收益表项目以及对应的营运资本和营业现金流量项目如表 12 - 6 所示。

表 12 - 6 直接法下损益、营运资本以及营业活动现金流量之间的项目对应

收益表项目	营运资本项目	营业现金流量项目
销售收入	应收账款、商业性应收票据、预收账款	从客户手中收回的现金
销货成本	存货、应付账款、商业性应付票据、预付账款	购货支出

续表

收益表项目	营运资本项目	营业现金流量项目
工薪费用	应付工薪	工薪支出
其他现金性营业费用	其他营业性应付款、预付费用	其他营业费用上的支出
利息费用	应付利息、公司债折价或溢价	利息支出
所得税费用	应付所得税、递延所得税资产和负债	所得税支出
利息和股利收入	应收利息、应收股利	收到的利息和股利

营运资本项目中非现金流动资产与现金的变动方向相反，流动负债与现金的变动方向相同。下面分项目（即销售收入、销售成本、不含折旧的营业费用、利息费用和所得税费用）具体介绍调整过程。

1. 将销售收入调整为从客户手中收取的现金

现销收取的现金直接等于现销收入，不需调整。赊销收取的现金包括期初应收账款和本期赊销收入的收回，就是应收账款账户的贷方发生额，见下面的应收账款账户。凯利公司销售收入为 \$1 780，应收账款的期初余额和期末余额分别为 \$52 和 \$136，记入应收账款账户。假设凯利公司全部进行赊销，那么从客户手中收到的现金，就是应收账款账户贷方发生额。

从客户手中收取的现金 = 销售收入 + 应收账款期初余额 - 应收账款期末余额

= 1 780 + 52 - 136 = 1 696

应收账款（净值）

期初余额	52	
销售收入	1 780	从客户手中收取的现金 ?
期末余额	136	

我们还可以利用会计等式计算。凯利公司销售收入 \$1 780，应收账款增加 \$84，记在会计等式中对应的项目之下。

现金 + 非现金资产（应收账款） = 负债 + 所有者权益（销售收入）

? 84 1 780

依据等式原理：

从客户手中收到的现金 + 84 = 1 780

从客户手中收到的现金 = 1 780 - 84 = 1 696

由于应收账款增加，意味现金减少，应从销售收入中扣减。

如果销售采取预收方式，你是否会利用下面的账户或会计等式计算从客户手中收到的现金呢？

预收收入

销售收入 1 000	期初余额 200 从客户手中收取的现金 ?
	期末余额 300

现金 + 非现金资产 = 负债（预收收入） + 所有者权益（销售收入）

? 100 1 000

答案：从客户手中收到的现金是 \$1 100。

2. 权益法下收到的股利

权益法下收到的股利一方面增加现金，一方面冲减长期投资的账面价值。在现金流量表中，应将权益法下收到的股利额 \$2 计入营业活动提供的现金部分。用会计等式表示如下。

现金 + 非现金资产（长期投资）= 负债 + 所有者权益

? -2

3. 将销售成本调整为购货支出

首先，计算购货成本。凯利公司销售成本为 \$930，存货的期初和期末余额分别为 \$0 和 \$108，记入存货账户。那么，购货成本就是存货账户的借方发生额。

本期购货成本 = 销售成本 + 存货期末余额 - 存货期初余额

= 930 + 108 - 0 = 1 038

现购支付的现金直接等于购货成本，不需调整。赊购支付的现金包括期初应付账款和本期购货成本的支付部分，就是应付账款账户的借方发生额，见下面的应付账款账户。应付账款的期初和期末余额为 \$80 和 \$66，记入应付账款账户。假设凯利公司存货全部赊购，那么应付账款账户的贷方发生额就等于购货成本 \$1 038，计算购货支出，就是计算应付账款账户的借方发生额。

购货支出 = 购货成本 + 应付账款期初余额 - 应付账款期末余额

= 1 038 + 80 - 66 = 1 052

应付账款

	80	期初余额
购货支出？	*1 038*	购货成本
	66	期末余额

存货

期初余额	0	
购货成本	*1 038*	930　销售成本
期末余额	108	

我们还可以利用会计等式计算。凯利公司销售成本 \$930，存货增加 \$108，应付账款减少 \$14，记在会计等式中对应的项目之下。

现金 + 非现金资产（存货）= 负债（应付账款）+ 所有者权益（销售成本）
？　　108　　-14　　-930

依据等式原理：

购货支出 +108 = -14 -930
购货支出 = -930 -14 -108 = -1 052（负号即现金流出）

由于存货增加和应付账款减少，都意味着现金减少，应这两个金额再加到销售成本代表的现金流出额上。

如果购货采取预付货款方式，你是否会利用下面的账户或会计等式计算购货支出呢？

预付账款

期初余额 400	
购货支出？	1 038 购货成本
期末余额 200	

存货

期初余额　0	
购货成本 1 038	930 销售成本
期末余额 108	

现金 + 非现金资产（存货）（预付账款）= 负债 + 所有者权益（销售成本）
？　　108　　-200　　-930

答案：购货支出是 \$838。

4. 将现金性营业费用调整为营业费用上的现金支出

营业费用上的现金支出的计算应在现金性营业费用的基础上，调整应计费用和预付费用的变动影响。

凯利公司现金性营业费用，即不包括折旧费用的营业费用为 \$372（\$442 - 70），是预付费用和应付工薪贷方发生额的合计数。预付费用的期初和期末余额分别为 \$12 和 \$8，应付工薪的期初和期末余额分别为 \$28 和 \$32。将这些金额记入下面两个账户。那么两个账户的借方发生额之和就是营业费用上的现金支出，计算如下。

营业费用上的现金支出 = 现金性营业费用 + 预付费用期末余额 − 预付费用期初余额 + 应付工薪期初余额 − 应付工薪期末余额

= 372 + 8 − 12 + 28 − 32 = 364

预付费用

期初余额	12		
现金支出　?			营业费用
期末余额	8		

应付工薪

		28	期初余额
工薪支出　?			营业费用
		32	期末余额

我们还可以利用会计等式计算。凯利公司非现金性营业费用 \$372，预付费用减少 \$4，应付工薪增加 \$4，记在下面会计等式中对应的项目之下。

现金	+ 非现金资产（预付费用）	= 负债(应付工薪)	+ 所有者权益(现金性营业费用)
?	−4	4	−372

依据等式原理：

营业费用上的现金支出 − 4 = 4 − 372

营业费用上的现金支出 = −372 + 4 + 4 = −364（正号即现金少流出）

由于预付费用减少和应付工薪增加，都意味着现金增加，应从现金性营业费用中扣除。

5. 利息支出

如果期末存在应付利息，利息支出的计算如下。这个关系可以从应付利息账户体现。

利息支出 = 利息费用 + 应付利息期初余额 − 应付利息期末余额

应付利息

	期初余额
利息支出？	利息费用
	期末余额

如果公司发行有折溢价债券，利息支出的计算还要考虑本期折溢价摊销额的影响。回忆公司债券付息日的会计分录，就很容易理解了。

借：利息费用　　　　　　　　借：利息费用
　贷：现金　　　　　　　　　　公司债溢价
　　公司债折价　　　　　　　　贷：现金

折价公司债的利息支出 = 利息费用 - 折价摊销额

溢价公司债的利息支出 = 利息费用 + 溢价摊销额

建安利息费用为 \$24，年初按账面价值赎回公司债，冲销公司债折价 \$4。那么，折价的摊销额为 \$6（= \$54 - 4 - 44），见公司债折价账户。由于该公司没有应付利息，利息支出只受到公司债折价摊销的影响。

利息支出 = 24 - 6 = 18

公司债折价

期初余额	54	4	年初出售的债券折价额
		?	折价摊销额
期末余额	44		

6. 所得税支出

凯利公司所得税费用为 \$130，应付所得税的期初和期末余额分别为 \$50 和 \$30，记入应付所得税账户。所得税支出就是应付所得税账户的借方发生额，计算如下。

所得税支出 = 所得税费用 + 应付所得税期初余额 - 应付所得税期末余额
= 130 + 50 - 30 = 150

应付所得税

	50	期初余额
所得税支出？	130	所得税费用
	30	期末余额

我们还可以利用会计等式计算。凯利公司所得税费用 \$130，应付所得税减少 \$20，记在会计等式中对应的项目之下。

$$\begin{array}{llll} \text{现金 + 非现金资产} & = \text{负债（应付所得税）} & + \text{所有者权益（所得税费用）} \\ ? & -20 & -130 \end{array}$$

依据等式原理：

所得税支出 = －130－20 = －150（负号即现金流出）

由于应付所得税减少，意味着现金减少，应将这个金额加在所得税费用代表的现金流出额上。

至此调整完毕。收益表项目与现金流量表现金收支项目的关系汇总于表 12－7。

表 12－7　　营业净收益与营业活动现金流量的项目（单位：千美元）

	收益表 (a)		剔除非现金性或非营业性损益 (b)	资产负债表项目变动方向	现金增减 (c)	营业活动的现金流量 (a) + (b) + (c)	
1.	销售收入	1 780		应收账款增加	－84	1 696	从客户手中收取的现金
	投资收益	4	－4			—	
2.				长期投资减少	2	2	收取的股利
	出售长期投资利得	4	－4			—	
3.	销售成本	－930		存货增加	－108		
				应付账款减少	－14	－1 052	购货支出
4.	营业费用	－442	折旧费用 70	应付工薪增加	4		
				预付费用减少	4	－364	营业费用上的现金支出
5.	利息费用	－24	公司债折价摊销 6			－18	利息支出
	出售设备损失	－4	4			—	
6.	所得税费用	－130		应付所得税减少	－20	－150	所得税支出
	净收益	258				114	营业活动提供的现金

（二）投资活动现金流量

企业的投资活动与长期营业用资产、对外权益性或债权性投资相关。计算投资活动现金流量，应分析各项投资和长期营业用资产项目的变动情况。新增投资和营业用资产的购置会引起现金流出，投资的收回和营业用资产的处置会带来现金流入。凯利公司的投资活动与长期投资、土地和厂场设备的变动相关。

1. 长期投资变动产生的现金流量

长期投资的期初和期末余额分别为 \$44 和 \$40。当期出售长期投资获取现金 \$10，出售长期投资利得为 \$4，则出售的长期投资的账面价值为 \$6（= \$10 - 4）。长期投资全部为股权投资，采用权益法核算。当期投资收益 \$4，增加长期投资的账面价值；获得现金股利 \$2，冲减长期投资的账面价值。将全部相关数据填入长期投资账户中。这些数量在账户中会保持平衡。

长期投资

期初余额	44	6	出售的长期投资
权益法下的投资收益	4	2	权益法下收取的现金股利
期末余额	40		

与长期投资相关的现金流量有：出售长期投资获得的现金 \$10，属于投资活动现金流量；收到的股利 \$2，属于营业活动流量。

2. 土地变动产生的现金流量

土地的期初和期末余额分别为 \$140 和 \$90。当年没有购买土地。但是，土地按照账面价值出售换取现金，出售的土地成本就是收取的现金额 \$50，属于投资活动现金流量。

土地

期初余额	140		
购置土地成本	0	?	出售土地的成本
期末余额	90		

出售土地的成本（所得现金）= 土地期初余额 + 土地购置成本 - 土地期末余额

= 140 + 0 - 90 = 50

3. 设备变动产生的现金流量

根据其他数据资料，当期取得设备 \$332，其中支付现金 \$212；出售原值为 \$82、账面价值为 \$72 的设备一台，收取现金 \$68，出售设备损失为 \$4。由此，可以得到本期购置设备支出为 \$212，出售设备收取的现金为 \$68，属于投资活动现金流量。

同时，利用设备和累计折旧账户中数量间的平衡检验计算的准确性。除上述购置与出售设备的发生额需要填入账户外，还应包括折旧费用 \$70，设备的期初余额 \$536 和期末余额 \$786，累计折旧的期初余额 \$42 和期末余额 \$98。

设备账户中数据的平衡关系：

设备期初余额 536 + 设备购置成本 332 - 售出设备原值 82 = 设备期末余额 786

累计折旧账户中数据的平衡关系：

累计折旧期初余额 42 + 折旧费用 70 - 售出设备的累计折旧 10
= 累计折旧期末余额 102

售出设备的累计折旧 10 = 售出设备原值 - 售出设备账面价值 = 82 - 72

库存股份

期初余额	536		
设备购置成本	332	82	售出设备的原值
期末余额	786		

累计折旧

售出设备的累计折旧	10	42	期初余额
		70	折旧费用
		102	期末余额

汇总上述分析数据，投资活动现金流量如下：

出售长期投资获得的现金	10
出售土地收取的现金	50
购置设备的现金支出	(212)
出售设备收取的现金	68
投资活动的现金净流出	(84)

（三）筹资活动现金流量

企业的筹资活动包括借款的取得与偿还、发行权益性证券和分派股利等业务。计算筹资活动现金流量，应分析短期借款、长期负债以及股东权益等项目的变动。借款和发行权益性证券可以带来现金流入，借款的偿还和现金股利的分派会引起现金流出。

根据表 12 - 4 及表 12 - 5，凯利公司无短期借款项目，应付股利的期初和期末余额分别为 $0 和 $2，应付公司债期初和期末余额分别为 $300 和 $220，股本期初和期末余额分别为 $120 和 $440，留存收益期初和期末余额分别为 $272 和 $412，净收益为 $258。

根据其他数据资料，年初按账面价值 $76 赎回面值为 $80 的公司债，发行面值为 $1 的普通股获取现金 $200 和设备 $120（= $332 - 212）；宣布现金股利 $118。将所有相关数据填入以下账户，一方面保证账户中数量关系是平衡的，另一方面确定筹资活动所提供的现金额。

应付公司债

		300	期初余额
赎回的公司债面值	80	0	发行公司债的面值
		220	期末余额

股本

		120	期初余额
		200	发行股票换取现金
		120	发行股票换取设备
		440	期末余额

应付股利

		0	期初余额
股利支付额	?	118	宣布现金股利
		2	期末余额

留存收益

宣布现金股利		272	期初余额
	118	258	净收益
		412	期末余额

那么，筹资活动现金流量如下：

赎回公司债支付的现金	(76)	
发行普通股收取的现金	200	
发放现金股利	(116)	= 0 + 118 - 2
筹资活动所提供的现金	8	

根据美国财务会计准则委员会的意见，对于重要非现金性交易，如发行股票或债券换取固定资产等，应在表下的注释中披露。凯利公司在 2013 年按面值发行股票 $120 换取设备属于非现金性重要交易。表 12 - 8 是直接法下凯利公司 2013 年度的现金流量表。

表 12－8　凯利公司现金流量表（直接法，2013 年度，截止于 12 月 31 日）

单位：千美元

营业活动所提供的现金：		
从客户手中收取的现金	1 696	
收取的股利	2	
现金流入合计		1 698
购货支出	1 052	
营业费用上的现金支出	364	
利息支出	18	
所得税支出	150	
现金支出合计		(1 584)
营业活动所提供的现金		114
投资活动所提供的现金：		
出售长期投资获得的现金	10	
出售土地收取的现金	50	
购置设备的现金支出	(212)	
出售设备收取的现金	68	
投资活动所提供（减少）的现金		(84)
筹资活动所提供的现金：		
赎回公司债券支付的现金	(76)	
发行普通股收取的现金	200	
发放现金股利	(116)	
筹资活动所提供的现金		8
现金的增加		38
加：现金期初余额（2013/01/01）		54
现金期末余额（2013/12/31）		92

注：2013 年的非现金性重要交易是按面值发行股票 $120 换取设备。

五、间接法下现金流量表的编制

间接法编制程序简单，揭示了营业活动现金流量与净收益之间的差异及产生原因。美国财务会计准则要求，按间接法编制的营业活动现金流量部分作为现金流量表的附表。间接法下对净收益的调整项目归纳在表 12－9。

表 12－9　　将净收益调整为营业活动现金流量的调整项目

净收益加项：	净收益减项：
1. 折旧费用、折耗费用和摊销费用； 2. 公司债折价摊销； 3. 长期债券投资的溢价摊销； 4. 非营业性损失； 5. 递延所得税增加（贷方）； 6. 流动资产的减少，流动负债的增加。	1. 权益法下长期投资的投资收益； 2. 公司债溢价摊销； 3. 长期投资债券的折价摊销； 4. 非营业性利得； 5. 递延所得税减少（借方）； 6. 流动资产的增加，流动负债的减少。

（一）收益表中的非现金费用

非现金费用主要包括坏账费用、固定资产的折旧费用、自然资源的折耗费用、无形资产和递延资产的摊销费用、应付债券的折价摊销（是利息费用的一部分）和递延所得税的增加（是所得税费用的一部分）等。这些费用项目已从本期收入中扣除，得到净收益，但它们未引起现金支出，调整时应加回到净收益中。

（二）收益表中的非现金收益

非现金收益主要包括权益法下的投资收益、长期债券投资的折价摊销等。这些收益项目构成了净收益的一部分，但未收到现金，在调整时应从净收益中扣除。

此外，应付债券的溢价摊销，虽不是利息费用的一部分，却是利息支出的一部分；递延所得税的减少，虽不是所得税费用的一部分，却是所得税支出的一部分，两者应从净收益中扣减。长期债券投资的溢价摊销，虽不是利息收入的一部分，却是收到利息额的一部分；权益法下收到的股利，虽不是投资收益的一部分，两者应加回到净收益中。

（三）非营业性利得或损失

处置非流动资产和短期投资属于投资活动，提前偿付非流动负债属于筹资活动，但是由此产生的利得或损失却包含在净收益之中。这些活动产生的利得是现金流入的一部分，应分别归属于投资或筹资活动所提供的现金，在调整时应从净收益中扣除，否则会导致现金流量的双重计算。这些活动产生的损失属于非现金损失，在调整时应加回到净收益中。

（四）营运资本项目的变动

营运资本，是指流动资产减去流动负债后的余额，营运资本各项目的变动是企业日常营业活动的结果。编制原理中的会计等式说明，非现金流动资产的增加表明一部分现金占用在该项流动资产上，引起现金的减少；非现金流动资产的减少表明非现金流动资产转换为现金，引起现金的增加。在调整净收益时，应加上非现金流动资产的减少额，减去非现金流动资产的增加额。

同时，流动负债的增加可以减少营业活动中的现金支出，引起现金的增加；流动负债的减少表明本期偿还以前的部分欠款，引起现金的减少。在调整净收益时，应加上流动负债的增加额，减去流动负债的减少额。

根据表 12－7 中（b）和（c）列所示，对凯利公司净收益的调整项目如下。

（1）收益表中的非现金性损益项目包括折旧费用 \$70，公司债的折价摊销额 \$6，应加回到净收益中；权益法下的投资收益 \$4，应从净收益中扣除，但应加上收取的股利 \$2。

（2）非营业性利得或损失包括出售长期投资利得 \$4，应从净收益中扣除，还有设备处理损失 \$4，应加回到净收益中。

（3）营运资本项目的变动情况为，应收账款增加 \$84，存货增加 \$108，应付账款减少 \$14，应付所得税减少 \$20，应从净收益中减去；预付费用减少 \$4，应付工薪增加 \$4，应加回到净收益中。

表 12－10 是间接法下的凯利公司现金流量表。

表 12－10　凯利公司现金流量表（间接法，2013 年度，截止于 12 月 31 日）　单位：千美元

营业活动所提供的现金：		
净收益		258
非现金性损益或非营业性利得或损失：		
折旧费用	70	
公司债折价摊销	6	
权益法下收取的股利	2	
出售设备损失	4	
投资收益（权益法）	(4)	
出售长期投资利得	(4)	74

续表

营运资本项目变动：		
应收账款增加	(84)	
存货增加	(108)	
预付费用减少	4	
应付账款减少	(14)	
应付工薪增加	4	
应付所得税减少	(20)	(218)
营业活动所提供的现金		114
投资活动所提供的现金：		
出售长期投资获得的现金	10	
出售土地收取的现金	50	
购置设备的现金支出	(212)	
出售设备收取的现金	68	
投资活动所提供的现金		(84)
筹资活动所提供的现金：		
赎回债券支付的现金	(76)	
发行普通股收取的现金	200	
发放现金股利	(116)	
筹资活动所提供的现金		8
现金的增加		38
加：现金期初余额（2013/01/01）		54
现金期末余额（2013/12/31）		92

注：2013 年的非现金性重要交易是按面值发行股票 $120 换取设备。

本章小结

1. 现金流量表

现金流量表是反映企业一定期间现金流入和流出状况的报表。现金流量表有利于预测企业未来现金流量的金额、时间和风险，有利于评价企业的支付能力和财务弹性，有利于揭示企业的收益质量。

现金流量表上的现金概念包括现金及现金等价物。现金流量表按经济活动的性质划分为三大类别：营业活动现金流量，投资活动现金流量，筹资活动现金流量。美国财务会计准则要求，投资活动中收到的利息和股利、筹资活动中的利息支出归入了营业活动现金流量。

2. 编制现金流量表的方法

需要比较资产负债表、收益表和其他重要业务的数据资料。现金流量表的编制方法分为直接法和间接法。直接法是指在现金流量表中直接列示现金收入和现金支出项目及其金额。间接法要求营业活动所提供的现金部分由净收益调整而来。间接法下对净收益的调整项目包括收益表中的非现金性损益、非营业性利得或损失以及营运资本项目的变动。

复习思考题

1. 现金流量表的作用是什么?
2. 解释现金流量表中的现金概念。
3. 说明现金流量表的结构，并举例说明各类现金流量的内容。
4. 现金流量表的编制方法有哪些? 主要区别是什么?
5. 说明现金流量表的编制原理和编制所需的数据资料。
6. 说明直接法下如何计算从客户手中收取的现金和购货支出。
7. 说明间接法下对净收益的调整项目以及如何进行调整。
8. 不涉及现金的重大投资和筹资活动在现金流量表中是如何列示的?

第十三章

财务报表的使用与分析

本章内容提示

介绍财务报表分析的作用，重点在于重要财务数据的趋势分析、结构分析和比率分析等财务报表分析的基本方法，并对企业的短期流动状况、偿债能力、盈利能力进行评价。

由于现代企业所有权和经营权的分离，一些财务报告的使用者往往不能直接接触企业的经营活动，或不能直接要求企业提供具体的财务信息，主要是通过企业对外提供的财务报告来了解企业的财务状况和经营成果。然而企业的财务报告通常包含大量总括性信息，并非为特定的使用者所编制，单项财务报表或报表上孤立的数据不能说明具体问题，不能满足使用者的具体要求，因此报表的使用者通常要运用一定的方法对财务报告进行分析，以帮助有关方面了解企业的财务状况和经营业绩，评价企业的生存发展和持续经营的能力。

第一节　财务报表使用和分析的基本问题

财务报表所传递的信息是企业外部的相关利益者了解企业情况的重要信息，然而并非唯一的信息，所以人们在使用财务报表时还应尽可能收取来自不同方面、有关企业经营活动的其他各种信息和资料，以避免信息的片面性而产生误导。

一、财务报表的使用者

财务报告的使用者可以分为两大部分：内部使用者和外部使用者。

内部使用者主要是企业内部依据财务会计信息进行决策实施管理的各级管理人员，尤其是企业的高层管理人员，通常要通过财务报表了解企业整体的财务状况和经营业绩，以发现问题改进管理，提高管理效率。

外部使用者主要如股东、潜在的投资者、债权人，政府部门、证券交易所与监管机构，以及财务分析和咨询等服务机构、新闻媒体等。企业对外财务报表可以说是外部的使用者全面了解企业财务状况和经营效率及经营成果的主要信息渠道，外部使用者使用财务报表的目的可能不同，但一般来说主要目是为了了解企业的偿债能力和经营业绩，预测企业未来的盈利能力和现金流动状况，评价投资风险和企业竞争能力。由于对外财务报表的总括性和综合性，因此在使用财务报表时都要采用一定的方法对财务报表进行分析。

二、财务报表的分析

财务报表的分析应掌握一定的分析方法，一般来说应综合使用不同分析方法，以提高分析结果的可靠性。不同使用者在进行财务报表分析时，一般应明确财务报表分析的目的和关注分析的重点。

（一）股权投资者对财务报表的分析

投资者包括企业的股东和潜在的投资者，投资者对财务报表的分析通常着重于未来投资报酬和相关投资风险的分析。股权投资报酬主要来源于企业分派的股利和投资者所持股权在股票市场上价格变化而产生的资本利得，而投资报酬又是与企业的盈利能力、现金流动状况密切相关的。所以投资者分析财务报表的目的，主要是了解企业的经营业绩、盈利能力、现金流量和资本结构，分析企业的竞争能力，预测企业未来的发展前景和投资收益，评价投资风险，以采取明智的投资决策。

（二）债权人对财务报表的分析

债权人以贷款或购买企业债券的方式向企业提供资本，以利息形式获取收益并有权到期或分期收回本金。债务的期限有长有短，短期债权人分析财务报表着重于企业相关期间内创造现金的能力，以支付利息偿还本金。而长期债权人不仅关心企业短期的偿债能力，而且要分析企业未来的盈利能力。所以债权人分析财务报表通常需要了解企业借贷的原因、企业的资本结构和债务的偿还期限、营业创造现金的能力，关注企业的持续发展的生存能力，评价债权投资风险。

（三）企业内部管理当局对财务报表的分析

企业管理当局经营管理企业需要获取足够的收益、创造足够的现金以酬报投资者和债权人，并保持企业持续发展的生存能力。所以企业内部管理当局分析财务报表需要了解上述股权投资者和债权人关注的所有方面，分析企业的优势和弱势、经营管理的成功或不足之处，以制定合理的经营战略和具体的实施与控制措施，改进业绩赚取盈利、保持企业良好的流动状况和偿付能力、创造竞争优势，保证企业的持续经营和发展壮大。

（四）其他方面对财务报表的分析

除了投资者、债权人和企业管理当局分析财务报表外，还有其他一些利益相关者需要通过财务报表分析了解企业的情况。如企业需要了解其供货商的经营状况，通过报表分析了解供货商的盈利能力、财务状况和产生现金的能力，评价供货商的持续经营和发展趋势及其对本企业经营活动的影响。此外了解供货商的盈利水平，对于确定原材料或零部件的购买价格也是非常有益的。

再者企业对其客户财务状况的了解也非常重要，企业赊销商品确定信用政策时同银行提供贷款相似，需要了解客户的对账款的支付能力。通过财务报表的分析，了解客户的流动状况和支付能力，以制定合理的信用政策和赊销条件。

另外企业在市场竞争中总是力图了解其竞争对手的盈利能力和财务状况，通过对竞争对手财务报表的分析，可以了解竞争对手的市场份额、盈利水平、成本及费用等情况，有利于产品定价、产品结构调整、市场规划等方面的决策。

除上述目的外，财务报表的分析还有一些特殊目的，如会计师审计企业财务报表，往往需要分析财务报表以表达适当的审计意见；政府有关机构分析财务报表以行使其有关监管职能（如税务）；财务分析家分析财务报表以对其客户提供切合实际的咨询意见等。

三、财务报表分析的资料和信息来源

本章财务报表分析主要着重于外部使用者，财务报表的外部使用者不能直接接触企业内部的会计记录，财务报表分析的资料来源主要依赖于企业对外公布的财务报告。对于上市公司来说，除定期的财务报表以外，企业向证券监管机构报告的材料以及其他要求的信息披露都是财务报表分析信息来源。

（一）企业的基本财务报表

企业基本的财务报表及其附表是财务报表分析主要资料来源，基本财务报表包括资产负债表、损益表和现金流量表，附表如股东权益表和综合收益表等。这些报表总括地反映企业的不同方面，报表数据之间往往存在一定的钩稽关系，需要运用一定的方法进行计量分析，才能揭示问题。

（二）财务报表的注释（Notes to Financial Statement）

财务报表的分析不能仅依赖表上数据，还应注意财务报表附注的阅读与分析。财务报表的附注是完整财务报告的重要组成部分，通常包含表上未能反映的大量重要信息。附注包含的信息如企业采用的会计政策、会计方法及程序，表上某些项目的详细说明，会计方法的选择、会计估计的变更及其影响，企业存在或发生的重大事件等。研究和分析财务报表附注，可以了解表上数据变动的原因、影响的时间和范围，未来变动趋势等。

（三）管理层分析（Analysis and Discussion of Management）

企业管理当局的讨论分析往往连同财务报告一起提供，管理层分析通常包含财务报表及其附注中不能获取的重要信息，所以也是财务报告分析的重要依据。管理层分析通常包括有利或不利因素的趋势分析，公司可能发生的重大事件，以及公司资金流动、资本来源和经营成果的不确定因素及其影响等。

（四）审计报告（Auditor's Reports）

对于上市公司来说，对外提供的正式财务报告需经独立的会计师审计，并出具发表专业意见的审计报告。编制公司财务报告的责任在于公司管理当局，审计只是对财务报告的编制是否符合会计准则、是否公允地反映企业的财务状况和经营成果发表意见。会计师根据审计结果发表的审计意见有：无保留意见、保留意见、否定意见和拒绝表达意见四种。审计认为公司在所有重大方面都符合会计准则，公允地反映了情况，出具无保留意见；若审计师认为公司在某一方面，或某些方面背离了会计准则，则出具保留意见；如果审计师认为公司在一些重大方面背离会计准则，未能公允地反映财务状况情况和经营成果，则出具否定意见；如果审计师的审计工作受到限制，不能实施必要的审计程序，无法对公司财务报告是否符合会计准则发表意见，则拒绝表达意见。在财务报告分析时，审计师出具的审计报告也是分析的重要参考资料。但值得注意的是，虽然审计属于独立的第三者，审计与公司是服务与客户关系，有时审计为了利益关系可能违背职业道德，发表不真实的意见。所以在运用审计报告时，应注意审计报告的措辞，尤其是公司更换会计师事务所，更要关注其实质原因。

（五）其他信息

除了上述的直接信息来源外，财务报表的分析还应注意收集其他有关信息，如宏观经济的发展现状与趋势、企业所在行业的发展状况和政府的产业政策、有关权威市场分析机构的公开资料与评述、有关媒体的报道、市场监管机构的通报和企业的其他信息披露等。将这些信息与财务报表及相关直接信息联系起来，综合考虑才可能对企业的财务状况和经营成果作出客观的评价。对于跨国公司来说，还应分析该企业业务所涉及的国家或地区，及这些国家或地区的政治环境和经济发展状况，以及国际经济发展趋势对该企业的正负面影响，

四、财务报表的分析方法

财务报表的分析要采用一定的方法，常用的分析方法主要有发展趋势分析、结构分

析和财务比率分析等。

（一）财务报表的发展趋势分析

所谓财务报表的趋势分析是指将两个或两个以上会计期间的财务报表中的相同项目进行比较分析，分析其变动方向和变动原因，重点在于不同期间同一项目的变动情况。在趋势分析中，往往将不同期间的某些重要项目的数据列示，计算这些项目变动的数额或百分比，对一些项目未来的发展、对企业的成长情况进行预测。

（二）财务报表的结构分析

所谓财务报表的结构分析是指同一财务报表中不同项目之间的比较，分析同一报表中不同财务项目之间的相互关系，以评价各项目之间的关系是否适当。结构分析通常采取编制共同比报表的方式。

（三）财务比率分析

财务比率分析是被广泛接受和普遍应用的财务分析方法。所谓财务比率，是指财务报表上某些财务项目之间的数额之比。财务比率分析是通过这些项目之间的比率计算、分析与比较，评价、判断企业的财务状况、盈利能力以及经营管理效率等方面的情况。财务比率的分子和分母有的来自同一报表，有的则来自不同期间、不同内容的财务报表。

第二节 重要指标趋势分析和共同比报表

企业是否具有增长发展的潜力？能否持续健康发展？能否带来丰厚的回报？几乎是所有利益相关者共同关心的问题。分析预测企业的成长情况一般通过主要指标趋势分析和编制比较财务报表。

一、趋势分析（Trend Analysis）

为了了解企业过去一定时期的成长情况和未来的发展趋势，通常应对一些反映企业发展情况的重要数据进行长期跟踪分析，如某公司5年、10年、15年甚至更长期间内的一些重要财务数据的分析。这些财务数据可以是历年该项目货币金额，也可以是以某一年为基期计算的百分比。通过这些长期数据的计算分析，可以预测公司未来的某些财务项目的发展趋势。

【例13-1】 假设表13-1是宁兰公司过去6年销售收入和净收益数据的列录，通过对历年销售收入或净收益的变动分析，可以预测该项目未来的变动趋势。重要项目的趋势分析可以通过计算环比或定比进行分析，环比是指某期数额与上一期数额的百分比，定比则是以某一时期（基期）的数额为基数计算的比率。定比计算公式如下：

$$定比比率 = \frac{比较期数额}{固定基期数额} \times 100\%$$

表 13－1　销售收入和净收益趋势分析

货币金额：千美元						
	2013	2012	2011	2010	2009	2008
销售收入	$90 000	$75 000	$66 000	$64 200	$62 400	$60 000
净收益	7 500	9 000	8 580	7 680	6 240	6 000
百分比（定比）						
销售收入	150%	125%	110%	107%	104%	100%
净收益	125	150	143	128	104	100

宁兰公司销售收入和净收益以 2008 为基期的定比百分比如表 13－1 所示。从表上可以看出，宁兰公司从 2008 至 2013 销售收入和净收益总体稳步增长。报表的使用者若要预测宁兰公司未来年份的销售收入，可用年平均增长率预测未来销售收入的变动趋势。2008 至 2013 销售收入年平均增长率计算如下：

（104% ＋128% ＋143% ＋150% ＋125%）÷5＝118.2%

销售收入平均年增长 18.2%。2001 至 2006 净收益年平均增长率计算如下：

（104% ＋107% ＋110% ＋120% ＋150%）÷5＝130.0%

如果按此速度增长预测 2014 年宁兰公司的净收益可达到：

$7 500×130.0% ＝ $9 750

值得注意的是，在进行趋势分析时，要注意某些年份内的不可比因素或一些偶发性事件的影响。如果在预测期内，不存在产生历史数据的类似因素，那么在使用历史数据进行预测时，应对这些数据加以修正和调整。如宁兰公司的净收益 2011 年度的较大幅度增长和 2013 年度的大幅度下降，如果属非正常因素，在使用这些数据进行预测时应对这些因素加以调整。另外影响企业经营活动的因素未来的变化往往是难以确定的，所以完全用历史数据预测未来存在一定风险，应予以特别的关注。

计算一些项目的变动比率，不仅用于预测发展趋势，而且也可以发现存在问题。如宁兰公司 2008 至 2012 净收益增长幅度高于销售收入增长幅度，表明该公司在成本控制和费用管理方面成绩显著。但 2013 年度，在销售收入大幅度增长的情况下，净收益却较大幅度下降。这种情况应引起重视，进一步分析其原因。

二、比较财务报表（Comparative Statements）

比较财务报表是指包括本期在内的两期或数期财务报表的并列比较，在使用比较财务报表进行分析时，通常把财务报表上同一项目前后两期的数额加以对比，计算出增减变动的金额和百分比，重点在于分析不同期间同一项目的变动情况和变动原因。以下以宁兰公司 2012 和 2013 年度报表为例，介绍比较财务报表的分析方法。

【例 13－2】宁兰公司是一家中型批发零售企业，表 13－2 是宁兰公司 2013 和 2012 年度的比较收益表及留存收益表，表 13－3 是宁兰公司 2013 和 2012 年度的比较资产负债表。表中的增减栏内分别列出了 2013 年度相对于 2012 年度各项目变动的金额和百分比。增减百分比的计算通常是将前一年的数额作为基数，计算本年度相对于上年度上升或下降的幅度。计算公式如下：

$$变动百分比 = \frac{变动金额}{上年度该项目金额} \times 100\%$$

例如宁兰公司存货 2013 年相对于 2012 年增加了 \$6 000 000，变动的百分比计算如下：

$$存货变动百分比 = \frac{6\ 000}{12\ 000} \times 100\% = 50.0\%$$

宁兰公司的存货增长了 50.0%，增长的幅度是较为显著的。宁兰公司其他各项目的变动如表 13－2 和表 13－3 所示。

表 13－2　　**宁兰公司比较收益表和留存收益表**　　单位：千美元

截止于 12 月 31 日，2013 和 2012 年度

	年份		增长（减少）	
	2013	2012	金额	百分比（%）
销售收入	\$90 000	\$75 000	\$15 000	20.0
销售成本	53 000	42 000	11 000	26.2
销售毛利	37 000	33 000	4 000	12.1
营业费用				
销售费用	12 700	8 500	4 200	49.41
折旧费	3 700	3 300		
行政管理费用	7 900	5 200	3 100	36.47

续表

	年份		增长（减少）	
	2013	2012	金额	百分比（%）
营业费用合计	24 300	17 000	7 300	42.9
营业收益	12 700	16 000	(3 300)	(20.6)
利息费用	2 400	3 000	(600)	(20.0)
税前收益	10 300	13 000	(2 700)	(20.8)
所得税费用	2 800	4 000	(1 200)	(30.0)
净收益	7 500	9 000	(1 500)	(16.7)
每股收益	$13.2	$20.25	($7.05)	(34.8)
留存收益，03/01/01	$17 600	$11 500	$6 100	53.0
净收益	7 500	9 000	(1 500)	(16.7)
	25 100	20 500	4 600	22.4
普通股股利	2 400	2 000	400	20.0
优先股股利	900	900		
留存收益，03/12/31	$21 800	$17 600	$4 200	23.9

表 13－3　　宁兰公司比较资产负债表　　单位：千美元

截止于 12 月 31 日

	年份		增长（减少）	
	2013	2012	金额	百分比（%）
资产				
流动资产				
现金	$3 600	$4 000	($400)	(10.00)
应收账款（净）	11 700	8 600	3 100	36.0
存货	18 000	11 000	7 000	63.64
预付费用	5 700	5 200	500	9.62
流动资产合计	39 000	28 800	10 200	35.42
厂场设备	93 700	86 700		

续表

	年份		增长（减少）	
	2013	2012	金额	百分比（%）
减：累计折旧	（43 700）	（40 000）		
厂场设备（净）	50 000	46 700	3 300	7.07
其他资产	6 000	10 500	（4 500）	（42.09）
资产总计	$95 000	$86 000	$9 000	10.05
负债和股东权益				
流动负债				
应付账款	$6 600	$3 000	$3 600	120.00
应计费用	3 040	5 000	（1 960）	（39.20）
应付票据	1 560	1 400	160	11.42
流动负债合计	11 200	9 400	1 800	19.15
长期负债				
应付公司债，面值 $1 000 12%	20 000	25 000	（5 000）	（20.0）
负债合计	31 200	34 400	（3 200）	（9.3）
股东权益				
优先股，$100，9%	1 000	1 000	0	0
普通股，☆ $5，	25 000	20 000	5 000	25.0
增收资本	7 000	4 000	3 000	75.0
留存收益	35 000	29 000	4 200	23.9
股东权益合计	21 800	17 600	12 200	23.6
负债和股东权益总计	$95 000	$86 000	$9 000	10.5

分析比较财务报表可以帮助分析者了解表上各项目变动的状况，分析变动的原因以及各项目的变动幅度是否适当。从宁兰公司比较收益表看，销售收入有较大幅度的增长，但销售收入增长了 20.0%，而销售成本却增长了 26.2%，从而使得销售毛利只增

长 12.1%，应当引起关注。另外销售费用和行政管理费用的增长幅度也都大大高于销售收入的增长幅度，从而导致税前收益较前一年减少了 20.8%，因此还应进一步分析销售成本和营业费用增长过高的原因。

宁兰公司的比较资产负债表显示该公司的现金、应收账款和存货在 2013 年度都有大幅度的增长，其原因可能是由于经营规模扩大、市场销售增长的需要，应进一步联系其他项目进行分析。在使用比较财务报表时，值得注意的是对于变动的绝对数额和变动的百分比都要给予关注，应相互联系地进行分析，仅关注其中之一可能会导致错误的结论。例如宁兰公司的存货增长了 63.64%，而销售成本只增长了 26.2%，存货增长是销售成本增长的 2 倍多。相对于销售，存货似乎增长幅度过高。但从绝对数额来看，销售成本增长了 \$11 000 000，存货只增长了 \$7 000 000，增长的数额并非异常。如果 2014 年的销售还可能增长，存货的增长还是适当的。值得一提的是，各项目变动的百分比独立于其他项目变动的百分比，这同变动的金额不同，构成总体各别项目的变动百分比是不能加总的。另外在分析变动百分比时，应注意前期比较基数的大小，如果比较基数过小，变动幅度不一定能说明问题。

2013 年 1 月 1 日发行在外的普通股 5 000 000 股，该股票全年为股东持有。2012 年普通股加权平均股份为 4 000 000 股。

三、共同比报表（Common Size Statements）

所谓共同比报表，是将报表中的每一个项目表述为同一报表内某一关键项目的百分比，这一关键项目称为基数，分析各项目相对于该项目的总体结构的适当程度，即结构分析。例如在收益表上，将销售收入作为基数，其余项目均表述为销售收入的百分比。资产负债表上把总资产或负债和股东权益总额作为基数，其余各构成项目表述为该基数的百分比。这种以结构比率所表述的报表称为共同比报表。共同比报表反映了同一报表内有关项目之间的比例关系，显示了各项目的相对重要地位，以利于分析比较同一报表内各项目变动的适当性。例如根据比较共同比资产负债表上的资产构成，观察企业资产的流动性和各项资产所占比例的是否适当；通过负债和股东权益的构成比例，分析资本结构的合理性。为了更有利于财务数据的使用，分析者可以将横向分析和纵向分析结合起来，编制比较的共同比报表。

表 13－4 是宁兰公司比较的共同比收益表，表上共同比栏所有项目都以销售收入为基数，表示为销售收入的百分比。比较 2013 与 2012 年度的共同比，可以看出 2013 年的销售成本和营业费用比例都较 2012 年有明显提高，导致营业收益下降了 7%。管理者可以以此为线索，进一步分析销售成本和营业费用比例升高的原因；外部的报表使用者可以通过不同期间共同比收益表的比较，分析该公司对成本和费用的控制管理水平。

表 13－4　　**宁兰公司比较共同比收益表**　　单位：千美元

截止于 12 月 31 日，2013 和 2012 年度

	年　份		增长（减少）	
	2013	2012	金额	百分比（%）
销售收入	$90 000	100.0	$75 000	100.0
销售成本	53 000	58.9	42 000	56.0
销售毛利	37 000	41.1	33 000	44.0
营业费用				
销售费用	12 700	14.11	8 500	11.33
折旧费	3 700		3 300	
行政管理费用	7 900	12.89	5 200	11.33
营业费用合计	24 300	27.0	17 000	22.67
营业收益	12 700	14.1	16 000	21.33
利息费用	2 400	2.7	3 000	4.0
税前收益	10 300	11.4	13 000	17.3
所得税费用	2 800	3.1	4 000	5.3
净收益	$7 500	8.3	$9 000	12.0
每股收益	$13.2		$20.25	
留存收益，01/01	$17 600		$11 500	
净收益	7 500		9 000	
合计	25 100		20 500	
减：普通股利，2012 年 $5.00/股，2013 年 $4.80/股	2 400		2 000	
优先股利	900		900	
留存收益，12/31	$21 800		$17 600	

表 13－5 是宁兰公司比较的共同比资产负债表，共同比栏资产项目以总资产为基数表示为总资产的百分比，负债和股东权益项目以负债和股东权益总额为基数，表示为负

债和股东权益总额的百分比。分析宁兰公司的共同比资产负债表，流动资产占总资产的比重有较大幅度提高，原因主要是应收账款和存货比重的提高，应收账款占总资产比重较 2012 年提高了 2.3%，存货则由 12.79% 提高到 2013 年 18.95%。这些变动是否合适，还应该联系销售情况作进一步分析。

尤其是因企业规模差距较大，或横向比较基数不可比时，快捷的方法就是运用共同比报表分析。共同比报表可以排除由于企业规模不同而导致的绝对数额的不可比性，例如简单地将宁兰公司的 2013 年 $18 000 000 的存货与同行业另一企业的 $22 000 000 存货相比较，很难说明问题。但若该企业的存货占总资产的比例通常 10%，而且不会影响其销售业务，那么宁兰公司的存货占总资产 18.95% 就可以同该公司进行比较，考虑存货控制的有效性。

表 13－5　　宁兰公司共同比资产负债表　　单位：千美元

截止于 12 月 31 日，2013 和 2012

	共同比			
	2013		2012	
	金额	共同比（%）	金额	共同比（%）
资产				
流动资产				
现金	$3 600	3.79	$4 000	4.65
应收账款（净）	11 700	12.32	8 600	10.00
存货	18 000	18.95	11 000	12.79
预付费用	5 700	6.0	5 200	6.05
流动资产合计	39 000	41.05	28 800	33.49
厂场设备	93 700		86 700	
累计折旧	(43 700)		(40 000)	
厂场设备（净）	50 000	52.6	46 700	54
其他资产	6 000	6.3	10 500	12.2
资产总计	$95 000	100.0	$86 000	100.0
负债和股东权益				

续表

	共同比			
	2013		2012	
	金额	共同比（%）	金额	共同比（%）
流动负债				
应付账款	\$6 600	7.0	\$3 000	3.5
应计费用	3 140	3.3	5 400	6.2
应付票据	1 460	1.5	1 000	1.2
流动负债合计	11 200	11.8	9 400	10.9
长期负债				
应付公司债，面值 \$1 000 12%	20 000	21.1	25 000	29.1
负债合计	31 200	32.9	34 400	40.0
股东权益				
优先股，\$100，9%	10 000	10.5	10 000	11.6
普通股，☆ \$5，	25 000	26.3	20 000	23.2
增收资本	7 000	7.4	4 000	4.7
留存收益	21 800	22.9	17 600	20.5
股东权益合计	63 800	67.1	51 600	60.0
负债和股东权益总计	\$95 000	100.0	\$86 000	100.0

表 13-6 **现金流量表**

截止于 12 月 31 日，2013 年度 单位：千美元

营业活动提供的现金		
净收益		\$7 500
加：折旧		3 700
营运资本变动		
加：流动负债增加	\$3 600	

续表

应付票据增加	460		
减：应收账款增加	(3 100)		
存货增加	(7 000)		
预付费用增加	(500)		
应计负债减少	(2 260)		(8 800)
营业活动现金净流入			2 400
投资活动提供的现金			
出售其他长期资产		4 500	
购置固定资产		(7 000)	(2 500)
筹资活动的现金流入			
偿还到期长期债券	(5 000)		
增发普通股票	(8 000)		
现金股利	(3 300)		(300)
现金净减少			(400)
加：期初余额			4 000
期末现金余额			$3 600

第三节　企业流动能力及资产管理效率分析

企业的流动能力也称为变现能力，所谓流动能力是指企业的偿还短期债务的能力。一般来说企业的流动负债需要用流动资产来偿还，即将到期的长期债务一般也要用流动资产来偿还。除非企业终止经营，一般情况下，企业不会出售固定资产来偿还到期债务。所以几乎所有财务报表的使用者都很关注企业的流动能力分析，如果一个企业流动能力欠佳，那么其长期偿债能力就值得怀疑，而且还会影响到股利的分派和支付，甚至还会由于资金周转不灵而陷入困境。所以对于企业流动能力的分析是报表使用者关注的重要方面。

沿用宁兰公司 2012 年度和 2013 年度财务报表的有关数据，如表 13 – 2 和表 13 – 3 所示，对宁兰公司的流动能力和流动资产管理效率加以分析。

一、营运资本

企业短期财务状况也称为企业的流动状况，评价企业的流动状况着重于分析企业营运资本的质量，目的在于考察企业近期的偿付能力。所谓营运资本是指企业流动资产减去流动负债后的余额，是企业投资于日常经营活动、保证日常经营活动正常运转的周转资金。营运资本的计算公式如下：

$$营运资本 = 流动资产总额 - 流动负债$$

宁兰公司的营运资本为：

$$营运资本 = \$39\ 000 - \$11\ 200 = \$27\ 800$$

营运资本的分析要关注影响营运资本质量的两个关键因素：流动资产的质量和营运资本的管理效率。

评价企业资产的营运资金的质量，通常计算企业的流动比率、速动比率以及有关流动资产项目的周转率，分析流动资产的流动状况。

二、流动比率（Current Ratio）

流动比率是企业的流动资产和流动负债之比，也称为营运资本比率。该比率用以衡量企业偿还流动负债的能力，是分析企业流动状况，评价企业短期偿债能力最常用的指标。其计算公式如下：

$$流动比率 = \frac{流动资产}{流动负债}$$

宁兰公司 2013 年 12 月 31 日的流动比率为：

$$流动比率 = \frac{39\ 000}{11\ 200} = 3.5$$

即宁兰公司的流动资产是其流动负债的 3.5 倍。

一般认为流动比率越高，表明企业偿还短期债务的能力越强。但占用更多的资金会影响资金的使用效率，所以流动比率应有一个合理的限度。一般经验认为流动比率保持 2:1 比较合理。但经验不能绝对化，财务分析应同该企业所属的行业性质，该企业本身的理财和营业活动特点等相联系，诸如季节性波动和理财方式等。另外流动资产由不同的项目构成，不同项目的流动资产其变现能力不同，质量差别较大，所以流动比率存在一定的局限性，使用时应作具体分析。过高的流动比率可能是由于过多的存货，或是过多的资金占用于流动资产，甚至存货成本的计算方法也会影响流动比率的计算。因此在使用流动比率是时，应注意流动资产结构的分析。

假设宁兰公司同行业的另一公司，其流动比率与宁兰的公司流动比率相同也为3.50:1，但由于其不易变现的存货占了流动资产的77%，其流动资产结构和变现能力却与宁兰公司相差较大，如表13－7所示。

表13－7　　宁兰公司与XY公司流动比率比较　　单位：千美元

	宁兰公司	XY公司
现金	$3 600	$100
短期投资	—	100
应收账款	11 700	2 950
存货	18 000	30 000
预付费用	5 700	5 850
流动资产合计	$39 000	$39 000
流动负债	$11 200	$11 200
流动比率	3.50:1	3.50:1

三、速动比率（Quick Ratio）

由于流动比率不能显示流动资产结构，许多报表分析者更愿意使用速动比率。速动比率也称为酸性实验比率，是企业的速动资产与流动负债的比率。所谓速动资产是指企业的现金、短期投资、应收账款、应收票据等能够快速转变为现金的流动资产。速动比率计算公式如下：

$$速动比率=\frac{速动资产}{流动负债}$$

虽然存货和预付费用等都属于流动资产，但存货转化为现金需要经过生产、销售，再经由应收账款才能转化为现金，而预付费用等项目只可能减少现金支出，不能直接转化为现金，因此都不包含在速动资产之中。一般情况下，可用以下公式计算速动资产：

速动资产＝流动资产总额－存货－预付费用

或　　　＝现金＋短期投资＋应收账款＋应收票据

根据表13－7，宁兰公司和XY公司2013年12月31日的速动比率分别为：

$$速动比率_{宁兰公} = \frac{39\ 000 - 18\ 000 - 5\ 700}{11\ 200} = 1.366$$

$$速动比率_{XY公司} = \frac{39\ 000 - 30\ 000 - 5\ 850}{11\ 200} = 0.28$$

虽然两公司流动比率相同，但速动比率却相差很大，可见流动比率的局限性。由于速动比率剔除了变现能力较弱而数额占流动资产比重较大的存货项目和其他项目，因此它能更准确地反映企业的短期偿债能力。一般认为正常的速动比率为1，即速动资产刚好能抵付债务就行。如果速动比率小于1，则表明企业必须依赖部分存货的变卖才能偿付债务。此外，不同的行业可能有不同的速动比率要求，有的行业可能允许低于1，而有的行业要求高于1。

在分析速动比率时，应结合企业的性质和生产经营特点来分析，应和反映企业营运状况的其他比率相结合，综合各种因素加以分析，才能作出正确的评价。

除了计算流动比率和速动比率，评价企业短期偿债能力还有现金流偿债率，该比率为现金及准现金项目加上营业活动现金净流入与流动负债比率，根据表13－6宁兰公司2013年度现金流量表，宁兰公司2013年现金流量偿债率为：

$$现金流量偿债率 = \frac{现金 + 短期投资 + 营业活动的现金流入}{流动负债}$$

$$= \frac{3\ 600 + 2\ 400}{11\ 200} = 0.535\ 7$$

该比率将营业活动现金流量加入分子反映了企业销售存货，收取账款以及支付费用等流动资产和负债的管理能力。

四、营运资本的管理效率分析

应收账款和存货通常是一些企业流动资产的主要内容，为了了解企业对重要流动资产的管理使用效率，除流动比率、速动比率外还要分析应收账款和存货等资产的变现情况。

（一）应收账款周转率

应收账款是速动资产的组成部分，但应收账款本身可能存在某些潜在问题，企业的信用政策和应收账款的管理是影响其变现速度的重要因素，如信用政策过松将可能导致账款逾期，待催的账款所占比例过大等，就要进一步考察收账工作是否得力，赊账条件是否合适等。分析应收账款的流动性常用的比率有应收账款的周转率（Accounts Receivable Turnover Rate）或应收账款的收账期（Days to Collect Accounts Receivable），计算公式如下：

$$应收账款周转率=\frac{销售净收入}{应收账款平均余额}$$

$$应收账款收账期=\frac{应收账款平均余额\times 365}{销售净收入}$$

应收账款周转率表示一年内应收账款平均余额转化为现金的次数，应收账款收账期表示收回应收账款的天数。在计算应收账款周转率时，还应注意以下几个问题：

（1）销售净额严格说来应采用赊销净额，因为赊销才导致应收账款。如赊销额的资料容易取得，或赊销与现销比例又不稳定，还是用赊销净额更为准确。

（2）应收账款的平均余额，理想的做法是按每月末余额来计算，在缺乏每月末应收账款余额资料时，也可用年初年末的平均余额。采用年初年末的平均余额时应注意年初年末的存货水平，是否与日常存货水平相一致，是否存在季节性波动，如果不一致应做适当调整。

（3）应收账款余额应包括因赊销而产生的商业应收票据等。

根据表 13－2 和表 13－3 的销售与存货数据，宁兰公司 2013 年应收账款的周转率和收账期计算如下：

$$应收账款周转率=\frac{90\ 000}{(8\ 600+11\ 700)/2}=8.9$$

$$应收账款收账期=\frac{(8\ 600+11\ 700)/2\times 365}{90\ 000}=41$$

宁兰公司的应收账款周转率为 8.9 次，平均周转天数为 41 天。宁兰公司的应收账款周转速度是否适当，应联系公司的赊账条件和信用政策，并与公司所在的行业企业相比较。如果该公司的赊账期一般为 30 天，那么账款的回收速度滞后，如果该公司的赊账期一般为 60 天，那么账款的回收速度快，效率高。

通常应收账款的周转率越高或应收账款的收账期越短，表示应收账款的变现能力越强，同时也表明企业信用政策合理，收账工作效率高，可以减少收账费用而且发生坏账损失的可能性较小。

（二）存货周转率

评价存货的变现能力，不能仅看存货的绝对数额，应分析存货的流动速度。分析存货的流动性，通常计算存货的周转率（Inventory Turnovcr）或存货的周转天数。计算公式如下：

$$存货周转率=\frac{商品销售成本}{存货平均余额}$$

或

$$存货周转天数=\frac{存货平均余额\times 365}{商品销售成本}$$

在应用存货周转率或周转天数评价存货变现能力时，应注意所在行业的存货特点，行业不同，存货的差别往往很大。另外同一企业由于季节不同，存货水平也会有较大差异。因此在计算存货平均余额时同应收账款一样，最好使用会计年度内各月存货平均水平计算平均余额，如果使用的是年初年末的平均余额，则应根据季节性变动，加以调整。另外存货的计价方法对存货平均余额的计算也会产生影响，例如在价格上涨的情况下后进先出比先进先出法导致较低的存货水平，所以在分析时应关注企业所采用的存货计价方法。

根据表 13－2 和表 13－3，宁兰公司 2013 年的存货周转率和周转天数计算如下：

$$存货周转率=\frac{53\ 000}{(12\ 000+18\ 000)/2}=3.5$$

$$存货周转天数=\frac{(12\ 000+18\ 000)/2\times 365}{53\ 000}=104$$

宁兰公司的存货周转率为 3.5 次，存货的周转天数为 104 天。存货水平是否适当，还应与其历史水平及所在行业相比较，才能作出适当的判断。一般来说，销售毛利比较低的企业需要通过提高存货周转率来获取利润，存货周转率较高或存货周转天数较少，表明存货管理和购销活动效率较高，产生存货滞销或损毁的可能性也较小。

应收账款和存货通常是企业占用流动资本数额最多的流动资产，因此分析应收账款和存货的变现能力，是评价企业的流动资产的管理效率的重要参考。

（三）交易周期

交易周期也称为现金循环周期，通常企业的经营活动从购买商品或原材料开始，销售商品或制造并销售产品，然后收回现金，由此周而复始地进行营业活动。购买阶段可能产生应付账款，销售商品可能形成应收账款，从支出现金到现金收回形成一个循环周期。因此交易周期计算如下：

交易周期＝应收账款收账期＋存货周转期－应付账款偿付期

这个周期越短表明短期偿债能力越强，营运资本的管理效率也就越高。应付账款偿付期严格来说等于应付账款平均余额除以日平均净购货额，但由于净购货额须分析购货记录，所以通常计算如下：

$$应付账款偿付期=\frac{应付账款平均余额\ \times 365}{净销售额}=\frac{应付账款平均余额}{日销售额}$$

根据表 13-2 和 13-3，宁兰公司的应付账款偿付期为：

$$应付账款偿付期 = \frac{(3\ 000 + 6\ 000)/2 \times 365}{90\ 000} = 19.46$$

宁兰公司的交易周期为：交易周期 = 41 + 104 - 19.46 = 164.46 天

宁兰公司从购货到卖出商品收回现金需要 165 天，其中占用供货商的时间比较短，即偿付货款较快，而存货周转比较慢，应该加强应收账款和存货管理。

第四节 企业偿债能力的分析

企业的长期债权人主要关心其投资报酬和债务人如期偿还本金和支付利息的能力。所以评价企业的偿债能力，既要评价资产负债表所反映的长期财务状况，又要分析损益表所反映的获利能力。用于分析企业长期偿债能力的比率主要有负债对资产比率和负债对股东权益比率，利息保障倍数等，尽管这些比率着重于长期债务的偿还能力，但对于债权人和股东都很重要，用于判断投资风险和盈利的可靠性。

一、资产负债率

负债对资产比率（Debt Ratio）是负债总额对资产总额的比率，负债对资产比率越高，表明企业更多的资本来自于债权人；负债对资产比率越低，则表明股东投入的资本比例较大，所以债权人所承担的风险就越少。负债对资产比率计算公式如下：

$$资产负债率 = \frac{负债总额}{资产总额} \times 100\%$$

其中，负债总额指所有的流动负债和长期负债的总和，资产总额是全部资产总额减去累计折旧后的账面价值。根据表 13-3，宁兰公司 2012 与 2013 年的资产负债比率计算如表 13-8：

表 13-8　　2012 和 2013 年的资产负债率

项　目	2013 年 12 月 31 日	2012 年 12 月 31 日
总负债（千美元）	31 200	34 400
总资产（千美元）	95 000	86 000
负债对资产比率	32.8%	40.0%

宁兰公司2013年的资产负债率较前一年有较大幅度的下降。宁兰公司负债比率的下降是利是弊，还应做进一步分析。

负债对资产比率究竟多高合适？并无固定标准，需要根据企业的环境，企业的经营状况和获利能力等方面来评价。对于债权人来说，他们关心债权的安全程度，所以资产负债率越低越好。但从所有者和企业的角度看，企业通过举债所筹措的资金与股东投入资本，在企业的经营活动中发挥同样的作用，他们关心的是企业的盈利水平。如果企业经营管理的业绩显著，有较好的盈利水平，其资产报酬率高于借款利息率，则较高的资产负债率能给所有者和企业带来较多的利润；如果企业的业绩不好，若其运用全部资本所得的盈利率低于借款利息率，那么举债经营就对股东不利，因为借入资金的利息要用股东所得的利润份额来弥补。

所以企业在利用资产负债率进行决策时，必须充分估计预期的盈利和增加的风险，在二者之间权衡利弊。当今发达国家的企业理财都对这一比率十分重视，它反映了企业管理当局利用债权人资本进行经营活动的能力。如果企业根本不举债或举债经营比率很小，则说明企业畏缩不前，对发展缺乏信心。而适当的负债比率，则表示企业有充沛的发展活力。

从宁兰公司来说2013年的总资产报酬率较前一年有较大幅度的下降，所以管理当局采取措施收回长期债券$500 000，以防资产报酬率持续下降对股东利益的不利影响。

二、负债对股东权益比率

负债对股东权益比率（Liabilities to Equity Ratio）用来反映负债与权益资本的数量关系，从而评价企业的财务风险。因为负债和权益资本有着完全不同的性质，负债要求企业定期支付利息，到期归还本金，而不管企业是否盈利。权益资本则不需偿还，在董事会未宣布股利之前也不承担支付任何股利的法律责任。所以一般认为，企业负债对股东权益比率越高，企业的财务风险就越大，债权人的保障程度就越小。一旦利息率高于资产报酬率，就会使股东利益遭受损害。负债对股东权益比率计算公式如下：

$$\text{负债对股东权益比率} = \frac{\text{负债总额}}{\text{股东权益总额}} \times 100\%$$

根据表13-3，宁兰公司2013年12月31日的负债对股东权益比率为：

$$\text{负债对股东权益比率} = \frac{31\ 200}{63\ 800} \times 100\% = 48.9\%$$

负债对股东权益比率越小，债权人的保障越大。

三、利息保障倍数和固定费用保障倍数

前面对短期偿债能力的分析主要是研究流动资产与流动负债之间的关系，不太强调获利能力的重要性，因为流动资产在短期内可转化为现金用于偿付流动负债。对长期债务而言，债权人则关心企业的长期存续性，如果企业的盈利能力很强，日后就能从经营活动中获取足够的现金或从其他债权人及投资者筹集到新的资金，这样就不用顾虑以后偿付本金和利息的能力。因此企业获利能力也是评价其长期偿债能力的主要指标。

利息保障倍数（Interest Coverage Ratio）就是从企业的盈利能力来评价企业的长期偿债能力的指标。企业债权人对于债权投资可以附有保护性措施。如“以不动产作抵押”或“对债务人发放股利提出限制性条件”等。但这些措施同企业丰厚的收益相比，却处于次要地位。债权人都希望顺利地收回利息和本金，竭力避免陷入诸如取消抵押赎回权，因债务人破产而引起诉讼等烦扰之中。负债比率和负债对股东权益比率可以反映财务风险，但未涉及债券持有者最关心的问题，即债务人能否按期还本付息。利息保障倍数可以弥补这方面的不足，它反映企业是否提供足够的营业收益以偿还债务。利息保障倍数计算公式如下：

$$利息保障倍数=\frac{税前利润+利息费用}{利息费用}$$

如果企业存在融资租赁，定期的租金与利息费用一样需到期支付，所评价长期偿债能力可以计算固定费用保障倍数，公式如下：

$$固定费用保障倍数=\frac{税前利润+利息费用+租赁支付}{利息费用+租赁支付}$$

宁兰公司没有长期租赁，根据表 13－2 宁兰公司 2013 和 2012 年度的利息保障倍数如表 13－9。

表 13－9　　2012 和 2013 年的利息保障倍数

项　　目	2013 年年度	2012 年年度
息税前营业收益（千美元）	$12 700	$16 000
利息费用（千美元）	2 400	3 000
利息保障倍数	5.29	5.33

宁兰公司的利息保障倍数两年相差不大，5.3 倍在许多行业都是还本付息的能力很强的标志。利息保障倍数越大，到期还本付息的能力越强，债权人的保障也越大。

第五节　企业盈利能力和综合业绩分析

赚取尽可能多的利润是企业经营活动的最直接目标，所以企业的盈利能力是债权人、投资者和企业管理者都非常关心的问题，企业具有长期良好的盈利能力，才可以扩展企业的经营规模，改善企业的财务状况，增强企业可持续发展的实力，实施有吸引力的股利分派政策。对于企业的盈利能力可以从不同的角度进行分析，常用的指标有销售利润率、资产报酬率即股东权益报酬率等。

一、销售毛利率和销售利润率

销售毛利率（Gross Profit Rate）是销售收入扣减销售成本后的销售毛利同销售收入之比，是分析企业盈利能力的重要指标之一。其计算公式如下：

$$销售毛利率 = \frac{销售毛利}{净销售收入} \times 100\%$$

在运用销售毛利率评价企业的获利能力时应与同行业的其他企业相比，不同行业的销售毛利率往往悬殊较大。因为销售毛利率未反映企业在控制费用方面的效率，所以许多报表分析者除了计算销售毛利率外，还计算分析销售利润率。销售利润率计算公式如下：

$$销售利润率 = \frac{营业收益}{净销售收入} \times 100\%$$

企业正常持续经营的营业利润，减去企业缴纳所得税，并考虑非正常利得或损失后才是企业的净利润，为了分析税收和其他业务对净利润的影响，分析盈利能力的指标还有净利润率，计算如下：

$$净利润率 = \frac{净收益}{销售收入} \times 100\%$$

根据表 13－2 有关宁兰公司损益表的数据，销售毛利率、销售利润率、销售净利润率计算如表 13－10。

表 13－10　　2012 和 2013 年销售毛利率及相关指标　　单位：千美元

项　　目	2013 年年度	2012 年年度
销售净收入	$90 000	$75 000

续表

项　　目	2013 年年度	2012 年年度
销售毛利	37 000	33 000
营业收益	12 700	16 000
净收益	7 500	9 000
销售毛利率	41.11%	44.00%
销售利润率	14.1%	21.3%
销售净利润率	8.33%	12%

影响销售毛利的因素主要是销售价格和销售成本，宁兰公司销售成本的增长大大超过销售收入的增长率，导致销售毛利率 2013 年较 2012 年降低了 3%；但从毛利的绝对数额来看，2013 年的销售毛利增加了 \$4 000 000。往往有些企业通过降价来提高毛利的绝对数额，同时控制营业费用的增长，以提高营业收益和净收益。但从表 13－3 可以看出销售成本和营业费用的增长幅度都超过销售收入的增长幅度，虽然销售毛利增加，但营业收益却由 2012 年的 \$16 000 000 下降为 2013 年的 \$12 700 000，销售利润率由 2012 年的 21.3% 下降为 2013 年的 14.1%，但净利润率与销售利润率相比下降幅度不是太大，由 2012 年的 12% 下降为 2013 年的 8.33%，销售利润率大幅度下降表明宁兰公司的费用控制还存在问题，应进一步分析原因。

利润率是基于权责发生制下利润与销售收入的比率，为了分析企业销售与现金流量的关系，还需计算销售业务的现金流入，公式如下：

$$营业收入现金率 = \frac{营业活动现金净流入}{销售收入} \times 100\%$$

根据表 13－2 和表 13－6 的数据，宁兰公司的营业收入现金率为：

$$2\ 400 \div 90\ 000 \times 100\% = 2.67\%$$

相对于 8.33% 销售净利润率，销售收入现金率是比较低的。

二、总资产报酬率

资产报酬率（Return on Assets）是评价企业获利能力的重要指标，根据不同的分析目的，作为分子的“收益”的内容可以有所不同，可以是不包括其他收入和费用在内的营业收益，也可以是包括利息费用和所得税在内的息税前收益或是包括税后利息费用在内的税后收益。由于资产报酬率考察的是全部资产，理应不受资金来源的影响，所以在计算资产报酬率时，常用的是包括利息费用在内的税后收益。其计算公式如下：

$$资产报酬率=\frac{净收益+税后利息费用}{总资产平均余额}\times 100\%$$

$$=\frac{净收益+税后利息费用}{销售收入}\times\frac{销售收入}{总资产平均余额}\times 100\%$$

从式中可以看出，资产报酬率可分解为两个指标：税后销售收益率与总资产周转率。税后销售收益率除考虑了税收因素外，同上述销售利润率内容一致，可以反映企业在销售和费用控制方面的努力，资产周转率则体现了企业资产的利用效率。如果宁兰公司的实际所得税率2013年为27.18%，2012年为30.77%，2012年初总资产为$81 000 000，宁兰公司2013和2012年的资产报酬及相关指标如表13－11。

表13－11　　2012和2013年资产报酬率及相关指标　　单位：千美元

项　目	2013年年度	2012年年度
营业净收益	$7 500	$9 000
利息费用	2 400	3 000
总资产（年初）	86 000	81 000
总资产（年末）	95 000	86 000
资产平均余额	90 500	83 500
净收益（包括税后利息费）	9 247.68	11 076.9
总资产报酬率	10.22%	13.27%
销售利润率（包括税后利息）	10.28	14.76%
总资产周转率	0.994	0.898

提高销售利润率或加速资产周转都可改善资产报酬率，宁兰公司的销售利润率2013年有较大幅度下降，而资产的利用效率则有所改善。可见宁兰公司还应加强费用的控制与管理，应与同一行业类似规模企业的资产报酬相比较，分析资产报酬的变动趋势。

三、普通股股东权益报酬率

股东不仅关心全部资产报酬率，更关心其应享权益的报酬率，即股东权益报酬率(Return on Stockholders Equity)。前已指出，普通股是公司最基本股份，如果公司同时存在普通股和优先股，由于优先股不能完全参与公司的利润分配，其报酬仅限于优先股利，所以在计算普通股权益报酬率时，应将属于优先股股利的应享净收益从净收益中减去。其计算公式如下：

$$股东权益报酬率=\frac{净收益-优先股股息}{普通股东权益平均余额}\times 100\%$$

假设宁兰公司2012年年初的普通股权益为$35 400 000，根据表13－2和表13－3有关表数据，宁兰公司普通股东权益报酬率计算如表13－12。

表13－12　　2012和2013年普通股东权益报酬率　　单位：千美元

项　目	2013年年度	2012年年度
营业净收益	$7 500	$9 000
减：优先股应享收益（9%）	900	900
普通股应享净收益	6 600	8 100
普通股权益（年初）	41 600	35 400
普通股权益（年末）	53 800	41 600
普通股权益平均余额	47 700	38 500
普通股权益报酬率	13.84%	21.04%

虽然2013年度的普通股权益报酬率下降幅度较大，但仍然高于债券利息率的12%和优先股股息率的9%，运用有利的财务杠杆提高了普通股东权益的报酬率。

四、财务杠杆（Financial Leverage）

杠杆原理是物理学的概念，是指用较小的力能推动较重物体的原理。财务杠杆是企业通过举债或发行优先股筹集资本，从而提高普通股东的投资收益。这是因为利息和优先股利是按固定的比率支付的，而且利息是计算应税收益的扣减项目。在收益增长的情况下，利息和优先股利保持不变，增长的收益都将为普通股东所有。这样通过借债和发行优先股票，保持合理的资本结构而为股东带来的额外收益被看作是企业理财的成果，称为财务杠杆，表现为股东权益报酬率与全部资产报酬率之间的差额，计算公式如下：

财务杠杆＝股东权益报酬率－资产报酬率（或所有者权益报酬率）

财务杠杆为正，则说明举债或发行优先股给所有者带来了额外的收益，若财务杠杆为负，则说明由于举债使所有者权益蒙受损失。根据表13－11和表13－12，宁兰公司2013与2012的财务杠杆分别为：

$$财务杠杆_{2013} = 13.84\% - 10.22\% = 3.62\%$$

$$财务杠杆_{2012} = 21.04\% - 13.27\% = 7.77\%$$

宁兰公司两年的财务杠杆均为正数，分别为 3.62% 和 7.77%，这是由于公司举债和发行优先股筹资的结果。值得注意的是，虽然宁兰公司的债券利息率为 12%，超过 2013 资产报酬率的 10.22%，但利息费用是计算应税收益的扣减项目，扣除所得税影响的税后利息率 2013 年为 8.738 4%，2012 年为 8.308 6%，都低于税后的资产利润率，从而给普通股东带来较为丰厚的报酬。如果宁兰公司不借债也不发行优先股，其全部股东权益报酬率同其资产报酬率完全相同。

运用财务杠杆会给企业所有者带来好处，但也会增加财务风险，如果负债率太高，一旦利润率下降至利息率之下，企业将蒙受损失，严重的还会导致破产。前已提出，企业负债比率保持在什么水平较为合适，很难一概而论。一般来说，具有稳定营业收入的企业如电话电报、供电供水等公用事业的企业，对财务杠杆的使用较为大胆，而制造企业对财务杠杆的使用则取谨慎态度。运用财务杠杆时还应分析宏观经济环境，预测资产报酬率的变动情况，以及市场利息率的变动趋势等。

五、普通股每股收益

普通股每股收益（Earnings Per Share）是指每股普通股票应享的净收益数额，通常被用来与股票市价和发放的股利等加以比较，以评价投资价值。普通股每股收益计算如下：

$$普通股每股收益 = \frac{净收益 - 优先股股息}{外发普通股加权平均数}$$

宁兰公司普通股的加权平均股数 2013 年为 500 万股，2012 年为 400 万股，根据表 13 - 12 的普通股应享净收益，其每股净收益计算如下：

$$普通股每股收益_{2013} = \frac{7\ 500 - 900}{5\ 000} = \$13.20$$

$$普通股每股收益_{2012} = \frac{9\ 000 - 900}{4\ 000} = \$20.25$$

可见宁兰公司普通股的每股收益的下降极为显著，这可能会引起股票市场强烈反应。

在第十章曾经指出，如果公司发行了可更换为普通股的证券，如可更换的优先股、可更换的债券和认股权证等，在这种情况下通常还应计算完全冲淡（Fully Diluted）的每股收益。

第六节　股票市场表现与股利政策分析

股票市价和股利政策往往是投资者进行投资时所关心的问题，通过股票市场价格的动态研究和股利分析从而对投资前景加以预测。

一、股票市价对收益比率

股票价格与收益比率（Price-Earning Ratio）通常称为市盈利率或价格收益倍数，是普通股每股市价与普通股每股收益之比，它体现股票市价对收益的参与程度，反映投资者对企业前景的预测。较高的价格对收益比率通常表明投资者预测该企业收益增长率高于平均水平，而较低的价格对收益比率则意味着投资者预测该企业收益增长幅度较小。价格对收益比率计算如下：

$$\text{市盈利率}=\frac{\text{普通股每股市价}}{\text{普通股每股收益}}$$

市场分析人士通常依据市盈利率来判断股票的价格变动是否正常，分析普通股是否具有吸引力、是否具有投资价值。具体分析评价某一公司的股票价格是否适当时，要根据投资者对公司未来的盈利能力的预测和风险的估计。假如某一公司未来数年盈利增长的可能性很小，而其市盈利率却很高，那么该公司股票的市价是不正常的，可能不具有投资价值。通常增长速度具有优良记录的公司市盈率呈增长趋势，而收益平平甚至逐年下降的公司，市盈率可能呈下降趋势。

二、股利对市价比率

股利对价格比率（Dividend Yield）也称股利收益率，是影响股票价格的重要指标。股利与价格比率是以市价为基础的每股普通股的现金股利收益率。计算公式如下：

$$\text{股利收益率}=\frac{\text{普通股每股现金股利}}{\text{普通股每股市价}}\times 100\%$$

由于公司每年的收益并不全部以现金股利分配给股东，而投资者资本化的实际投资是取得股票的市价而非股票面值，所以股利对价格比率可以用来预测投资者的投资现金收入。因此在比较不同的投资机会时，分析股利收益率，有助于选择获取丰厚报酬率的投资机会。

三、股利分派率

股利分派率（Dividend Payout Ratio）反映企业净收益中现金股利所占比例。股东出于不同的投资目的对现金股利分派的反应也有所不同，有些股东希望定期收取现金股利，而另一些股东则希望股票市场价格上升取得资本利得。大股东为了企业的发展。可能希望少发现金股利，而小股东投资目的在于获取收益，大多希望较高的股利分派。股利分派率计算公式如下：

$$股利分派率=\frac{普通股每股现金股利}{普通股每股收益}\times 100\%$$

一般说来，处于发展中的企业股利分派率较低，甚至不分派现金股利，留存较多收益用于企业扩展。股利的分派率多高较为适当？主要依赖于企业的增长机会、对再投资资金的需要，以及吸引外部资本的能力。

假设宁兰公司股票市场价格及有关指标汇总如表 13 - 13 所示，根据这些资料，2012 和 2013 年宁兰公司的市盈利率、股利收益率和股利分派率变化如下：

表 13 - 13　　2012 和 2013 年的股利分派率

日期	假设市价	每股收益	市盈利率	每股现金股利	股利收益率	股利分派率
2012/12/31	$170	$20.25	8.4	$5.05	3.1%	24.95%
2013/12/31	$132	13.20	10	4.80	3.6	36.36%

表中可以看出，由于每股收益的大幅度下降，宁兰公司普通股的市场价格下降显著，由 2012 年的每股 $170 下降为 2013 年的 $132，每股下降了 $32，下降幅度达 18.82%。2012 年的市盈利率为 8.4 倍，表明投资者已经预计到 2013 年净收益的下降趋势。尽管每股收益大幅下降，但宁兰公司的现金股利并未由此大幅度减少，股利分派率由 2012 年的 24.95% 上升为 2013 年的 36.36%，股利收益率由 2012 年的 3.1% 上升为 2013 年的 3.6%。表明宁兰公司有能力保持利润水平，创造足够现金用于股利分派。因此宁兰公司的市盈利率由 2012 年的 8.4 倍上升为 2013 年的 10 倍，显示投资者对宁兰公司保持净收益现有水平、维持股利政策的稳定性具有信心。

四、财务报表分析应注意问题

通常数量分析，尤其是比率分析是被广泛运用的财务报表分析方法，尽管这些分析方法能够揭示问题，但不能绝对化，在运用这些指标时应注意对这些指标产生影响的相关因素。

（一）企业外部环境的影响

财务报表的数量分析首先应注意外部环境对企业的影响。外部环境有多方面因素，如宏观经济环境的变化、所在行业的发展趋势、企业所在地区的经济发展水平等。宏观经济状况往往对企业的财务指标影响很大，如经济萧条时期企业的收益水平下降是普遍现象，而经济蓬勃发展时期企业的收益水平都会不同程度地提高。所在行业不同，企业的财务指标往往也是差别很大的，如负债比率过高对制造业来说可能存在较高风险，而对于收入稳定的公用事业企业来说，较高的负债率则是很正常的。企业所在地区对财务指标也会产生一定影响，如交通方便、周边地区商业发达，存货水平可能比交通不便、周边商业欠发达企业低。

（二）企业自身的特点

在同行业的比较中，还应注意企业自身的特点对财务指标的影响，如企业规模的大小，产品类型、地理位置、企业的理财特点和财务政策等，都会影响到指标的可比性。在进行同行业比较时，应结合企业的特点分析同行业较长期间的平均水平以及同行业的平均指数。

（三）企业的会计政策和会计方法

会计政策和会计方法的选择对财务指标的影响是很大的，会计方法的改变，会计估计的变更都会导致有关指标的变化。例如在物价变动水平较大的条件下，存货计价的先进先出与后进先出计算的存货周转率可能会存在较大差别；长期投资的权益法与成本法计算出的相关收益指标可能存在很大不同。因此在进行财务报表分析时，应特别关注财务报表的注释或附表，这些注释和附表通常是关于会计政策、重大事件对企业的财务影响，非数量可以表述的影响因素，以及管理当局有关企业经营管理问题的讨论和分析等。财务报表的注释和说明是财务报表总体的组成部分，所提供的信息有助于报表的使用者详细、准确地了解表上的项目和数据，这在财务报表的分析中是决不能忽视的。

（四）注意分析的完整性和综合性

财务报表的分析不能孤立地使用某一个指标或某一些指标作为评价标准，而应联系企业内外环境、联系企业的历史发展，综合分析相关指标才能对企业的经营成果和财务状况作出切合实际的评价。

本章小结

本章重点介绍财务报表分析的基本方法：趋势分析、结构分析和财务比率分析。

1. 财务报表的趋势分析和结构分析

趋势分析通常是列示公司过去 5 年、10 年或更长期间内的一些重要财务数据。通过对这些长期数据的计算分析，可以了解这些项目的历史发展状况，有助于预测公司某些财务项目的未来发展趋势。

比较财务报表是指包括本期在内的两期或两期以上数期财务报表的并列比较，在使用比较财务报表进行分析时，通常把财务报表上同一项目前后两期的数额加以对比，计算出增减变动的金额和百分比。

结构分析则着重于特定财务报表内不同项目之间的相互关系的分析，通常采用编制共同比财务报表的方式。编制共同比报表，是将报表中的每一个项目表述为同一报表内某一关键项目的百分比，这一关键项目称为基数，其余各构成项目表述为该基数的百分比。共同比报表反映了同一报表内有关项目之间的比例关系，显示了各项目的相对重要地位，以利于分析比较同一报表内各项目变动的适当性。

2. 财务比率分析

财务比率，是指财务报表上某些财务项目之间的数额之比。财务比率分析是通过这些项目之间的比率计算、分析与比较，评价、判断企业的财务状况、盈利能力以及经营管理效率等方面的情况。财务比率的分子和分母有的来自同一报表，有的则来自不同期间、不同内容的财务报表。反映企业短期财务状况和流动项目管理效率的比率有：流动比率、速动比率、应收账款周转率和存货周转率等，反映企业长期偿债能力的比率有：资产负债率、股东权益报酬率和利息保障倍数等。反映企业盈利能力的比率有：销售毛利率、销售利润率、总资产周转率、股东权益报酬率、普通股每股收益和财务杠杆等。评价普通股市场表现的比率有：价格与收益比率（市盈利率）、股利对市价比率与股利分派率等。

对这些财务比率应掌握各自的计算方法，了解影响这些比率的水平的因素，以及使用这些比率应注意的问题。

复习思考题

1. 对上市公司财务报表关注的方面有哪些？财务报表分析有哪些主要目的？

2. 纵向分析和横向分析有什么不同？

3. 趋势比率与结构比率有什么不同？要分析几年销售收入变动情况，应采用何种分析方法？

4. 什么叫共同比财务报表？编制共同比财务报表有何用途？

5. 什么叫财务比率分析？在使用财务比率时，应注意哪些问题？

6. 评价企业流动状况的比率有哪些？

7. 评价企业盈利能力的比率有哪些？

8. 什么叫财务杠杆？在何种情况下使用财务杠杆比较有利？

9. 利息保障倍数如何计算？利息保障倍数能说明什么问题？

10. 评价企业长期偿债能力的比率有哪些？企业财务风险与盈利能力之间有否联系？

11. 市盈利率是否越高越具有投资价值？

12. 讨论以下会计实务是降低还是提高企业的营业收益。

（1）存货计价采用先进先出法而非后进先出法；

（2）资产折旧采用加权平均法而非加速折旧法；

（3）一项设备折旧年限为 8 年而非 12 年；

（4）长期投资采用权益法而非成本法。

主要参考书目

1. IFRSs, © IFRS Foundation, January, 2012.

2. J. 戴维 . 斯派斯兰德，詹姆斯 . F. 赛普，马克 . W. 尼尔森 . 中级财务会计（英文版第 6 版）. 杜兴强，杜颖洁，改编 . 北京：中国人民大学出版社，2013.

3. Donald E. Kieso, Jerry J. Weygandt, Terry D. Warfield. Intermediate Accounting, 14th Edition, John Wiley & Sons, Inc. , 2012.